发展、挑战与探索

转型中的天津民营经济

裴 蕾 / 著

企业管理出版社

图书在版编目（CIP）数据

发展、挑战与探索：转型中的天津民营经济 / 裴蕾著. —北京：企业管理出版社，2023.10
ISBN 978-7-5164-2787-3

Ⅰ.①发… Ⅱ.①裴… Ⅲ.①民营经济—经济发展—研究—天津 Ⅳ.①F127.21

中国版本图书馆CIP数据核字（2022）第245073号

书　　名：	发展、挑战与探索：转型中的天津民营经济
书　　号：	ISBN 978-7-5164-2787-3
作　　者：	裴　蕾
责任编辑：	徐金凤
出版发行：	企业管理出版社
经　　销：	新华书店
地　　址：	北京市海淀区紫竹院南路17号　　邮　　编：100048
网　　址：	http://www.emph.cn　　电子信箱：emph001@163.com
电　　话：	编辑部（010）68701638　　发行部（010）68701816
印　　刷：	北京亿友创新科技发展有限公司
版　　次：	2023年10月第1版
印　　次：	2023年10月第1次印刷
开　　本：	787mm×1092mm　1/16
印　　张：	19.5
字　　数：	404千字
定　　价：	88.00元

版权所有　翻印必究　·　印装有误　负责调换

序

《发展、挑战与探索——转型中的天津民营经济》是一部较系统梳理和记载天津民营经济发展脉络和轨迹的新著。

2013年到2023年是党的十八大后中国经济步入新时代、构建新发展格局的10年，也是天津民营经济经历结构调整、转型升级、营商环境重塑的重要时期。在这10年间，中国经济发展的外部环境复杂严峻、充满着不确定性，国内形势面临着需求收缩、供给冲击、预期转弱的三重压力。在此背景下，天津民营经济爬坡过坎、砥砺前行，虽历经艰难，但充满韧性。

在习近平新时代中国特色社会主义思想指引下，天津市委、市政府高度重视民营经济发展，逐步完善政策体系，不断加大支持力度，践行"产业第一、企业家老大"理念，以不断优化营商环境为着力点，相继推出"民营经济27条""津8条""民营经济19条"等政策措施，深化"一制三化""放管服"改革，全力促进民营经济持续健康发展。近10年来，天津民营经济总量规模不断壮大，产业结构持续优化，集聚效应逐步凸显，社会贡献日益突出，创新能力不断增强，民营企业活力和竞争力进一步提升，为天津深入推进供给侧结构性改革、建设现代化经济体系、推动高质量发展奠定了坚实的基础。

与长三角、珠三角等地区相比，天津民营经济发展仍存在很大差距。例如，民营经济市场主体数量偏少，总量规模和增速有待进一步提升；行业龙头和全国知名企业少，龙头引领带动作用和产业集群竞争力弱；民营企业研发投入少，缺少创新产品和自主品牌，独立创新能力有待进一步提升；产业层次不高，传统产业占比较高，现代服务业发展相对滞后等。

作者没有拘泥于对数据资料的一般性梳理和记述，而是以自己的勤奋和执着直面问题，客观揭示民营经济发展的艰辛与成就、难点与问题，分析其成因及制约因素，深入探索破解和优化路径，在此基础上提出了一些有针对性的对策建议。为了提高调查研究工作的科学性、系统性和专业性，作者连续10年对天津民营经济发展问题进行追踪调研，参加了上百场座谈会，调研企业达500余家，访谈企业家超过300人次，累计发放调查问卷14397份，获得数据344.4万条，撰写研究报告和调研笔记上百万字，为本研究奠定了扎实的基础。

本书的主要特点是通过长期的、连续的、大量的一线调查形成连贯的事实数据。在分析方法方面，将调研数据和统计数据相结合，横向上与相关年份的全国及地区统计数据进行对比分析，纵向上将不同年份的调查数据加以综合，追踪民营企业的发展动态，探究数字背后的企业发展逻辑和变化动因。本书的资料来源和分析结果主要基于近10年来在天津民营企业、行业协会、地区商会中所做的问卷调查和对企业家的深度访谈，从企业微观的角度透视天津民营经济发展的脉络和轨迹。

本书共分为三篇，包括发展篇、挑战篇和探索篇。其分别从天津民营经济的发展状况、面临的困难和挑战、谋发展的探索三个方面进行论述，涉及生产经营、投融资、人才队伍引育、创新创业、新动能培育等多个维度，涵盖营商环境改善、转型升级探索、数字与智能化发展、众创空间建设等多个专题，旨在总结经验、发现问题、培育动力、创造机遇，促进未来天津民营经济跨越式、高效能、绿色健康发展。

发展篇以时间为主线，通过对多次问卷调查数据的分析，具体记述了2013年以来天津民营经济发展的情况和特点。第一章至第三章以"承前启后""创新驱动""数字化转型"三个关键词概括了10年来天津民营经济的发展轨迹和阶段性特征。

挑战篇以问题为主线，通过连续的调研与访谈，深入分析了天津民营经济发展过程中所面对的营商环境建设、转型升级、新动能培育、新冠疫情冲击、数字化转型等多种挑战。第四章分析了在政府服务效能提升和市场、融资、人才、创新等营商环境建设中存在的问题。第五章、第六章分析了疫情对民营企业的影响及在转型升级、新动能培育、智能化需求、数字化发展道路上面临的冲击和挑战。

探索篇以创新为主线，通过调查、分析与比较，全面总结了天津民营经济开展的多个方面的创新活动，以及政府为促进民营经济发展所做的改革和努力。第七章为创新创业与众创空间发展的专题研究，探讨了众创空间"一横一纵一圈"的立体发展态势和在传统企业转型升级及"二次创业"中的重要作用。第八章研究了数字经济发展的成效、结构特征和动力机制。第九章有关营商环境的改善和重塑，并在第十章给出了促进天津民营经济发展的若干对策建议。

围绕天津民营经济的发展，作者先后主持或承担了天津民营经济发展动态监测及追踪调查、天津市滨海新区民营经济发展商务环境调查等研究课题，并承担了问卷设计、数据处理、专项调查和报告起草等任务。依托于本书的研究成果曾获得"全国工商联系统优秀数据分析报告一等奖""天津市社会科学优秀成果三等奖""天津市优秀决策咨询研究成果一等奖""天津市优秀调研成果三等奖"等10项奖项，并多次得到副国级、省部级领导肯定性批示及各级内参采用，为天津市委、市政府制定支持民营企业发展的政策提供了决策依据。

本书探索的问题现实性强，作者直面问题，重视实地调查、资料收集、数据分析和案例剖析，所提供的一手数据资料对于把握天津民营经济发展的特点有重要的参考价值。

希望作者弘扬南开学人矢志不渝的治学品格和责任担当，坚守勤奋、执着追求、持之以恒，不断提升自己的咨政研究能力和学术水平。

周立群
2023年3月于南开园

目　录

第一篇　发　展

第一章　承前启后：2013—2016年天津民营经济发展 3
　一、从"民营经济20条"到"民营经济27条" 3
　二、"民营经济27条"实施效果第三方评估 5
　三、民营企业生产经营状况 14
　四、企业人力资源状况及存在的问题 21
　五、企业的投融资情况 24
　六、创新创业举措与企业家的创新思维 28

第二章　创新驱动：2017—2019年天津民营经济发展 33
　一、欣欣向荣的2017年 33
　二、内忧外患的2018年 37
　三、危机并存的2019年 39
　四、民营企业创新能力培育 66
　五、支持民营经济发展相关政策的评价及反馈 92

第三章　数字化转型：2020—2022年天津民营经济发展 107
　一、新冠疫情对天津民营企业的影响 108
　二、后疫情时代天津民营企业的生产经营状况 114
　三、民营企业的创新实践和特点 124
　四、民营企业的数字化发展进程 136

I

第二篇 挑　　战

第四章　营商环境建设中存在的问题 ... 177
　　一、市场环境 ... 179
　　二、融资环境 ... 183
　　三、人才环境 ... 186
　　四、创新环境 ... 188

第五章　转型升级与新动能培育 ... 190
　　一、2014 年：税负、资金支持和市场准入为关键词 ... 190
　　二、2015 年：同行竞争，利润下滑，税费负担有所缓解 ... 192
　　三、2016 年：降低成本、提升技术和创新模式为转型升级的主要举措 ... 194
　　四、2017 年：税费负担下降，成本问题突出，转型升级困难加剧 ... 195
　　五、2018 年：组织结构障碍和社会创新环境问题开始凸显 ... 197
　　六、2019 年：困难有所缓解，创新发展相关问题突出 ... 200
　　七、2020—2022 年：社会生产恢复，新动能培育进行时 ... 203

第六章　智能化需求与数字化发展 ... 209
　　一、民营企业的智能化需求 ... 209
　　二、民营企业智能化发展道路上存在的问题 ... 223
　　三、数字化发展过程中面临的挑战 ... 225

第三篇 探　　索

第七章　创新创业与众创空间的发展 ... 235
　　一、众创空间的内涵及发展脉络 ... 236
　　二、天津众创空间发展的概况与特点 ... 238
　　三、众创空间嵌入的多层次创新生态系统 ... 242
　　四、天津"双创"人才引进开发的特点与问题 ... 250
　　五、众创空间发展对创新创业的促进作用 ... 254
　　六、发挥众创空间生态载体作用，激励人才创新创业 ... 256

第八章 天津数字经济发展的成效与特点 259
一、数字经济领域的发展和成效 260
二、民营企业数字化转型的结构特征 262
三、数字经济发展的动力机制 266
四、民营企业低成本、普惠性的数字化转型发展 267

第九章 天津营商环境的改善和重塑 270
一、深化体制机制改革，确保"放管服"措施落地生效 270
二、"双万双服"的成效与深入推进的着力点 272
三、破除营商环境建设中的"末梢梗阻" 273

第十章 促进天津民营经济发展的几点建议 275
一、抓住信息技术革命机遇，激发民营企业创新活力 275
二、打造多层次、高配置的人才结构 282
三、对症破解民营企业融资瓶颈 285
四、提升涉企服务效能 287

附 录 293

后 记 300

第一篇

发 展

本篇以时间为主线,通过对多次问卷调查数据的分析,具体记述了2013年以来天津民营经济发展的概况和特点。

第一章 承前启后：2013—2016年天津民营经济发展

一、从"民营经济20条"到"民营经济27条"

《中共天津市委天津市人民政府关于加快民营经济发展的意见》（以下简称"民营经济20条"）于2007年发布。该意见提出了到2011年民营经济发展的目标：民营经济增加值占全市生产总值的比重达到38%，民营企业数量达到20万户，民营企业注册资本金增加到5000亿元，从业人员上升到220万人。因此，本部分先对2013年以前天津民营经济发展状况做一个简明扼要的回顾，同时了解"民营经济20条"提出的目标是否实现。

1. 民营企业户数及注册资本金

截至2013年年末，天津民营经济市场主体为46.71万户。其中，民营企业为19.94万户，个体工商户为26.77万户，可见，"民营经济20条"提出的民营企业数量达到20万户的目标已基本实现。

天津民营企业注册资本金在2007—2013年增长了461%。2011年，民营企业注册资本金达到11000亿元，是"民营经济20条"目标的2.2倍。与此同时，户均注册资本金也有了可观的增长。但是，与其他3个直辖市相比，天津民营企业数量并不乐观。2012年天津私营企业数量为17.3万户，仅占到上海的20.4%、北京的28.8%、重庆的59.2%，如表1-1所示。

表1-1 天津民营企业数量及注册资本金情况

年份	民营企业数量/万户		注册资本金/万亿元	户均注册资本金/万元
	私营企业	个体工商户		
2013	19.94	26.77	1.29	272.7
2012	17.3	26.3	1.22	273.4
2011	15.9	25.1	1.10	268.3
2010	14.5	22.8	0.68	182.4
2009	11.9	21.0	0.43	130.3
2008	10.7	19.3	0.34	110.3
2007	9.6	18.0	0.23	80.6

资料来源：天津市统计局、天津市市场监督管理委员会。

2. 民营经济总量

天津民营经济增加值从 2007 年的 1604 亿元增加到 2013 年的 6035 亿元，其占全市生产总值（GDP）的比重也由 30.5% 上升到 42%。总的来说，天津民营经济对经济增长的贡献稳中有升，同时实现了"民营经济 20 条"提出的民营经济增加值占全市生产总值的比重达到 38% 的目标。然而，与全国平均水平相比，天津民营经济占 GDP 的比重仍比较低，2012 年中国民营经济在 GDP 中的比重已超过 60%。与其他城市进行比较，天津民营经济增加值具有一定的优势，但其占 GDP 的比重还相对较低。

3. 民营企业出口

天津民营企业出口在 2010 年与 2011 年实现了快速增长，但增速在 2012 年有所下降。2011 年天津民营企业完成出口额 71.0 亿美元，首次超过国有企业出口总额。同时，民营企业出口额占全市总出口额的比重由 2010 年的 14.4% 上升到 2012 年的 16.6%，如表 1-2 所示。然而，天津民营企业出口的提升空间仍比较大，2012 年全国民营企业出口额占总出口额的比重为 37.5%，达到 7686.4 亿美元。

表 1-2 天津民营企业出口情况

年份	出口额 / 亿美元	增长率 /%	占全市总出口额的比重 /%
2012	80.0	12.7	16.6
2011	71.0	31.5	16.1
2010	54.0	32.3	14.4

资料来源：天津市统计局、天津市海关。

4. 民营企业吸纳就业人口

2001—2013 年，天津民营企业吸纳的就业人口数量持续增长，2006 年以后增速明显，同时该年民营企业就业人口超过国有企业。2013 年，天津民营企业吸收的就业量为 353.57 万人，达到"民营经济 20 条"提出的民营企业吸纳就业人员 220 万人的目标。

5. 民营经济的产业结构

一方面，2011 年新注册民营企业数量在第一、第二、第三产业中的分布分别为 0.4%、19.8%、79.8%，2012 年限额以上民营企业数量在第二、第三产业的分布分别约为 42.0%、58.0%。从产业集中度看，建筑业，房地产业，交通运输、仓储和邮政业，住宿和餐饮业、制造中的民营经济比重较大。其中，建筑业、房地产业中民营经济的集中度很高，分别达到了 71.3%、50.7%。

另一方面，与另外 3 个直辖市进行比较：北京的民营经济主要集中在批发和零售业，租赁和商务服务业，文化、体育和娱乐业；上海的民营经济在信息服务业最为集中；重庆的民营经济以传统产业为主，汽车摩托车制造业、建筑业、批发和零售业、餐饮业占比超过70%，高新技术产业和现代服务业占比只有7%。总的来看，天津民营经济的产业结构与重庆的较为相似，相对于北京和上海，天津民营经济的产业结构仍有待提升。

二、"民营经济27条"实施效果第三方评估

2013年12月，《中共天津市委天津市人民政府关于进一步加快民营经济发展的意见》（以下简称"民营经济27条"）颁布实施。为及时了解"民营经济27条"及其相关配套措施的落实程度，天津市工商联、南开大学于2014年对天津市的万家民营企业开展问卷调查和访谈，调查结果如下。

1. 政策落实有待进一步加强

对于"民营经济27条"及其配套措施的整体评价中，56.3%的企业认为"有一定作用"，11.9%的企业认为"作用显著"，说明近70%的民营企业对此持正面评价，感受到"民营经济27条"的作用。当然，尚有9.9%的企业认为"没有作用"，还有18.5%的企业"说不清"。在此方面，政策效力的发挥尚存在很大空间，这将是未来工作的重点所在。

在"民营经济27条"实施后，民营企业认为对其健康发展起到明显推动作用的是"激发创业活力，落实创业政策""放宽市场准入条件政策""放宽经营领域政策"，但这些政策措施的落实效果还未达到民营企业的期望，政策的执行和落地工作仍需进一步加强，如图1-1所示。

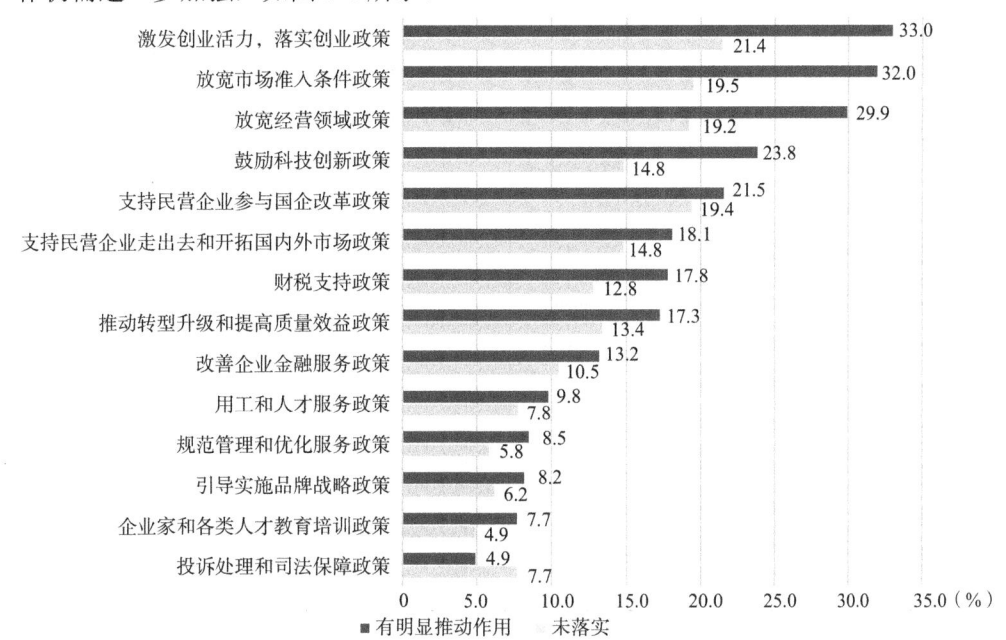

政策	有明显推动作用	未落实
激发创业活力，落实创业政策	33.0	21.4
放宽市场准入条件政策	32.0	19.5
放宽经营领域政策	29.9	19.2
鼓励科技创新政策	23.8	14.8
支持民营企业参与国企改革政策	21.5	19.4
支持民营企业走出去和开拓国内外市场政策	18.1	14.8
财税支持政策	17.8	12.8
推动转型升级和提高质量效益政策	17.3	13.4
改善企业金融服务政策	13.2	10.5
用工和人才服务政策	9.8	7.8
规范管理和优化服务政策	8.5	5.8
引导实施品牌战略政策	8.2	6.2
企业家和各类人才教育培训政策	7.7	4.9
投诉处理和司法保障政策	7.7	4.9

图1-1 对民营经济健康发展起到明显推动作用及未落实的政策

资料来源：天津市统计局、天津市海关。

"政策的可操作性差"和"落实督查"导致政策未能很好地落实。一些企业反映，政府多头管理、职能交叉的问题依然不同程度存在。有的商会负责人作为政协委员，提出的政协提案受到政府部门高度重视，得到了较好的答复。但是按照答复内容找到相关单位和部门，却无法得到落实，使提案答复成为白纸、空话。因此凡涉及多部门协作的情况，最好设置一个协调部门或建立协调机制加以解决，以建立民营企业对于政府政策的信心。座谈企业普遍反映，"政策落地过程中还存在一些隐性障碍""政府部门存在执行不到位，承诺事项无法兑现的情况""部门互相推诿，甚至说法彼此矛盾"。此外，有些企业还反映，部分职能部门存在不良的现象，比如企业反映的问题虽然一时得到解决，但过后企业受到更多刁难（"一次赢、百次输"）。

此外，"政策宣传不到位"也是"民营经济27条"未能很好落实的重要因素之一。有些企业反映，"中小微企业需要了解政策、解读政策，特别是想综合了解扶持企业的政策措施时，不知道应该去找哪个部门、哪个单位来咨询，无法做到深入了解和解读"。因此，加强政策宣传，公开信息是首先需要解决的问题。建议政府各职能部门设立专门服务于民营经济的机构，将本部门关于民营经济的信息整合到一起，加强信息解读和对外发布，扩大宣传渠道，使政策真正惠及需要的民营企业。

研究对不同行业中"民营经济27条"的推动促进作用作出了交叉分析。对其中"作用不大"和"作用非常大"两个对比选项，根据数据百分比，对各行业进行了排名。有19.6%的房地产行业企业认为"民营经济27条""作用不大"，是所有行业之首。而农、林、牧、渔业企业中有24.0%认为"民营经济27条""作用非常大"，如表1-3所示。

表1-3　各个行业对"民营经济27条"对促进民营经济发展作用的评价　　（单位：%）

行业排序	作用不大	行业排序	作用非常大
房地产业	19.6	农、林、牧、渔业	24.0
交通运输、仓储和邮政业	18.3	租赁和商务服务业	18.8
文化、体育和娱乐业	16.0	金融业	17.5
住宿和餐饮业	14.4	多行业	15.6
公共管理/水利/国际等	13.2	工业	15.1
多行业	13.0	房地产业	13.2
教育	12.1	科学研究和技术服务业	11.9
农、林、牧、渔业	12.0	信息传输、软件和信息技术服务业	11.8
建筑业	11.1	公共管理/水利/国际等	11.6
租赁和商务服务业	10.2	批发和零售业	9.7

(续表)

行业排序	作用不大	行业排序	作用非常大
居民服务、修理和其他服务业	10.2	住宿和餐饮业	9.0
金融业	10.0	教育	8.9
科学研究和技术服务业	9.9	交通运输、仓储和邮政业	8.8
批发和零售业	9.6	建筑业	8.4
信息传输、软件和信息技术服务业	7.6	卫生和社会工作	8.4
工业	7.0	居民服务、修理和其他服务业	7.1
卫生和社会工作	6.7	文化、体育和娱乐业	7.0

资料来源：天津市"民营经济27条"落实情况万家民营企业发展环境调查第三方评估。

2. 政策宣传力度和效果还不够到位

在对2013年12月天津市召开的民营经济发展工作会议及"民营经济27条"的了解和获知渠道方面，"知道并了解相关内容"的占27.5%，"有所耳闻但不清楚具体内容"的占53.4%，"不知道"的占16.7%。进一步地，从被访企业对于"民营经济27条"及其配套措施的了解程度看，"知道并了解相关内容"的占25.02%，"有所耳闻但不清楚具体内容"的占53.29%，"不知道"的占18.98%。这说明还需进一步扩大政策宣传覆盖面，加强宣传深度。

在与企业负责人座谈时，有的企业明确表示不知道"民营经济27条"，有的企业表示知道但没有仔细看过具体内容，有的企业表示没有看懂政策内容。以上调查结果显示，政府部门及各具体出台细则的相关负责部门在政策宣传上不到位。民营企业虽对政策有所耳闻，但多数并不清楚自己能够享有什么样的扶持措施。

另外，不同规模的企业对于政策的了解程度不同，35.8%的大型企业、42.1%的中型企业"知道并了解相关内容"，而小型、微型企业这一占比分别为30.9%和21.9%，微型企业中有20.6%"不知道"民营经济27条，说明在政策宣传上，没有较好地覆盖小型、微型企业。一些小型、微型企业表示，由于精力和能力的限制，主动向政府寻求政策的热情不高，缺乏找政策的积极性。希望政府能明确服务小型、微型企业的部门，加大政府信息的公开力度，及时对出台的政策进行宣传解读，帮助小型、微型企业扫除政策盲点。好的民营经济政策要真正发挥作用，还需扩大宣传的覆盖面和效果。

综上所述，在政策宣传上存在两个推进空间：一是宣传覆盖面需要扩大，尽可能地让民营企业知道有促进民营经济的新政策、新措施；二是宣传深度需要加强，50%以上的民营企业虽知道"民营经济27条"，但对其具体内容和配套措施并不了解，尤其是微型企业，因此对政策的细节传达与解读尤为必要，否则就失去了政策制定的意义。

工商联及社会组织开展活动成为民营企业获知"民营经济27条"的主要渠道，近70%的民营企业对政策作用持肯定态度。政策效力的发挥应是未来工作的重点所在。

民营企业获知"民营经济27条"的渠道主要有两条：一是"电视广播"（24.3%），二是"工商联商会及社会组织开展的活动"（20.2%），近45%的占比反映出这两个渠道在宣传"民营经济27条"中发挥的作用。此外，我们观察"知道并了解相关内容"的民营企业，其信息获得主渠道为"工商联商会及社会组织开展的活动"（39.4%）、"电视广播"（24.7%）、"政府部门组织的宣传活动"（21.5%），从中可以发现，组织宣传更能够提升政策普及的效果。

3. "玻璃门"现象有所缓解

7.9%的民营企业认为"民营经济27条"实施后，过去进入垄断行业和领域时遇到的"玻璃门"现象已经"解决"；而60.6%的企业认为，"玻璃门"现象"有所缓解"，反映出民营企业已感受到变化，当然还有待进一步推进，因为尚有10.4%的民营企业认为，"玻璃门"现象"没有解决"。

在进入可市场化运作的能源、城市供水、城市燃气、污水处理等城市基础设施建设、市政公用事业，以及金融、航运、电信运营、公路桥梁等交通设施建设和育幼养老、教育、文化、体育、医疗卫生等领域时，民营企业遇到的问题主要集中在政策公开程度、条件的苛刻程度和进入途径的明确程度，这在一定程度上阻碍了城市建设资金渠道的拓宽，如图1-2所示。

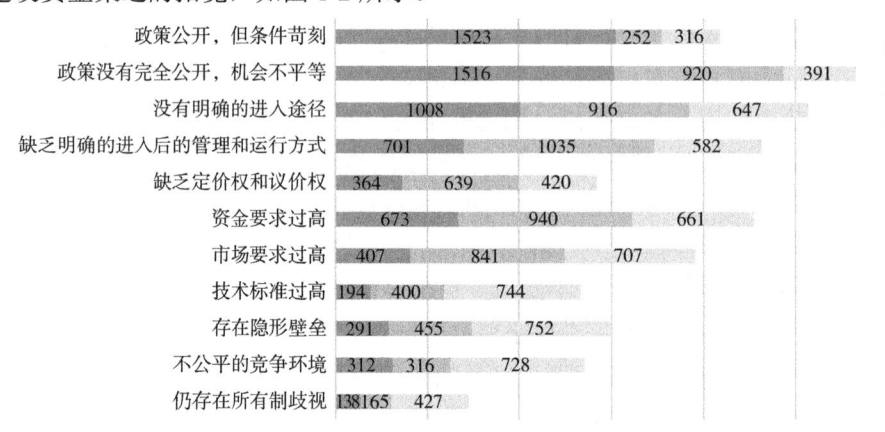

问题	第一	第二	第三
政策公开，但条件苛刻	1523	252	316
政策没有完全公开，机会不平等	1516	920	391
没有明确的进入途径	1008	916	647
缺乏明确的进入后的管理和运行方式	701	1035	582
缺乏定价权和议价权	364	639	420
资金要求过高	673	940	661
市场要求过高	407	841	707
技术标准过高	194	400	744
存在隐形壁垒	291	455	752
不公平的竞争环境	312	316	728
仍存在所有制歧视	138	165	427

图1-2 民营企业进入可市场化的公共领域中存在的三个主要问题

资料来源：天津市"民营经济27条"落实情况万家民营企业发展环境调查第三方评估。

座谈时有商会称，某些行业存在国有企业凭借自身的实力和优势地位，低于成本价销售，低价倾销抢占市场，扰乱正常市场秩序，挤压民营企业生存空间的现象。部分企业表示，有些部门存在"不做事、不出事，出了事、无责任"的观念，在从业资格、资质评审等方面设置层层障碍，使得民营企业无法进入，不能公平地参与市场竞争，企业跨区县转移也很难实现。因此，公平、平等对民营企业而言仍是最亟待解决的问题。

在参与国有企业改革问题上，37.4%的民营企业愿意或非常愿意参与国有企业改革，45.1%的企业表示意愿一般（见图1-3），并且参加意愿的大小与企业规模相关，大型企业中有更高比例（53.2%）持有参与意愿，而中型、小型、微型企业分别为42.1%、38.4%、35.5%。有13.3%的民营企业实际参与国企改革，从企业类型来看，大型企业实际参与的比例更高（20.7%）。

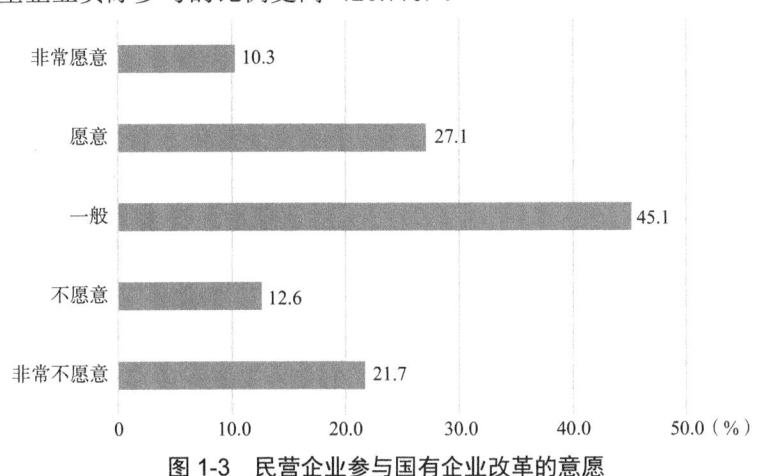

图1-3 民营企业参与国有企业改革的意愿

意愿	比例(%)
非常愿意	10.3
愿意	27.1
一般	45.1
不愿意	12.6
非常不愿意	21.7

资料来源：天津市"民营经济27条"落实情况万家民营企业发展环境调查第三方评估。

目前，政策公开但条件苛刻；政策没有完全公开，机会不平等；缺少国企改革最新信息；存在行政干预和隐性壁垒等成为民营企业参与国有企业改革存在的主要问题。"国有企业缺乏动力与民营企业合作"也是困扰民营企业的重要问题，这种单方面的不积极，或者合作双方态度积极程度的不一致阻碍了合作进度、效率与效果（见图1-4）。对于这些问题，需要从公平、信息透明、国有企业的主动性为切入点加以解决。同时建立专用平台集中发布这些信息，才会给民营企业带来更多参与机会。座谈企业普遍反映，"重国有、轻民营"的观念制约着民营经济的发展。民营企业受资质等条件限制无法平等地参与市场竞争，政府对本土民营企业扶持力度不够，在一些重点项目和政府采购等环节经常出现"墙里开花墙外香"的现象。

4. 政府服务改善得到企业肯定

（1）总体评价

在"民营经济27条"实施后，天津民营企业对政府服务的评价较为积极，41.1%的企业认为政府服务有较大改观和非常大的改观，仍有42.9%的企业认为政府服务一般。部分企业称，虽然"门难进、脸难看、事难办"现象有所改观，但"门好进、脸好看"了，"事仍难办"。这种肯定及存在的问题应成为政府服务进一步提升的动力。

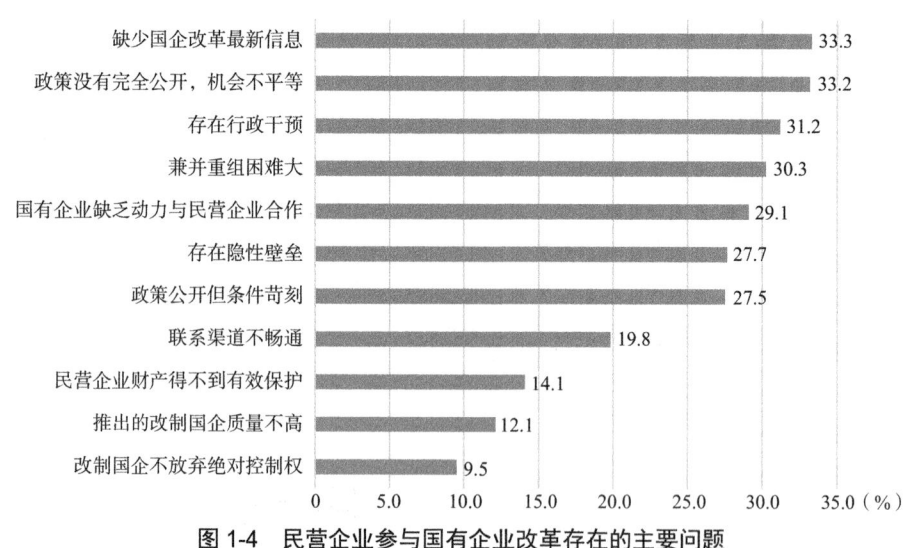

发展、挑战与探索——转型中的天津民营经济

问题	百分比
缺少国企改革最新信息	33.3
政策没有完全公开，机会不平等	33.2
存在行政干预	31.2
兼并重组困难大	30.3
国有企业缺乏动力与民营企业合作	29.1
存在隐性壁垒	27.7
政策公开但条件苛刻	27.5
联系渠道不畅通	19.8
民营企业财产得不到有效保护	14.1
推出的改制国企质量不高	12.1
改制国企不放弃绝对控制权	9.5

图 1-4　民营企业参与国有企业改革存在的主要问题

资料来源：天津市"民营经济 27 条"落实情况万家民营企业发展环境调查第三方评估。

民营企业认为，需要进一步改进的政府服务包括"实现'一站式办理、一次性告知、一条龙服务'"和"投诉有门、办理有效、结果透明"等（见图 1-5）。有的座谈企业反映，"政府有需求，我们有响应；我们有需求，政府无回应"，缺少民营企业反映呼声诉求的常态渠道和机制，反映问题得不到及时有效的解释、解决。投资环境改善上应"及时发布民间投资动态、投资政策和信息"。这反映出民营企业对于便捷、效率、公正的政府服务诉求，以及希望各种信息能够及时和快速传达。

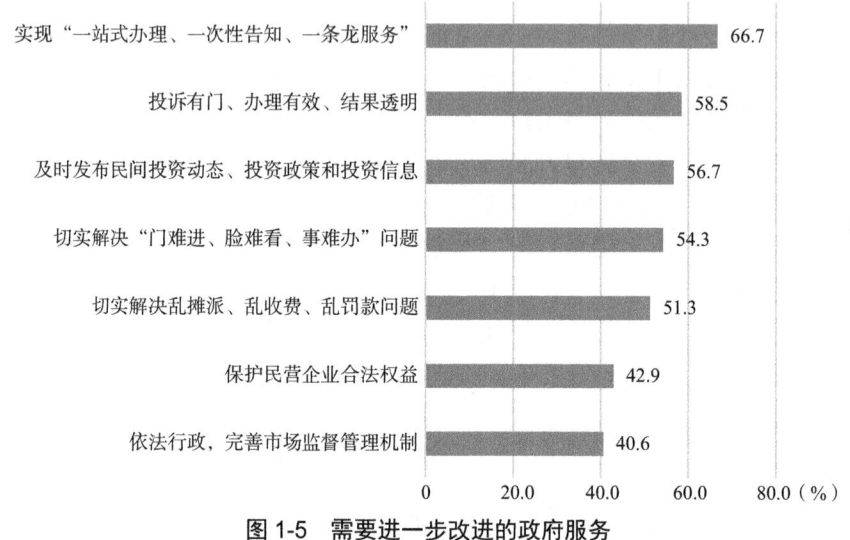

服务内容	百分比
实现"一站式办理、一次性告知、一条龙服务"	66.7
投诉有门、办理有效、结果透明	58.5
及时发布民间投资动态、投资政策和投资信息	56.7
切实解决"门难进、脸难看、事难办"问题	54.3
切实解决乱摊派、乱收费、乱罚款问题	51.3
保护民营企业合法权益	42.9
依法行政，完善市场监督管理机制	40.6

图 1-5　需要进一步改进的政府服务

资料来源：天津市"民营经济 27 条"落实情况万家民营企业发展环境调查第三方评估。

(2) 各区县评价

在统计结果的基础上，对各区县数据进行加权分析。问卷中区县服务评价选项分别为"好""较好""一般""差"，并依次赋值4、3、2、1，通过加权计算，得出每个区县在执行落实政策和改进优化服务情况的分数，如表1-4所示。

表1-4 各区县执行落实政策和改进优化服务评价

各区县执行落实政策情况		各区县改进优化服务情况	
区县名称	得分	区县名称	得分
静海县	3.702	宝坻区	3.685
宝坻区	3.688	静海县	3.625
津南区	3.549	北辰区	3.530
武清区	3.542	津南区	3.504
北辰区	3.533	武清区	3.497
西青区	3.419	河北区	3.400
宁河县	3.398	蓟县	3.356
河北区	3.394	宁河县	3.342
蓟县	3.361	西青区	3.340
河西区	3.335	河西区	3.332
东丽区	3.196	东丽区	3.158
南开区	3.068	南开区	3.044
和平区	3.022	和平区	2.985
河东区	3.014	红桥区	2.966
红桥区	2.993	河东区	2.955
滨海新区	2.933	滨海新区	2.904
多区域	2.556	多区域	2.389
平均值	3.277	平均值	3.236
极差	1.147	极差	1.296
标准差	0.308	标准差	0.265

资料来源：天津市"民营经济27条"落实情况万家民营企业发展环境调查第三方评估。

通过分析数据极差和标准差可以看出，各区县执行落实政策和改进优化服务情况差异不大，但静海、宝坻两区县的评价值最高。同时也可以看出，各区县改进优化服务水平普遍低于执行落实政策水平，这说明政府改进优化服务工作还需进一步加强。

（3）各部门评价

在民营企业对于各部门政策落实和改进优化服务的评价中，70%以上企业评价为好或较好，整体不错，但服务部门和执法部门得分差异较显著。在统计结果的基础上，对政府各部门数据进行加权分析。市级部门评价选项分别为"好""较好""一般""差"，依次赋值4、3、2、1，每个部门在执行落实政策和改进优化服务情况的得分如表1-5所示。

表1-5 市级部门执行落实政策和改进优化服务评价

市级部门执行落实政策情况		市级部门改进优化服务情况	
部门名称	得分	部门名称	得分
市工商联	3.2723	市工商联	3.2245
市发改委	3.2541	市科委	3.2041
市科委	3.2432	市中小企业局	3.2011
市中小企业局	3.2407	市发改委	3.1940
市财政局	3.2338	市财政局	3.1911
市科协	3.2307	市科协	3.1908
市监察局	3.2297	市商务委	3.1878
市商务委	3.2247	市市场监管委	3.1790
市农委	3.2245	市司法局	3.1687
市人力社保局	3.2208	天津贸促会	3.1675
市司法局	3.2186	市工信委	3.1674
市国税局	3.2183	市民政局	3.1661
市市场监管委	3.2164	市卫生和计划生育委	3.1649
市高级法院	3.2128	市人力社保局	3.1637
市民政局	3.2102	市国税局	3.1636
天津贸促会	3.2099	市知识产权局	3.1615
天津检验检疫局	3.2066	天津检验检疫局	3.1609
市统计局	3.2063	市高级法院	3.1608
天津海关	3.2062	市金融工作局	3.1587
市金融工作局	3.2034	市监察局	3.1582
市知识产权局	3.2028	市规划局	3.1547
市卫生和计划生育委	3.2025	天津证监局	3.1546
市规划局	3.2018	市统计局	3.1545
市工信委	3.2000	市农委	3.1506

(续表)

市级部门执行落实政策情况		市级部门改进优化服务情况	
部门名称	得分	部门名称	得分
天津外汇局	3.1968	天津海关	3.1499
市城乡建设委	3.1957	天津外汇局	3.1477
市教委	3.1948	市外事办	3.1466
市文广局	3.1946	市文广局	3.1449
天津证监局	3.1941	市教委	3.1448
市外事办	3.1933	市城乡建设委	3.1408
市国土房管局	3.1932	市国土房管局	3.1400
市公安局	3.1842	市环保局	3.1242
市环保局	3.1772	市公安局	3.1238

资料来源：天津市"民营经济27条"落实情况万家民营企业发展环境调查第三方评估。

通过与企业家的座谈了解到，由于政府各部门工作性质不同，民营企业普遍对能够予以本企业资金或政策等方面支持的部门评价较高，但对一线执法部门评价较低。

（4）对进一步落实民营经济发展政策措施有何意见和建议的分析

"民营经济27条"颁布后，65%以上的民营企业认为，民营经济面临公平的市场、政策和社会环境，说明公平逐渐实现。在对进一步落实民营经济发展措施的建议中，"减轻企业税费负担"和"细化完善融资方面政策措施"是民营企业最为期望的下一步政策措施（见图1-6）。座谈时，有些企业称，与南方省市相比，政府部门应该克服"懒政"，着重解决为谁服务的问题。比如在"新三板"上市的问题上，应增强服务意识，做好咨询服务工作，推动更多的企业上市融资。有些企业建议，市委、市政府应本着公开、公平、公正的原则，支持民营企业做大做强。在准备向民间开放的特殊行业（保安业），管理体制还需要进一步厘清。部分企业还建议，工商联组织可以提出准许民营企业产品进入的政府采购建议清单。有些商会称，天津在制定出台涉及行业、专业领域政策措施时，应认真学习外省市的先进经验做法，倾听专业领域的行业商会、协会的意见。在遇到与消费者纠纷时，特别是部分媒体失实报道时，建议相关执法职能部门能邀请协会、商会协助调查，听取协会、商会的意见。

整体上来看，"民营经济27条"实施一年来，民营企业对于政策持正面评价。公平、信息和效率是天津民营企业最为关注的，应从公平对待民营企业、建立信息互通平台、加强政策宣传、提高政府服务效率入手，进一步贯彻落实"民营经济27条"，积极促进天津民营经济实现更好发展。

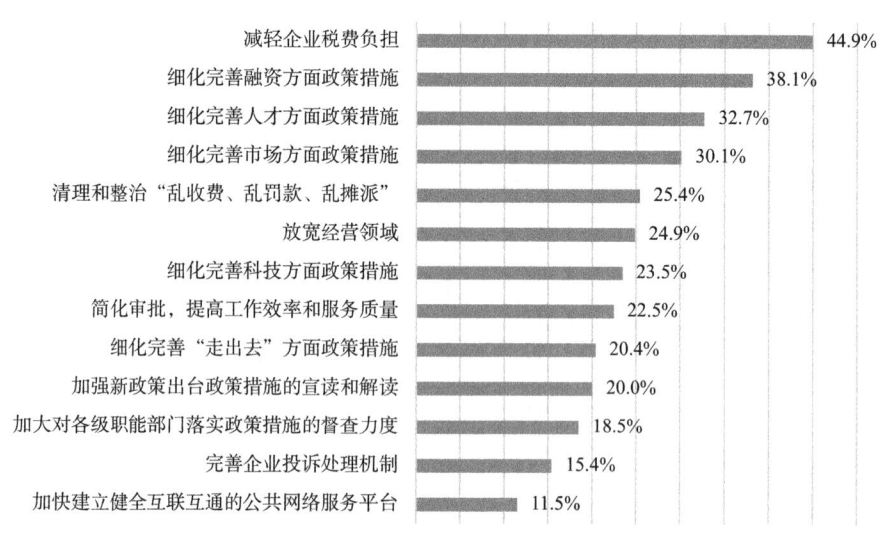

项目	比例
减轻企业税费负担	44.9%
细化完善融资方面政策措施	38.1%
细化完善人才方面政策措施	32.7%
细化完善市场方面政策措施	30.1%
清理和整治"乱收费、乱罚款、乱摊派"	25.4%
放宽经营领域	24.9%
细化完善科技方面政策措施	23.5%
简化审批,提高工作效率和服务质量	22.5%
细化完善"走出去"方面政策措施	20.4%
加强新政策出台政策措施的宣读和解读	20.0%
加大对各级职能部门落实政策措施的督查力度	18.5%
完善企业投诉处理机制	15.4%
加快建立健全互联互通的公共网络服务平台	11.5%

图 1-6 对进一步落实民营经济发展政策措施的意见和建议

资料来源:天津市"民营经济27条"落实情况万家民营企业发展环境调查第三方评估。

三、民营企业生产经营状况

近年来,天津民营经济总量不断增加,民营经济发展对地区生产总值的贡献加大。2016年,天津民营经济增加值为8579.87亿元,占全市生产总值的比重为48.0%,民营企业数量达36.06万户,占全市企业的93.32%。民间投资已成为天津全社会投资的主力,投资拉动作用明显。民营企业出口规模呈扩大趋势,2016年天津民营企业出口额为113.82亿美元,占全市出口比重的25.7%,对进出口贸易的贡献加大。民营经济市场主体吸纳就业能力突出,对全市城镇就业增加、缓解就业压力贡献较大。为进一步深化对天津民营经济的研究,自2016年起笔者依托天津市工商联民营企业信息直报点网络,开展年度天津民营经济发展动态监测及追踪调查,基于2016年的调查研究数据,做出如下分析。

1. 企业经营状况及对未来发展的信心

(1)企业生产经营状况指数

有46.5%的受访企业认为当前企业经营状况良好,43.0%的企业认为生产经营状况一般,10.5%的企业认为生产经营状况不佳,全市企业综合生产经营状况指数为7.87。其中,武清区企业作为京津冀协同发展中的桥头堡,发展势头迅猛,所有被访企业生产经营状况均良好。紧随武清区之后,企业生产经营状况较好的区域是宝坻区及和平区。静海区及津南区企业经营状况较为困难,滨海新区企业分布最广,但经营状况也不乐观(见表1-6)。

表1-6　各区企业生产经营状况指数

区域	指数	区域	指数
武清区	10.00	红桥区	7.78
宝坻区	8.89	河北区	7.64
和平区	8.55	西青区	7.56
东丽区	8.41	蓟州区	7.55
河东区	8.23	南开区	7.33
宁河区	8.22	滨海新区	7.18
河西区	7.90	津南区	7.03
北辰区	7.78	静海区	6.89

资料来源：2016年天津民营经济发展动态监测及追踪调查。

此外，由于行业不同，企业经营状况差异也较大。采矿业、金融业、房地产业经营状况很好，指数接近或达到10.00。而第一产业及住宿和餐饮业，居民服务、修理和其他服务业，租赁和商务服务业等价值链低端的第三产业生产经营状况不佳。制造业企业经营状况指数在所有16个行业中排名第8，与全行业平均水平基本持平（见表1-7）。

表1-7　不同行业企业生产经营状况指数

行业	指数
采矿业	10.00
金融业	9.52
房地产业	9.22
电力、热力、燃气及水生产和供应业	8.67
科学、教育、文化、卫生	8.43
多行业经营	7.96
批发和零售业	7.95
制造业	7.88
交通运输、仓储和邮政业	7.62
建筑业	7.45
信息传输、软件和信息技术服务业	7.41
农、林、牧、渔业	7.33
住宿和餐饮业	7.04
居民服务、修理和其他服务业	7.04
租赁和商务服务业	7.03
其他	7.03

资料来源：2016年天津民营经济发展动态监测及追踪调查。

特别值得注意的是，天津小型、微型企业及初创企业生产经营状况不佳。成立5～10年的企业正处于稳定上升期，生产经营状况最好；成立5年以下的初创企业经营比较困难。此外，企业经营良好指数与企业规模完全成正比，天津历史以来国有企业、大型企业强，民营企业、小型企业、微型企业弱的态势并未明显改观，民营小型企业的经营状况和发展要求需要主管部门予以更多的关注和支持（见表1-8）。

表1-8　不同年龄、不同规模企业生产经营状况指数

年龄	指数	企业规模	指数
5～10年（不含10年）	8.06	大型	8.61
10年以上	7.84	中型	8.43
5年以下（不含5年）	7.44	小型	7.66
		微型	6.55

资料来源：2016年天津民营经济发展动态监测及追踪调查。

（2）企业未来发展信心指数

谈及未来两年企业总体经营状况，56%的企业预期经营状况会变好，31.4%的企业认为不变，12.6%的企业持悲观态度，全市企业总体信心指数为8.11。进一步分析可以发现，采矿业、房地产业和金融业企业看好本行业的发展前景，而建筑业，住宿和餐饮业，居民服务、修理和其他服务业等对本行业未来发展状况不乐观（见表1-9）。

表1-9　不同年龄、不同规模企业未来生产经营状况指数

行业	指数	行业	指数
采矿业	10.00	交通运输、仓储和邮政业	7.63
房地产业	8.63	批发和零售业	7.40
金融业	8.10	制造业	7.31
电力、热力、燃气及水生产和供应业	8.00	信息传输、软件和信息技术服务业	7.22
科学、教育、文化、卫生	7.84	居民服务、修理和其他服务业	7.22
租赁和商务服务业	7.78	多行业经营	7.18
其他	7.77	住宿和餐饮业	6.85
农、林、牧、渔业	7.67	建筑业	6.67

资料来源：2016年天津民营经济发展动态监测及追踪调查。

此外，表1-10所示为不同区域、不同年龄、不同规模企业发展信心指数。蓟州、武清两区企业对未来两年发展的预期较好，而静海区企业明显信心不足。成立3年以下的初创企业对未来发展的信心最足（9.53/10），可见天津新成立的民营企

业虽然目前困难较多、经营状况不佳，但由于天津营商状况较好，特定目标市场的发展空间巨大，加之政策的优惠扶持，其对未来发展仍充满信心。

表 1-10　不同区域、不同年龄、不同规模企业未来发展信心指数

区域	指数	区域	指数	年龄	指数	企业规模	指数
蓟州区	9.56	河北区	8.13	3 年以下	9.53	中型	8.36
武清区	9.38	滨海新区	8.01	3～5 年	7.51	小型	7.99
东丽区	8.90	西青区	7.56	5～10 年	7.98	大型	7.88
和平区	8.89	宝坻区	7.50	10 年以上	8.11	微型	7.81
红桥区	8.89	北辰区	7.49				
河西区	8.57	南开区	7.33				
津南区	8.52	河东区	6.86				
宁河区	8.44	静海区	4.89				

资料来源：2016 年天津民营经济发展动态监测及追踪调查。

2. 销售、成本及盈利水平

2016 年 1—6 月，天津 39% 的民营企业销售量有所增加，持平的占比为 38.3%，有 22.7% 的企业销售量出现下滑。同时，超过半数的企业产品服务销售价格与 2015 年同期持平，仅 28.4% 的企业销售价格出现上升。然而企业所承担的成本不断攀升，特别是人工成本。56.6% 的企业认为物料采购成本上升，73% 的企业认为人工成本增加（见图 1-7）。

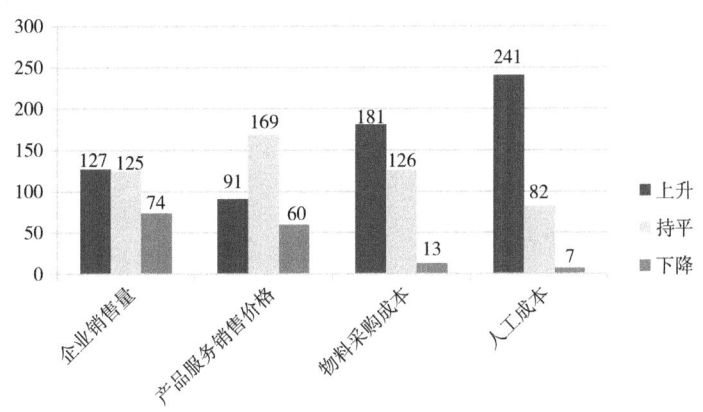

图 1-7　企业 2016 年 1—6 月生产经营状况（图中数字为企业数量）

资料来源：2016 年天津民营经济发展动态监测及追踪调查。

2016 年 1—6 月，34.7% 的企业盈利状况基本持平，有所增加的占 37.7%，4.2% 的企业盈利大幅减少。企业员工数量也是衡量企业盈利状况的"晴雨表"。2016 年 1—6 月，44.6% 的企业员工总量保持稳定，26.5% 的企业新增了少量雇员，24.4% 的企业进行了裁员（见图 1-8）。

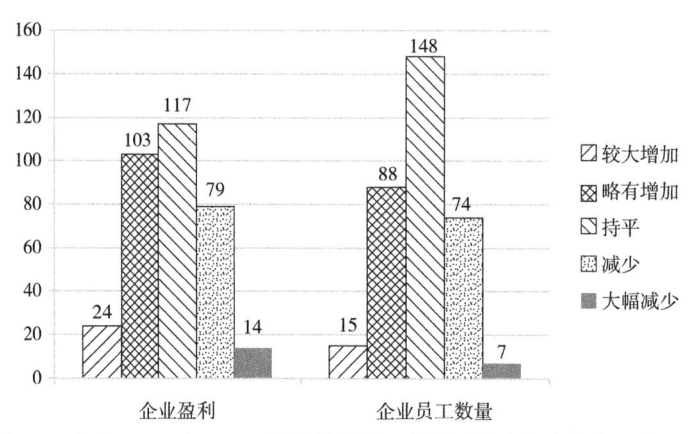

发展、挑战与探索——转型中的天津民营经济

图 1-8 企业 2016 年 1—6 月盈利和员工数量（图中数字为企业数量）

资料来源：2016 年天津民营经济发展动态监测及追踪调查。

3. 企业新增投资的三大主要方向

新产品研发、技术创新及工艺改造、扩大原有产品生产规模是天津民营企业新增投资的主要方向，向股市、期货市场投资的企业占比仅 4.5%，甚至低于投资民间借贷的比例（见图 1-9）。大型企业用于收购兼并及投向新的实体经济领域的占比较大，而有 14.8% 及 11.1% 的微型企业投资房地产及民间借贷。

投资方向	占比
新产品研发	42.7%
技术创新及工艺改造	36.9%
扩大原有产品生产规模	25.9%
投向新的实体经济领域	12.9%
用于收购、兼并	8.1%
投资房地产	7.1%
其他	5.5%
民间借贷	5.5%
投向股市、期货	4.5%

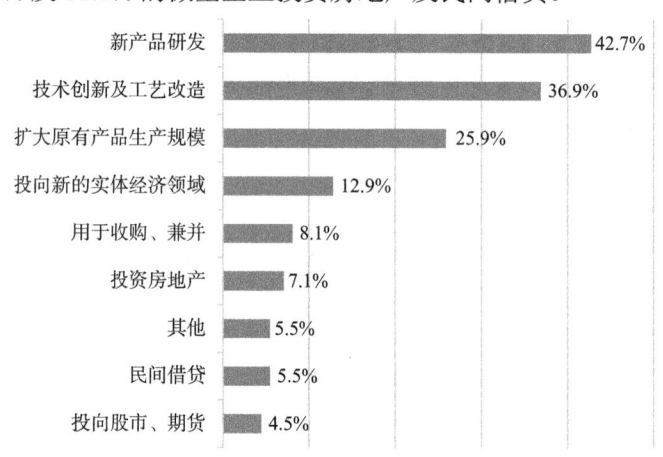

图 1-9 企业新增投资的主要方向

资料来源：2016 年天津民营经济发展动态监测及追踪调查。

不同行业企业投资的主要方向如表 1-11 所示，天津制造业企业的主要投资方向是新产品研发和技术创新及工艺改进，舆论盛传的实体经济由于利润太低而转投房地产行业的说法并非现实；相反，房地产行业有 21.4% 的企业投资流向实体经济领域。此外，金融行业 28.6% 的企业投资实体经济，是金融企业新增投资的第二位，在实体经济发展整体趋势下行的情况下逆势而上，为天津民营企业的产融结合奠定良好的基础。

表 1-11　不同行业企业投资的主要方向　　　　　　　　　　　（单位：%）

行业	新产品研发	技术创新及工艺改造	扩大原有产品生产规模	投向新的实体经济领域	用于收购兼并	投资房地产	民间借贷	投向股市、期货	其他
农、林、牧、渔业	60.0	30.0	30.0	0.0	10.0	10.0	0.0	0.0	10.0
采矿业	33.3	0.0	66.7	0.0	0.0	0.0	0.0	0.0	0.0
制造业	55.9	55.9	32.2	6.8	5.9	4.2	.8	1.7	3.4
房地产业	14.3	14.3	14.3	21.4	21.4	28.6	7.1	14.3	0.0
批发和零售业	26.3	13.2	26.3	23.7	13.2	13.2	10.5	5.3	5.3
建筑业	35.3	23.5	29.4	17.6	5.9	17.6	5.9	11.8	0.0
交通运输、仓储业	16.7	33.3	16.7	0.0	16.7	16.7	16.7	0.0	0.0
租赁和商务服务业	14.3	28.6	14.3	42.9	0.0	0.0	0.0	0.0	0.0
住宿和餐饮业	20.0	53.3	20.0	20.0	13.3	0.0	6.7	0.0	13.3
电力、热力、燃气及水生产和供应业	40.0	20.0	40.0	0.0	0.0	0.0	20.0	0.0	20.0
金融业	57.1	0.0	0.0	28.6	14.3	14.3	28.6	0.0	0.0
信息传输、软件和信息技术服务业	66.7	27.8	11.1	16.7	5.6	5.6	11.1	5.6	11.1
科学、教育、文化、卫生	33.3	41.7	25.0	25.0	0.0	0.0	0.0	16.7	8.3
居民服务、修理和其他服务业	14.3	28.6	28.6	14.3	7.1	0.0	7.1	7.1	21.4
其他	37.5	25.0	0.0	0.0	25.0	0.0	25.0	0.0	12.5
多行业	50.0	50.0	30.0	0.0	0.0	0.0	0.0	20.0	0.0

资料来源：2016 年天津民营经济发展动态监测及追踪调查。

在分析民营企业境外投资状况时我们发现，天津将融入"一带一路"建设作为重要的战略机遇，然而民营企业的境外投资情况无论是从投资企业比例还是投资项目类型来看，均仍处在起步阶段。有 76.3% 的企业没有境外投资，其余企业投资比例最高的是购置境外房地产，收购或参股境外企业、在境外设立营销机构和研发机构、境外建厂等投资方式总计占比仅 12.1%（见表 1-12）。如何引导民营企业借助"一带一路"建设实施的有利机遇，开拓海外市场，增强企业实力，提升国际化水平，从而整体提高天津企业的国际话语权水平，是目前亟待解决的问题。

表 1-12　2015 年民营企业境外投资情况

项目	数量 / 家	占比 /%
境外建厂	6	1.8
在境外设立营销机构	13	3.8
收购或参股境外企业	15	4.4
购置境外房地产	27	8.0
收购境外资源、能源、土地	3	0.9
在境外设立研发机构	7	2.1
为本人或家人办理投资移民	6	1.8
其他	3	0.9
无	258	76.3

资料来源：2016 年天津民营经济发展动态监测及追踪调查。

4. 竞争策略亟待多元化发展

54.3% 的企业认为，其核心竞争优势是产品和服务的质量，这与天津踏实勤干的市民文化和企业家精神密不可分。然而在经济下行趋势及市场竞争白热化的压力下，天津民营企业的核心竞争优势略显单一（见图 1-10）。资金运作、产业链整合、物流配送、持续创新能力都有可能成为企业不同于他人的核心竞争实力，并且在全国范围内不乏先例。天津民营企业应在保持产品和服务质量相对竞争优势的同时，结合自身行业企业、资源禀赋的特点，创新产品和经营模式，发展针对特定目标市场的绝对竞争优势，实现企业优势的双轮驱动或多轮驱动。

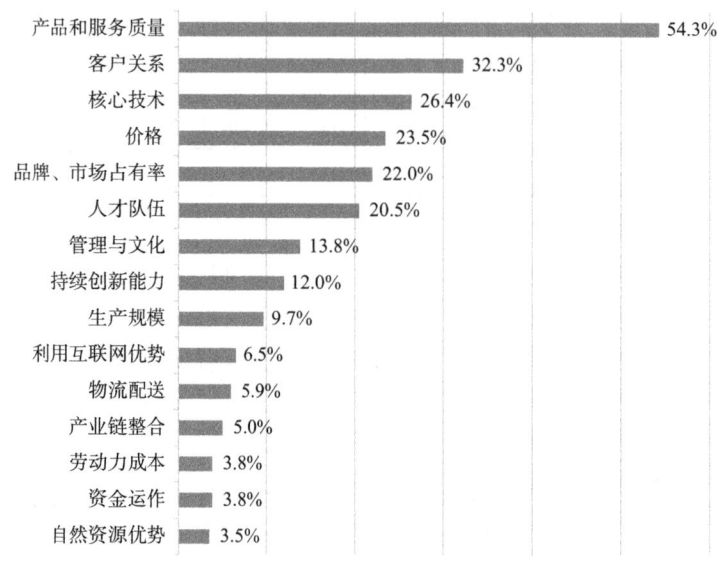

核心竞争优势	占比
产品和服务质量	54.3%
客户关系	32.3%
核心技术	26.4%
价格	23.5%
品牌、市场占有率	22.0%
人才队伍	20.5%
管理与文化	13.8%
持续创新能力	12.0%
生产规模	9.7%
利用互联网优势	6.5%
物流配送	5.9%
产业链整合	5.0%
劳动力成本	3.8%
资金运作	3.8%
自然资源优势	3.5%

图 1-10　民营企业核心竞争优势

资料来源：2016 年天津民营经济发展动态监测及追踪调查。

2016年被调查民营企业认为，现阶段发展的关键是市场开发、产品创新和成本控制，19.2%的企业认为发展的关键在于技术突破。创新商业模式、利用互联网、优化管理制度等新发展理念的选择比例较低，分别为14.2%、13.6%及12.7%（见图1-11）。

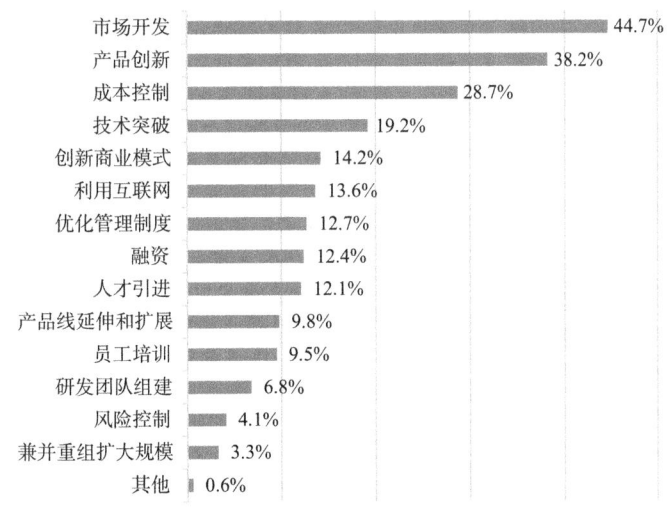

市场开发 44.7%
产品创新 38.2%
成本控制 28.7%
技术突破 19.2%
创新商业模式 14.2%
利用互联网 13.6%
优化管理制度 12.7%
融资 12.4%
人才引进 12.1%
产品线延伸和扩展 9.8%
员工培训 9.5%
研发团队组建 6.8%
风险控制 4.1%
兼并重组扩大规模 3.3%
其他 0.6%

图1-11 民营企业现阶段发展的关键

资料来源：2016年天津民营经济发展动态监测及追踪调查。

可喜的是，天津民营企业已经开始认识到转变企业经营战略的重要性，29.4%和29.1%的企业采取多元化策略及品牌发展战略，自主研发核心技术的企业比例达到46.2%（见表1-13）。

表1-13 核心技术来源及市场竞争策略 （单位：%）

核心技术来源	占比	市场竞争策略	占比
自主研发	46.2	低成本策略	14.5
与有关院校和科研机构联合开发	12.6	差异化策略	19.4
引进和模仿	14.1	高端化策略	6.7
无核心技术	27.0	多元化策略	29.4
		品牌发展战略	29.1
		其他	0.9

资料来源：2016年天津民营经济发展动态监测及追踪调查。

四、企业人力资源状况及存在的问题

1. 基本状况

本研究从高端及领军人才数量、最迫切的人才需求、人才引进工作中的问题、招聘渠道、用工紧缺等几个方面分析被访民营企业的人力资源状况。天津民营企业的人才需求主要集中在业务领军人才（38.9%）、创新创业团队（33.5%）和研发及管理类高端人才（33.2%）上。

因所在行业的不同，企业对人才的需求状况也不相同。制造业、金融业对研发及管理类高端人才的需求比例较大，采矿业、房地产业、批发和零售业等行业最需要业务领军人才，而租赁和商务服务业及建筑业对高技能人才的需求要高于其他行业。需要特别注意的是，住宿和餐饮业及居民服务修理等中低端服务业，由于进入门槛较低，竞争压力巨大，对创新的要求特别紧迫，其对创新创业团队的需求比例高于其他类型人才（见表1-14）。

表1-14 不同行业人才需求状况交叉分析　　　　　　　　　　（单位：%）

企业从事的主要行业	研发及管理类高端人才	业务领军人才	创新创业团队	高技能人才	初中级经管人才	技术工人	其他
农、林、牧、渔业	20.0	40.0	30.0	30.0	20.0	20.0	10.0
采矿业	0.0	75.0	0.0	25.0	0.0	0.0	0.0
制造业	45.5	28.9	27.3	36.4	8.3	33.9	1.7
房地产业	29.4	47.1	35.3	23.5	0.0	5.9	0.0
批发和零售业	15.9	52.3	31.8	27.3	25.0	4.5	4.5
建筑业	29.4	47.1	41.2	41.2	0.0	41.2	0.0
交通运输、仓储和邮政业	28.6	28.6	14.3	14.3	14.3	28.6	0.0
租赁和商务服务业	37.5	50.0	12.5	50.0	12.5	12.5	0.0
住宿和餐饮业	22.2	27.8	33.3	22.2	33.3	11.1	5.6
电力、热力、燃气及水生产和供应业	0.0	40.0	20.0	40.0	40.0	40.0	0.0
金融业	42.9	28.6	28.6	0.0	0.0	0.0	0.0
信息传输、软件和信息技术服务业	38.9	50.0	44.4	16.7	16.7	5.6	0.0
科学、教育、文化、卫生	43.8	56.3	50.0	12.5	25.0	25.0	0.0
居民服务、修理和其他服务业	22.2	27.8	50.0	5.6	27.8	27.8	0.0
其他	44.4	33.3	33.3	11.1	0.0	22.2	0.0
多行业经营	30.8	69.2	46.2	46.2	15.4	38.5	0.0

资料来源：2016年天津民营经济发展动态监测及追踪调查。

天津民营企业遭遇用工短缺的现象并不十分显著，偶尔缺工及并不缺工的累计比例达到74.6%。值得关注的是,通过皮尔森(Pearson)卡方检验,用工紧缺状况与企业规模有较显著的相关性。随着企业规模的减小,没有遇到用工短缺的情况呈递减趋势。小微企业用工量虽小,但由于企业实力弱、招聘渠道窄、招聘投入低等原因,其招工难的问题明显严重于大中型企业,24.1%的微型企业反映"一直缺工,而且将持续一段时间"。

2. 存在的问题

第一,中高端人才保有量不足,企业人才需求未能满足。被访的民营企业中超过1/3高端及领军人才数量为0,拥有1~5名高端人才的企业占43.9%(见表1-15),并不能满足前文所分析的企业对研发、管理、领军人才的需求。应聘人才和用人单位的认知存有偏差。用人单位重视单位内部环境、组织文化和个人的匹配、内部股权激励机制等因素;而应聘人才在选择就业地点时更注重地区国际化程度、经济发展水平和政策信息公开程度等。用人单位所提供的优惠条件往往难以切中人才落地的"痛点",造成企业高端人才需求短缺。

表 1-15　天津民营企业高端及领军人才数量分布

	企业数 / 家	占比 /%
0 人	111	34.8
1～5 人	140	43.9
6～10 人	22	6.9
10 人以上	46	14.4

资料来源:2016年天津民营经济发展动态监测及追踪调查。

第二,人才队伍不稳定,结构不合理。41.0%的企业认为当前人才工作中最大的问题是"人才流动性大,不好管理"(见表1-16)。领军人才具有开拓力,其人脉关系较广,与企业外部的联系较多。在市场机制的作用下,领军人才具有较强的流动性。而企业对人才的市场化经营和人才积极合理的流动重视不够,吸引和稳定领军人才的政策缺乏有效的衔接,造成人才稳定性不足。同时调研显示,民营企业虽然从一些知名公司引进了不少高级人才,但是其没有足够的、得力的研发或管理团队支撑,使得领军人才孤掌难鸣,创新计划很难完成,这也是高端人才不稳定或流失的原因之一。重高端轻一般、重引进轻配套、重领军人才轻团队建设,是人才工作中的薄弱环节。

表 1-16　天津民营企业人才引进中存在的问题

问题	占比 /%
企业引才渠道狭窄	32.3
专业素质不能满足企业需要	26.7

（续表）

问题	占比 /%
政策落实不力，配套服务不完善	12.4
人才流动性大，不好管理	41.0
企业自有引才资金不足	24.2
缺乏有效绩效评估和激励机制	9.3
难以适应本企业文化或地区环境	9.3
科研成果难以产业化	6.8
研发资金不足	13.4
人力资源配套不足，独木难成林	7.5

资料来源：2016年天津民营经济发展动态监测及追踪调查。

第三，引才渠道狭窄。调查显示，企业招聘信息发布和人才获取信息渠道也存在偏差。约65%的企业主要招聘渠道是人才中介机构、猎头企业和媒体广告（网络招聘）；而人才获取信息集中在员工推荐，圈子、人脉、学脉招聘等个人渠道。国家/天津外国专家局平台、用人单位海外推介活动、国际人才交流与合作协议、项目与技术合作交流协议等综合渠道并没有得到充分利用（见图1-12）。

招聘渠道	占比/%
人才中介机构、猎头企业	32.6
媒体广告（网络招聘）	32.3
员工推荐	27.4
人才交流中心（人才大厦）	25.5
圈子、人脉、学脉招聘	23.7
项目与技术合作交流协议	18.5
国际人才交流与合作协议	7.4
微博、推特、脸书等新媒体渠道	6.2
用人单位海外推介活动	2.5
国家/天津外国专家局平台	1.5

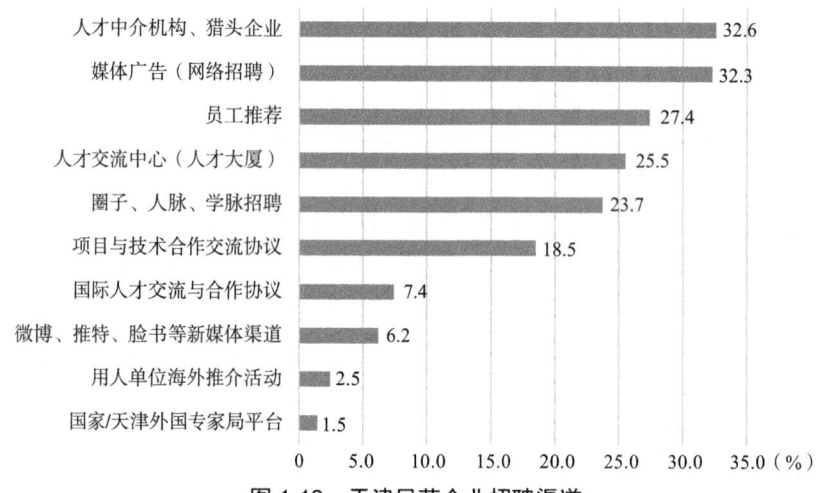

图1-12 天津民营企业招聘渠道

资料来源：2016年天津民营经济发展动态监测及追踪调查。

五、企业的投融资情况

1. 民间资本主要投向的变化

从三次产业民间投资构成看，天津市民间投资主要集中在第三产业和第二产业领域，且第三产业民间投资占全市全年民间投资比重逐年增加，第二产业民间投资占比逐年下降，第一产业民间投资基本稳定。第三产业民间投资占比由2013年的47.4%增加到2016年的59.6%。

从民间资本的主要行业投向看，天津市民间投资以工业、房地产业、租赁和商务服务业、批发和零售业为主。工业占比从2013年的48.8%下降到2016年的35.9%；房地产业占比先升后降；租赁和商务服务业、批发和零售业占比上升。值得注意的是，2013—2016年，科研和技术服务业以及信息传输、软件和信息技术服务业占比虽不大，但增幅较大，年均增长率分别达38.1%、74.7%（见表1-17）。

表1-17 2013—2016年天津民间投资主要行业投资情况

行业	占全市全年民间投资比重/%			
	2013年	2014年	2015年	2016年
工业	48.8	47.0	45.6	35.9
房地产业	19.4	22.4	21.2	19.7
租赁和商务服务业	8.2	6.7	7.9	11.6
批发和零售业	4.3	4.3	5.7	9.6
水利、环境和公共设施管理业	4.6	6.2	7.5	6.6
农、林、牧、渔业	2.2	1.9	2.3	3.4
交通运输、仓储和邮政业	2.4	2.8	2.9	3.3
科研和技术服务业	1.1	1.5	1.1	2.9
居民服务、修理和其他服务业	1.6	1.2	0.8	1.8
信息传输、软件和信息技术服务业	0.3	0.7	0.8	1.6
建筑业	0.8	0.8	0.6	1.0
住宿和餐饮业	1.5	0.9	0.9	0.8
文化、体育和娱乐业	1.5	0.9	0.6	0.8
教育	0.3	0.9	0.9	0.4
卫生和社会工作	0.4	0.2	0.2	0.2
金融业	0.4	0.5	0.2	0.1
农、林、牧、渔服务业	1.0	0.3	0.4	—
金属制品、机械和设备修理业	0.1	0.1	0.1	—

资料来源：天津市统计局、天津市发展和改革委员会。

长期以来，天津民间投资高度集中在制造业和房地产业两个领域，比重很大，但增速明显放缓。尤其是伴随供给侧结构性改革的深化，要素成本率上升、行业利润率降低，制造业、房地产业投资回报率明显下降，民间资本对制造业、房地产业的投资意愿大幅降低，转而投向具有更高资本回报率的金融业、科研和技术服务业等领域，制造业、房地产业民间资本出现观望或逃离趋势。若无法突破民间投资回报率缩水、民间资本投资意愿降低、民营企业融资成本高涨、国家政策导向下重点行业民间投资难以进入等困境，就无法打破民间投资壁垒，拓宽民间投资领域。

2. 融资缺口及融资渠道状况

被调查企业的全样本融资缺口指数为2.80（最高值为6），与2014年调查相比下降了7.5%，天津民营企业总体融资缺口在20%～30%。不同行业企业融资缺口差异很大，融资缺口最为严重的三个行业分别是电力、热力、燃气及水生产和供应业（4.75），金融业（4.17）和农、林、牧、渔业（4.1），缺口超过40%；融资缺口较小的三个行业分别是住宿和餐饮业（2.06）、租赁和商务服务业（2.11），以及交通运输、仓储和邮政业（2.5），另外制造业融资缺口指数为2.57，融资需求满足状况也较好。

本研究将此次调查与2014年所执行的调查进行了对比，其结果显示，民营企业的融资渠道进一步向银行贷款集中，企业平均融资渠道个数从1.44个下降到1.25个，除国有和股份制商业银行贷款以外，其他融资渠道选择比例都有所降低（见表1-18）。

表1-18　2014年和2016年民营企业融资渠道对比　　　　　（单位：%）

融资渠道	2014年	2016年
国有和股份制商业银行贷款	53.5	58.4
民间借贷、个人拆借	35.3	23.8
小型金融机构，如村镇银行、小贷	22.9	16.2
融资租赁	20.1	12.5
中小企业集合债	—	4.0
互联网金融借贷	—	3.0
上市	3.6	2.6

资料来源：天津市"民营经济27条"落实情况万家民营企业发展环境调查第三方评估、2016年天津民营经济发展动态监测及追踪调查。

进一步分析我们发现，随着企业规模越来越小，银行贷款这一渠道的使用比例明显下降，民间借贷、个人拆借这一渠道的使用比例上升，微型企业使用民间资本的比例为44%，超过银行渠道12个百分点，此情况与2014年大致相同。类似趋势也出现在不同年龄阶段的企业中，年龄越小的企业，可获得银行贷款的机会就越少（见表1-19）。民间借贷与中小企业有着天然的契合性。其具有信息成本低、交易简便灵活等优势，能够更好地满足中小企业对资金"短、频、急"的现实需求，但也存在缺乏监管、利息沉重、易产生债务纠纷等问题。

表 1-19　不同规模、不同年龄民营企业融资渠道　　　　　　　　　　（单位：%）

规模与年龄	国有和股份制商业银行贷款	小型金融机构，如村镇银行、小贷	融资租赁	民间借贷、个人拆借	互联网金融借贷	上市	中小企业集合债	其他
大型	75.0	25.0	16.7	8.3	0.0	0.0	0.0	0.0
中型	75.0	14.4	20.2	16.3	1.9	4.8	3.8	1.0
小型	51.0	17.6	9.2	25.5	2.6	2.0	3.9	7.2
微型	32.0	12.0	4.0	44.0	8.0	0.0	4.0	12
3 年以下	30.0	40.0	20.0	20.0	10.0	10.0	10.0	0.0
3～5 年	45.5	9.1	9.1	36.4	9.1	0.0	18.2	9.1
5～10 年	56.6	13.2	14.5	22.4	5.3	0.0	2.6	3.9
10 年以上	61.2	16.5	11.7	23.8	1.5	3.4	3.4	5.3

资料来源：2016 年天津民营经济发展动态监测及追踪调查。

成立 3 年以下的民营初创企业融资渠道更加多元化，结构更趋合理，以小型金融机构小额贷款为主，融资租赁、互联网金融、中小企业集合债、上市等渠道多元使用，充分体现了初创企业的融资活力。

Pearson 相关性分析结果显示，企业能否通过担保机构或公司信用记录获得贷款与其规模有关，信贷可得性与企业规模成正比。对于微型企业而言，仅 55.6% 的企业能通过担保机构担保获得贷款，能通过公司信用记录获得贷款的比例更低，为 40.7%（见表 1-20）。此外还应注意，不同区位企业信贷可得性差异较大，北辰、武清、津南三区所有被调查企业均可以通过担保机构担保获得贷款，而这一比例在静海区仅有 13.3%。

表 1-20　民营企业信贷可得性　　　　　　　　　　（单位：%）

类型	能通过担保机构担保获得贷款	能通过公司信用记录获得贷款
大型	90.9	81.8
中型	86.4	71.6
小型	71.1	59.9
微型	55.6	40.7
合计	75.8	63.1

资料来源：2016 年天津民营经济发展动态监测及追踪调查。

六、创新创业举措与企业家的创新思维

1. 民营企业创新创业活动深度不够、困难较多

调查显示，天津民营企业非常重视创新创业活动，2016年，90%被调查的民营企业开展了各种形式的创新活动，主要包括产品创新（48.3%）、营销创新（44.2%）及工艺创新（38%）。民营企业认为目标化、市场化和分权化的管理模式最为理想，但能够深入企业组织机理内部的深层次改革创新活动还不多见，仅有19.3%的企业进行了各类管理和组织方式创新。企业筹措创新创业资金的主要途径首先仍为商业贷款，占比58.3%；其次为个人储蓄，占比32.6%；家族资助、民间借贷、创业投资三项占比均在17%左右；互联网金融、信托资金使用很少。

"资金缺乏"（43.9%）、"研发机构和人才缺乏"（31.6%）及"风险投资机制不完善"（25.4%）是民营企业认为阻碍其自主创新的主要原因（见图1-13）。与2014年的调查结果相比，"研发公共平台不足"的问题有所缓解。企业自主创新障碍的破除还有赖于金融体系的完善与融资方式的多元化创新、人才引进渠道和规模的扩大，以及风险投资平台的建设。

阻碍因素	百分比（%）
资金缺乏	43.9
研发机构和人才缺乏	31.6
风险投资机制不完善	25.4
成果产业化困难	17.9
知识产权得不到有效保护	17.0
企业联合创新不足	16.4
不能很好利用互联网资源	14.6
研发公共平台不足	13.1
缺乏科研成果交易平台	7.2
缺少中介和配套服务	5.7
其他	0.3

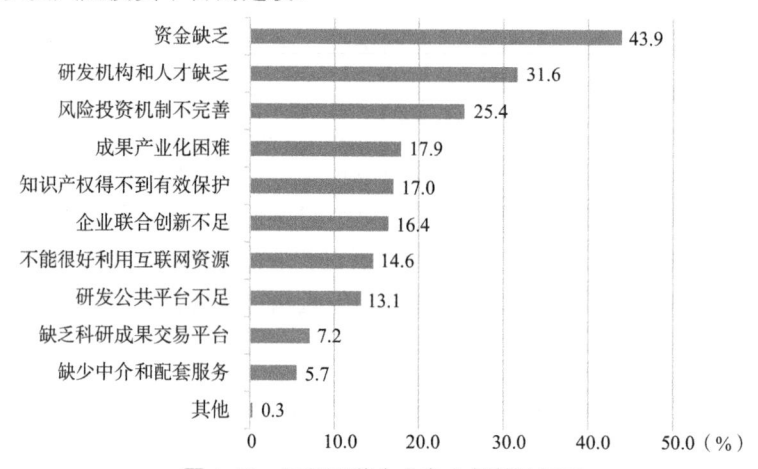

图1-13　阻碍民营企业自主创新的原因

资料来源：2016年天津民营经济发展动态监测及追踪调查。

2. 政府对企业创新创业的服务较为有限

民营企业认为，在创新创业过程中最关键的因素是科技成果、专利、知识、技术的储备（38.6%），精诚合作的创业团队（37.5%）及商业模式的确定（33.3%）。这些战略层面因素的重要性高于好的创业机会和项目、产品的市场调研、丰富的社会资本等操作层面的因素，而政府的创业指导和创新政策发挥的功效还比较有限（见图1-14）。

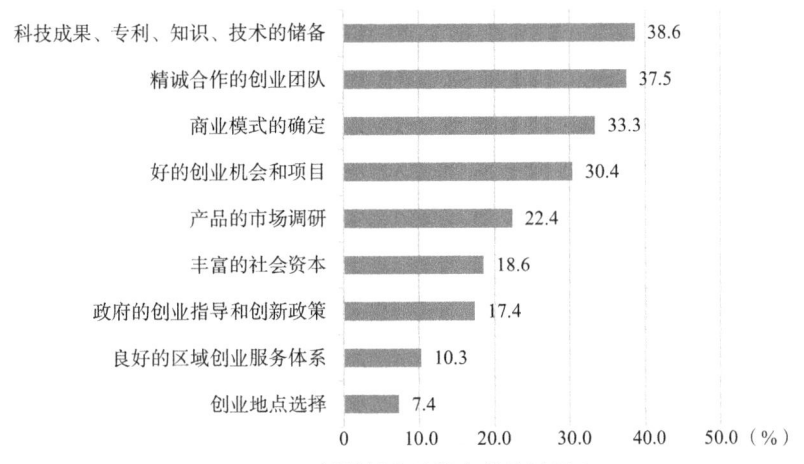

图 1-14 创新创业过程中的关键因素

因素	百分比
科技成果、专利、知识、技术的储备	38.6
精诚合作的创业团队	37.5
商业模式的确定	33.3
好的创业机会和项目	30.4
产品的市场调研	22.4
丰富的社会资本	18.6
政府的创业指导和创新政策	17.4
良好的区域创业服务体系	10.3
创业地点选择	7.4

资料来源：2016年天津民营经济发展动态监测及追踪调查。

3. 投资小见效快及高技术高收益的项目受青睐

在选择创业项目时，民营企业家最乐于选择的创业项目是投资小、见效快的项目，其选择比例为31.8%；位于第二的是技术含量高、收益水平高的项目，选择比例为31.5%（见图1-15）。

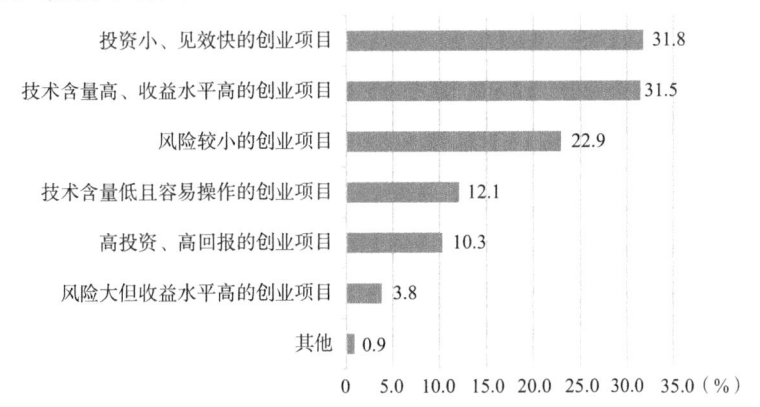

图 1-15 创业项目选择偏好

项目	百分比
投资小、见效快的创业项目	31.8
技术含量高、收益水平高的创业项目	31.5
风险较小的创业项目	22.9
技术含量低且容易操作的创业项目	12.1
高投资、高回报的创业项目	10.3
风险大但收益水平高的创业项目	3.8
其他	0.9

资料来源：2016年天津民营经济发展动态监测及追踪调查。

进一步分析我们发现，具有海外经历的企业家更倾向于选择技术含量高但收益水平高的创业项目。学历较低的企业家更愿意选择投资小、见效快的创业项目，而学历较高的企业家则倾向于技术含量高但收益水平高的创业项目。30岁以下的年轻企业家特别倾向选择风险较小且投资小、见效快的项目，而45～55岁的成熟企业家则更多地选择技术含量高但收益水平高的创业项目（见表1-21）。

表 1-21　不同类型企业家创业项目选择偏好　　　　　　　　　　（单位：%）

企业家类型	创业项目类型	投资小、见效快	高投资、高回报	技术含量低且易操作	技术含量高但收益水平高	风险较小	风险大但收益水平高	其他
海外经历	是	31.3	3.1	6.3	46.9	21.9	0.0	0.0
	否	34.9	10.7	13.0	26.1	23.0	4.6	1.1
受访者学历	高中及以下	34.1	9.8	12.2	22.0	26.8	7.3	0.0
	专科	37.0	7.4	22.2	29.6	22.2	1.2	0.0
	本科	32.8	13.9	8.0	24.1	25.5	5.8	0.7
	硕士	26.2	6.2	9.2	47.7	16.9	0.0	1.5
	博士	0.0	12.5	0.0	87.5	12.5	0.0	12.5
	其他	0.0	0.0	0.0	0.0	50.0	50.0	0.0
受访者年龄	30 岁以下	25.0	12.5	18.8	21.9	34.4	3.1	0.0
	30～45 岁	38.2	8.9	12.2	26.8	27.6	2.4	1.6
	45～55 岁	24.8	10.3	12.4	38.6	17.9	5.5	0.7
	55 岁以上	42.5	12.5	5.0	27.5	17.5	2.5	0.0

资料来源：2016 年天津民营经济发展动态监测及追踪调查。

4. 贯彻执行、制度改革和风险承担的意识较薄弱

企业探索转型升级、充分利用互联网优势、开展多形式创新创业活动等战略的酝酿制定、贯彻实施和效果评估都与企业家的创新思维及意识密切相关。为此本研究设计了 28 项指标来反映和描述民营企业家的创新意识。通过探索性因子分析、平方欧式距离聚类分析等研究方法的综合利用，28 项指标可分为人才战略意识、创新价值意识、资金投入意识、贯彻落实意识、管理改革意识及风险承担意识等 6 个维度，并对每项指标及维度的企业家认同性评分进行了测算。

测算结果显示，在创新思维与创新意识的各类观念中，民营企业家最为认可和赞同的是"企业家要和科技人才交朋友，听取他们的意见""企业不创新迟早会在激烈的竞争中衰亡"及"对于有突出贡献的创新人才应该给予重奖"，它们分属人才战略意识维度、创新价值意识维度及资金投入意识维度，而这三项都属于概念性观念。在企业家的各类创新观点中，最为看重的是人才战略，这是企业能够实现创新发展的关键因素。企业家对创新的意义与价值，以及为推动创新所进行的必要资金投入也较为认可。然而操作性观念所包含的贯彻落实意识、管理改革意识，特别是风险承担意识，企业家对其平均认同性评分较低，如表 1-22 所示。

表 1-22　企业家创新思维与创新意识维度测评

问题类别		问题描述	均值	排名	类目均值
概念性观念	人才战略意识	企业家要和科技人才交朋友，听取他们的意见	4.31	1	4.20
		企业关于技术创新方面的决策，要有技术骨干参与	4.25	5	
		应该提供各种学习培训机会，提高员工创新能力	4.23	8	
		创新型人才是企业最重要的人力资源	4.18	10	
		尊重创新型人才，给他们尽可能大的自主权	4.16	13	
		要按照创新人才的要求为他们配备研发设备和助手	4.04	24	
	创新价值意识	企业不创新迟早会在激烈的竞争中衰亡	4.3	2	4.18
		创新是企业持续发展的最大动力	4.25	6	
		应该高度重视"互联网+"并予以实践创新	4.05	22	
		不管企业现状如何都不能忽视创新	4.12	17	
	资金投入意识	对于有突出贡献的创新人才应该给予重奖	4.29	3	4.15
		企业应该建立一整套奖励创新的奖金制度	4.29	4	
		企业应不惜重金引进急需的高层技术人才	3.93	27	
		在资金上要优先保障技术研发的费用	4.08	20	
操作性观念	贯彻落实意识	在创新方面一旦作出决策就要全力落实	4.25	7	4.14
		创新应该是企业高层会议的重要议题之一	4.14	14	
		企业创新应该是企业家工作日程的重要内容之一	4.13	15	
		需要建立关于创新工作的例会制度	4.05	23	
	管理改革意识	企业要设法使高层领导在创新问题上步调一致	4.21	9	4.10
		应该时时考虑企业何种规章制度成了创新的阻碍	4.06	21	
		一旦发现企业有阻碍创新的政策与制度就坚决改革	4.03	26	
		要敢于为有创新贡献的人设立领导岗位	4.09	19	
	风险承担意识	决策者应勇于承担创新失败带来的责任	4.18	11	4.07
		企业家要勇于承担创新过程中的危机与挑战	4.17	12	
		企业家不应该因为害怕失败而放弃创新的努力	4.12	16	
		企业应宽容员工创新活动的失败	4.1	18	
		期望创新很快带来经济收益是极不明智的	4.04	25	
		敢于冒险是企业成功的原因之一	3.82	28	

资料来源：2016年天津民营经济发展动态监测及追踪调查。

综合所述，天津民营企业家的创新观念与意识还主要停留在概念上的认可，非常看重创新的价值、人才的价值，也认为应该为创新投入资源，但落实到具体操作上，如建立关于创新工作的例会制度、为有创新贡献的人设立领导岗位、宽容员工创新活动的失败等，企业家的认可程度还相对较低。

具体分析不同年龄与不同学历特征的企业家的创新思维与创新意识，我们发现，55岁以上年龄较长的企业家在创新观念的6个维度上认可程度均最高；与普遍认识不同，30岁以下的青年企业家创新的观念意识较为薄弱（见表1-23）。可能的原因是成熟企业家在漫长的从商经历和企业成长过程中发现产品服务、管理制度、营销方式的不断创新是企业基业长青的根本。

同时我们发现，学历较高的企业家，对各个维度创新观念的认可程度都高于学历较低的企业家，而具有海外经历的企业家的总体创新意识略高于其对比组。因此，我们在对民营企业家创新思维和创新意识的培育中，要特别注重引导他们将对创新的观念性思考落实到具体工作行为中，并且加强对青年企业家创新意识的培养和引导。

表1-23 企业家个人特征与创新思维、创新意识维度

问题类别	年龄 30岁以下	年龄 30~45岁	年龄 45~55岁	年龄 55岁以上	学历 本科以下	学历 本科及以上	学历 博士及以上	海外经历 是	海外经历 否
人才战略意识	4.04	4.19	4.2	4.25	4.16	4.19	4.8	4.1	4.18
创新价值意识	4.11	4.19	4.11	4.26	4.09	4.17	4.73	4.33	4.1
资金投入意识	4.07	4.15	4.12	4.18	4.08	4.15	4.75	4.06	4.09
贯彻落实意识	3.92	4.13	4.1	4.24	4.06	4.12	4.87	4.1	4.08
管理改革意识	3.86	4.09	4.09	4.16	4.03	4.08	4.75	4.13	4.04
风险承担意识	3.9	4.07	4.02	4.16	3.97	4.07	4.45	4.08	4.01

资料来源：2016年天津民营经济发展动态监测及追踪调查。

第二章　创新驱动：2017—2019 年天津民营经济发展

一、欣欣向荣的 2017 年

2017 年前三季度，天津民营经济增加值为 6352.19 亿元，同比增长 13.5%，占全市生产总值的 47.6%。全市民营工业增加值增长 18.7%，快于规模以上工业 9.9 个百分点，拉动规模以上工业增长 7.8 个百分点，比重达到 45.8%；民营商品销售额增长 22.4%，快于限额以上批发和零售业 16.5 个百分点，占全市限上销售额的比重为 46.5%，同比提高 6.3 个百分点；民间投资 6731.74 亿元，增长 7.8%，占全社会投资的 57.7%，其中，制造业和房地产业仍是民间投资的主要领域，占比分别为 35.3% 和 19.3%。前三季度，全市新登记民营市场主体 12.16 万户，占全市新登记市场主体的 98.0%，其中民营企业为 6.50 万户，主要集中在批发和零售业、科研和技术服务业、租赁和商务服务业等领域。

目前，天津民营经济发展呈现三大态势：一是民营经济总量不断增加，整体发展实力不断增强；二是民间投资规模和民营企业出口规模持续扩大，经济增长拉动作用显著；三是民营经济对增加税收、扩大就业的作用显著，民营企业社会贡献日益突出。2015—2019 年的天津民营企业追踪调查数据显示，2017 年是近年来天津民营企业发展的一个巅峰时期，生产经营状况良好，行业和企业发展信心较足，要素价格还没有大幅上涨，企业相对竞争优势较多，银行贷款充足，企业融资缺口小，投资热情高涨。

1. 信息软件技术行业民营企业发展势头强劲

调查显示，有 56.1% 的受访企业认为，当前企业经营状况良好，全市企业综合生产经营状况指数为 8.35，相比 2016 年的 7.87 有所提高。其中武清、宝坻、东丽、河东等区企业继续保持了良好的发展势头，特别是武清，90% 的被访企业认为，当前生产经营状况良好，并连续两年生产经营状况指数位居全市之首。与 2016 年相比，信息传输、软件和信息技术服务业经营状况有了明显改善，然而住宿和餐饮业，批发和零售业，交通运输、仓储和邮政业等处于价值链低端的第三产业生产经营状况不佳。

2017 年天津信息软件技术行业民营企业发展势头强劲，行业、企业发展信心指数和增长率都居各行业之首,全市有16.5%的民营企业2017年新增投资于信息服务产业,居民营企业新增投资领域第三位。从当前经营状况、行业发展信心、企业发展信心和新增投资比例来看,信息软件技术行业极有可能成为天津民营企业未来发展的"独角兽"领域。

2. 电子商务、节能环保、信息服务为主要投资方向

2017年天津民营企业的主要投资领域集中在电子商务、节能环保及信息服务,占比超过50%,此外智能制造及房地产也是民营企业的重点投资领域。一些区企业的投资领域相当集中,94.7%及84.2%的津南区企业投资于智能制造和公共产品与服务,50%的南开区企业投资电子商务,42.9%的蓟州区企业投资节能环保,40%的西青区企业投资智能制造。

整体而言,民营企业投资还基本集中于本行业、本领域,如42.9%的农、林、牧、渔业企业投资于绿色农业、31.6%的制造业企业投资于智能制造、78.9%的房地产企业投资于本行业。然而,一些传统的、附加值低的行业呈现跨界投资的趋势。如住宿和餐饮业最大的两项投资领域是房地产和公共产品与服务,30.8%的居民服务、修理和其他服务业企业投资于信息服务领域,1/3的电力、热力、燃气及水生产和供应企业投资于科技服务,而交通运输、仓储和邮政行业的投资领域则更为分散。这体现出传统行业所正在进行的转型升级探索。

3. 整体融资状况改善,融资渠道更趋多元化

被调查企业的全样本融资缺口指数为2.6,与2016年调查相比下降了7.1%,2014—2017年,被调查民营企业的融资缺口指数逐年下降,反映了企业整体融资状况的改善。2017年各行业间融资缺口状况趋同,农、林、牧、渔业继续面临较大的融资缺口,信息软件和科教文卫正处于行业发展的上升期,投资需求旺盛,导致两个行业的融资缺口较大。

在融资渠道方面,民营企业银行信贷可得性逐年增强,民间借贷、个人拆借等非正规融资渠道的使用比例逐渐下降,企业平均融资渠道个数从1.25个上升到1.29个。融资租赁、小贷公司、上市、中小企业集合债、互联网金融的使用比例与2016年相比都有所增加,特别是上市这一渠道占比明显提高。

2017年民营企业使用融资租赁的方式解决企业发展问题的现象更加普遍,特别是小型企业。以往天津的融资租赁公司主要为大企业、大项目提供租赁服务,不少公司因为缺乏项目而处于"睡眠"状态,但广大小企业的租赁需求却得不到满足。通过3年的发展,融资租赁企业逐渐调整业务范围和对象,放宽中小企业授信,21.8%的小型企业通过设备租赁的方式解决融资问题,同比增加137%。

4. 利用制造业基础,形成具有天津特色的竞争优势

本次受访企业涉及天津市科技型中小企业认定中的各种类型,包括科技型中小企业、小巨人企业和领军企业,其中没有进行名称认定的最多,占调查总数的46%,科技型中小企业占比36%,小巨人企业占比13%,另外是3%的领军企业。

总体来看，受访企业近一半属于科技型企业。

2016—2017年，为了适应消费结构升级及市场变化，天津民营企业纷纷采取创新的方式进行升级。集中采取技术创新的企业占比最高，为40.37%。通过产品创新（39.31%）和服务创新（35.09%）的企业占比也均高于35%。此外，采用管理创新（22.96%）、工艺创新（20.84%）、市场创新（19.79%）和营销创新（19.0%）也是较为常见的创新方式。而在组织创新方面，企业较少作出改变。需要注意的是，有11.08%的企业在2016—2017年并未开展创新活动。

在受访的天津市民营企业中，生产的创新型产品类别中智能制造（27.34%）占绝大多数。电子信息技术（11.65%）、电子商务（10.89%）占比也在10%以上。另外，涉及的创新型产品类别还有内容制作及分发（7.59%）、智慧城市（6.84%）、生物医疗（6.08%）、互联网金融（5.06%）、数据挖掘及分析（5.06%）、人工智能（4.81%）、绿色食品（2.28%）、云计算服务（1.77%），关于节能环保的创新型产品占比最低，只有1.52%。民营企业创新发展基本状况良好，具有一定的创新基础和创新能力，能够充分利用天津本地的制造业基础主动创新，并进行一定的高端化升级，形成了具有天津特色的核心竞争优势。

5. 创新人才以中端、本地人才为主

从民营企业员工的学历构成来看，大部分企业的员工为本科及以下学历，硕士及以上学历的员工占比大多在5%以下。企业的技术研发人员的学历多集中于专科、本科和硕士，尤其以本科毕业生为主，极少部分企业有博士后和院士等高学历研发人员。可见，天津民营企业的研发人员资质一般，对企业创新研究和未来发展可能存在一定影响。

企业技术研发人员的三大来源分别为本地高校、其他地区高校和本地企业（见图2-1），这在一定程度上反映了本地的高校和企业的人才资源流动对天津市民营企业的创新提供了一定的人力资本支持。而来自北京的高校和企业流出的人才力量不足，在一定程度上反映了天津市民营企业对外开放程度不够，具有较低的人才吸引力。

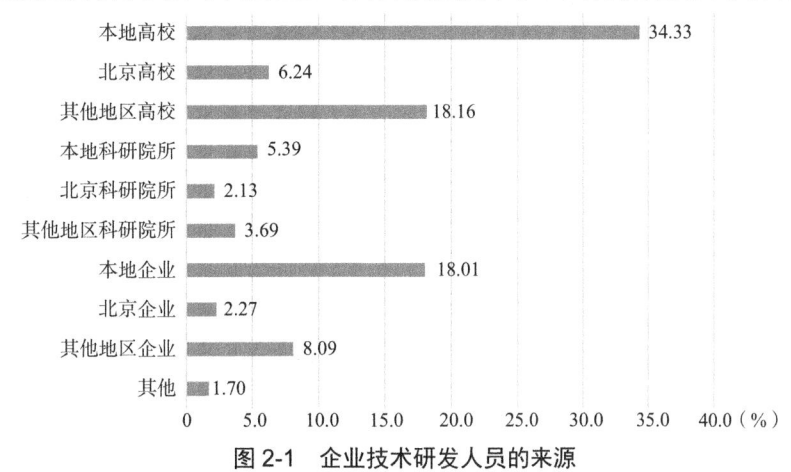

来源	占比（%）
本地高校	34.33
北京高校	6.24
其他地区高校	18.16
本地科研院所	5.39
北京科研院所	2.13
其他地区科研院所	3.69
本地企业	18.01
北京企业	2.27
其他地区企业	8.09
其他	1.70

图2-1 企业技术研发人员的来源

资料来源：2017年天津民营经济发展动态监测及追踪调查。

6. 创新来源多样，但开放程度不够

2017年天津民营企业认为的最重要的创新投入相对比较平均，其中市场研究支出（13.42%）、新产品营销支出（13.42%）、创新者的奖金/提成（13.42%）都达到了13%以上。在技术购买和技术改造支出（12.66%）、创新仪器设备及软件经费支出（12.61%）、为实现产品/工艺创新进行的员工培训（12.12%）、科研人员报酬（12.25%）方面也有12%以上的投入水平。新产品、新工艺实施投入最低（10.29%），但选择比例也达到了10%以上。天津民营企业每年用于信息、通信和技术（ICT）建设的费用为1万~10万元的企业比较多，占比35.92%，建设费在10万~50万元的占比20.91%，1万元以下的占比17.43%，50万~100万元的占比9.38%，100万~500万元的占比4.29%，500万元以上的占比0.80%，11.53%的企业未开展ICT建设。

天津民营企业创新方式中采用引进消化吸收再创新（在对引进技术进行消化吸收的基础上所从事的创新）的企业最多，占38%。其次是原始创新（通过研发活动掌握核心技术并拥有自主知识产权的创新），占34%。集成创新占比最少（通过融合多种资源和技术所从事的创新），为28%。这也反映了天津市民营企业的创新来源比较多样，重视原始创新和引进创新。

从技术创新来源来看，企业内R&D机构对技术研发创新的贡献最大（27.17%），与其他企业合作获得技术创新的方式也占较大比例（23.37%）。另外，通过与高校或政府等非营利研发机构合作（15.22%）、引进其他单位技术人员及团队（14.49%）、咨询公司及私立研发机构（9.6%）、企业内非R&D机构（5.8%）等方式，也是天津市民营企业技术创新研发来源的重要渠道。通过购买专利或技术转让所占比例最低，为2.72%。企业内R&D机构创新最受重视，企业内非R&D机构受到的重视处于一般状态，大多数企业不重视购买专利或技术转让。

与高校、科研院所、企业合作研发也是民营企业经常采取的技术创新方式。天津民营企业选择与之开展合作研发的机构中，通过与天津本地企业开展合作研发方式的企业总数最多，占比23.07%。与天津本地高校（21.10%）、本地科研院所（19.13%）开展合作的方式也较为普遍。与其他地区，如北京的科研院所和高校及企业开展合作的方式比重较低，说明了天津市民营企业的跨区域合作意愿较低，没有充分利用京津冀协同发展战略的机会进行合作研发，导致创新效率不高（见图2-2）。

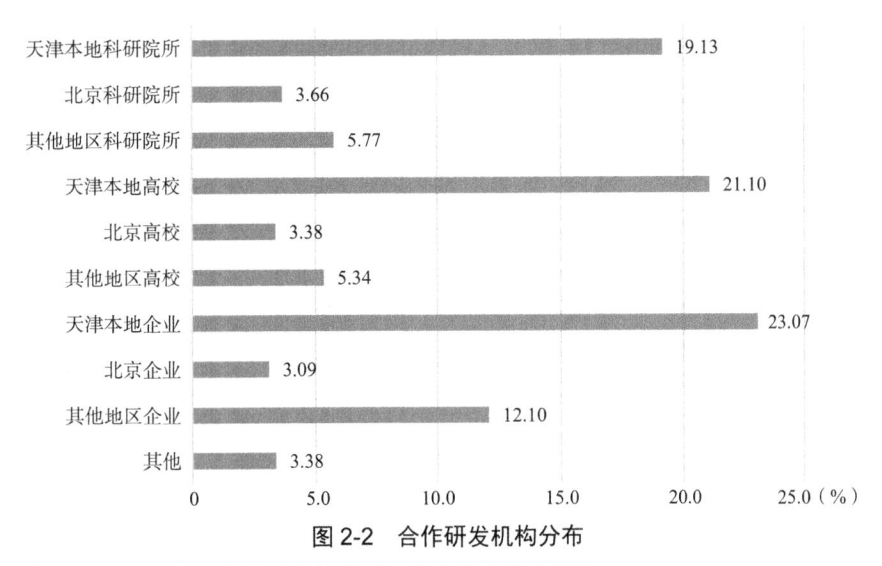

合作研发机构	比例(%)
天津本地科研院所	19.13
北京科研院所	3.66
其他地区科研院所	5.77
天津本地高校	21.10
北京高校	3.38
其他地区高校	5.34
天津本地企业	23.07
北京企业	3.09
其他地区企业	12.10
其他	3.38

图 2-2 合作研发机构分布

资料来源：2017 年天津民营经济发展动态监测及追踪调查。

二、内忧外患的 2018 年

2018 年是我国民营经济调整、转型、发展的一年。世界经济形势及科学技术的发展变化给民营企业带来了新的机遇和挑战。2018 年下半年以来，习近平总书记在中央政治局会议、民营企业座谈会等多个场合反复强调民营经济的重要作用，指出要毫不动摇鼓励、支持和引导非公有制经济发展，重申"非公有制经济在我国经济社会发展中的地位和作用没有变""鼓励、支持、引导非公有制经济发展的方针政策没有变""致力于为非公有制经济发展营造良好环境和提供更多机会的方针政策没有变"，这为民营企业的发展创造了良好的政治生态和营商环境。2018 年天津陆续出台了多项措施，积极研究解决民营企业，特别是中小企业发展中遇到的困难，推动了天津民营企业的发展。截至 2018 年 9 月底，全市民营经济市场主体 103.9 万户，增长 14.31%；民营企业 46.08 万户，增长 14.9%；民营经济实现增加值 6788.23 亿元，占全市经济总量的 46.3%；实现税收 1122.51 亿元，占全市的 42.56%；实现外贸出口总额 758.58 亿元，同比增长 41.8%，占全市的 31.3%。

2018 年因外部经济形势变化、国家和地区经济结构调整、环保压力、新技术革命的出现，加之企业面临自身转型升级的瓶颈期，企业发展速度严重下滑，企业发展信心不足。从动态监测的情况看，2018 年天津民营企业发展状况不容乐观，集中表现为：40% 的民营企业盈利水平下降，高端人才严重流失，研发人员占比下降，融资缺口反弹，整体投资水平下降，对未来发展信心不足。民营企业正处于发展的瓶颈期，运用新技术、新模式实现企业发展的突破迫在眉睫。

在经营面临困难的条件下，为了提升企业发展的竞争优势，天津民营企业开始出现投资领域的多元化，试图找到发展的新方向。基于 2018 年天津民营经济发展动态监测及追踪调查数据，做出如下分析。

1. 企业整体发展速度放缓

调查显示，认为生产经营状况良好的企业占比41.4%，比2017年下降了26.2%，全市企业综合生产经营状况指数为7.79，比2017年下降了6.71%。

从各区来看，北辰、津南两区企业生产经营状况指数连续三年上升，蓟州、南开两区与2017年相比企业生产经营状况较有改善，滨海、西青、河西、宁河尚比较稳定，而河东、红桥两区企业生产经营状况较为不佳。

从行业来看，科教文卫行业企业保持了较为稳定的发展态势，交通运输业企业的生产经营状况指数有所上升，金融业企业从数量、生产经营状况、行业发展预期、企业发展信心、投资领域、竞争优势等方面看，其发展遇到了较为严峻的困难。

从要素价格来看，2016—2018年民营企业销售量及销售价格增幅不断减少，而物料采购和人工成本上升情况显著，因此导致企业盈利状况不佳，盈利增加的企业占比从2016年的37.7%下降至2018年的19.7%。

2. 整体投资水平下降，投资结构调整

2018年天津民营企业在保持产品服务质量相对竞争优势的同时，结合自身行业资源和禀赋特点，逐步发展针对特定目标市场的绝对竞争优势，核心竞争优势双轮或多轮驱动态势初显。

与2017年相比，民营企业整体投资水平下降，企业平均投资领域从2.1个下降到1.78个。节能环保领域投资力度大幅提升，投资领域更加多元，大数据、云计算、新能源、绿色农业、文化创意、教育培训等领域投资较2017年增长，伴随天津产业结构的深度调整，民营企业的投资领域更趋向于低污染制造业、科技产业和现代服务业。

3. 高端人才数量减少，研发人才流失

在本次调查涵盖的主要行业中，仅信息软件业的企业高端人才保有量上升，从2016年的3.71人上升到2018年的7.32人，其余多数行业企业的高端人才保有量呈持续下降趋势，其中住宿和餐饮业企业的高端人才保有量从2016年的7.29人下降到2018年的0.29人。

除信息软件等个别行业外，企业研发人员占比下降，硕士以上研发人才流失，外源性研发合作程度不足，对人才的吸引力仍较弱。房地产业，建筑业，交通运输、仓储和邮政业，科教文卫等多行业，特别是金融业高学历员工有流出趋势，而租赁和商务服务业，电力、热力、燃气及水生产和供应业与信息软件行业高学历员工比例有所增加。

企业人才招聘途径较往年拓宽，不仅仅局限在传统的猎头公司和招聘广告，人才交流中心，员工推荐，圈子、人脉、学脉，新媒体等渠道作用提升显著，说明企业开始着力形成自己的人才社区和网络。

4. 信贷可得性下降，融资缺口反弹

企业融资缺口在连续3年下降后，2018年有所增加，银行信贷可得性降低，一半以上小微企业主要依靠自有资金发展。

值得注意的是，调查中38.9%的民营企业无融资需求。企业通常因为新增投资、扩大生产、研发创新、技术改造、固定资产追加、兼并收购等生产经营活动产生融资需求，如果说企业出现融资缺口是发展中的问题，那么企业无融资需求则通常代表着企业活力不强，业务发展趋向保守。这与天津2018年以来总体经济形势下滑密切相关，由于投资预期不明朗，不少民营企业在经营中采取守势、维持现状，整体民营经济体量增速放缓，经济活力不足。

5. 各类困难加剧，创新环境不理想问题凸显

2018年天津民营企业面对的各种困难都有所加剧，特别是生产经营类的问题，例如"市场萎缩，销路不畅"这一困难指数从5.8上升至6.26，增长了7.93%；税费负担问题由第5位上升到第4位，同时人才短缺这一问题也上升到第4位。

企业转型升级中的困难有所缓解，但管理方式难以适应及品牌保护不够这两项困难加剧。民营企业的转型升级已经进入深水区，除了业务上的困难，企业自身的组织结构障碍及社会整体营商创新环境不理想的问题开始逐渐凸显。

三、危机并存的2019年

2018—2019年，随着"民营企业座谈会""一制三化""津八条""海河英才"计划、"民营经济19条"等完善营商环境、降低企业成本和负担、加强权益保护的方针政策不断落地，天津民营企业发展速度下降的趋势得到缓解和改善，民营企业发展监测的各项指标降幅收窄（生产经营状况指数），部分指标有所回升（行业发展信心指数），要素价格上涨的态势趋缓，小微企业贷款情况向好，企业发展的各项困难程度降低。此外，天津高端人才聚集的态势开始显现，人力资源紧缺程度较前三年有所下降。制造民营企业引才势头较为强劲，创新能力相对优于其他行业，电力、热力、燃气及水生产和供应业企业经营和融资状况较好，新产品研发销售能力强，创新活跃且潜力巨大。

但同时我们也应注意到，2019年天津民间投资寒冬尚未结束，民营企业整体投资水平和领域进一步收窄，多元化竞争优势水平下降，人才流动性加大，企业生存能力较弱，资金运作能力普遍不强，产业链条不完善，企业自身发展信心没有完全恢复，直接融资水平不高，企业的融资需求尚未得到有效、充分的满足。

另外，2019年天津民营企业发展出现了许多新变化。企业更加关注创新发展的相关问题，如创新能力培育、技术应用、产业配套和知识产权保护等，企业培育新动能和持续创新的潜力亟待开发。因此提振企业发展信心，培育企业创新能力，特

别是激活小微企业创新需求和活力的任务依然艰巨。

1. 生产经营状况及发展信心

2019年天津民营企业生产经营状况下滑趋势明显减缓，制造业，批发和零售业，电力、热力、燃气及水生产和供应业等5个行业生产经营状况有所改善。多数企业对本行业发展前景的预期和信心开始恢复，特别是住宿和餐饮业、批发和零售业、金融业及制造业企业。要素价格上涨的态势趋缓，企业盈利和员工数与2018年基本持平，盈利水平下降的企业在减少。

同时，需要注意的是，信息软件和科教文卫企业经过两年的较快发展，由于可持续的创新能力不足，行业发展进入瓶颈期。此外，小微企业生存能力持续较弱，生产经营状况不佳，对未来发展的信心不足。提振企业发展信心，特别是小微企业的发展信心仍有许多工作要做。

（1）生产经营状况指数

2019年天津民营企业生产经营状况仍不是很好，但下滑趋势明显减缓。被调查企业认为生产经营状况良好的占比38.5%，生产经营状况一般的占比51.0%，生产经营不佳的占比10.5%。全市企业综合生产经营状况指数为7.6，降幅收窄，从2018年6.71%的下降率减少到2.44%。河东、红桥两区企业在遭遇了2018年的低谷之后，2019年企业生产经营状况有了较大的改善，指数分别提升了18.49%及16.98%。南开、河西、西青、宁河四区企业生产经营状况有所改善。宝坻、武清、北辰、蓟州四区企业2019年生产经营较为艰难（见表2-1）。

表2-1　2016—2019年企业生产经营状况指数

区域	2016年指数	2017年指数	2018年指数	2019年指数	增长率/%
武清区	10	9.67	7.95	7.33	-7.80
宝坻区	8.89	9.3	8.4	7.71	-8.21
和平区	8.55	8.64	7.71	7.59	-1.56
东丽区	8.41	9.05	8.16	7.56	-7.35
河东区	8.23	8.67	6.76	8.01	18.49
宁河区	8.22	8.15	7.69	7.83	1.82
河西区	7.9	7.64	7.33	7.38	0.68
北辰区	7.78	8.63	8.7	7.95	-8.62
红桥区	7.78	8.59	6.48	7.58	16.98
河北区	7.64	8.15	7.56	7.04	-6.88
西青区	7.56	7.78	7.38	7.71	4.47
蓟州区	7.55	6.9	7.56	6.91	-8.60
南开区	7.33	6.9	7.6	7.63	0.39

(续表)

区域	2016年指数	2017年指数	2018年指数	2019年指数	增长率/%
滨海新区	7.18	8.31	7.93	7.89	-0.50
津南区	7.03	7.54	8.33	7.8	-6.36
静海区	6.89	9.4	8.27	8.13	-1.69
全市	7.87	8.35	7.79	7.6	-2.44

资料来源：2016—2019年天津民营经济发展动态监测及追踪调查。

2019年，房地产业，交通运输、仓储和邮政业及信息传输、软件和信息技术服务业企业发展状况不是很好，生产经营状况指数分别下降了20.54%、28.12%及20.58%。相对于2018年只有交通运输、仓储和邮政业企业的生产经营状况指数有所上升的情况而言，2019年制造业，批发和零售业，电力、热力、燃气及水生产和供应业等5个行业生产经营状况都有所改善（见表2-2）。

表2-2　2016—2019年各行业企业生产经营状况指数

行业	2016年	2017年	2018年	2019年	增长率/%
农、林、牧、渔业	7.33	9.05	8.07	7.95	-1.50
制造业	7.88	8.38	7.81	7.82	0.19
房地产业	9.22	8.95	8.18	6.50	-20.54
批发和零售业	7.95	7.56	7.18	7.22	0.50
建筑业	7.45	8.61	7.37	7.90	7.24
交通运输、仓储和邮政业	7.62	7.7	8.89	6.39	-28.12
租赁和商务服务业	7.03	8.41	7.68	7.63	-0.63
住宿和餐饮业	7.04	7.38	6.67	8.00	19.94
电力、热力、燃气及水生产和供应业	8.67	8.89	8.67	9.05	4.36
金融业	9.52	9.49	7.33	7.14	-2.55
信息传输、软件和信息技术服务业	7.41	9.11	8.6	6.83	-20.58
科学、教育、文化、卫生	8.43	8.33	8.26	8.01	-2.98
居民服务、修理和其他服务业	7.04	8.46	7.9	7.69	-2.63

资料来源：2016—2019年天津民营经济发展动态监测及追踪调查。

2019年调查数据显示，各年龄段的企业生产经营状况大致相同，成立5年以下的新企业情况好于成立10年以上的老企业。与2016—2018年相同，企业生产经营状况指数与企业规模呈现正相关。这说明小微企业面对激烈的市场变动和竞争，生存能力持续较弱，生产经营状况不佳（见表2-3）。

表 2-3　2016—2019 年不同年龄、不同规模企业生产经营状况指数

年龄/规模	2016 年指数	2017 年指数	2018 年指数	2019 年指数	增长率/%
5 年以下（不含 5 年）	7.44	8.37	8.22	7.64	-7.06
5~10 年（不含 10 年）	8.06	8.49	7.7	7.69	-0.13
10 年以上	7.84	8.3	7.69	7.56	-1.69
大型	8.61	9.47	9.21	8.43	-8.47
中型	8.43	9.1	7.84	7.91	0.89
小型	7.66	8.12	7.75	7.53	-2.84
微型	6.55	7.26	6.98	6.93	-0.72

资料来源：2016—2019 年天津民营经济发展动态监测及追踪调查。

（2）行业发展信心指数

总体而言，天津民营企业对本行业发展前景的预期有了改善，行业发展信心指数从 2018 年的 7.57 上升到 2019 年的 7.62（见表 2-4），特别是住宿和餐饮业、批发和零售业及制造业企业。金融业企业行业发展信心指数有 14.24% 的增长，从 2018 年极度低迷的市场行情中逐渐恢复。值得注意的是，房地产行业发展信心明显不足，指数从 2016 年的 8.63 持续下降至 2019 年的 6，下降幅度超过 30%。此外，交通运输、仓储和邮政业，信息传输、软件和信息技术服务业及科学、教育、文化、卫生行业发展信心也有不同程度的下降，特别是信息传输、软件和信息技术服务业及科学、教育、文化、卫生企业经过两年较快的发展，由于可持续的创新能力不足，行业发展进入瓶颈期。

表 2-4　2016—2019 年各行业发展信心指数

行业	2016 年	2017 年	2018 年	2019 年	增长率/%
金融业	8.10	9.23	6.67	7.62	14.24
农、林、牧、渔业	7.67	9.05	7.54	7.82	3.71
住宿和餐饮业	6.85	7.38	6.19	7.87	27.14
信息传输、软件和信息技术服务业	7.22	9.44	8.33	7.35	-11.76
居民服务、修理和其他服务业	7.22	8.72	7.74	7.88	1.81
批发和零售业	7.41	7.26	6.45	7.25	12.40
制造业	7.31	8.2	7.39	7.85	6.22
租赁和商务服务业	7.78	8.33	7.54	7.54	0.00
建筑业	6.67	8.06	7.37	7.31	-0.81
房地产业	8.63	8.42	7.88	6	-23.86
交通运输、仓储和邮政业	7.62	7.44	7.22	5.83	-19.25

（续表）

行业	2016年	2017年	2018年	2019年	增长率/%
电力、热力、燃气及水生产和供应业	8.00	9.26	9.33	9.05	-3.00
科学、教育、文化、卫生	7.84	8.47	8.7	8.16	-6.21
总计	7.96	7.48	7.62		
	7.56	8.4	7.57	7.62	1.87%

资料来源：2016—2019年天津民营经济发展动态监测及追踪调查。

（3）企业未来发展信心

与2018年相比，部分地区企业对自身未来的发展信心有所下降（见表2-5），蓟州和河北两区企业降幅较大，分别为14.78%和13.28%；红桥和河东两区企业信心水平提升，增幅约为6%。在不同的商会企业中，重庆商会企业未来发展信心较高，指数为8.79；而汽车经销商商会企业对未来的预期不是特别理想，指数仅为5.56，远低于全市7.81的平均水平。

表2-5 2016—2019年各区及商会企业未来发展信心指数

区域及商会	2016年	2017年	2018年	2019年	增长率%
蓟州区	9.56	8.57	8.46	7.21	-14.78
武清区	9.38	10	7.69	8	3.88
东丽区	8.9	9.05	8.62	7.89	-9.25
和平区	8.89	9.14	7.52	7.31	-2.87
红桥区	8.89	9.23	7.22	7.68	6.37
河西区	8.57	8.65	7.81	7.62	-2.49
津南区	8.52	8.95	9.03	8.29	-8.93
宁河区	8.44	7.96	8.12	8.25	1.58
河北区	8.13	8.41	8.13	7.05	-13.28
滨海新区	8.01	8.51	8.65	7.95	-8.81
西青区	7.56	8	7.62	7.92	3.79
宝坻区	7.5	8.6	8	8.06	0.74
北辰区	7.49	9.22	8.89	8.46	-5.08
南开区	7.33	8.33	8.13	8.2	0.85
河东区	6.86	8.48	7.43	7.88	6.06
静海区	4.89	8.79	8.27	8.27	0.00
互联网信息商会	—	—	—	6.22	—
金属材料业商会	—	—	—	7.41	—

（续表）

区域及商会	2016年	2017年	2018年	2019年	增长率%
汽车经销商商会	—	—	—	5.56	—
文化传媒商会	—	—	—	7.67	—
山西商会	—	—	—	7.14	—
重庆商会	—	—	—	8.79	—

资料来源：2016—2019年天津民营经济发展动态监测及追踪调查。

表2-6所示为2016—2019年不同年龄、不同规模企业未来发展信心指数。从总体上看，不同年龄段和不同规模的企业对自身未来发展的信心指数仍呈现下降趋势。成立5年以下的年轻企业和微型企业信心下降最为明显，其余各类型企业的信心指数降幅都有不同程度的降低。

表2-6　2016—2019年不同年龄、不同规模企业未来发展信心指数

年龄/规模	2016年	2017年	2018年	2019年	增长率/%
5年以下（不含5年）	8.58	8.83	8.76	7.83	-12
5~10年（不含10年）	7.98	9.09	8.35	8.04	-3.9
10年以上	8.11	8.60	7.98	7.73	-3.2
大型	7.88	9.3	8.85	8.43	-4.98
中型	8.36	8.94	8.33	7.82	-6.52
小型	7.99	8.73	8.14	7.87	-3.43
微型	7.82	8.1	7.88	7.27	-8.39

资料来源：2016—2019年天津民营经济发展动态监测及追踪调查。

表2-7将企业生产经营、行业发展信心和企业发展信心三个指数进行汇总。如表2-7所示，在2018年的全面下滑后，2019年天津被调查的民营企业生产经营状况下滑的趋势有所减缓，企业对本行业发展信心开始恢复，但对企业自身的发展信心仍不足。提振企业发展信心，特别是小微企业发展信心任务依然艰巨。

表2-7　2016—2019年企业生产经营状况汇总

指数类型	2016年	2017年	2018年	2019年	增长率/%
企业生产经营指数	7.87	8.35	7.79	7.60	-2.44
行业发展信心指数	7.56	8.4	7.57	7.62	0.66
企业发展信心指数	8.11	8.73	8.22	7.81	-4.99

资料来源：2016—2019年天津民营经济发展动态监测及追踪调查。

（4）生产要素价格变动

如表 2-8 所示，2016—2019 年，天津被调查的民营企业销售量及销售价格上升的占比不断减少，选择企业销售量和销售价格持平的企业占比增加。与 2018 年有所不同的是，选择物料采购成本和人工成本上升的企业占比明显减少，分别从 61.5% 和 70.3% 降至 51% 和 59%，物料和人工成本上升的态势有所改变。47.6% 的企业盈利数与 2018 年持平，盈利增加的企业占比从 2016 年的 37.7% 下降至 2019 年的 15.2%。63.8% 的企业员工数保持稳定。

表 2-8 2016—2019 年企业生产要素价格及盈利情况变化

项目		2016 年	2017 年	2018 年	2019 年
企业销售量	上升	39.0	35.4	32.0	27.3
	持平	38.3	42.3	45.1	76.0
	下降	22.7	22.2	22.9	24.0
产品服务销售价格	上升	28.4	28.6	23.4	20.4
	持平	52.8	55.4	62.1	62.5
	下降	18.8	15.9	14.5	17.0
物料采购成本	上升	56.6	73.0	61.5	51.0
	持平	39.4	25.9	37.0	45.6
	下降	4.1	1.1	1.5	3.4
人工成本	上升	73.0	79.9	70.3	59.0
	持平	24.8	18.7	27.3	37.1
	下降	2.1	1.3	2.4	3.9
企业盈利	增加	37.7	34.7	19.7	15.2
	持平	34.7	31.1	39.9	47.6
	减少	27.6	34.2	40.4	37.2
企业员工数	增加	31.0	25.6	25.9	16.8
	持平	44.6	53.8	56.2	63.8
	减少	24.4	20.6	17.9	19.4

资料来源：2016—2019 年天津民营经济发展动态监测及追踪调查。

（5）民营企业出口

2019 年天津民营企业出口状况与 2018 年相差不大，产品出口占比 25%～50% 的企业略有减少，产品出口占比 50%～75% 的企业从 1.4% 上升至 1.8%（见表 2-9）。

表2-9　2016—2019年民营企业出口状况　　　　　　　　　　（单位：%）

产品出口占比	2016年	2017年	2018年	2019年
0	65.1	68.9	76.4	76.5
0~25（不含）	22.7	24.5	15.8	16.9
25~50（不含）	6.9	3.7	2.9	2.6
50~75（不含）	3.4	2.1	1.4	1.8
75~100	1.9	0.8	3.4	2.1

资料来源：2016—2019年天津民营经济发展动态监测及追踪调查。

不同行业产品出口水平也不尽相同（见表2-10），出口比例较高的行业是制造业，电力、热力、燃气及水生产和供应业，信息传输、软件和信息技术服务业及科学、教育、文化、卫生行业企业。

表2-10　不同行业民营企业出口状况

行业	出口水平测度	行业	出口水平测度
制造业	1.65	住宿和餐饮业	1.16
电力、热力、燃气及水生产和供应业	1.57	租赁和商务服务业	1.11
信息传输、软件和信息技术服务业	1.38	居民服务、修理和其他服务业	1.08
科学、教育、文化、卫生	1.36	建筑业	1.03
批发和零售业	1.25	房地产业	1.00
交通运输、仓储和邮政业	1.25	金融业	1.00
农、林、牧、渔业	1.23		

资料来源：2019年天津民营经济发展动态监测及追踪调查。

2. 企业投资及竞争优势

2019年天津民间投资寒冬尚未结束，民营企业整体投资水平和领域进一步收窄，多元化竞争优势水平下降。房地产投资占比增加，各行业投资冷热不均。企业在技术、品牌、人才、管理、创新五方面的竞争优势有所减弱，企业培育新动能和持续创新能力的后劲不足，但制造企业创新能力相对优于其他行业企业。同时，企业更加重视技术突破、成本控制和风险控制这三项发展的关键因素。

（1）企业竞争优势

2019年天津民营企业竞争优势各项占比总体变化不大，但与前三年数据相比，技术、品牌、人才、管理、创新这五项的选择比例均有所下降（见图2-3）。这说明天津民营企业面对激烈的市场竞争时不得不倚重传统的竞争优势，如产品、服务质量，客户关系，价格等。

此外，企业平均核心竞争优势的选择数量从顶峰时期 2017 年的 2.9 个持续下降到 2019 年的 2.4 个，与 2016 年的水平大致相当（见表 2-11），这都说明企业培育新动能和持续创新能力的后劲不足，多元化竞争优势水平有所下降。

产品、服务质量 66.7% / 73.5%
客户关系 32.1% / 31.7%
价格 20.1% / 22.9%
核心技术 26.4% / 21.8%
品牌、市场占有率 25.2% / 20.1%
人才队伍 21.5% / 15.9%
管理与文化 16.7% / 12.6%
持续创新能力 14.6% / 10.7%
生产规模 8.8% / 8.5%
劳动力成本 4.5% / 5.5%
资金运作 4.8% / 5.0%
物流配送 4.0% / 3.8%
利用互联网优势 6.5% / 3.7%
产业链整合 5.8% / 2.6%
自然资源优势 2.7% / 1.7%

前三年均值
2019 年

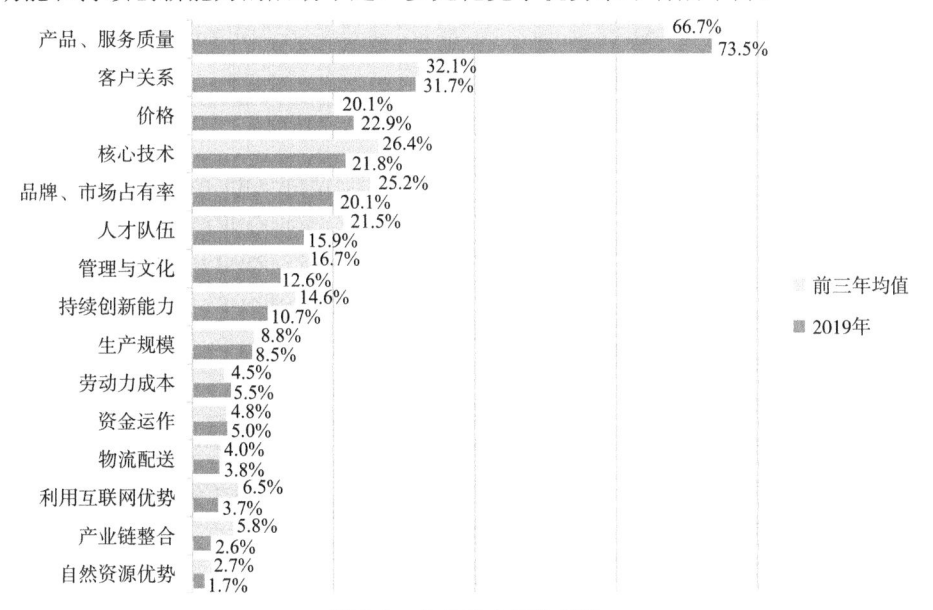

图 2-3　企业核心竞争优势

资料来源：2016—2019 年天津民营经济发展动态监测及追踪调查。

表 2-11　2016—2019 年企业核心竞争优势　　　　（单位：%）

项目	2016 年	2017 年	2018 年	2019 年
自然资源优势	3.5	3.7	0.9	1.7
产业链整合	5.0	7.4	4.9	2.6
利用互联网优势	6.5	5.8	7.2	3.7
物流配送	5.9	4.2	1.8	3.8
资金运作	3.8	6.6	4.0	5.0
劳动力成本	3.8	4.7	5.1	5.5
生产规模	9.7	9.2	7.6	8.5
持续创新能力	12.0	18.9	13.0	10.7
管理与文化	13.8	21.3	15.0	12.6
人才队伍	20.5	20.0	23.9	15.9
品牌、市场占有率	22.0	30.0	23.7	20.1
核心技术	26.4	27.6	25.1	21.8
价格	23.5	20.0	16.8	22.9

(续表)

项目	2016年	2017年	2018年	2019年
客户关系	32.3	36.3	27.8	31.7
产品、服务质量	54.3	74.7	71.1	73.5
观察值百分比	242.8	290.5	247.9	240.0

资料来源：2016—2019年天津民营经济发展动态监测及追踪调查。

表2-12所示为不同行业企业核心竞争优势。制造业（85.7%），住宿和餐饮业（92.0%），居民服务、修理和其他服务业（80.8%）行业企业最为倚重产品和服务的质量；电力、热力、燃气及水生产和供应业（57.1%），信息传输、软件和信息技术服务业（39.7%）和制造业（34.0%）企业核心技术的竞争力较强；住宿和餐饮业（12.0%）、居民服务、修理和其他服务业（13.5%）等服务业企业创新相对活跃。

表2-12 不同行业企业核心竞争优势 （单位：%）

行业	产品、服务质量	核心技术	价格	资金运作	客户关系	品牌、市场占有率	人才队伍	生产规模	物流配送	产业链整合	自然资源优势	劳动力成本	利用互联网优势	管理与文化	持续创新能力
农、林、牧、渔业					34.6				11.5		19.2				
制造业	85.7	34.0					16.2								14.3
房地产业						30.0						15.0			
批发和零售业				37.4											
建筑业						30.6									
交通运输、仓储和邮政业									41.7						
租赁和商务服务业						28.9								28.9	
住宿和餐饮业	92.0		32.0												12.0
电力、热力、燃气及水生产和供应业		57.1			42.9	42.9	14.3							28.6	
金融业				28.6	57.1		14.3					14.3			
信息传输、软件和信息技术服务业		39.7											14.3		
科学、教育、文化、卫生						48.9							10.6		

(续表)

行业	产品、服务质量	核心技术	价格	资金运作	客户关系	品牌、市场占有率	人才队伍	生产规模	物流配送	产业链整合	自然资源优势	劳动力成本	利用互联网优势	管理与文化	持续创新能力
居民服务、修理和其他服务业	80.8						34.6								13.5

注：表中仅保留了占比相对较高的项目。
资料来源：2019年天津民营经济发展动态监测及追踪调查。

由于天津的产业发展定位，我们特别关注制造业企业的发展状况。数据显示，天津民营制造企业创新能力相对优于其他行业企业，分别有34.0%及14.3%的制造企业认为，核心技术和持续创新能力是企业的主要竞争优势，居于各行业的领先位置。同时我们也应该注意到，除金融业企业外，其他行业企业的资金运作能力都不强，并且在所有行业中，具备产业链整合竞争优势的企业占比非常小。

（2）新增投资领域

2019年天津民营企业整体投资水平和领域进一步收窄，企业累计投资比例从2017年的210.3%下降至2019年的151.6%，民间投资寒冬尚未结束。在各行业经济发展下行，投资回报率不高的情况下，房地产业的投资占比从2018年的12.9%上升至2019年的16.1%。值得注意的是，民营企业在文化创意领域的投资占比逐年升高，从2017年的7.0%上升至2019的9.2%，其他绝大多数领域投资水平都有所下降，特别是节能环保领域（见表2-13）。

表2-13　2017—2019年企业新增投资领域　　　　　　（单位：%）

投资领域	2017年	2018年	2019年
大数据、云计算	6.1	6.3	4.1
电子金融	4.7	3.5	2.0
电子商务	20.1	12.0	10.9
房地产	15.9	12.9	16.1
公共产品与服务	13.4	11.4	10.9
共享经济	5.9	3.0	5.0
光电子器件	2.0	0.9	1.2
国际贸易及出口	6.7	4.2	3.4
海内外基础设施	1.1	0.7	0.1
教育培训	10.9	11.4	10.9
节能环保	17.0	26.8	15.5
科技服务	11.7	7.7	7.7
旅游	6.7	5.0	4.2

（续表）

投资领域	2017年	2018年	2019年
绿色农业	6.4	7.6	6.7
生物医药	5.3	4.1	3.4
手机软件应用	4.5	2.8	3.8
体育与健康	3.9	3.0	1.8
文化创意	7.0	8.3	9.2
物联网	7.0	3.5	3.3
新能源	7.0	9.2	4.8
信息服务	16.5	10.3	7.9
养老	7.0	4.8	4.2
医疗卫生	7.3	6.1	5.1
智能制造	16.2	12.0	9.6
总计	210.3	177.5	151.6

资料来源：2017—2019年天津民营经济发展动态监测及追踪调查。

如表2-14所示，各区企业投资与2018年相比，出现了许多新的情况，如投资多元化趋势更加明显，手机软件应用、国际贸易及出口、新能源、医疗卫生、共享经济等领域占比相对较高；传统的制造业区企业开始向服务领域投资。值得关注的是，60%的蓟州区被调查企业2019年投资于房地产，其他各行业投资占比都很小。表2-14还报告了不同区企业的平均投资领域个数，其中南开区、互联网信息商会及文化传媒商会企业投资领域相对较广。

表2-14 2019年各区企业投资情况

区域及商会	2019年				平均投资领域/个
和平区	公共产品与服务	医疗卫生	信息服务	文化创意	1.6
河西区	房地产	教育培训	信息服务		1.4
南开区	电子商务	教育培训			1.7
河东区	公共产品与服务	电子商务			1.5
河北区	房地产	文化创意	电子商务	教育培训	1.5
红桥区	公共产品与服务	电子商务	教育培训	旅游	1.5
宝坻区	节能环保	智能制造	教育培训		1.6
北辰区	节能环保	智能制造			1.6
武清区	电子商务				1.6
津南区	节能环保	智能制造	共享经济	绿色农业	1.3

(续表)

区域及商会	2019 年				平均投资领域/个
东丽区	节能环保	房地产	科技服务	智能制造	1.6
西青区	智能制造	新能源	电子商务		1.2
静海区	节能环保	房地产	电子商务		1.5
蓟州区	房地产				1.5
宁河区	节能环保	绿色农业	科技服务		1.3
滨海新区	节能环保	房地产	信息服务	智能制造	1.5
互联网信息商会	公共产品与服务	手机软件应用	文化创意		1.8
金属材料业商会	电子商务	国际贸易及出口			1.1
汽车经销商商会	公共产品与服务				1.3
文化传媒商会	文化创意	电子商务			2.5
山西商会	节能环保				1.3
重庆商会	节能环保	房地产			1.3

资料来源：2019 年天津民营经济发展动态监测及追踪调查。

2019 年企业投资继续呈现多元化的发展趋势，然而更多行业的企业选择投资房地产，如 42.9% 的金融企业、35.5% 的建筑企业和 26.9% 的居民服务、修理和其他服务业企业。值得注意的是，房地产业和电力、热力、燃气及水生产和供应业企业 2019 年投资相对集中。房地产业主要投资于本行业，而电力、热力、燃气及水生产和供应企业主要投资于节能环保及新能源领域（见表 2-15）。

表 2-15 不同行业企业投资领域　　　　（单位：%）

投资领域	农、林、牧、渔业	制造业	房地产业	批发和零售业	建筑业	交通运输、仓储和邮政业	租赁和商务服务业	住宿和餐饮业	电力、热力、燃气及水生产和供应业	金融业	信息传输、软件和信息技术服务业	科学、教育、文化、卫生	居民服务、修理和其他服务业
房地产	11.5	10.8	90.0	6.6	35.5	16.7	18.4	12.0	0.0	42.9	14.3	8.5	26.9
共享经济	7.7	2.7	0.0	2.2	3.2	16.7	5.3	4.0	0.0	14.3	14.3	6.4	1.9
公共产品与服务	3.8	3.5	5.0	8.8	6.5	25.0	28.9	12.0	14.3	14.3	15.9	8.5	32.7
电子商务	15.4	9.3	5.0	24.2	3.2	0.0	2.6	8.0	0.0	0.0	17.5	14.9	5.8
手机软件应用	0.0	0.4	0.0	6.6	1.6	0.0	2.6	4.0	0.0	0.0	14.3	6.4	3.8

（续表）

投资领域	农、林、牧、渔业	制造业	房地产业	批发和零售业	建筑业	交通运输、仓储和邮政业	租赁和商务服务业	住宿和餐饮业	电力、热力、燃气及水生产和供应业	金融业	信息传输、软件和信息技术服务业	科学、教育、文化卫生	居民服务、修理和其他服务业
绿色农业	69.2	4.6	5.0	8.8	4.8	8.3	5.3	12.0	0.0	0.0	1.6	0.0	0.0
大数据、云计算	0.0	1.2	0.0	5.5	0.0	25.0	7.9	0.0	14.3	14.3	6.3	6.4	5.8
电子金融	0.0	2.3	5.0	3.3	0.0	0.0	2.6	0.0	0.0	14.3	1.6	0.0	1.9
医疗卫生	0.0	4.2	0.0	8.8	0.0	0.0	0.0	0.0	0.0	14.3	4.8	23.4	3.8
国际贸易	0.0	7.7	0.0	3.3	0.0	0.0	2.6	8.0	0.0	0.0	0.0	0.0	0.0
教育培训	0.0	8.5	0.0	13.2	16.1	25.0	13.2	8.0	14.3	0.0	7.9	17.0	13.5
生物医药	3.8	3.9	0.0	4.4	1.6	0.0	5.3	4.0	0.0	14.3	3.2	2.1	0.0
海内外基础设施	0.0	0.4	0.0	0.0	0.0	0.0	0.0	0.0	0.0	0.0	0.0	0.0	0.0
信息服务	7.7	4.2	0.0	7.7	6.5	0.0	7.9	0.0	0.0	14.3	25.4	6.4	11.5
科技服务	7.7	6.6	0.0	5.5	9.7	8.3	13.2	0.0	14.3	0.0	17.5	8.5	7.7
文化创意	11.5	5.4	10.0	4.4	3.2	8.3	13.2	4.0	28.6	14.3	15.9	23.4	11.5
光电子器件	0.0	1.2	0.0	0.0	0.0	0.0	0.0	0.0	14.3	14.3	4.8	0.0	1.9
节能环保	3.8	29.3	0.0	7.7	21.0	0.0	2.6	12.0	42.9	0.0	1.6	6.4	5.8
旅游	7.7	3.5	5.0	5.5	0.0	8.3	2.6	16.0	0.0	0.0	4.8	6.4	1.9
体育与健康	0.0	1.2	0.0	5.5	0.0	8.3	2.6	0.0	0.0	0.0	0.0	0.0	5.8
新能源	3.8	6.9	0.0	2.2	8.1	0.0	0.0	4.0	42.9	0.0	3.2	4.3	0.0
物联网	7.7	1.5	0.0	3.3	3.2	8.3	10.5	4.0	14.3	0.0	6.3	0.0	0.0
智能制造	3.8	24.7	0.0	0.0	1.6	0.0	0.0	0.0	28.6	0.0	4.8	0.0	0.0
养老	3.8	2.7	5.0	7.7	1.6	0.0	5.3	0.0	0.0	14.3	3.2	4.3	9.6

资料来源：2019年天津民营经济发展动态监测及追踪调查。

总体而言，2019年各行业企业投资领域相对集中，投资水平都继续下滑，但交通运输、仓储和邮政业，金融业及居民服务、修理和其他服务业企业平均投资领域数量较2018年有所增加。此外，各行业投资热情冷暖不均，电力、热力、燃气及水生产和供应业企业2018—2019年的投资热情都较高，2019年平均投资于2.3个领域，而住宿和餐饮企业仅投资于1.1个领域（见表2-16）。

表 2-16 2017—2019 年企业平均投资领域数量　　　　　　　　（单位：个）

行业	2017 年	2018 年	2019 年
农、林、牧、渔业	3.1	2.2	1.7
制造业	2.1	1.8	1.5
房地产业	2.8	2.1	1.4
批发和零售业	1.7	1.7	1.5
建筑业	1.6	1.5	1.3
交通运输、仓储和邮政业	2.6	1.2	1.6
租赁和商务服务业	2.1	2.2	1.5
住宿和餐饮业	2.7	1.9	1.1
电力、热力、燃气及水生产和供应业	1.4	2.4	2.3
金融业	2.5	1.6	1.9
信息传输、软件和信息技术服务业	3.3	2.2	1.9
科学、教育、文化、卫生	3.3	1.6	1.5
居民服务、修理和其他服务业	1.9	1.4	1.5

资料来源：2017—2019 年天津民营经济发展动态监测及追踪调查。

（3）企业发展关键

整体上看，天津民营企业认为现阶段发展的关键因素主要是市场开发（40.4%）、成本控制（32.0%）、产品创新（31.2%）、技术突破（22.3%）和人才引进（17.0%），与 2017—2018 年的情况大致相同，反映了企业两年来发展中的关键问题并没有太大的变化（见图 2-4）。

但具体分析历年来各个因素的选择比例则可深入探查企业发展关键因素的变化动态。如表 2-17 所示，大部分关键因素的选择比例都有所下降，但企业对技术突破、成本控制和风险控制三项因素的重视程度有较大幅度的上升。

表 2-18 所示为各行业企业现阶段发展的关键因素，我们可以清晰地看出不同行业不同的决定性因素。对于制造业和电力、热力、燃气及水生产和供应业企业而言，技术突破和产品创新是企业发展的重中之重；而房地产和金融行业融资问题最为重要；批发和零售业，住宿和餐饮业，居民服务、修理和其他服务业这三类一般服务业企业，由于人员流动性高，目前企业面临的最重要的问题和发展关键是员工培训，同时科教文卫行业的人才战略也很重要。这说明在人才引进方面，既要着力引进高端人才及团队，同时也不能忽视中低端人才的配套及其在经济体健康运行中发挥的重要作用。

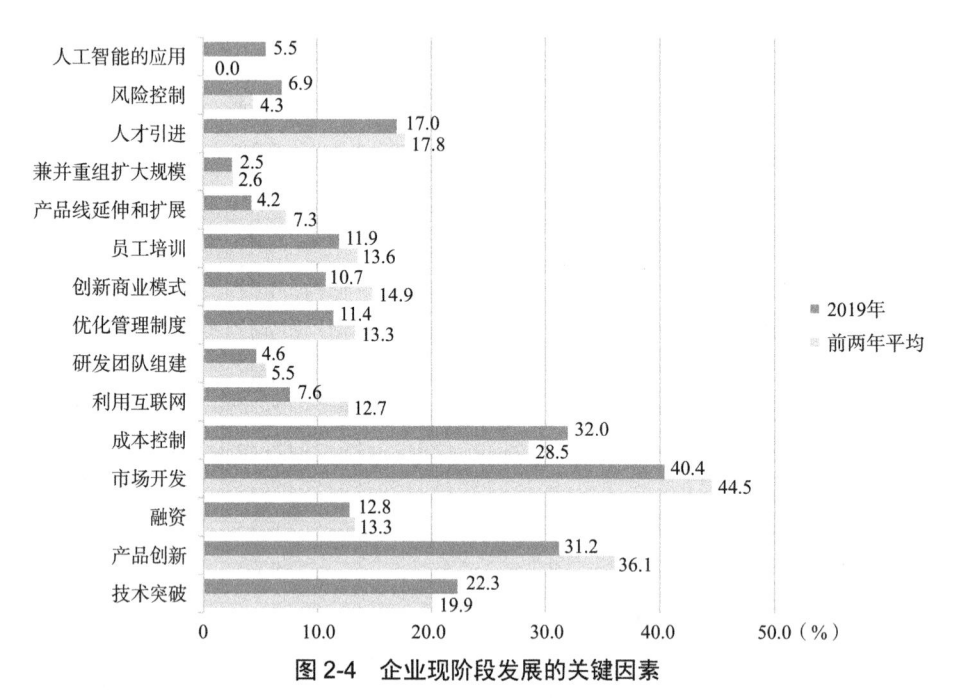

图2-4 企业现阶段发展的关键因素

资料来源：2017—2019年天津民营经济发展动态监测及追踪调查。

表2-17　企业现阶段发展的关键因素的三年对比　　（单位：%）

关键因素	2016年	2018年	前两年平均	2019年	趋势
技术突破	19.2	20.7	19.9	22.3	▲
产品创新	38.2	33.9	36.1	31.2	▼
融资	12.4	14.2	13.3	12.8	▼
市场开发	44.7	44.3	44.5	40.4	▼
成本控制	28.7	28.3	28.5	32.0	▲
利用互联网	13.6	11.8	12.7	7.6	▼
研发团队组建	6.8	4.2	5.5	4.6	▼
优化管理制度	12.7	14.0	13.3	11.4	▼
创新商业模式	14.2	15.6	14.9	10.7	▼
员工培训	9.5	17.6	13.6	11.9	▼
产品线延伸和扩展	9.8	4.7	7.3	4.2	▼
兼并重组扩大规模	3.3	1.8	2.6	2.5	▼
人才引进	12.1	23.4	17.8	17.0	▼
风险控制	4.1	4.5	4.3	6.9	▲
人工智能的应用	—	—	—	5.5	
总计	229.3	239.0	234.2	221.1	

资料来源：2016年、2018年、2019年天津民营经济发展动态监测及追踪调查。

表 2-18　各行业企业现阶段发展的关键因素

行业	技术突破	产品创新	融资	市场开发	成本控制	利用互联网	研发团队组建	优化管理制度	创新商业模式	员工培训	产品线延伸和扩展	兼并重组扩大规模	人才引进	风险控制	人工智能的应用
农、林、牧、渔业	√														
制造业	√	√		√	√							√			
房地产业			√									√			
批发和零售业				√		√			√	√					
建筑业					√									√	
交通运输、仓储和邮政业				√					√					√	√
租赁和商务服务业				√				√							
住宿和餐饮业										√			√		
电力、热力、燃气及水生产和供应业	√	√					√	√				√			
金融业			√		√									√	√
信息传输、软件和信息技术服务业						√	√					√			
科学、教育、文化、卫生						√							√		
居民服务、修理和其他服务业									√	√			√		

资料来源：2019 年天津民营经济发展动态监测及追踪调查。

3. 人力资源状况

天津高端人才聚集的态势开始显现，人力资源紧缺程度较前三年有所下降。研发资金、成果产业化、政策配套服务等问题得到改善。2019 年民营企业高端人才保有量上升至 3.26 人，14.3% 的企业通过"海河英才"计划引入了相关人才，企均引才 4.54 人，制造民营企业引才势头较为强劲。但人才流动性增强、对专业素质提出更高要求成为企业人力资源建设中面临的主要挑战。

（1）高端人才

在"海河英才"计划、"天津市青年人才托举工程实施办法"、"天津市引进高层次人才服务和保障专项实施细则"等一系列引才育才政策的推动下，天津高端人才聚集的态势开始显现。2019 年民营企业高端人才保有量从 2018 年的企均 3.02 人上升至 3.26 人，超过 2017 年 3.14 人的企均水平（见表 2-19）。从人才的密度来看（企业人均高端人才数），科学、教育、文化、卫生业和信息传输、软件和信息技术服务业人才密度较高,分别为6.08%和6.18%,即每一百名员工中高端人才为6人,远高于各行业平均1.66%的水平(见表2-20)。小型、微型企业虽然高端人才数量的绝对值不高,但是其人才密度高于大型、中型企业。

表2-19 2016—2019年不同规模企业高端人才保有量对比

	2016年	2017年	2018年	2019年	密度/%
大型	34.8	23.9	13.06	10.94	0.87
中型	9.74	3.86	4.44	6.28	2.53
小型	2.46	1.66	0.97	1.51	2.84
微型	1.15	0.71	0.96	0.52	3.48
均值	5.9	3.14	3.02	3.26	1.66

资料来源:2016—2019年天津民营经济发展动态监测及追踪调查。

表2-20所示为行业企业高端人才变化情况。2019年,有109家被调查的民营企业表示高端人才数有所增加,占比14.3%,每家企业平均增加0.71人;16家企业表示高端人才数量有所下降,占比2.1%,平均企业流失高端人才0.17人。高端人才增加的企业所占比例明显高于减少企业所占比例。

表2-20 不同行业企业高端人才变化情况

行业	高端人才人数均值	在职员工数均值	高端人才密度/%	高端人才增加企业占比/%	高端人才增加数量均值	高端人才减少企业占比/%	高端人才减少数量均值
农、林、牧、渔业	2.08	66.85	3.11	23.1	0.58	0.00	0.00
采矿业	0.50	115.83	0.43	16.70	0.17	0.00	0.00
制造业	2.92	281.22	1.04	12.00	0.36	1.50	0.04
房地产业	2.70	97.70	2.76	0.00	0.00	5.00	0.10
批发和零售业	1.51	117.28	1.28	9.90	0.27	2.20	0.09
建筑业	6.64	424.67	1.56	24.20	0.97	1.60	0.08
交通运输、仓储和邮政业	0.42	136.92	0.30	16.70	0.42	0.00	0.00
租赁和商务服务业	1.13	31.79	3.56	10.50	0.21	0.00	0.00
住宿和餐饮业	6.36	140.52	4.53	12.00	0.16	0.00	0.00
电力、热力、燃气及水生产和供应业	1.57	180.00	0.87	28.60	0.43	0.00	0.00
金融业	4.50	25.17	17.88	16.70	0.50	14.30	1.00
信息传输、软件和信息技术服务业	3.51	56.75	6.18	17.50	0.51	3.20	0.10
科学、教育、文化、卫生	4.83	79.48	6.08	27.70	4.11	4.30	1.62

(续表)

行业	高端人才人数均值	在职员工数均值	高端人才密度/%	高端人才增加企业占比/%	高端人才增加数量均值	高端人才减少企业占比/%	高端人才减少数量均值
居民服务、修理和其他服务业	3.71	117.54	3.16	9.60	0.67	3.80	0.08
总计	3.26	196.86	1.66		0.71		0.17

资料来源：2019年天津民营经济发展动态监测及追踪调查。

就具体行业而言，以农、林、牧、渔业为例，行业企业高端人才均值为2.08人，在职员工数均值为66.85人，高端人才密度为3.11%，高于全市平均水平。有23.1%的农、林、牧、渔业企业反馈，2019年高端人才增加，整个行业平均增加了0.58人，每家企业平均增加2.33人。总体来看，农、林、牧、渔业，采矿业，交通运输、仓储和邮政业，租赁和商务服务业，住宿和餐饮业与电力、热力、燃气及水生产和供应业呈现高端人才净流入的态势；房地产行业人才净流出；制造业企均高端人才增加2.92人，吸引人才的势头强劲；而金融业及科学、教育、文化、卫生行业人才流动较大。

（2）人力资源需求及招聘途径

2019年分别有38%的企业亟须研发管理类高端人才，36.3%的企业亟须业务领军人才，占比较2017年、2018年略有下降。整体而言，人力资源的紧缺程度较前三年有所下降，特别是与2017年相比下降明显，如图2-5所示。

2019年	研发管理类高端人才 38.0%	业务领军人才 36.3%	创新创业团队 27.8%	高技能人才 26.2%	初级、中级经营管理人才 21.1%	技术工人 19.1%
2018年	研发管理类高端人才 38.9%	业务领军人才 39.6%	创新创业团队 29.3%	高技能人才 25.1%	初级、中级经营管理人才 13.2%	技术工人 24.2%
2017年	研发管理类高端人才 48.3%	业务领军人才 42.6%	创新创业团队 41.8%	高技能人才 36.5%	初级、中级经营管理人才 15.0%	技术工人 25.2%
2016年	研发管理类高端人才 33.2%	业务领军人才 38.9%	创新创业团队 33.5%	高技能人才 28.2%	初级、中级经营管理人才 14.2%	技术工人 23.1%

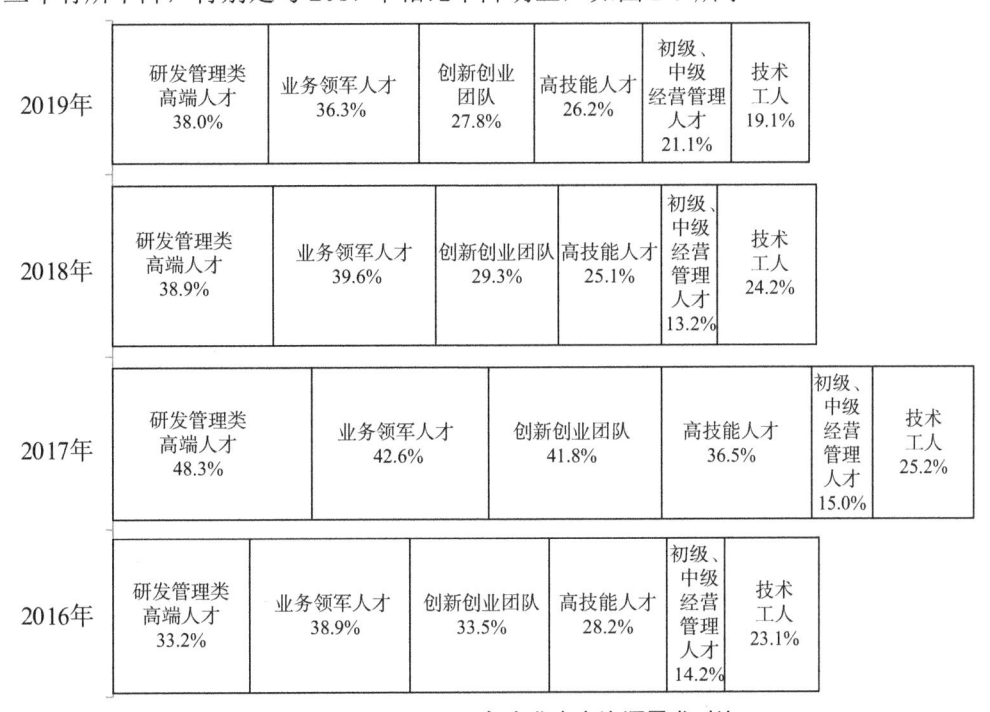

图2-5 2016—2019年企业人力资源需求对比

资料来源：2016—2019年天津民营经济发展动态监测及追踪调查。

如表 2-21 所示，不同行业的人力资源需求不尽相同，对研发管理类高端人才需求比较紧迫的行业是农、林、牧、渔业，制造业与电力、热力、燃气及水生产和供应业；85.7%的电力、热力、燃气及水生产和供应业企业亟待引进创新创业团队；高级技能人才的缺口主要存在于制造业（39.4%）及建筑业（41.9%）。

表 2-21　各行业企业人力资源需求　　　　　　　　　　（单位：%）

行业	研发管理类高端人才	业务领军人才	创新创业团队	高级技能人才	初级、中级经营管理人才	一般技术工人
农、林、牧、渔业	61.5	53.8	23.1	15.4	23.1	7.7
制造业	54.4	29.3	22.8	39.4	15.1	32.8
房地产业	35.0	35.0	55.0	10.0	15.0	5.0
批发和零售业	22.0	46.2	36.3	8.8	25.3	14.3
建筑业	9.7	30.6	16.1	41.9	35.5	25.8
交通运输、仓储和邮政业	16.7	58.3	16.7	0.0	41.7	8.3
租赁和商务服务业	21.1	23.7	34.2	13.2	34.2	10.5
住宿和餐饮业	28.0	24.0	24.0	16.0	48.0	24.0
电力、热力、燃气及水生产和供应业	57.1	14.3	85.7	28.6	0.0	14.3
金融业	42.9	57.1	42.9	0.0	0.0	0.0
信息传输、软件和信息技术服务业	31.7	47.6	22.2	22.2	12.7	3.2
科学、教育、文化、卫生	42.6	31.9	34.0	21.3	21.3	6.4
居民服务、修理和其他他务业	32.7	38.5	25.0	21.2	21.2	17.3

资料来源：2019 年天津民营经济发展动态监测及追踪调查。

从招聘渠道上看，2019 年企业最主要的招聘渠道仍为媒体广告（网络招聘），占比 35.5%，员工推荐（占比 31.5%）和人才中介机构、猎头企业（占比 30.0%），但占比都有所下降。使用国际人才交流与合作协议、项目与技术合作交流协议、用人单位海外推介活动等渠道引才的企业占比上升（见表 2-22）。因此 2019 年企业使用的引才方式更加灵活、更加多元、更加开放，也更适应现代信息传播的规律。

表 2-22　2018—2019 年招聘渠道对比　　　　　　　　　（单位：%）

招聘渠道	2018 年	2019 年
国际人才交流与合作协议	2.6	6.8
项目与技术合作交流协议	15.4	18.0
人才中介机构、猎头企业	38.4	30.0

(续表)

招聘渠道	2018 年	2019 年
媒体广告（网络招聘）	36.9	35.5
用人单位海外推介活动	2.0	2.4
人才交流中心（人才大厦）	28.3	22.5
员工推荐	34.6	31.5
国家/天津外国专家局平台	1.5	1.0
圈子、人脉、学脉招聘	26.1	21.1
微信、微博等新媒体渠道	17.2	17.0

资料来源：2018 年、2019 年天津民营经济发展动态监测及追踪调查。

2019 年民营企业人才招聘中的问题主要集中在"人才流动性大，不好管理"，占比 46.3%；"企业引才渠道狭窄"，占比 38.4%；"专业素质不能满足企业需要"，占比 31.6%（见图 2-6）。研发资金不足、科研成果难以产业化、企业自有引才资金不足，以及政策落实不力，配套服务不完善等问题得到改善。但人才流动性增强、对专业素质提出更高要求成为企业人力资源建设中面临的主要挑战。

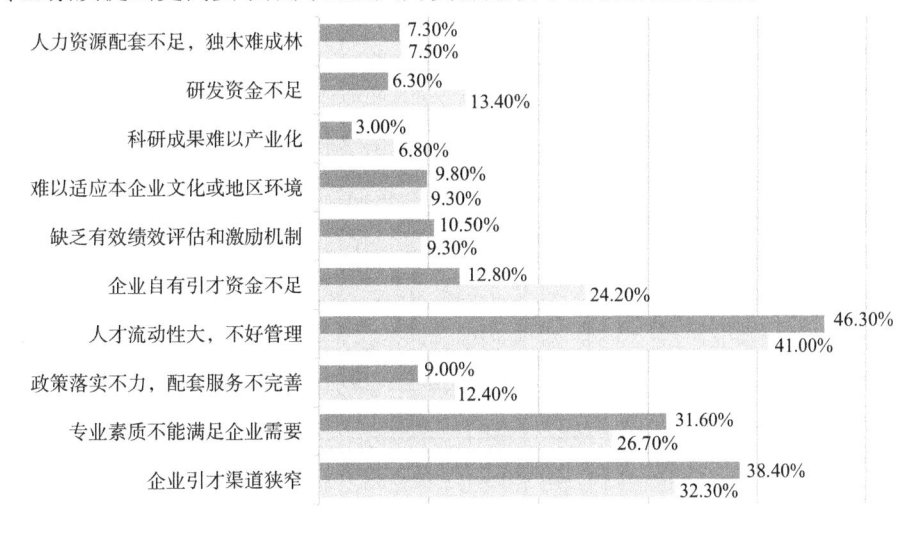

问题	2019年	2016年
人力资源配套不足，独木难成林	7.30%	7.50%
研发资金不足	6.30%	13.40%
科研成果难以产业化	3.00%	6.80%
难以适应本企业文化或地区环境	9.80%	9.30%
缺乏有效绩效评估和激励机制	10.50%	9.30%
企业自有引才资金不足	12.80%	24.20%
人才流动性大，不好管理	46.30%	41.00%
政策落实不力，配套服务不完善	9.00%	12.40%
专业素质不能满足企业需要	31.60%	26.70%
企业引才渠道狭窄	38.40%	32.30%

图 2-6　人才招聘中存在的问题

资料来源：2016 年、2019 年天津民营经济发展动态监测及追踪调查。

具体行业来看，50% 的农、林、牧、渔业企业认为企业引才渠道狭窄；66.7% 的采矿业企业认为人才专业素质不能满足企业需要；近一半的制造业企业反映人才流动性大，不好管理；而对电力、热力、燃气及水生产和供应业来说，科研成果难以产业化和人力资源配套不足，独木难成林的问题同样严重。

（3）"海河英才"计划引才情况

有109家民营企业2019年通过"海河英才"计划引入了相关人才，占被调查企业的14.3%，平均每个企业引入人才数量为4.54人。在各区企业中，滨海新区平均每家企业引才最多，为8.81人，其次为南开、东丽、西青三区；平均每家互联网信息商会企业通过"海河英才"计划引入外来人才5人，居各商会之首；在各行业企业中，农、林、牧、渔业，科学、教育、文化、卫生，居民服务、修理和其他服务业企业受益最大，制造业企业平均引才4.71人，也高于全市平均水平（见表2-23）。

表2-23 "海河英才"计划引才人数

区域	均值	区域/商会	均值	行业	均值	企业规模	均值
和平区	1.75	武清区	13.00	农、林、牧、渔业	6.40	大型	10.36
河西区	1.50	静海区	6.14	制造业	4.71	中型	4.00
南开区	4.85	宁河区	2.20	批发和零售业	4.56	小型	2.58
河东区	2.18	蓟州区	1.33	建筑业	2.30	微型	1.50
河北区	1.00	滨海新区	8.81	交通运输、仓储和邮政业	1.50		
红桥区	2.00			租赁和商务服务业	1.50	总计	4.54
东丽区	5.50	互联网信息商会	5.00	住宿和餐饮业	5.33		
津南区	3.63	金属材料业商会	1.50	电力、热力、燃气及水生产和供应业	1.50		
西青区	5.33	汽车经销商会	1.00	信息传输、软件和信息技术服务业	4.17		
北辰区	3.67	山西商会	2.50	科学、教育、文化、卫生	6.55		
宝坻区	3.83	重庆商会	2.20	居民服务、修理和其他服务业	6.00		

资料来源：2019年天津民营经济发展动态监测及追踪调查。

"海河英才"计划实施一年半以来，着力打造天津人才品牌，政策服务范围广，引才类型丰富多样，既包括高学历人才，也包括企业所急需的高技能人才。通过"海河英才"计划来津发展的人才有36.7%为管理人员，24.2%为销售人员，科技研发人员占比18.2%，还有20.8%为技术操作人员。具体到行业，44.0%的批发和零售业企业引进的是销售人员，农、林、牧、渔业，电力、热力、燃气及水生产和供应业与信息传输、软件和信息技术服务业引进了较多的科技研发人员，40.3%的建筑业企业引进的是技术操作人员（见表2-24）。

表 2-24 各行业企业"海河英才"计划引才类型　　　　　　　　　　（单位：%）

行业	管理人员	销售人员	科技研发人员	技术操作人员
农、林、牧、渔业	46.2	19.2	34.6	
制造业	28.6	18.5	26.6	26.3
房地产业	65.0	15.0	20.0	
批发和零售业	36.3	44.0	7.7	12.1
建筑业	38.7	9.7	11.3	40.3
交通运输、仓储和邮政业	41.7	33.3		25.0
租赁和商务服务业	60.5	21.1	2.6	15.8
住宿和餐饮业	52.0	24.0	8.0	16.0
电力、热力、燃气及水生产和供应业	57.1	14.3	28.6	
金融业	42.9	14.3	14.3	28.6
信息传输、软件和信息技术服务业	19.0	34.9	30.2	15.9
科学、教育、文化、卫生	42.6	27.7	10.6	19.1
居民服务、修理和其他服务业	38.5	23.1	11.5	26.9

资料来源：2019年天津民营经济发展动态监测及追踪调查。

在各个区域中，蓟州区引进管理人员的企业占比最高，为58.2%；西青区引进的销售人员最多，占比为31.3%；滨海新区引进的科技研发人员居首位，占比为36.8%；北辰区引进的技术操作人员占比最高，为35.9%（见表2-25）。

表 2-25 各区企业"海河英才"计划引才类型　　　　　　　　　　（单位：%）

区域及商会	管理人员	销售人员	科技研发人员	技术操作人员
和平区	41.7	25.0	13.9	19.4
河西区	45.2	28.6	11.9	14.3
南开区	30.3	30.3	15.8	23.7
河东区	46.2	25.0	7.7	21.2
河北区	42.9	17.1	11.4	28.6
红桥区	39.4	18.2	18.2	24.2
东丽区	34.7	14.3	28.6	22.4
津南区	43.9	24.4	17.1	14.6
西青区	25.0	31.3	21.9	21.9
北辰区	20.5	15.4	28.2	35.9
宝坻区	33.3	18.8	22.9	25.0
静海区	42.0	22.0	18.0	18.0

（续表）

区域及商会	管理人员	销售人员	科技研发人员	技术操作人员
宁河区	40.0	22.5	25.0	12.5
蓟州区	58.2	16.4	5.5	20.0
滨海新区	28.1	17.5	36.8	17.5
互联网信息商会	20.0	56.7	13.3	10.0
金属材料业商会	44.4	44.4	11.1	
汽车经销商商会	16.7	50.0		33.3
文化传媒商会	30.0	60.0		10.0
山西商会	14.3	42.9	14.3	28.6
重庆商会	18.2	18.2	36.4	27.3

资料来源：2019年天津民营经济发展动态监测及追踪调查。

4. 企业融资状况

2019年无融资需求、无发展预期的企业正在减少，但企业融资缺口同比上升了9.27%，信贷可得性水平与2018年基本持平，但小微企业贷款情况向好，有16%的企业通过民间借贷的方式融资，直接融资水平不高，企业的融资需求尚未得到有效满足。

（1）融资缺口

2019年被调查的民营企业融资缺口指数继续上涨，从2018年的2.84增加到2019年的3.13，同比增长了10.21%，企业融资困难的问题仍未得到根本解决（见表2-26）。无融资需求的企业占比36.2%，比2018年调查的38.9%略有下降。这说明无融资需求、无发展预期的企业正在减少，但企业的融资需求没有得到有效满足。

表2-26 企业融资缺口指数

比例	2014年	2016年	2017年	2018年	2019年
80%（不含）以上	6.20	3.80	4.50	5.36	11.71
60%（不含）～80%（含）	9.10	7.60	6.10	7.44	12.74
40%（不含）～60%（含）	20.40	16.50	15.20	16.66	13.76
20%（不含）～40%（含）	25.40	32.30	21.80	24.40	20.34
0（不含）～20%（含）	21.60	16.50	23.40	28.27	21.78
0	17.30	23.40	29.00	17.85	19.72
融资缺口指数	3.01	2.80	2.60	2.84	3.13

资料来源：天津市"民营经济27条"落实情况万家民营企业发展环境调查第三方评估、2016—2019年天津民营经济发展动态监测及追踪调查。

通过 Pearson 卡方检验可知，企业融资缺口与企业行业和位置具有相关性。表 2-27 所示为不同行业民营企业融资缺口变化情况。与 2016—2018 年平均数值相比，大部分行业的融资缺口都有所上升，房地产业，批发和零售业，信息传输、软件和信息技术服务业，金融业增幅较大；但建筑业、住宿和餐饮业与电力、热力、燃气及水生产和供应业企业融资缺口都有所下降。

表 2-27 不同行业民营企业融资缺口指数变化情况

行业	2016 年	2017 年	2018 年	三年平均	2019 年	变化
农、林、牧、渔业	4.10	3.31	3.86	3.76	3.96	▲
制造业	2.57	2.50	2.82	2.63	2.88	▲
房地产业	3.14	2.84	3.12	3.03	3.64	▲
批发和零售业	2.86	2.48	2.76	2.70	3.40	▲
建筑业	3.30	2.58	3.38	3.09	2.46	▼
交通运输、仓储和邮政业	2.50	2.69	2.67	2.62	3.00	▲
租赁和商务服务业	2.11	2.58	2.42	2.37	2.81	▲
住宿和餐饮业	2.06	2.79	2.33	2.39	1.88	▼
电力、热力、燃气及水生产和供应业	4.75	2.67	3.20	3.54	3.33	▼
金融业	4.17	2.54	1.00	2.57	3.43	▲
信息传输、软件和信息技术服务业	3.24	3.07	2.96	3.09	3.96	▲
科学、教育、文化、卫生	2.68	3.29	3.25	3.07	3.66	▲
居民服务、修理和其他服务业	2.60	2.23	2.00	2.28	2.82	▲

资料来源：2016—2019 年天津民营经济发展动态监测及追踪调查。

从区域角度看，各区企业融资状况冷热不均。多数区企业融资缺口呈现上升趋势，如蓟州区企业 2016—2018 年融资缺口指数平均为 2.71，而在 2019 年上升至 4.88，说明蓟州区企业普遍融资困难较大。北辰、滨海、河北、南开和宁河五区融资缺口都有小幅的下降（见表 2-28）。

表 2-28 各区民营企业融资缺口指数变化情况

区域	2016 年	2017 年	2018 年	三年平均	2019 年	变化
宝坻区	3.00	2.63	2.91	2.85	2.97	▲
北辰区	3.50	2.88	2.08	2.82	2.68	▼
滨海新区	2.77	2.45	3.14	2.79	2.55	▼
东丽区	3.11	3.00	3.16	3.09	3.19	▲

（续表）

区域	2016年	2017年	2018年	三年平均	2019年	变化
和平区	2.50	2.48	2.86	2.61	3.13	▲
河北区	2.18	2.19	2.94	2.44	2.15	▼
河东区	3.25	3.06	—	3.15	3.28	▲
河西区	2.58	2.25	2.70	2.51	2.74	▲
红桥区	3.10	2.79	2.58	2.82	3.05	▲
蓟州区	2.00	3.00	3.14	2.71	4.88	▲
津南区	2.33	2.74	2.82	2.63	3.58	▲
静海区	3.07	1.73	2.47	2.42	2.84	▲
南开区	3.36	2.64	2.91	2.97	2.89	▼
宁河区	2.20	2.94	3.24	2.79	2.62	▼
武清区	2.50	1.90	2.63	2.34	2.50	▲
西青区	3.20	3.13	3.05	3.13	3.37	▲

资料来源：2016—2019年天津民营经济发展动态监测及追踪调查。

（2）融资渠道

2019年民营企业信贷可得性水平与2018年基本持平并有小幅上升，选择比例从40.70%上升至40.90%，但仍低于2017年的信贷水平。通过民间借贷、个人拆借的方式筹款的企业占比有较大的增加，从2018年的7.30%上升至16.00%，同时使用融资租赁、中小企业集合债、互联网金融方式融资的企业也有所增加。但企业通过上市直接融资的占比从4.60%下降到1.80%（见表2-29）。

表2-29　民营企业融资渠道　　　　　　　　　　　　　　　　（单位：%）

融资渠道	2014年	2016年	2017年	2018年	2019年
国有和股份制商业银行贷款	53.50	58.40	62.70	40.70	40.90
民间借贷、个人拆借	35.30	23.80	21.20	7.30	16.00
小型金融机构，如村镇银行、小贷公司	22.90	16.20	17.00	8.80	4.60
融资租赁	20.10	12.50	19.40	5.30	8.70
中小企业集合债	—	4.00	5.70	1.30	3.30
互联网金融借贷	—	3.00	3.30	1.50	1.60
上市	3.60	2.60	10.10	4.60	1.80
自筹、自有资金	—	—	—	67.40	55.40
平均融资渠道个数/个	1.44	1.25	1.29	1.35	1.32

资料来源：天津市"民营经济27条"落实情况万家民营企业发展环境调查第三方评估、2016—2019年天津民营经济发展动态监测及追踪调查。

结合企业规模来看，小型、微型企业自有资金的使用比例明显下降，通过国有和股份制商业银行贷款方式融资的小型、微型企业占比分别增加至38.7%和23.6%，这说明在各项缓解民营小型、微型企业融资难、融资贵的政策合力推动下，民营小型、微型企业贷款形式向好，信贷可得性增加（见表2-30）。值得注意的是，天津民营企业直接融资水平普遍不高，特别是2019年大型企业上市融资的占比下降较为明显。

表2-30 2016—2019年不同规模民营企业融资渠道 （单位：%）

规模	年份	国有和股份制商业银行贷款	小型金融机构，如村镇银行，小贷公司	融资租赁	民间借贷、个人拆借	互联网金融借贷	上市	中小企业集合债	自筹、自有资金
大型	2016	75.0	25.0	16.7	8.3	0.0	0.0	0.0	—
	2017	73.7	10.5	26.3	0.0	5.3	42.1	0.0	—
	2018	54.5	12.7	7.3	5.5	0.0	21.8	0.0	49.1
	2019	50.0	13.6	6.1	9.1	4.5	3.0	4.5	57.6
中型	2016	75.0	14.4	20.2	16.3	1.9	4.8	3.8	—
	2017	68.9	13.6	20.4	10.7	2.9	17.5	4.9	—
	2018	56.3	11.9	10.4	5.9	3.0	3.7	0.7	55.6
	2019	54.4	17.6	6.0	8.2	4.4	2.2	0.5	45.6
小型	2016	51.0	17.6	9.2	25.5	2.6	2.0	3.9	—
	2017	63.6	21.8	21.8	25.5	3.0	4.8	6.1	—
	2018	35.7	5.9	3.7	8.2	0.7	2.2	1.9	72.9
	2019	38.7	16.2	4.4	8.0	2.6	1.5	1.8	56.7
微型	2016	32.0	12.0	4.0	44.0	8.0	0.0	4.0	—
	2017	41.3	10.9	6.5	37.0	4.3	0.0	8.7	—
	2018	22.4	9.4	1.2	8.2	2.4	2.4	1.2	81.2
	2019	23.6	14.2	2.4	11.0	3.1	0.0	2.4	64.6

资料来源：2016—2019年天津民营经济发展动态监测及追踪调查。

表2-31所示为不同行业民营企业主要融资渠道。从行业维度看，金融业，电力、热力、燃气及水生产和供应业，农、林、牧、渔业企业融资渠道较广，使用各种融资渠道的比例均衡，而制造业企业则主要依靠商业贷款。特别需要注意的是，71.4%的信息传输、软件和信息技术服务业企业依靠自有资金发展，融资渠道十分狭窄，仅9.5%的企业获得了银行贷款，融资形势较为严峻。从渠道维度看，信贷可得性较高的是农、林、牧、渔业，制造业，房地产业等行业，而依靠自有资金发展的则主要是批发和零售业、建筑业、住宿和餐饮业及服务业企业。

表 2-31 不同行业民营企业主要融资渠道

行业	国有和股份制商业银行贷款	小型金融机构，如村镇银行、小贷公司	融资租赁	民间借贷、个人拆借	互联网金融借贷	上市	中小企业集合债	自筹、自有资金
农、林、牧、渔业	√	√		√				
制造业	√							
房地产业	√					√		
批发和零售业								√
建筑业								√
交通运输、仓储和邮政业				√	√			
租赁和商务服务业								√
住宿和餐饮业								√
电力、热力、燃气及水生产和供应业	√	√	√					
金融业	√	√	√	√	√		√	
信息传输、软件和信息技术服务业								√
科学、教育、文化、卫生								
居民服务、修理和其他服务业								√

资料来源：2019 年天津民营经济发展动态监测及追踪调查。

四、民营企业创新能力培育

2019 年天津民营企业创新发展状况良好，具有一定的创新基础和创新能力，特别是创新人才引育工作进展顺利，企均研发人员 11.38 人，制造业企业研发人员和工程师数量绝对值和占比都较高，近半数企业开展了对员工技术能力提升、转型、拓展的培训，这说明民营企业普遍认可人才是企业创新能力提升的关键。企业吸引高端科研人员的实力正在提升，研发人才有流入的趋势。

民营企业开展创新的主要领域为技术创新和产品创新，科研人员报酬有所增加，未开展创新活动的企业占比减少。样本企业研发经费投入共计 43.68 亿元，企均 574.7 万元。制造业企业平均开发新产品 4.57 项，居各行业之首，电力、热力、燃气及水生产和供应业创新收入占比较高,创新活力十分充沛。存在的主要问题是企业获得的外部资金较少,银行和产业基金对企业创新的支持力度不大,企均创新项目获得投融资 27.7 万元、政府科技项目资金 30.2 万元;小微企业创新能力不强,新产品销售收入占比不高,技术研发经费投入较少。

随着信息化手段的普及及政府大力开展政策宣传、教育、解读和推介工作,企业对"民营经济 19 条"等自主创新优惠扶持政策的了解程度越来越高,小微企业政策宣传覆盖面广。83.6% 的企业对政策落地实施效果表示满意,但民营企业对税收优惠、研发经费补贴等政府投入的诉求明显提高。因此,天津还需要和先进地区对标,认清差距,找准发力点,在落实政策时针对不同行业的特定诉求,使得政策更有针对性、更有效率。

当前存在的问题主要有四点。一是技术合作不够开源。与其他国家和地区技术联系不密切,交流不广泛。31.8% 的企业没有技术引进计划,92.2% 的企业目前没有技术研发合作方。二是创新效能不高。民营企业平均研发人员占比并不低,但研发经费投入相对不足,企均拥有专利 11.6 件,年发明专利申请数量为北京民营企业的一半左右,专利授权增量不容乐观。三是企业获得的外部资金较少。银行和产业基金对企业创新的支持力度不大,在创新项目融资担保方面获得的政府支持较少。四是小微企业创新积极性不高,创新能力较弱。其体现在研发人员学历较低,新产品开发数量很少,创新领域狭窄,创新投入不足,技术获得方式和研发信息渠道也比较有限。

1. 创新人才

2019 年天津民营企业创新人才引育工作发展良好,企均研发人员 11.38 人,占比 5.78%,硕博士研发人员占比上升,近半数民营企业开展了对员工技术能力提升、转型、拓展的培训,制造业企业研发人员和工程师数量绝对值和占比都较高,这说明民营企业吸引高端科研人员的实力正在提升,研发人才有流入的趋势。同时也应注意到,外地在津发展的科研人员占比还较小,小微企业研发人员流失,员工培训实力不足,需要政府搭建平台增加培训公共产品的供给,提升其技术能力和创新潜力。

(1)学历状况

被调查企业负责人学历主要为本科,占比 65.1%,硕士以上学历占比 23.4%,其中金融行业企业负责人学历较高,14.3% 的企业由博士创立。这说明天津民营企业领导层受教育程度相对较高,有利于企业接受新技术、新思想和创新改革。如图 2-7 所示,从企业研发人员的学历上看,2019 年企业研发人员仍以本科、专科学历为主,但占比较 2018 年有所下降,硕士、博士研发人员占比上升,分别为 24.0% 和 6.4%。这说明天津民营企业吸引高端科研人员的实力正在提升,高端人才有流入的趋势。

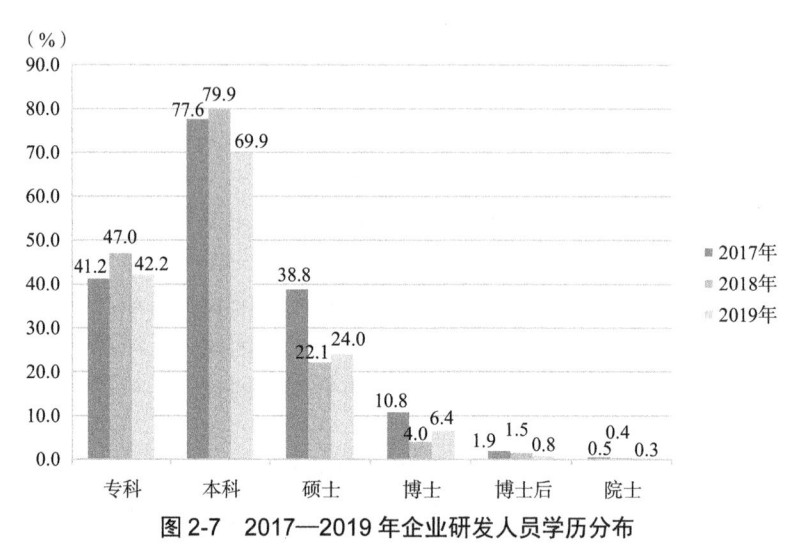

图 2-7 2017—2019 年企业研发人员学历分布

资料来源：2017—2019 年天津民营经济发展动态监测及追踪调查。

同时测度分析显示，天津被调查民营企业中，电力、热力、燃气及水生产和供应业，制造业，农、林、牧、渔业，金融业企业研发人员学历较高，而住宿和餐饮业，交通运输、仓储和邮政业，居民服务、修理和其他服务业、批发和零售业企业技术研发人员学历相对较低。同时，企业研发人员学历随企业规模的减小而降低，小微企业研发人员以本科、专科的中端人才为主，技术能力和创新潜力还需进一步提升。

（2）技术研发人员数量及来源

被调查的民营企业企均职工为 196.86 人；企均高端人才为 3.26 人，占比 1.66%；企均研发人员为 11.38 人，占比 5.78%；企均工程师为 9.15 人，占比 4.65%。对比"高新技术企业从事研发和相关技术创新活动的科技人员占企业当年职工总数的比例不低于 10%"这一标准，天津民营企业研发人员平均占比并不低，并且研发人员占比 30%～50% 的企业有所增加。

具体的行业分析中，从研发人员和工程师的数量来看，制造业的研发人员和工程师都远高于其他行业，均值分别为 25.39 人和 17.47 人；科技人员密集的还有电力、热力、燃气及水生产和供应业企业；房地产业和建筑业企业中工程师人数也较多（见表 2-32）。

以研发人员占比的情况来看，农、林、牧、渔业和制造业企业研发人员占比接近 10%，信息传输、软件和信息技术服务业更是高达 12.31%（见表 2-32）。房地产业，批发和零售业，住宿和餐饮业，电力、热力、燃气及水生产和供应业，信息传输、软件和信息技术服务业，科学、教育、文化、卫生，居民服务、修理和其他服务业企业研发人员占比增加，但存在的问题是分别有 54.6% 的小型企业和 77.2% 的微型企业与 2018 年相比研发人员减少。

表 2-32 企业研发人员和工程师数量

企业从事的行业	研发人员	工程师	研发人员占比 /%
农、林、牧、渔业	6.65	1.42	9.95
制造业	25.39	17.47	9.03
房地产业	3.45	11.80	3.53
批发和零售业	0.97	2.07	0.82
建筑业	4.93	14.77	1.16
交通运输、仓储和邮政业	1.50	1.25	1.10
租赁和商务服务业	0.11	0.16	0.33
住宿和餐饮业	1.32	0.88	0.94
电力、热力、燃气及水生产和供应业	10.00	9.71	5.56
金融业	0.29	0.29	1.14
信息传输、软件和信息技术服务业	6.98	7.05	12.31
科学、教育、文化、卫生	4.74	4.45	5.97
居民服务、修理和其他服务业	6.27	2.15	5.33
多行业经营	7.15	4.26	2.39
平均	11.38	9.15	5.78

资料来源：2019年天津民营经济发展动态监测及追踪调查。

与2018年对人工智能技术人员来源的统计分析结果类似，2019年天津民营企业技术人员主要来自本市（77.66%）、北京（5.71%）和河北（5.32%），京津冀地区为企业技术人员的主要来源地，占比为88.69%；来自其他国家和地区的占比都很小（见表2-33）。这进一步说明企业开放程度仍不够，与其他省份技术联系不密切，交流不广泛，仍需要进一步加大力度吸引其他地区科技人员来津发展。

表 2-33 技术人员来源地

国家/地区	人数	国家/地区	人数
天津	598	贵州	2
北京	44	湖北	2
河北	41	内蒙古自治区	2
河南	12	福建	2
山东	10	辽宁	2
广东	8	重庆	1
浙江	8	云南	1
四川	6	宁夏回族自治区	1

(续表)

国家/地区	人数	国家/地区	人数
山西	6	陕西	1
安徽	4	蒙古	1
江西	4	新西兰	1
上海	4	澳大利亚	1
湖南	3	日本	1
江苏	2	总计	770
黑龙江	2		

资料来源：2019年天津民营经济发展动态监测及追踪调查。

（3）招聘与培训

在2018年的调查中，有20.1%的企业表示会加大人工智能人才的引进。在2019年的调查中，有14.5%的被调查企业招聘了人工智能相关领域的技术和管理员工，企均招聘4.25人，其中住宿和餐饮业，制造业，居民服务、修理和其他服务业，建筑业，批发和零售业企业招聘人工智能人才较多（见表2-34），反映了未来劳动密集型企业机器换人的发展需求，同时也体现出这些企业着眼未来发展趋势，积极布局技术创新的战略思维。值得注意的是，小型、微型企业招聘人工智能技术和管理人员为2.96人和2.88人，与大型、中型企业（8人，4.89人）相比还有很大差距。

表2-34 人工智能技术人员招聘数量

企业从事的行业	数量均值/人
农、林、牧、渔业	1.71
制造业	5.24
批发和零售业	4.63
建筑业	4.91
交通运输、仓储和邮政业	1.00
租赁和商务服务业	1.50
住宿和餐饮业	10.00
电力、热力、燃气及水生产和供应业	1.00
信息传输、软件和信息技术服务业	2.23
科学、教育、文化、卫生	2.60
居民服务、修理和其他服务业	5.00
平均	4.25

资料来源：2019年天津民营经济发展动态监测及追踪调查。

如表 2-35 所示，2019 年天津 46.4% 的民营企业开展了对员工技术能力提升、转型和拓展的培训，未开展培训的企业占比 29.0%，未开展但近期计划开展培训的企业占比 20.7%，不准备开展培训的企业仅占 3.9%。77.3% 的大型企业，52.7% 的中型企业，以及 44.3% 的小型企业和 27.6% 的微型企业开展了对员工技能提升、转型的培训，这说明天津民营企业非常重视员工培训，认为员工技能的提升、转型和拓展是关系到企业未来生存发展的重要因素，也是企业创新能力提升的关键要素。

如表 2-35 所示，已经开展培训的企业随规模的增大而增加，不准备开展培训的企业随规模的减小而增加，说明小型、微型企业受自身规模和盈利的限制，相对缺乏对员工进行技能提升、转型、拓展培训的能力，需要政府增加培训公共产品的供给，提供内容更充分、覆盖范围更广的培训机会和平台，培育广大小型、微型企业适应市场变化和运用先进技术的能力。

表 2-35　不同规模企业员工技能提升、转型、拓展培训　（单位：%）

项目		已经开展	未开展	近期计划开展	不准备开展
企业规模	大型	77.3	15.2	6.1	1.5
	中型	52.7	23.1	21.4	2.7
	小型	44.3	29.9	22.7	3.1
	微型	27.6	41.7	21.3	9.4
合计		46.4	29.0	20.7	3.9

资料来源：2019 年天津民营经济发展动态监测及追踪调查。

不同行业企业员工技能提升、转型、拓展培训的情况如表 2-36 所示，农、林、牧、渔业，制造业，住宿和餐饮业与电力、热力、燃气及水生产和供应业企业更加重视员工技能的提升，已经开展培训的企业占比较高；57.1% 的金融业企业表示将在近期开展培训；相比之下，房地产企业对员工技能的提升、转型、拓展不够重视，45.0% 的企业近期未开展培训，15.0% 的企业表示不准备开展培训。此外，80.0% 的武清企业、68.4% 的滨海企业、71.4% 的山西商会企业和 63.6% 的重庆商会企业已经开展了员工技能培训，占比较高。

表 2-36　不同行业企业员工技能提升、转型、拓展培训的情况　（单位：%）

行业	已经开展	未开展	近期计划开展	不准备开展
农、林、牧、渔业	57.7	19.2	15.4	7.7
制造业	51.7	26.3	19.3	2.7
房地产业	10.0	45.0	30.0	15.0
批发和零售业	45.1	28.6	20.9	5.5
建筑业	48.4	25.8	22.6	3.2

（续表）

行业	已经开展	未开展	近期计划开展	不准备开展
交通运输、仓储和邮政业	41.7	33.3	25.0	0.0
租赁和商务服务业	39.5	31.6	23.7	5.2
住宿和餐饮业	68.0	12.0	20.0	0.0
电力、热力、燃气及水生产和供应业	57.1	14.3	28.6	0.0
金融业	14.3	28.6	57.1	0.0
信息传输、软件和信息技术服务业	36.5	46.0	14.3	3.2
科学、教育、文化、卫生	49.0	25.5	17.0	8.5
居民服务、修理和其他服务业	42.3	25.0	28.9	3.8

资料来源：2019年天津民营经济发展动态监测及追踪调查。

2. 创新资金与投入

（1）创新领域与产品

如图2-8所示，2017年和2019年天津民营企业开展创新的主要领域都为技术创新和产品创新。与2017年数据相比，2019年企业在服务创新和管理创新方面的尝试有一定幅度的减少。2019年企业平均涉足的创新领域是1.9个，比2017年略有下降，但未开展创新活动的企业数量占比减少。

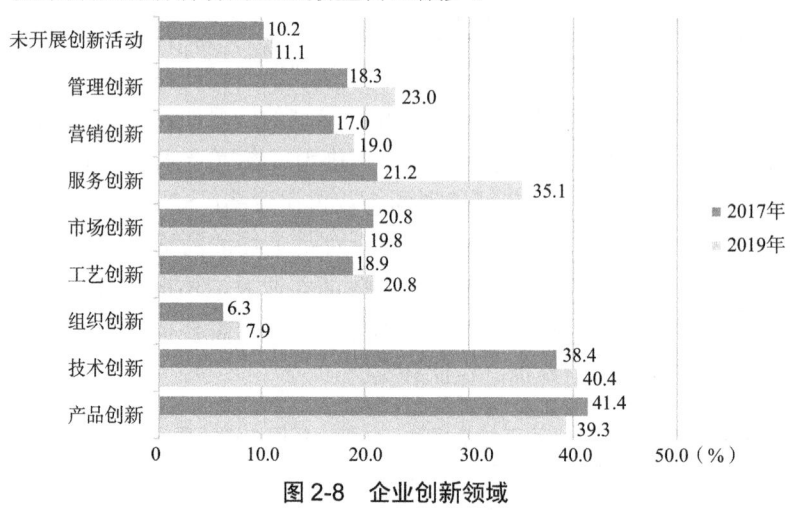

图2-8 企业创新领域

资料来源：2017年、2019年天津民营经济发展动态监测及追踪调查。

表2-37所示为不同行业企业的创新领域，其中加粗的部分为选择比例较高的行业或领域，斜体的部分为选择比例较低的行业或领域。可以看到，金融业与交通运输、仓储和邮政业企业均未开展产品创新；普遍开展技术创新的行业是制造业，电力、热力、燃气及水生产和供应业与信息传输、软件和信息技术服务业；制造业企业着重于技术创新和工艺创新，而服务创新则关注较少；批发和零售业、住宿和餐

饮业等服务业企业较重视营销创新。值得注意的是，28.6%的金融企业未开展创新活动，占比为各行业之首，而全部电力、热力、燃气及水生产和供应业企业都开展了形式多样的创新活动，创新活力十分充沛。

表2-37 不同行业企业的创新领域 （单位：%）

行业	产品创新	技术创新	组织创新	工艺创新	市场创新	服务创新	营销创新	管理创新	未开展创新
农、林、牧、渔业	53.8	38.5	7.7	30.8	19.2	19.2	23.1	3.8	3.8
制造业	63.3	56.4	3.1	38.2	16.2	9.3	10.0	13.5	7.3
房地产业	30.0	5.0	5.0	0.0	25.0	15.0	10.0	15.0	20.0
批发和零售业	36.3	17.6	5.5	2.2	28.6	22.0	38.5	25.3	11.0
建筑业	19.4	40.3	4.8	16.1	30.6	14.5	12.9	25.8	11.3
交通运输、仓储和邮政业	0.0	16.7	0.0	0.0	16.7	50.0	25.0	41.7	16.7
租赁和商务服务业	18.4	2.6	10.5	0.0	26.3	34.2	26.3	28.9	21.1
住宿和餐饮业	52.0	16.0	0.0	28.0	28.0	24.0	32.0	8.0	4.0
电力、热力、燃气及水生产和供应业	57.1	57.1	14.3	14.3	0.0	42.9	14.3	14.3	0.0
金融业	0.0	14.3	28.6	0.0	14.3	42.9	0.0	57.1	28.6
信息传输、软件和信息技术服务业	34.9	63.5	7.9	4.8	17.5	22.2	12.7	6.3	6.3
科学、教育、文化、卫生	23.4	34.0	6.4	10.6	23.4	36.2	10.6	25.5	12.8
居民服务、修理和其他服务业	23.1	21.2	13.5	5.8	17.3	40.4	15.4	25.0	13.5

资料来源：2019年天津民营经济发展动态监测及追踪调查。

从企业规模分类的角度看，大型企业比较容易形成路径依赖和产品依赖，市场创新和服务创新活动较少，但在管理方面勇于创新试验，不断调整利于企业发展的管理模式。小型、微型企业技术创新、工艺创新能力不强，比较侧重于市场、服务、营销等方面的创新。此外，未开展创新活动的小型、微型企业占比也较大型、中型企业更多（见表2-38）。

表2-38 不同规模企业的创新领域 （单位：%）

创新领域	大型	中型	小型	微型
产品创新	45.5	40.1	44.3	32.3
技术创新	53.0	45.1	35.6	29.9

(续表)

创新领域	大型	中型	小型	微型
组织创新	7.6	7.7	5.2	7.1
工艺创新	25.8	26.9	18.3	5.5
市场创新	13.6	22.5	20.1	24.4
服务创新	19.7	21.4	20.6	23.6
营销创新	21.2	17.0	16.8	15.7
管理创新	28.8	23.1	16.5	11.8
未开展创新	9.1	7.1	11.1	12.6

资料来源：2019年天津民营经济发展动态监测及追踪调查。

2019年被调查企业中共有218家企业开发了新产品，占比28.5%，全样本企均开发新产品2项。制造业企均开发新产品4.57项，居各行业之首；而房地产业、交通运输、仓储和邮政业及金融业企业2019年没有研发新产品。企业年龄和开发新产品数量的Pearson卡方检验结果显示，企业年龄和新产品开发数量高度相关，企业新产品的开发能力随企业年龄的增加而明显增强，如表2-39所示。此外，我们还应注意到，企业开发新产品的数量随企业规模的减小而迅速下降，微型企业平均一年仅开发0.27项产品，产品创新的能力严重不足。

表2-39 2019年不同行业企业开发的新产品数量

类型	均数	类型	均数
农、林、牧、渔业	1.69	科学、教育、文化、卫生	0.60
采矿业	3.33	居民服务、修理和其他服务业	0.12
制造业	4.57	多行业	0.58
房地产业	0.00	大型	3.61
批发和零售业	1.22	中型	3.45
建筑业	0.54	小型	1.62
交通运输、仓储和邮政业	0.00	微型	0.27
租赁和商务服务业	0.13	0～10年	1.37
住宿和餐饮业	1.28	11～20年	1.93
电罚、热力、燃气及水生产和供应业	1.00	21～30年	1.76
金融业	0.00	31年以上	6.15
信息传输、软件和信息技术服务业	0.49	总计	2.01

资料来源：2019年天津民营经济发展动态监测及追踪调查。

2019年没有新产品销售收入的企业占比是38.8%，新产品销售收入占主营业务收入5%以下的企业比例为26.5%，新产品销售收入占比50%以上的企业比例为10.1%，综合来看，民营企业新产品销售收入占比不高。2018年统计数据显示，北京2017年规上民营工业企业销售产值为7846.7亿元，其中新产品销售收入为2212.2亿元，新产品销售收入占总收入的28.2%。同期，天津规上民营工业企业销售收入为7703.04亿元，其中新产品销售收入为1857.79亿元，占比24.1%。因此天津民营企业新产品开发和销售的水平还需进一步提高。

从具体行业和规模来看，新产品销售收入较强的行业分别为电力、热力、燃气及水生产和供应业，制造业，批发和零售业，农、林、牧、渔业，科学、教育、文化、卫生业及信息传输、软件和信息技术服务业，如表2-40所示。同时，企业新产品销售收入占主营业务收入的比例随企业规模的减小而减少，这说明天津民营小型、微型企业创新营收水平不高，创新能力不足。

表2-40　各行业新产品销售收入情况

类型	指标	类型	指标
电力、热力、燃气及水生产和供应业	3.29	居民服务、修理和其他服务业	1.60
制造业	2.78	房地产业	1.45
批发和零售业	2.26	租赁和商务服务业	1.45
农、林、牧、渔业	2.23	金融业	1.29
科学、教育、文化、卫生	2.19	大型	2.52
信息传输、软件和信息技术服务业	2.03	中型	2.38
建筑业	1.89	小型	2.17
住宿和餐饮业	1.76	微型	1.99
交通运输、仓储和邮政业	1.67		

资料来源：2019年天津民营经济发展动态监测及追踪调查。

（2）创新投入

2019年民营企业创新投入中更重视对人的直接投入。随着科研人员占比的增加，民营企业在科研人员报酬方面的投入明显增长，同时技术购买、技术改造和市场研究的投入也有所增加（见表2-41）。

表2-41　企业创新投入变化情况　　　　　　　　　　（单位：%）

项目		2017年	2019年	变化
人力投入	科研人员报酬	13.2	19.7	▲
	创新者的奖金或提成	10.1	6.8	▼
	为实现产品创新、工艺创新进行的员工培训	13.6	10.0	▼

（续表）

	项目	2017年	2019年	变化
技术投入	创新仪器设备及软件经费支出	12.2	10.1	▼
	技术购买、技术改造支出	12.0	12.8	▲
	新产品、新工艺实施投入	19.1	18.4	▼
市场投入	新产品营销支出	10.1	10.0	▼
	市场研究支出	9.8	12.2	▲

资料来源：2017年、2019年天津民营经济发展动态监测及追踪调查。

从企业规模来看，创新投入随企业规模减小而减少。在人力、技术和市场三类创新投入中，规模较大的企业更重视人力和技术的投入，相对而言，小型、微型企业对市场研究的支出更多，更重视适应市场需求变化（见表2-42）。

表2-42 不同规模企业创新投入 （单位：%）

	项目	大型	中型	小型	微型
人力投入	科研人员报酬	34.8	31.9	32.0	26.0
	创新者的奖金或提成	10.6	12.6	8.2	15.7
	为实现产品创新、工艺创新进行的员工培训	16.7	16.5	17.0	11.0
技术投入	创新仪器设备及软件经费支出	22.7	23.1	13.7	9.4
	技术购买、技术改造支出	31.8	24.7	18.3	13.4
	新产品、新工艺实施投入	48.5	36.8	25.5	18.9
市场投入	新产品营销支出	10.6	15.4	15.7	19.7
	市场研究支出	22.7	13.7	20.9	20.5
百分比总和		198.4	174.7	151.3	134.6

资料来源：2019年天津民营经济发展动态监测及追踪调查。

2019年被调查民营企业有研发活动的占比为40.5%，略高于北京（根据2018年统计数据，北京有研发活动的民营企业占比为38.9%）；样本企业研发经费投入共计43.68亿元，企均研发经费投入为574.7万元，高于统计数据显示的2017年天津规上工业企业平均研发经费（484.2万元）及2017年样本企业数据（约500万元），但低于同期北京规上工业企业平均研发经费（732.48万元）。

分行业看，天津70%的制造民营企业有技术研发经费投入，平均技术研发经费为1265.1万元，居各行业之首；而84.6%的居民服务、修理及其他服务业企业没有投入技术研发经费，企均经费投入仅1.8万元（见表2-43）。

表2-43 不同行业技术研发经费投入 （单位：万元）

企业从事的行业	技术研发经费
制造业	1265.1
电力、热力、燃气及水生产和供应业	398.6
农、林、牧、渔业	233.9
科学、教育、文化、卫生	182.4
建筑业	136.2
信息传输、软件和信息技术服务业	102.1
交通运输、仓储和邮政业	31.7
批发和零售业	28.4
住宿和餐饮业	26.2
采矿业	16.7
房地产业	8.0
租赁和商务服务业	7.9
金融业	2.9
居民服务、修理和其他服务业	1.8
平均	574.7

资料来源：2019年天津民营经济发展动态监测及追踪调查。

分规模看，大型企业企均研发经费投入为5325.98万元，人均经费投入为4.25万元，而小型、微型企业技术研发经费较少，小型、微型企业人均经费投入仅为1.08万元及0.46万元（见表2-44）。

表2-44 不同规模企业技术研发经费投入

企业规模	技术研发投入/万元	平均员工数/人	人均经费投入/万元
大型	5325.98	1251.98	4.25
中型	344.06	248.61	1.38
小型	57.24	52.96	1.08
微型	6.82	14.92	0.46

资料来源：2019年天津民营经济发展动态监测及追踪调查。

（3）资金来源

民营企业创新资金来源高度集中，企业自有资金占比51.2%，企业自有资金、个人资金、政府项目资金三项累计占比近80.0%，国有和股份制商业银行及产业基金对企业创新的支持力度并不大，占比仅为6.3%及2.3%。

与2017年相比，企业创新资金来源更加向企业自有资金、个人资金和政府项目资金三项集中，国有和股份制商业银行贷款占比下降了3个百分点，产业基金、国内风险投资和互联网金融信托三项的使用比例略有提高（见表2-45）。同时小微企业个人资金，民间借贷、个人拆借使用比例高于较大规模的企业，小微企业对政府项目资金获得能力明显不足，占比仅为9.4%。

表2-45 2017—2019年研发经费来源变化情况 （单位：%）

来源	2017	2018*	2019	变化
企业自有资金	46.9	78	51.2	▲
个人资金	9.9		14.5	▲
政府项目资金	12.3	5.4	12.5	▲
国有和股份制商业银行贷款	9.3	9.3	6.3	▼
小型金融机构	3.7		3.7	—
产业基金	1.9		2.3	▲
融资租赁	5.4		2.1	▼
家族资金	3.7		1.9	▼
民间借贷、个人拆借	2.7		1.7	▼
国内风险投资	0.5	0.9	1.4	▲
互联网金融信托	0.3		1.1	▲
国外风险投资	0.5		0.8	▲
中小企业集合债	1.0		0.6	▼
上市	1.6		0.2	▼

注：*表示2018年调查的为企业投资智能化项目的资金来源，数据仅作参考。
资料来源：2017—2019年天津民营经济发展动态监测及追踪调查。

2019年民营企业创新项目获得外部资金支持较少。没有获得创新项目投融资的企业为724家，占比95.3%，企业共获得创新项目投融资2.1亿元，企均27.7万元；没有获得政府项目资金的企业是668家，占比87.7%，共获得政府科技项目资金2.3亿元，企均30.2万元。东丽区企业创新项目平均获得融资181.6万元，静海区企业平均获得融资167万元，居于各区前列；滨海新区和宝坻区的企业创新项目获得政府资金支持力度较大，分别为111.9万元和104.4万元。

从具体行业分析的角度看（见表2-46），创新项目获得投融资较多的行业为制造业（企均71.07万元），科学、教育、文化、卫生业（企均14.94万元）及电力、热力、燃气及水生产和供应业（企均14.29万元）；获得政府科技项目资金支持较多的行业为电力、热力、燃气及水生产和供应业（企均146.17万元），农、林、牧、渔业（企均98.26万元）及制造业（企均65.89万元）。综合来看，制造业及电力、热力、燃气及水生产和供应业创新项目获得投融资和政府资金支持的能力较强。

表 2-46 各行业企业创新项目获得的投融资金额及政府科技项目资金金额　　（单位：万元）

行业	创新项目获得的投融资金额	行业	创新项目获得的政府科技项目资金金额
制造业	71.07	电力、热力、燃气及水生产和供应业	146.17
科学、教育、文化、卫生	14.94	农、林、牧、渔业	98.26
电力、热力、燃气及水生产和供应业	14.29	制造业	65.89
农、林、牧、渔业	8.48	住宿和餐饮业	20.14
交通运输、仓储和邮政业	8.33	建筑业	11.02
租赁和商务服务业	7.89	交通运输、仓储和邮政业	8.33
批发和零售业	6.59	信息传输、软件和信息技术服务业	6.65
信息传输、软件和信息技术服务业	1.06	租赁和商务服务业	1.32
建筑业	0.08	科学、教育、文化、卫生	0.85
房地产业	0.00	居民服务、修理和其他服务业	0.58
住宿和餐饮业	0.00	批发和零售业	0.33
金融业	0.00	房地产业	0.00
居民服务、修理和其他服务业	0.00	金融业	0.00

资料来源：2019 年天津民营经济发展动态监测及追踪调查。

3. 技术与合作

2019 年天津民营企业技术研发和合作交流的发展状况一般。调查数据显示，企均拥有专利 11.6 件，企均年发明专利申请数量为北京民营企业的 50% 左右，专利授权增量不容乐观。42.3% 的企业应用了各类人工智能技术，较 2018 年有所上升，但应用水平还较为初级，真正的智能化项目如计算机辅助制造、计算机集成制造、商务智能等使用比例较低。

2019 年被调查企业中无技术引进计划的为 243 家，占比 31.8%，92.2% 的企业目前没有技术研发合作方，获得技术的主要方式为自主研发和直接购买，与其他企业或高校、科研院所合作研发的占比不高且有下降趋势。这说明天津民营企业还较为封闭保守，技术合作不够开源，与其他国家和地区技术联系不密切，交流不广泛。今后还需进一步发挥行业协会和第三方中介机构的研发信息传播作用，采用引进团队＋技术等创新效率较高的解决方案。

（1）企业专利情况

下面从企业目前自主研发的专利数量、2019年新增发明专利申请数量及2019年购买专利数量三个方面分析天津民营企业的专利情况，从而反映企业的技术创新能力。

2019年调查数据显示，没有自主研发专利的企业数量是505家，占比66.4%，企均拥有专利11.6件；2019年没有新增发明专利申请的企业数量为641家，占比84.1%，企均新增发明专利申请0.9件；2019年没有购买专利的企业数量为745家，占比97.8%，企均购买专利0.08件。2018年统计数据显示，天津规上民营工业企业企均年发明专利申请数量为1.4件，而北京的数据为2.9件，天津民营企业年发明专利申请数量仅为北京民营企业的一半左右。

从行业角度看（见表2-47），制造业和农、林、牧、渔业企业拥有的专利、每年申请和购买的专利较多，可见制造业拥有较为深厚的技术基础和创新基础。但2019年交通运输、仓储和邮政业，租赁和商务服务业，电力、热力、燃气及水生产和供应业，以及金融业四个行业都没有申请和购买发明专利，专利授权增量不容乐观。

表2-47 不同行业企业专利情况

行业	自主研发专利数量/件	0报告企业占比/%	新增发明专利申请数量/件	0报告企业占比/%	购买专利数量/件	0购买企业占比/%
农、林、牧、渔业	17.16	48.0	2.80	72.0	0.08	96.0
制造业	26.29	37.2	1.84	68.0	0.11	96.5
房地产业	2.20	90.0	0.20	95.0	0.00	100.0
批发和零售业	0.88	89.0	0.27	95.6	0.03	97.8
建筑业	4.66	77.4	0.48	93.5	0.00	100.0
交通运输、仓储和邮政业	0.08	91.7	0.00	100.0	0.00	100.0
租赁和商务服务业	1.61	94.7	0.00	100.0	0.00	100.0
住宿和餐饮业	1.92	96.0	0.08	96.0	0.00	100.0
电力、热力、燃气及水生产和供应业	9.00	42.9	0.00	100.0	0.00	100.0
金融业	0.00	100.0	0.00	100.0	0.00	100.0
信息传输、软件和信息技术服务业	5.86	68.3	0.27	87.3	0.02	98.4
科学、教育、文化、卫生	4.06	80.9	0.36	91.5	0.09	97.9

(续表)

行业	自主研发专利数量/件	0报告企业占比/%	新增发明专利申请数量/件	0报告企业占比/%	购买专利数量/件	0购买企业占比/%
居民服务、修理和其他服务业	0.54	92.3	0.29	94.2	0.00	100.0
多行业	9.15	72.9	0.52	89.6	0.44	95.8
总计	11.60	66.4	0.90	84.1	0.08	97.8

资料来源：2019年天津民营经济发展动态监测及追踪调查。

(2) 人工智能的应用

如表2-48所示，2019年企业应用计算机视觉技术及大数据和云计算技术较多，占比分别为12.60%和14.90%。此外，机器人技术、智能硬件和人机协同技术使用也比较广泛。与2018年相比，应用人工智能技术的企业占比上升至42.3%。

表2-48　2018—2019年人工智能技术的应用情况　　　（单位：%）

人工智能技术	2018年	2019年
计算机视觉	13.72	12.60
机器学习	10.29	5.10
自然语言处理	3.25	2.20
机器人技术	10.11	8.50
生物识别技术	4.51	3.50
智能芯片	6.14	3.50
大数据和云计算	20.76	14.90
智能硬件	15.70	8.00
语音识别	—	2.50
人机协同	—	7.60
没有应用	59.93	57.70

资料来源：2018年、2019年天津民营经济发展动态监测及追踪调查。

表2-49所示为2019年各行业企业使用人工智能技术的情况。从图中可以看出，使用计算机视觉技术较多的行业是农、林、牧、渔业及交通运输、仓储和邮政业；使用机器学习技术的多为金融业，信息传输、软件和信息技术服务业及科学、教育、文化、卫生行业；42.9%的电力、热力、燃气及水生产和供应业企业使用智能硬件；49.2%的信息传输、软件和信息技术服务业企业应用大数据和云计算技术；居民服务、修理和其他服务业较多使用语音识别技术；制造业使用较多的是机器人、智能硬件和人际协同技术。

表 2-49 2019 年各行业企业使用人工智能技术的情况

行业	计算机视觉	机器学习	自然语言处理	机器人技术	生物识别技术	智能芯片	大数据和云计算	智能硬件	语音识别	人机协同
农、林、牧、渔业	√		√							
制造业				√				√		√
房地产业										
批发和零售业										
建筑业									√	
交通运输、仓储和邮政业	√						√			
租赁和商务服务业										
住宿和餐饮业							√			
电力、热力、燃气及水生产和供应业					√	√	√	√		
金融业		√		√	√					√
信息传输、软件和信息技术服务业		√					√	√	√	
科学、教育、文化、卫生		√								
居民服务、修理和其他服务业									√	

资料来源：2019 年天津民营经济发展动态监测及追踪调查。

2019 年，企业对工业控制软件、计算机辅助制造、计算机辅助设计、电子商务应用、生产（服务）过程数据采集和分析系统等智能化项目的使用比例有所提高。两年来企业应用较多的智能项目是电子商务、人力资源管理（HRMS）和客户关系管理（CRM）；企业资源计划（ERP）、产品数据管理系统（PDM）和工业控制软件使用的比例也较高（见图 2-9）。而严格意义上讲，上述企业应用较多的项目应属于信息化软件和系统，真正的智能化项目如计算机辅助制造（CAM）、计算机集成制造、商务智能等使用比例较低，可见天津民营企业智能化项目的应用水平还较为初级。

表 2-50 所示为各行业企业智能化项目的应用情况，√标记位置代表该行业的该智能化项目应用相对较多，如制造业企业应用较多的是工业控制软件、企业资源计划和计算机辅助制造。可以看到，房地产行业应用任何智能化项目都很少，而电力、热力、燃气及水生产和供应业智能化项目应用则相对普遍。同时，表 2-50 还报告了每个行业智能化项目的平均应用领域数量，农、林、牧、渔业，制造业，电

力、热力、燃气及水生产和供应业与金融业应用智能化项目较为广泛,平均每个企业应用了 1.7 个智能化项目。

智能化项目	2019年	2018年
生产(服务)过程数据采集和分析系统	5.48%	4.81%
电子商务应用	15.38%	12.47%
计算机辅助设计系统	7.37%	5.93%
安全生产管理系统	3.52%	5.68%
制造执行系统(MES)	3.13%	3.21%
计算机集成制造系统	1.56%	1.85%
计算机辅助制造(CAM)	3.91%	3.46%
商务智能(BI)	2.74%	3.83%
产品全生命周期管理(PLM)	1.30%	1.11%
人力资源管理(HRMS)	11.21%	11.36%
供应链管理(SCM)	4.89%	7.78%
客户关系管理(CRM)	9.71%	12.10%
企业资源计划(ERP)	8.60%	9.14%
产品数据管理系统(PDM)	9.26%	9.75%
工业控制软件	11.93%	7.53%

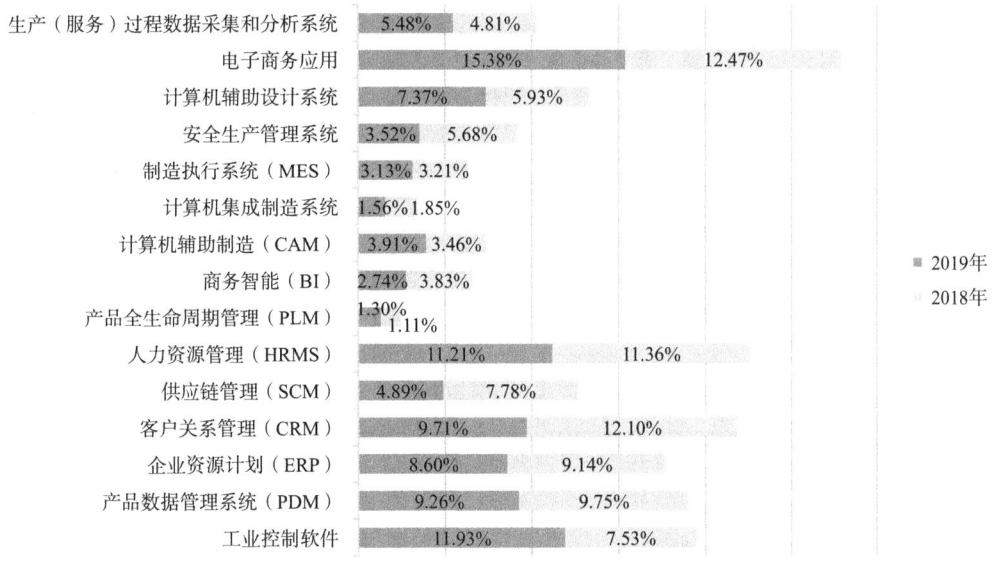

图 2-9　企业智能化项目的应用情况

资料来源:2018 年、2019 年天津民营经济发展动态监测及追踪调查。

表 2-50　各行业企业智能化项目的应用情况

智能化项目	农、林、牧、渔业	制造业	房地产业	批发和零售业	建筑业	交通运输、仓储和邮政业	租赁和商务服务业	住宿和餐饮业	电力、热力、燃气及水生产和供应业	金融业	信息传输、软件和信息技术服务业	科学、教育、文化、卫生	居民服务、修理和其他服务业
工业控制软件	√	√							√				
产品数据管理系统						√			√				
企业资源计划		√							√				
客户关系管理				√				√		√			
供应链管理				√					√			√	
人力资源管理											√		√
产品全生命周期管理									√				
商务智能							√			√	√		
计算机辅助制造		√							√				
计算机集成制造系统						√					√		
制造执行系统									√				

（续表）

智能化项目	农、林、牧、渔业	制造业	房地产业	批发和零售业	建筑业	交通运输、仓储和邮政业	租赁和商务服务业	住宿和餐饮业	电力、热力、燃气及水生产和供应业	金融业	信息传输、软件和信息技术服务业	科学、教育、文化、卫生	居民服务、修理和其他服务业
安全生产管理系统										√			√
计算机辅助设计系统				√	√							√	
电子商务应用	√			√			√						
生产（服务）过程数据采集和分析系统						√		√					
平均应用领域	1.7	1.7	1.2	1.5	1.2	1.4	1.2	1.2	1.7	1.7	1.6	1.5	1.5

资料来源：2019年天津民营经济发展动态监测及追踪调查。

（3）技术来源与合作

2019年被调查企业中无技术引进计划的为243家，占比31.8%。2018—2019年，国内主要的技术来源地都在天津、北京、上海，分别占比29.4%、13.2%和3.9%。国外主要的技术来源地是德国（53.8%）、日本（21.5%）和美国（16.9%），65家企业引进了国外技术，占比8.5%，其他国家和地区作为企业技术来源地占比都很小（见表2-51）。因此，企业技术开放程度仍不够，与其他国家和地区技术联系不密切，交流不广泛。

表2-51 企业技术来源地

地区	国内来源地 企业数量/家	占比/%	国家	国外来源地 企业数量/家	占比/%
天津	224	29.4	德国	35	53.8
北京	101	13.2	日本	14	21.5
上海	30	3.9	美国	11	16.9
江苏	11	1.4	意大利	3	4.6
深圳	8	1.0	澳大利亚	2	3.1
广东	6	0.8	法国	2	3.1
自有技术	4	0.5	韩国	2	3.1
山东	4	0.5	捷克	1	1.5
浙江	3	0.4	芬兰	1	1.5
福建	3	0.4	英国	1	1.5
河北	3	0.4	丹麦	1	1.5

(续表)

地区	国内来源地 企业数量/家	占比/%	国家	国外来源地 企业数量/家	占比/%
香港	2	0.3	西班牙	1	1.5
四川	2	0.3			
湖南	1	0.1	无技术引进计划	243	31.8
河南	1	0.1			
吉林	1	0.1			
辽宁	1	0.1			

资料来源：2019年天津民营经济发展动态监测及追踪调查。

2019年民营企业获得技术的方式仍主要为自行研发，直接购买技术或专利的比例也较大（25.20%），与其他企业或高校、科研院所合作研发的占比不高且有下降趋势，合作研发、技术交流并不广泛（见表2-52）。其重要原因在于合作研发的产权风险较大，因此需要进一步健全知识产权保护法律法规，完善知识产权交易市场。

表2-52　企业技术获得方式　　　　　　　　　　　　　　（单位：%）

获得方式	2017年	2019年
企业内R&D机构自行研发	42.1	36.70
企业内非R&D机构研发	9.0	8.90
与其他企业合作研发	36.2	18.60
与高校或政府属非营利研发机构合作	23.6	11.10
委托咨询公司、私立研发机构	14.9	6.90
购买专利或技术转让	4.2	7.10
引进其他单位技术人员、团队	22.5	12.20
直接购买	—	25.20
在公共研发或科技成果转化平台上发布需求	—	3.40
其他	2.5	—
总计	155.1	130.10

资料来源：2017年、2019年天津民营经济发展动态监测及追踪调查。

不同行业获得技术的方式差异较大，制造业主要采取自行研发和购买专利或技术转让的方式，农、林、牧、渔业，电力、热力、燃气及水生产和供应业与信息传输、软件和信息技术服务业产学研联系紧密，与其他企业和高校科研院所合作研发的占比较高。另外，房地产业，批发和零售业，建筑业与电力、热力、燃气及水生产和供应业还采取引进其他单位技术人员、团队的方式，同时解决了技术和人才两个方面的问题，是创新效率较高的解决方案（见表2-53）。

表2-53 各行业企业技术获得方式

获得方式	农、林、牧、渔业	制造业	房地产业	批发和零售业	建筑业	交通运输、仓储和邮政业	租赁和商务服务业	住宿和餐饮业	电力、热力、燃气及水生产和供应业	金融业	信息传输、软件和信息技术服务业	科学、教育、文化、卫生	居民服务、修理和其他服务业
企业内R&D机构自行研发	√	√							√				
企业内非R&D机构研发							√	√			√		
与其他企业合作研发	√								√	√			
与高校或政府属非营利研发机构合作	√								√		√		
委托咨询公司、私立研发机构							√				√	√	
购买专利或技术转让		√					√			√			
引进其他单位技术人员、团队				√	√	√			√				
直接购买				√	√		√					√	
在公共研发或科技成果转化平台上发布需求				√		√							

资料来源：2019年天津民营经济发展动态监测及追踪调查。

企业在各个省份的技术研发合作方如表2-54所示。可见，天津民营企业还较为封闭保守，技术合作不够开源，在被调查企业中有687家企业目前没有合作方，占比92.21%。在各地的合作方中，天津占比68.97%，北京占比15.52%，天津大学、北京科技大学、天津科技大学、河北工业大学、南开大学、清华高端装备技术研究院、天津工业大学、天津农学院等科研院所都与多家企业开展了合作。

表 2-54 企业的技术研发合作方

地区	机构名称	数量/家	占比/%
北京	北京科技大学	6	15.52
	国家钢铁研究总院	1	
	北京商周科技有限公司	1	
	北京润霖汽车科技有限公司	1	
	航空研究所	1	
	中钢协	1	
	中国农业大学	1	
	中铁电气化院	1	
	住建部	1	
	中国农科院蔬菜花卉研究所	1	
广东	703 地质大队	1	3.45
	凡信科技	1	
河北	河北省工程咨询研究院	1	1.72
黑龙江	大庆采油研究院	1	1.72
辽宁	东北大学	1	1.72
山东	山东丽鹏有限公司	1	1.72
陕西	西安交通大学	1	1.72
深圳	深圳泰大机器人	1	1.72
四川	西南交通大学	1	1.72
天津	奥的斯电梯公司	1	68.97
	天津城建大学	1	
	河北工业大学	3	
	天津淘题网络科技有限公司	1	
	精一制造（天津）企业管理有限公司	1	
	南开大学	2	
	清华高端装备技术研究院	2	
	天津大榭海天	1	
	天地伟业技术有限公司	1	
	天津财经大学	1	
	天津大学	8	
	深圳巨轮有限公司	1	
	天津工业大学	2	

（续表）

地区	机构名称	数量/家	占比/%
天津	天津精美环保科技与表面工程研究院有限公司	1	68.97
	天津科技大学	4	
	天津农学院	2	
	天津市环科院	1	
	天津市林果所	1	
	天津水稻研究所	1	
	天津药物研究院药业有限责任公司	1	
	天津中科智能识别产业技术研究院	1	
	天士力研究院	1	
	铁道第三勘察设计院	1	
	中国民航大学	1	
	暂无合作方	687	92.21

资料来源：2019年天津民营经济发展动态监测及追踪调查。

与以往调查的对比显示，2019年研发信息渠道的总体选择比例有所下降，从2017年的193.9%下降到2019年的145.5%，企业获得研发信息的渠道并没有拓展和延伸。但目前企业通过第三方中介机构获得研发信息的比例有所提高，这说明近年来天津着力打造和完善科技服务市场的努力取得了初步成效（见图2-10）。

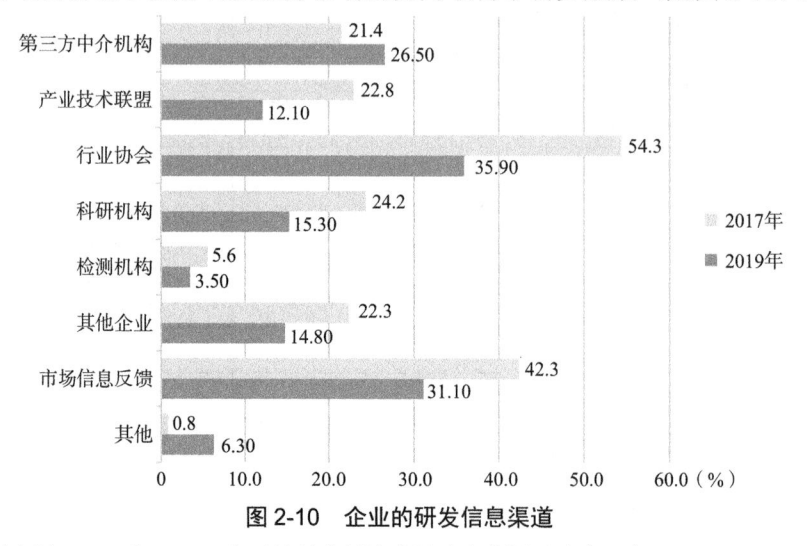

图2-10　企业的研发信息渠道

资料来源：2017年、2019年天津民营经济发展动态监测及追踪调查。

如表2-55所示，电力、热力、燃气及水生产和供应业，信息传输、软件和信息技术服务业，租赁和商务服务业，建筑业等行业协会发挥了重要的研发信息传播的作用，71.4%的电力、热力、燃气及水生产和供应业企业通过行业协会获得研发信息。第三方中介机构的作用也越来越明显，46.2%的农、林、牧、渔业企业，45.0%的房地产业企业及36.5%的居民服务、修理和其他服务业企业通过其获得研发信息。此外，金融产业技术联盟效能很大，市场信息反馈对制造业、建筑业及住宿和餐饮业企业也非常重要。

表2-55　各行业企业研发信息渠道　　　　　　　　　　　　　（单位：%）

行业	第三方中介	产业技术联盟	行业协会	科研机构	检测机构	其他企业	市场信息反馈
农、林、牧、渔业	46.2	15.4	23.1	34.6	7.7	11.5	7.7
制造业	23.3	17.1	37.4	20.2	4.3	14.8	42.0
房地产业	45.0	0.0	25.0	10.0	0.0	15.0	20.0
批发和零售业	27.0	10.1	21.3	10.1	4.5	16.9	29.2
建筑业	27.4	9.7	41.9	8.1	0.0	8.1	35.5
交通运输、仓储和邮政业	27.3	9.1	27.3	9.1	0.0	27.3	27.3
租赁和商务服务业	21.1	0.0	42.1	7.9	2.6	21.1	23.7
住宿和餐饮业	24.0	8.0	36.0	4.0	4.0	8.0	32.0
电力、热力、燃气及水生产和供应业	28.6	14.3	71.4	28.6	0.0	14.3	14.3
金融业	28.6	42.9	14.3	0.0	14.3	0.0	28.6
信息传输、软件和信息技术服务业	21.0	11.3	53.2	12.9	3.2	14.5	22.6
科学、教育、文化、卫生	25.5	8.5	38.3	17.0	4.3	14.9	19.1
居民服务、修理和其他服务业	36.5	15.4	32.7	7.7	1.9	3.8	28.8

资料来源：2019年天津民营经济发展动态监测及追踪调查。

4. 企业创新的管理机制

调查显示，民营企业大多重视技术创新，认可人才是企业创新能力提升的关键，但对部门协调机制、管理架构、领导层态度等管理方面的创新重视程度不足，从体制机制上进行创新的难度较大。此外，企业规模越小，拥有的创新团队数量越少，小微企业创新实力不足。

（1）创新团队

企业所拥有的各类创新团队中，技术创新团队占比最高，为45.6%；其次是营销创新团队，占比为31.1%；产品创新团队和管理创新团队分别占比为29.5%和28.3%，可见，企业大多重视技术创新，但从体制机制上进行管理创新则难度较大。

从行业角度看，更加重视技术创新团队组建的行业是农、林、牧、渔业，制造业与电力、热力、燃气及水生产和供应业；批发和零售业，住宿和餐饮业，租赁和商务服务业等服务业企业对市场需求更为敏感，更加重视营销团队建设；交通运输、仓储和邮政业、租赁和商务服务业与金融业组建管理创新团队的占比较高；制造业，电力、热力、燃气及水生产和供应业与信息传输、软件和信息技术服务业企业都非常重视产品创新团队的建设（见表2-56）。此外，企业规模越大，拥有的创新团队数量越多，大型、中型、小型、微型企业平均拥有创新团队分别为1.7个、1.5个、1.3个和1.1个，小型、微型企业创新实力不足。

表2-56 不同行业企业创新团队 （单位：%）

行业	技术创新团队	产品创新团队	营销创新团队	管理创新团队
农、林、牧、渔业	57.7	30.8	15.4	19.2
制造业	66.8	41.7	26.3	19.3
房地产业	15.0	15.0	35.0	45.0
批发和零售业	23.1	12.1	59.3	29.7
建筑业	48.4	11.3	21.0	43.5
交通运输、仓储和邮政业	41.7	0.0	8.3	58.3
租赁和商务服务业	15.8	10.5	36.8	50.0
住宿和餐饮业	40.0	28.0	40.0	16.0
电力、热力、燃气及水生产和供应业	57.1	42.9	28.6	28.6
金融业	42.9	14.3	14.3	57.1
信息传输、软件和信息技术服务业	41.3	42.9	25.4	17.5
科学、教育、文化、卫生	42.6	36.2	25.5	23.4
居民服务、修理和其他服务业	32.7	15.4	30.8	44.2

资料来源：2019年天津民营经济发展动态监测及追踪调查。

（2）研发组织形式

75.1%的企业是独自组建创新及研发团队；13.9%的企业与高校、科研院所合作；9.4%的企业与其他企业合作组建团队；与国外机构合作共建创新团队的企业只有12家，占比1.6%。

中型企业自建创新团队的占比最高，大型企业和微型企业与其他机构共建创新团队的比例分别为30.3%和33.1%。小微企业本身存在的创新能力和资源的欠缺，使其独自建立研发机构的能力受限，亟须和高校、科研院所合作，或与其他企业协同创新，"抱团取暖"。

从具体行业分析来看，84.2%的制造业企业独自组建创新及研发团队，居各行业之首；农、林、牧、渔业，信息传输、软件和信息技术服务业企业与高校、科研院所合作组建团队的比例相对较高，分别为42.3%和36.5%；28.6%的金融业企业与合作伙伴共建创新团队，批发和零售业与居民服务、修理和其他服务业等一般性服务业企业由于自身条件的限制，也相对较多地选择与其他企业合作组建创新团队。

（3）创新能力提升

企业认为，应主要从三个方面提升创新能力（见图2-11）：第一是吸纳更多的高级技术人才（占比57.8%）；第二是提高员工的创新意识，激励员工进行自主创新（占比47.4%）；第三是积极获得有效的市场信息（占比35.0%）。可见，企业大多认可人才是企业创新能力提升的关键，但对部门间协调机制、管理架构、领导层态度等管理方面的创新重视程度不足。

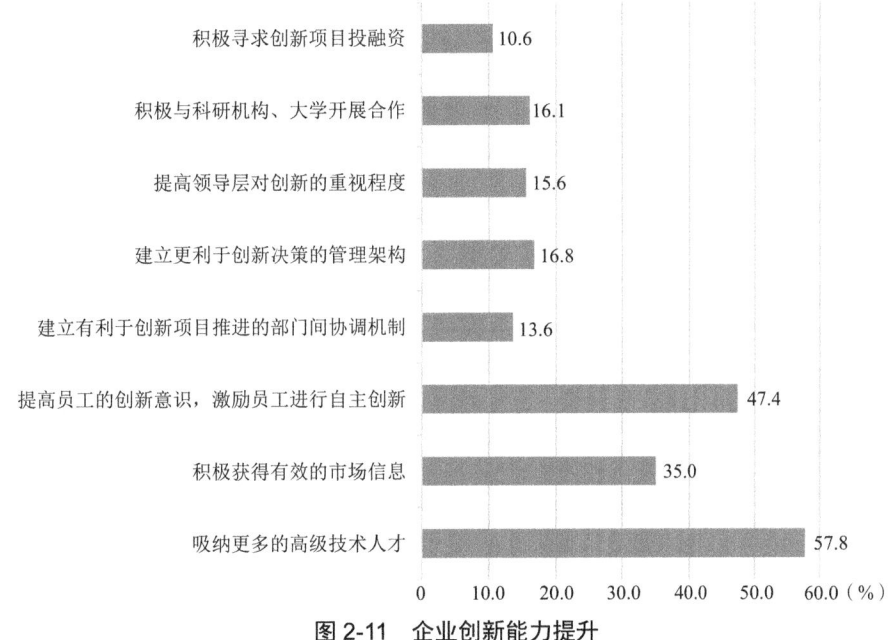

项目	比例(%)
积极寻求创新项目投融资	10.6
积极与科研机构、大学开展合作	16.1
提高领导层对创新的重视程度	15.6
建立更利于创新决策的管理架构	16.8
建立有利于创新项目推进的部门间协调机制	13.6
提高员工的创新意识，激励员工进行自主创新	47.4
积极获得有效的市场信息	35.0
吸纳更多的高级技术人才	57.8

图2-11 企业创新能力提升

资料来源：2019年天津民营经济发展动态监测及追踪调查。

不同行业提升创新能力的侧重点也有所不同。100.0%的电力、热力、燃气及水生产和供应业企业都认为需要吸纳更多的高级技术人才。人才需求迫切的还有农、林、牧、渔业和制造业企业。服务业企业更重视市场和营销，认为积极获得有效的市场信息，以市场反馈指导创新方向能够帮助企业提升创新能力。电力、热力、燃气及水生产和供应业，金融业企业迫切需要破除体制机制对创新的阻碍。房地产业企业特别重视管理创新，而农、林、牧、渔业和制造业企业则相对重视产学研合作发展（见表2-57）。

表 2-57　各行业企业创新能力提升　　　　　　　　　　（单位：%）

行业	吸纳更多的高级技术人才	积极获得有效的市场信息	提高员工的创新意识，激励员工进行自主创新	建立有利于创新项目推进的部门间协调机制	建立更利于创新决策的管理架构	提高领导层对创新的重视程度	积极与科研机构、大学开展合作	积极寻求创新项目投融资
农、林、牧、渔业	80.8						26.9	
制造业	69.9		55.2		19.7		23.6	
房地产业					20.0	25.0		
批发和零售业		41.8						
建筑业			59.7	21.0				
交通运输、仓储和邮政业								25.0
租赁和商务服务业		36.8						15.8
住宿和餐饮业						20.0		
电力、热力、燃气及水生产和供应业	100.0			42.9		28.6		
金融业			71.4	28.6				14.3
信息传输、软件和信息技术服务业								
科学、教育、文化、卫生								
居民服务、修理和其他服务业		38.5						

资料来源：2019 年天津民营经济发展动态监测及追踪调查。

五、支持民营经济发展相关政策的评价及反馈

2016 年以来，国家和天津市政府密集出台了一系列政策措施以促进民营经济和民营企业的发展，这其中包括 2016 年 11 月 4 日中共中央、国务院发布的《关于完善产权保护制度 依法保护产权的意见》、2017 年 9 月出台的《中共中央、国务院关于营造企业家健康成长环境 弘扬优秀企业家精神 更好发挥企业家作用的意见》（以下简称"企业家精神"），党的十九大报告也提出了促进民营经济发展的相关内容。2017 年 4 月 15 日《中共天津市委、天津市人民政府关于大力推进民营经济发展的意见》（以下简称"民营经济 25 条"）出台。"民营经济 25 条"围绕激发创新创业活力、扩大民间投资领域、增强民营企业核心竞争力等方面共提出 25 条具体措施，并提出到 2020 年，全市民营经济市场主体达到 110 万户以上，其中民营企业达到 50 万户以上，民营科技型企业达到 10 万户以上，年营业收入超 5 亿元企业达到 1400 户以上；民营经济增加值占全市生产总值 55% 以上，民间投资占全社会投资 65% 以上等发展目标。

这些指导意见和政策措施在民营经济发展方向、企业家精神营造、文化社会氛围、要素配置、产业升级等宏观层面，以及产权保护、市场准入清单、企业创新激励等微观层面为天津民营经济发展营造了更为适宜的政策环境。然而这些政策的层次和关注方向千差万别，其落地实施效果如何？微观企业个体对哪些政策最为关注？企业与管理部门在日常交往中存在何种问题？政府在政策制定和执行过程中需要注意哪些方面？本研究重点对上述问题进行了调研和测试，旨在通过对政策相对人观点和意见的收集、统计、归纳和反馈，为政府政策制定的精准化、政策执行的可控化及效果评估的科学化提供依据和建议。

1. 对党的十九大相关政策的关注情况

调查显示，分别有 96% 的受访者观看了党的十九大的直播，78.5% 的企业组织员工收看直播。结合受访人整体较高的企业管理层级，可见民营企业深刻认识到，党的十九大报告中的相关提法和政策与企业的未来发展及日常生产经营活动密切相关，企业管理层对党的十九大的召开高度重视，并将这种关注传导至普通员工。

图 2-12 所示为民营企业对党的十九大相关政策的关注情况。第一次提出"支持民营企业发展"、强调"必须把发展经济的着力点放在实体经济上"、第一次提出"加强对中小企业创新支持"三项政策的受关注程度最高，而"经济体制改革必须以完善产权制度及要素市场化配置为重点"的受关注程度相对较低。明确提出"支持民营企业发展"，而没有沿用"非公有制经济"和"民营经济"的表述形式说明党和国家对民营企业的认识逐步深化，充分肯定了民营企业在稳定增长、促进创

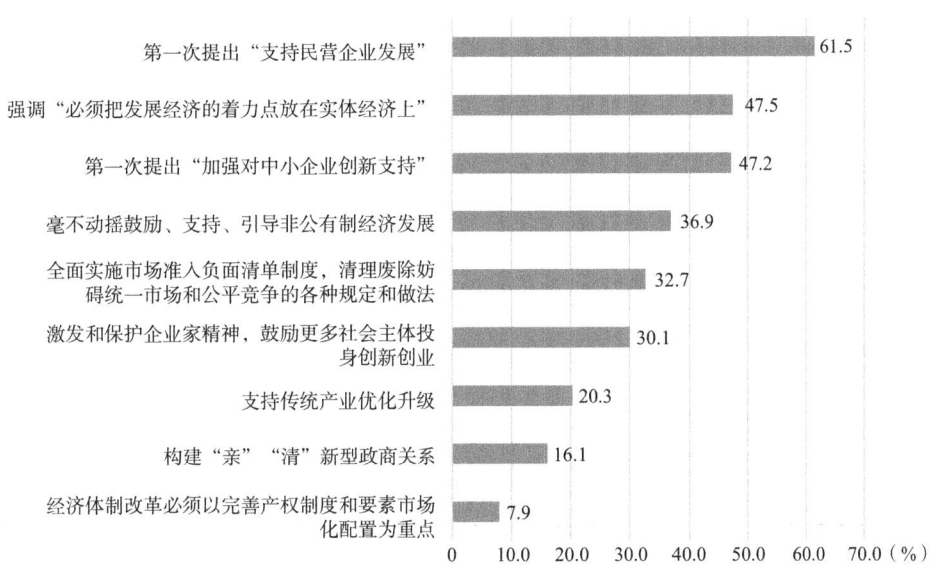

政策	百分比
第一次提出"支持民营企业发展"	61.5
强调"必须把发展经济的着力点放在实体经济上"	47.5
第一次提出"加强对中小企业创新支持"	47.2
毫不动摇鼓励、支持、引导非公有制经济发展	36.9
全面实施市场准入负面清单制度，清理废除妨碍统一市场和公平竞争的各种规定和做法	32.7
激发和保护企业家精神，鼓励更多社会主体投身创新创业	30.1
支持传统产业优化升级	20.3
构建"亲""清"新型政商关系	16.1
经济体制改革必须以完善产权制度和要素市场化配置为重点	7.9

图 2-12　民营企业对党的十九大相关政策的关注情况

资料来源：2017 年天津民营经济发展动态监测及追踪调查。

新、增加就业、改善民生等方面所发挥的重要作用。这一创新提法得到了民营企业家的热烈拥护。同时，民营企业对"实体经济发展"和"支持中小企业创新"有更多的政策期待，这两个方面也是地方政府落实党的十九大精神、服务民营经济发展的重要政策发力点。

将民营企业的关注焦点进一步细化分析后可以发现，不同行业民营企业对党的十九大相关政策关注的侧重有所不同（见表2-58）。

表2-58 不同行业民营企业对党的十九大相关政策的关注情况差异

行业	关注政策		
	第一位	第二位	第三位
农、林、牧、渔业	毫不动摇鼓励、支持、引导非公有制经济发展	第一次提出"支持民营企业发展"	必须把发展经济的着力点放在实体经济上
采矿业	第一次提出"支持民营企业发展"	加强对中小企业创新支持	支持传统产业优化升级
制造业	第一次提出"支持民营企业发展"	必须把发展经济的着力点放在实体经济上	加强对中小企业创新支持
房地产业	第一次提出"支持民营企业发展"	必须把发展经济的着力点放在实体经济上	毫不动摇鼓励、支持、引导非公有制经济发展
批发和零售业	第一次提出"支持民营企业发展"	必须把发展经济的着力点放在实体经济上	毫不动摇鼓励、支持、引导非公有制经济发展
建筑业	第一次提出"支持民营企业发展"	支持传统产业优化升级	必须把发展经济的着力点放在实体经济上
交通运输、仓储和邮政业	第一次提出"支持民营企业发展"	必须把发展经济的着力点放在实体经济上	全面实施市场准入负面清单制度，清理废除妨碍公平竞争的各种规定和做法
租赁和商务服务业	第一次提出"支持民营企业发展"	加强对中小企业创新支持	全面实施市场准入负面清单制度，清理废除妨碍公平竞争的各种规定和做法
住宿和餐饮业	第一次提出"支持民营企业发展"	必须把发展经济的着力点放在实体经济上	加强对中小企业创新支持
电力、热力、燃气及水生产和供应业	第一次提出"支持民营企业发展"	必须把发展经济的着力点放在实体经济上	全面实施市场准入负面清单制度，清理废除妨碍公平竞争的各种规定和做法
金融业	第一次提出"支持民营企业发展"	必须把发展经济的着力点放在实体经济上	全面实施市场准入负面清单制度，清理废除妨碍公平竞争的各种规定和做法
信息传输、软件和信息技术服务业	加强对中小企业创新支持	第一次提出"支持民营企业发展"	激发和保护企业家精神，鼓励更多社会主体投身创新创业

(续表)

行业	关注政策		
	第一位	第二位	第三位
科学、教育、文化、卫生	第一次提出"支持民营企业发展"	激发和保护企业家精神,鼓励更多社会主体投身创新创业	加强对中小企业创新支持
居民服务、修理和其他服务业	加强对中小企业创新支持	第一次提出"支持民营企业发展"	毫不动摇鼓励、支持、引导非公有制经济发展

资料来源:2017年天津民营经济发展动态监测及追踪调查。

第一,采矿业和建筑业属于传统产业,对产业优化升级的要求十分迫切,与其他行业相比,这两个行业对支持产业优化升级的政策尤其关注,并希望有更多具体措施出台。

第二,信息传输、软件和信息技术服务业及居民服务、修理和其他服务业这两个行业企业关注焦点是对中小企业创新的支持。这两个行业的情况也有所不同:信息传输、软件和信息技术服务业属于新兴、高科技产业,科技创新、产品创新和模式创新是企业参与市场竞争的关键,因此企业对创新高度重视,对支持企业创新政策的落地实施也有更多的期待。而居民服务、修理和其他服务业进入门槛较低,产品同质竞争激烈,企业有迫切的创新需求。但碍于企业规模、利润率、人员结构、资源占有等方面的限制,创新能力不强,亟待政府出台扶持政策或筹建公共创新服务平台,以实现企业生产及发展的要求。

第三,与其他行业不同,交通运输、仓储和邮政业,租赁和商务服务业,电力、热力、燃气及水生产和供应业,金融业4个行业非常关注"全面实施市场准入负面清单制度,清理废除妨碍统一市场和公平竞争的各种规定和做法"这一政策。通过对行业企业政策关注角度的分析,我们可以发现这些行业存在的"隐性门槛"问题,这应当引起政府对应主管部门的注意,对现有的法规、制度、做法进行梳理并作进一步的深入调研。

第四,初创企业相对集中的信息传输、软件和信息技术服务业及科学、教育、文化、卫生行业更加重视创新创业和企业家精神激发。调查显示,两个行业分别有66.7%和70.9%是小型、微型企业,行业企业平均年龄也低于整体水平。可见创新、合作、敬业、学习、执着、冒险、诚信的企业家精神的保护和激发在企业创业过程中的重要作用,政府应当为企业家提供相应的培训和交流机会。

2. 对完善产权制度政策体系的关注情况

要保障现代市场经济持续健康发展,就必须建立健全归属清晰、权责明确、保护严格、流转顺畅的现代产权制度。2016年11月中共中央、国务院发布的《关于完善产权保护制度 依法保护产权的意见》,明确了平等保护、全面保护、依法保护、共同参与、标本兼治五项原则。此后党的十九大报告再次强调完善产权制度,为民营企业发展创造更加有利的制度环境。总体而言，在完善产权制度的政策体系中，被调查的民营企业对"加大知识产权保护力度""完善财产征收征用制度"及"完善政府守信践诺机制"三项政策最为关注（见图2-13），平均每家企业关注2.67项政策措施。

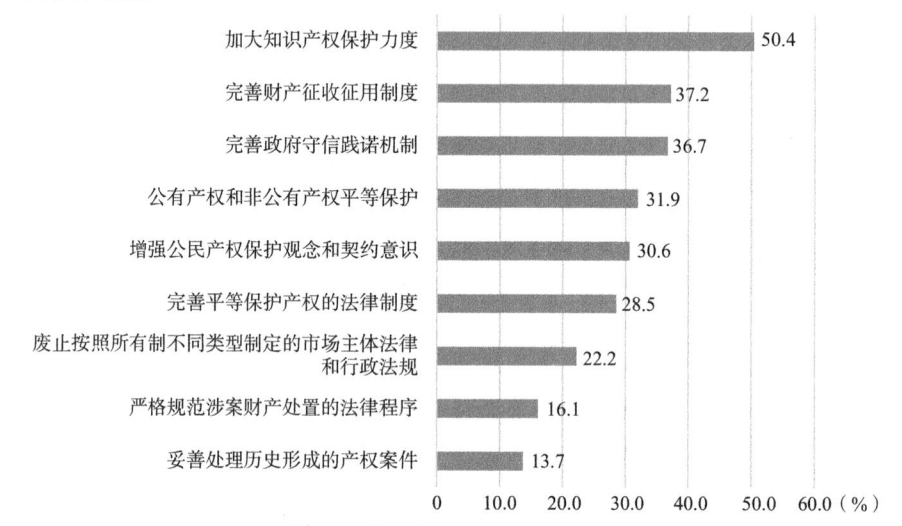

政策	百分比(%)
加大知识产权保护力度	50.4
完善财产征收征用制度	37.2
完善政府守信践诺机制	36.7
公有产权和非公有产权平等保护	31.9
增强公民产权保护观念和契约意识	30.6
完善平等保护产权的法律制度	28.5
废止按照所有制不同类型制定的市场主体法律和行政法规	22.2
严格规范涉案财产处置的法律程序	16.1
妥善处理历史形成的产权案件	13.7

图2-13　民营企业对完善产权制度相关政策的关注情况差异

资料来源：2017年天津民营经济发展动态监测及追踪调查。

特别值得注意的是，60%成立三年以下的初创企业及83.3%的信息传输、软件和信息技术服务业企业重点关注"加大知识产权保护力度"的相关政策措施，可见知识产权保护体系完善与否对科技型创业企业的影响巨大。在调查的14个行业中，农、林、牧、渔业，制造业等6个行业最关心知识产权保护政策，房地产业、金融业等4个行业最关心政府守信践诺机制的完善（见表2-59）。

表2-59　不同行业民营企业对完善产权制度相关政策的关注情况差异

行业	关注政策	
	第一位	第二位
农、林、牧、渔业	加大知识产权保护力度	完善平等保护产权的法律制度
制造业	加大知识产权保护力度	完善财产征收征用制度
批发和零售业	加大知识产权保护力度	增强公民产权保护观念和契约意识
电力、热力、燃气及水生产和供应业	加大知识产权保护力度	
信息传输、软件和信息技术服务业	加大知识产权保护力度	
科学、教育、文化、卫生	加大知识产权保护力度	1）完善政府守信践诺机制； 2）完善平等保护产权的法律制度

(续表)

行业	关注政策	
	第一位	第二位
房地产业	完善政府守信践诺机制	完善财产征收征用制度
交通运输、仓储和邮政业	完善政府守信践诺机制	废止按照所有制不同类型制定的市场主体法律和行政法规
租赁和商务服务业	完善政府守信践诺机制	完善财产征收征用制度
金融业	完善政府守信践诺机制	完善财产征收征用制度
采矿业	完善财产征收征用制度	公有产权和非公有产权平等保护
住宿和餐饮业	完善财产征收征用制度	1）妥善处理历史形成的产权案件；2）完善平等保护产权的法律制度
建筑业	公有产权和非公有产权平等保护	加大知识产权保护力度
居民服务、修理和其他服务业	增强公民产权保护观念和契约意识	公有产权和非公有产权平等保护

资料来源：2017年天津民营经济发展动态监测及追踪调查。

此外，我们还发现不同规模的民营企业对产权保护政策的关注侧重不同（见表2-60），大型企业关注"完善政府守信践诺机制"的程度要远高于中型、小型企业；而微型企业更加关注"加大知识产权保护力度"；"完善财产征收征用制度"的受关注程度随企业规模的减小而递减。大型企业与政府接触较多，微型企业与消费者个人的接触更加直接，因此主管部门在制定政策时还应考虑到辖区受众企业的规模状况，从而对政策进行细分和侧重。

表2-60 不同规模民营企业对完善产权制度相关政策的关注情况差异　　（单位：%）

政策	大型	中型	小型	微型
完善财产征收征用制度	47.4	39.1	36.2	34.5
加大知识产权保护力度	47.4	46.1	52.7	52.7
妥善处理历史形成的产权案件	15.8	15.7	12.8	12.7
完善政府守信践诺机制	52.6	33.9	36.2	38.2
增强公民产权保护观念和契约意识	31.6	28.7	29.3	40.0
公有产权和非公有产权平等保护	42.1	31.3	32.4	27.3
完善平等保护产权的法律制度	31.6	30.4	25.0	36.4
废止按照所有制不同类型制定的市场主体法律和行政法规	21.1	20.0	24.5	16.4
严格规范涉案财产处置的法律程序	10.5	13.0	18.1	18.2

资料来源：2017年天津民营经济发展动态监测及追踪调查。

3. 对"弘扬企业家精神"相关政策的关注情况

2017年9月,《中共中央、国务院关于营造企业家健康成长环境 弘扬优秀企业家精神 更好发挥企业家作用的意见》出台,从"三个营造""三个弘扬"和"三个加强"等方面提出了若干具体举措。该政策得到了民营企业的热烈拥护和积极反馈。调查显示,55.6%的企业知道并了解该政策的相关内容,仅5.3%的企业认为该政策作用不大或说不清。

在该政策的27项具体措施中,"研究建立因政府规划调整、政策变化造成企业合法权益受损的依法依规补偿救济机制""研究设立全国统一的企业维权服务平台""构建'亲''清'新型政商关系。畅通政企沟通渠道,规范政商交往行为"三项政策的选择比例最高,分别占33.6%、26.7%和21.7%。此外,"营造尊重企业家价值、鼓励企业家创新、发挥企业家作用的舆论氛围""研究制定商业模式、文化创意等创新成果的知识产权保护办法""全面实施市场准入负面清单制度,反对垄断和不正当竞争,反对地方保护""健全企业家诚信经营激励约束机制"等政策的受关注程度也较高(见表2-61)。

表2-61　民营企业对"弘扬企业家精神"相关政策的关注情况　　(单位:%)

政策条款	占比	政策条款	占比
研究建立因政府规划调整、政策变化造成企业合法权益受损的依法依规补偿救济机制	33.6	鼓励企业家干事担当,在振兴和发展实体经济等方面做出更大贡献	7.9
研究设立全国统一的企业维权服务平台	26.7	引导企业家树立崇高理想信念	7.7
构建"亲""清"新型政商关系。畅通政企沟通渠道,规范政商交往行为	21.7	支持企业家追求卓越,培育发展壮大更多具有国际影响力的领军企业	7.4
营造尊重企业家价值、鼓励企业家创新、发挥企业家作用的舆论氛围	21.4	完善涉企政策和信息公开机制,强化涉企政策落实责任考核	6.1
研究制定商业模式、文化创意等创新成果的知识产权保护办法	21.2	加强党对企业家队伍的领导,建立健全非公有制企业党建工作机制	5.6
全面实施市场准入负面清单制度,反对垄断和不正当竞争,反对地方保护	20.6	加强企业家队伍建设规划引领	5.3
健全企业家诚信经营激励约束机制	20.6	加强企业家教育培训,建立健全创业辅导制度	5.3
加大对企业家的帮扶力度,支持再次创业,完善再创业政策	18.0	发挥优秀企业家示范带动作用	5.0
支持企业家创新发展,依法保护企业家拓展创新空间	16.9	鼓励企业家保持艰苦奋斗精神风貌	4.8
引导企业家弘扬工匠精神,推广具有核心竞争力的企业品牌	15.3	以市场主体需求为导向深化"放管服"改革	4.2

(续表)

政策条款	占比	政策条款	占比
鼓励企业家积极投身"一带一路"建设、京津冀协同发展、长江经济带发展等国家重大战略实施	14.3	发挥党员企业家先锋模范作用	4.2
持续提高监管的公平性、规范性、简约性。探索建立鼓励创新的审慎监管方式	10.8	健全企业家参与涉企政策制定机制	4.0
营造鼓励创新、宽容失败的文化和社会氛围	10.3	引导企业家主动履行社会责任	3.7
强化企业家自觉遵纪守法意识，强化诚信意识	7.9		

资料来源：2017年天津民营经济发展动态监测及追踪调查。

值得注意的是，有33.3%的成立5年以下的年轻企业高度关注"研究设立全国统一的企业维权服务平台"这一政策，选择比例高于成立时间较长的成熟企业。同样的选择趋势也出现在按照企业规模划分的分析维度中（见表2-62），分别有38.2%的微型企业和28.2%的小型企业高度关注全国统一维权服务平台的建设。大中型企业则相对更关注自身社会地位和政治地位的提升，希望能够营造尊重企业家价值、鼓励企业家创新、发挥企业家作用的社会舆论氛围。

表2-62 不同规模民营企业对"弘扬企业家精神"相关政策的关注情况 （单位：%）

关注政策（前三项）	企业规模			
	大型	中型	小型	微型
研究建立因政府规划调整、政策变化造成企业合法权益受损的依法依规补偿救济机制		27.8	36.7	38.2
研究设立全国统一的企业维权服务平台			28.2	38.2
全面实施市场准入负面清单制度，反对垄断和不正当竞争，反对地方保护	31.6			23.6
健全企业家诚信经营激励约束机制		23.5	20.7	
构建"亲""清"新型政商关系。畅通政企沟通渠道，规范政商交往行为	36.8			
营造尊重企业家价值、鼓励企业家创新、发挥企业家作用的舆论氛围	47.4	23.5		

资料来源：2017年天津民营经济发展动态监测及追踪调查。

在细分行业的政策关注度分析中我们发现，不同行业民营企业对政策的关注点不尽相同（见表2-63）。制造业、房地产业、批发和零售业等7个行业最关注依法依规补偿救济机制的建立；而农、林、牧、渔业民营企业因其行业的特殊性，

42.9%的企业希望能够积极投身"一带一路"建设、京津冀协同发展、长江经济带发展等国家重大战略的实施；高新技术行业表现出对知识产权保护制度的迫切需求，40.0%的信息传输、软件和信息技术服务业民营企业最关注商业模式、文化创意等创新成果的知识产权保护办法的制定。管理部门在制定和执行相关政策时，应充分考虑民营企业自身的行业特点和发展诉求，有的放矢。

表2-63 不同行业民营企业对"弘扬企业家精神"相关政策的关注情况 （单位：%）

行业	最关注的政策措施	占比
农、林、牧、渔业	鼓励企业家积极投身"一带一路"建设、京津冀协同发展、长江经济带发展等国家重大战略实施	42.9
建筑业	全面实施市场准入负面清单制度，反对垄断和不正当竞争，反对地方保护	33.3
交通运输、仓储和邮政业	加大对企业家的帮扶力度，支持再次创业，完善再创业政策	53.8
制造业	研究建立因政府规划调整、政策变化造成企业合法权益受损的依法依规补偿救济机制	35.6
房地产业		42.1
批发和零售业		37.5
租赁和商务服务业		35.7
住宿和餐饮业		50.0
电力、热力、燃气及水生产和供应业	1）研究建立因政府规划调整、政策变化造成企业合法权益受损的依法依规补偿救济机制；2）加大对企业家的帮扶力度，支持再次创业，完善再创业政策	44.4
金融业	1）研究建立因政府规划调整、政策变化造成企业合法权益受损的依法依规补偿救济机制；2）研究设立全国统一的企业维权服务平台	38.5
信息传输、软件和信息技术服务业	研究制定商业模式、文化创意等创新成果的知识产权保护办法	40.0
科学、教育、文化、卫生	研究设立全国统一的企业维权服务平台	34.8
居民服务、修理和其他服务业	全面实施市场准入负面清单制度，反对垄断和不正当竞争，反对地方保护	34.6

资料来源：2017年天津民营经济发展动态监测及追踪调查。

4. 对引才聚才与创新创业政策的关注情况

如表2-64所示，天津民营企业对"民营经济25条"中的5项政策关注占比超过20%，分别是：1）支持各类人才在津投资创业，科技人员可以到民营企业任职或兼职兼薪；2）推动人才创新创业服务平台和成果转化交易市场建设；3）放宽民间投资领域，实行市场准入负面清单管理制度；4）健全各类人才引进培养机制，放宽民营企业育才聚才政策；5）完善民营企业"产学研用"相结合的市场化协同创新机制，打造百家领军企业"产学研用"创新联盟。这5项政策中除第三项外，均与"引才聚才"与"创新创业"密切相关。结合前文中的分析，有高达41.8%的企业亟须创新创业人才，可见当前民营企业关注的政策焦点已经不仅仅是直接的补贴、返免税、用地等"硬"政策，而在于更深层面上的、营造良好经营生态的"软"政策，如人才的引进、培养和激励，以及创新创业产业链及环境的形成。在座谈中有多家企业表示"不需要政府直接贴钱"，只要政府能够营造"公平的市场环境"和提供完善的"科技研发配套措施"。

表2-64　天津民营企业对"民营经济25条"相关政策的关注情况　　　（单位：%）

政策条款	占比	政策条款	占比
支持各类人才在津投资创业，科技人员可以到民营企业任职或兼职兼薪	24.9	对完成股份制改造、新三板挂牌、在境内外资本市场上市等民营企业，落实资金扶持政策	9.3
推动人才创新创业服务平台和成果转化交易市场建设	23.5	推进滨海—中关村科技园、未来科技城京津合作示范区等重大合作载体建设	8.2
放宽民间投资领域，实行市场准入负面清单管理制度	21.4	健全司法保障机制，严格依法保护民营经济市场主体的物权、债权、股权、知识产权和各种新型财产权益	7.4
健全各类人才引进培养机制，放宽民营企业育才聚才政策	20.9	完善信用监管机制	7.4
完善民营企业"产学研用"相结合的市场化协同创新机制，打造百家领军企业"产学研用"创新联盟	20.1	支持银行机构开发有助于解决小微企业融资难、融资贵问题的特色产品	7.1
优化行政审批和商事登记制度	19.6	提高政府采购民营企业产品和服务的比例	6.9
设立支持民营企业融资"资金池"，帮助符合条件的民营企业解决转贷、续贷等过程中遇到的困难	16.1	支持各类商会协会发挥作用	6.3
建立政府和社会资本合作（PPP）项目库	15.6	建立国有企业混改分类目标企业清单和招商项目库	5.8
实施涉企收费目录清单制度，全面清理行政事业性收费、政府定价经营服务性收费、保证金等，清单之外的行政事业性收费一律取消；全面清理"红顶中介"	12.4	着力构建"亲""清"新型政商关系	5.6
建立重点企业数据库，开展精准帮扶，动态跟踪服务	11.1	积极发展京津冀和环渤海地区区域性产权交易市场	5.3

（续表）

政策条款	占比	政策条款	占比
大力实施品牌提升战略	10.8	完善投诉受理工作机制	2.4
营造公平正义的法治环境	10.3	营造浓厚宣传舆论氛围	1.9
大力实施"走出去"战略	9.5	强化统计监测和监督考核	1.6
每年从现有市级专项资金安排3亿元，4年共12亿元，用于支持万户民营企业转型升级行动	9.5		

资料来源：2017年天津民营经济发展动态监测及追踪调查。

此外，我们还应注意到，"设立支持民营企业融资'资金池'，帮助符合条件的民营企业解决转贷、续贷等过程中遇到的困难"及"每年从现有市级专项资金安排3亿元，4年共12亿元，用于支持万户民营企业转型升级行动"这两项十分"实惠""解渴"的政策受关注程度并不是很高，这与政策落实细节尚未出台密切相关。不完全统计显示，截至2017年调查结束，和平区、河西区、南开区、东丽区、滨海新区、市科委、国税局、市场监管委、知识产权局等地区和部门有相应配套政策出台，但具体操作流程和细则并未能从公开信息渠道获取。

通过政策选择与行业分布（见表2-65）我们可以清楚地看出不同行业在政策关注程度上的差异。房地产业、批发和零售业、建筑业3个行业最关注的是支持各类人才在津投资创业，允许科技人员到民营企业任职或兼职兼薪；信息传输、软件和信息技术服务业，科学、教育、文化、卫生行业最关注放宽民间投资领域，市场准入负面清单管理机制的建立；电力、热力、燃气及水生产和供应业，金融业，信息传输、软件和信息技术服务业对PPP项目库非常关注，高度体现出PPP项目中基础设施＋技术服务＋投融资的运作逻辑。从另一个维度看，建筑业亟待转型升级，对"民营经济25条"中的各类人才政策十分关注；信息传输、软件和信息技术服务业创新诉求强烈，希望通过放宽民间投资领域、参与PPP项目来开拓商业发展的新边界，并得到股权融资的帮助；电力、热力、燃气及水生产和供应业企业希望通过PPP项目和过桥贷款"资金池"获得融资和发展空间。

表2-65 不同行业民营企业关注程度最高的政策

政策	制造业	房地产业	批发和零售业	建筑业	交通运输、仓储和邮政业	租赁和商务服务业	住宿和餐饮业	电力、热力、燃气及水生产和供应业	金融业	信息传输、软件和信息技术服务业	科学、教育、文化、卫生	居民服务、修理和其他服务业
支持各类人才在津投资创业		√	√	√								

（续表）

政策	制造业	房地产业	批发和零售业	建筑业	交通运输、仓储和邮政业	租赁和商务服务业	住宿和餐饮业	电力、热力、燃气及水生产和供应业	金融业	信息传输、软件和信息技术服务业	科学、教育、文化、卫生	居民服务、修理和其他服务业
人才创新创业服务平台和成果转化交易市场建设					√							
放宽民间投资领域，市场准入负面清单管理										√	√	
建立政府和社会资本合作项目库								√	√	√		
优化行政审批和商事登记制度		√				√	√					√
打造百家领军企业"产学研用"创新联盟	√											
放宽民营企业育才聚才政策				√								
对完成股份制改造、上市的民营企业落实资金扶持政策										√		
设立"资金池"，帮助解决转贷、续贷中的困难								√				

资料来源：2017年天津民营经济发展动态监测及追踪调查。

同时，我们发现，企业规模的不同导致企业关注情况的差异（见表2-66）。对品牌战略和产权交易的关注程度与企业规模成正比，小型、微型企业的品牌建设意识还不强；微型企业更希望在滨海—中关村科技园、未来科技城京津合作示范区等载体建设过程中寻求发展机会；大型企业对参与"走出去"战略有较高的积极性，但对政府提供的过桥贷款政策并无热情，政府如将大型企业作为融资"资金池"的目标对象，政策实施效果恐将受到影响。

表 2-66　不同规模民营企业对天津"民营经济 25 条"相关政策的关注情况　　（单位：%）

政策	企业规模			
	大型	中型	小型	微型
大力实施品牌提升战略	21.10	15.70	8.00	7.10
推进滨海—中关村科技园、未来科技城京津合作示范区等重大合作载体建设	5.30	7.80	7.00	14.30
积极发展京津冀和环渤海地区区域性产权交易市场	10.50	6.10	5.30	1.80
大力实施"走出去"战略	21.10	9.60	9.10	7.10
设立支持民营企业融资"资金池",帮助符合条件的民营企业解决转贷、续贷等过程中遇到的困难	0.00	18.30	18.20	10.70

资料来源：2017 年天津民营经济发展动态监测及追踪调查。

此外，我们还应特别注意武清区企业的政策诉求。80% 的企业关注"完善民营企业'产学研用'相结合的市场化协同创新机制，打造百家领军企业'产学研用'创新联盟"；60% 的企业关注"设立支持民营企业融资'资金池'，帮助符合条件的民营企业解决转贷、续贷等过程中遇到的困难"。如此高比例的企业集中关注某项政策，这在其他区还未发现。可见，武清区企业对建立"产学研用"创新联盟和解决过桥融资问题的需求十分迫切，这应当引起当地政府管理部门的注意，并作进一步的调查分析。

5. 对扶持政策效果的评价

此次调查将民营企业对 2013 年 12 月出台的"民营经济 27 条"、2017 年 4 月出台的"民营经济 25 条"及 2017 年 9 月出台的"企业家精神"三个政策文件的获知情况、获知渠道及效果反馈进行对比分析。

从三个扶持政策的普及范围上看，表示"不知道"的企业数量明显下降；随着时间的推移，认为政策与自己关系不大的企业趋向于 0；对政策有所耳闻但不清楚具体内容的企业逐步减少；而知道并了解相关内容的企业则大幅增加。从民营企业对三个文件的了解速度上看，2014 年年底，在"民营经济 27 条"出台一年后，笔者对民营企业的政策了解情况进行调查，表示"知道并了解相关内容"的企业仅占 27.6%；而到了 2017 年，"企业家精神"及"民营经济 25 条"出台 3～6 个月后，已经有 55.6% 及 49.9% 的企业对政策相关内容较为了解，如图 2-14 所示。

从传播渠道上看，民营企业获取政策信息的平均渠道个数从 1.26 个增加到 2.39 个；依靠传统的电视广播、报纸杂志了解政策信息的比例有所下降，而从政府部门网站及博客、微博、微信等互联网新兴媒体等网络渠道获知信息的比例上升；从亲朋好友介绍等个人渠道获知信息的占比下降，而政府部门网站及政府部门组织的宣传活动等官方渠道的作用更加显著；政府部门对政策的宣传效果有所提升，而工商联商会及社会组织开展的活动成为民营企业获知政策信息的最主要途径（见

表 2-67)。可见,政策出台和企业了解政策的时间差越来越短,民营企业对政策的了解程度越来越高,信息获知渠道越来越可靠、广泛,政府、媒体、工商联等组织对民营经济扶持政策的传播宣介工作成果显著。

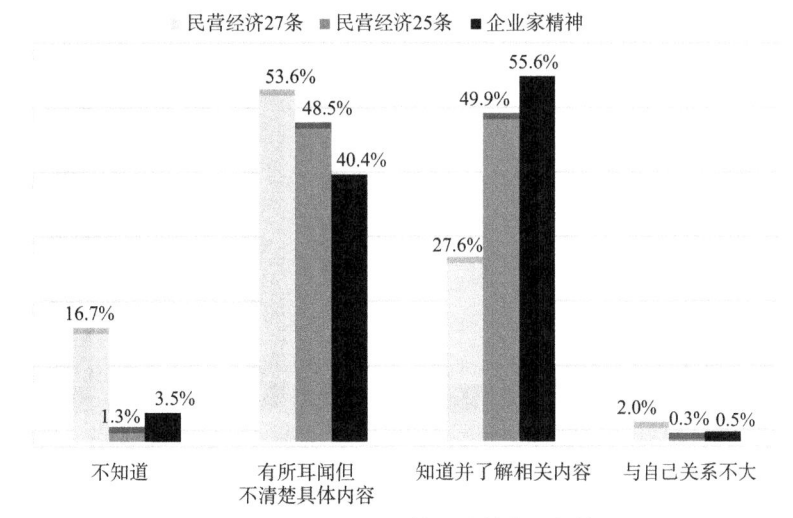

图 2-14 民营企业对扶持政策的了解情况

资料来源:天津市"民营经济 27 条"落实情况万家民营企业发展环境调查第三方评估、2017 年天津民营经济发展动态监测及追踪调查。

表 2-67 民营企业对扶持政策的获知渠道 （单位：%）

渠道	民营经济 27 条	民营经济 25 条
电视广播	24.27	23.8
报纸杂志	12.99	10.0
博客、微博、微信等互联网新兴媒体	10.43	11.8
政府部门网站	11.27	14.1
政府部门组织的宣传活动	11.04	12.2
工商联商会及社会组织开展的活动	20.16	26.1
亲朋好友介绍	3.29	2.1
平均渠道数 / 个	1.26	2.39

资料来源:天津市"民营经济 27 条"落实情况万家民营企业发展环境调查第三方评估、2017 年天津民营经济发展动态监测及追踪调查。

此外,通过对三个政策效果反馈的对比分析可以发现,政策落实效果逐渐获得民营企业的认可(见图 2-15)。认为政策效果"说不清"和"作用不大"的企业明显减少;在 2014 年,认为"民营经济 27 条"作用非常大的企业仅占 12.3%,而在 2017 年,分别有 41.2% 和 44.4% 的企业非常认可"民营经济 25 条"及"企业家精神"的政策效果。这说明,随着政策宣传普及程度的加深及政策落实效果督查工作的开展,天津民营企业对政策环境的满意程度正在逐渐提高。

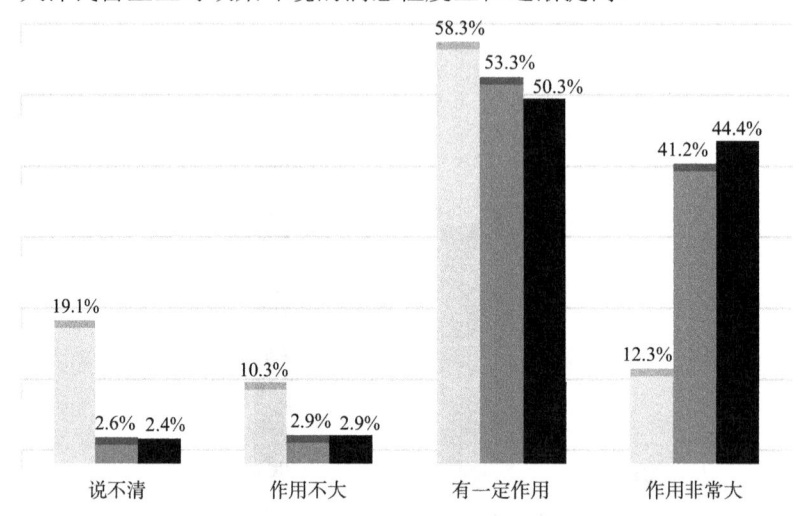

图 2-15 政策对促进民营企业发展的作用

	说不清	作用不大	有一定作用	作用非常大
民营经济27条	19.1%	10.3%	58.3%	12.3%
民营经济25条	2.6%	2.9%	53.3%	41.2%
企业家精神	2.4%	2.9%	50.3%	44.4%

资料来源:天津市"民营经济 27 条"落实情况万家民营企业发展环境调查第三方评估、2017 年天津民营经济发展动态监测及追踪调查。

第三章 数字化转型：2020—2022 年天津民营经济发展

2016 年，20 国集团（G20）峰会在杭州召开，我国首次将"数字经济"列入议题，起草了旨在促进数字经济发展的文件——《G20 数字经济发展与合作倡议》。该文件指出，在互联网经济时代，要寻找科学的策略以抓住机遇、应对挑战，尤其要找到具体的方法以借助数字经济推动世界经济的包容性增长。党的十九大提出要推动互联网、大数据、人工智能和实体经济深度融合，加快建设"数字中国"。2017 年"数字经济"一词首次在政府工作报告中出现，报告充分肯定了数字经济等新兴产业蓬勃发展对经济结构优化的深远影响，印证了习近平总书记"新常态要有新动力，互联网在这方面可以大有作为"的说法。在中共中央政治局第二次集体学习的讲话中，习近平总书记再次提出，企业数字化转型是数字经济的基础，加快数字经济发展建设，持续推动实体经济和数字经济融合已成为市场热点。可见，随着大数据、云计算、人工智能等数字技术的发展，数字化转型是企业顺应时代变革、落实国家战略、提升企业竞争力的必然选择。《中华人民共和国国民经济和社会发展第十四个五年规划和 2035 年远景目标纲要》指出，到 2025 年中国数字经济核心产业增加值占 GDP 比重要达到 10%。数字经济作为当今社会重要的经济形式，对我国供给侧结构性改革、产业优化升级、建设制造业强国具有重要推动作用，是我国经济高质量发展的新增长点和新引擎。

根据中国信息通信研究院发布的《中国数字经济发展白皮书》统计，2020 年我国数字经济规模已经达到 39.2 万亿元，占 GDP 比重 38.6%，较 2019 年增加了 2.4 个百分点。此外，国家统计局相关数据显示，我国 2021 年上半年实物商品网上零售额平均增长 16.5%，占社会消费品零售总额的 23.7%，数字经济助力实体经济发展效果显著。数字产业化和产业数字化是发展数字经济的主阵地，将传统产业进行数字化转型是发展数字经济的重要抓手。根据埃森哲公布的《中国企业数字转型指数》（2021）报告可知，2021 年中国企业数字转型指数平均得分为 54 分，比 2020 年、2019 年及 2018 年分别提高 4 分、9 分、17 分，说明中国企业已然开启了数字化转型新进程，踏入了数字经济发展的新浪潮。但整体而言，目前我国企业的数字化转型指数得分偏低，领军企业与其他企业的数字化差距较大，数字化转型未来还有很大的提升空间。

数字化转型是指通过利用现代技术和通信手段，改变企业为客户创造价值的方式。数字化转型是建立在数字化转换、数字化升级基础上，进一步触及公司核心业务，以新建一种商业模式为目标的高层次转型，它在完善企业的发展模式、提升企业的发展质量等方面发挥着不可替代的作用。华为认为，数字化转型是通过新一代数字技术的深入运用，构建一个全感知、全链接、全场景、全智能的数字世界，进而优化再造物理世界的业务，对传统管理模式、业务模式、商业模式进行创新和重塑，实现业务成功。金蝶认为，数字化转型就是企业借助数字化解决方案，将互联网、云计算、大数据、移动化等应用于企业，通过规划及实施商业模式转型、管理运营模式转型，为客户、企业和员工带来全新的数字化价值提升，增强企业的新型核心竞争力。无论是数字化转型热潮还是民营经济发展新阶段，两者都在时间上高度吻合，注定民营经济、民营企业必须迎合市场需求，紧跟市场数字化潮流，在中国经济高质量发展过程中留下浓墨重彩的一笔。

一、新冠疫情对天津民营企业的影响

新冠疫情对全球经济的冲击是全局性的、结构性的。2020年受疫情影响，天津民营企业生产经营状况下滑较为严重。全市企业综合生产经营状况指数为6.96，比2019年下降了8.42%，特别是金融业，电力、热力、燃气及水生产和供应业与住宿和餐饮业企业，降幅均超过16%。传统的批发和零售业企业平均营业利润为-0.86万元，制造业的利润率为各行业最低，仅为1.54%，动能方式亟待转型。值得注意的是，新的生活方式和消费理念给交通运输、仓储和邮政行业带来了发展契机，同时，由于数字化技术对企业的深度赋能，河北区、蓟州区及武清区企业逆势发展，生产经营状况较2019年有所改善。

2020年受疫情影响，天津民营企业发展中面临的各项困难总体有所加剧，16项测度指标平均值由2019年的5.22上升到2020年的5.64，为开展追踪调查以来最为困难的一年，生产经营问题依然是企业面临的最大困难。与往年相比，企业对"电子商务、智能制造等新技术应用程度低"这一问题的重视程度明显提高。

总体而言，天津民营企业对本行业发展前景的预期仍有改善，行业发展信心指数从2019年的7.62上升到2020年的7.79，上升了2.2%。大型、中型企业的发展信心要明显好于小型、微型企业，这说明天津民营小型、微型企业发展状况没有得到明显改善，面对激烈的市场变动和竞争，其生存能力持续较弱。

1. 生产经营状况

（1）生产经营状况指数

2020年受疫情影响，天津民营企业生产经营状况下滑较为严重。被调查企业认为生产经营状况良好的占比仅为26.3%，比2019年下降12.2%；生产经营状况一般的企业占比56.1%，与2019年相比上升了约5个百分点；生产经营状况不佳的企业占比17.6%，与2019年相比上升了约7个百分点。全市企业综合生产经营状况指数为6.96，比2019年下降了8.42%。

从各区的情况（见表3-1）来看，综合生产经营状况下滑最大的是制造业企业居多的宁河区和滨海新区，下降的比例分别为20.05%和17.36%；而河北区、蓟州区及武清区企业逆势发展，生产经营状况较2019年有不同程度的改善，这与企业的数字化转型密切相关，三区企业的数字化转型水平在全市处于领先位置。

表3-1 2016—2020年各区企业生产经营状况指数

区域	2016年	2017年	2018年	2019年	2020年	增长率/%
宝坻区	8.89	9.30	8.40	7.71	6.59	−14.47
北辰区	7.78	8.63	8.70	7.95	7.30	−8.16
滨海新区	7.18	8.31	7.93	7.89	6.52	−17.36
东丽区	8.41	9.05	8.16	7.56	7.46	−1.27
和平区	8.55	8.64	7.71	7.59	6.58	−13.35
河北区	7.64	8.15	7.56	7.04	7.14	1.46
河东区	8.23	8.67	6.76	8.01	7.44	−7.17
河西区	7.90	7.64	7.33	7.38	6.75	−8.59
红桥区	7.78	8.59	6.48	7.58	6.49	−14.36
蓟州区	7.55	6.90	7.56	6.91	7.00	1.30
津南区	7.03	7.54	8.33	7.80	6.75	−13.49
静海区	6.89	9.40	8.27	8.13	7.40	−8.98
南开区	7.33	6.90	7.60	7.63	6.77	−11.24
宁河区	8.22	8.15	7.69	7.83	6.26	−20.05
武清区	10.00	9.67	7.95	7.33	7.78	6.11
西青区	7.56	7.78	7.38	7.71	7.19	−6.78
全市	7.87	8.35	7.79	7.60	6.96	−8.42

资料来源：2016—2019年天津民营经济发展动态监测及追踪调查、2020年天津民营经济数字化转型及发展动态追踪调查。

2020年受疫情影响，天津绝大多数行业民营企业的生产经营状况下滑较为严重，特别是金融业，电力、热力、燃气及水生产和供应业及住宿和餐饮业，降幅均超过16%，重大卫生事件的发生对社会的供给侧和需求侧都产生了较大的负面影响。值得注意的是，新的生活方式和消费理念给交通运输、仓储和邮政业带来了发展契机，加之该行业对数字化技术的应用较广、较早，其生产经营状况指数较2019年提高了12.36%（见表3-2）。

表 3-2　2016—2020 年各行业企业生产经营状况指数

行业	2016 年	2017 年	2018 年	2019 年	2020 年	增长率/%
农、林、牧、渔业	7.33	9.05	8.07	7.95	6.80	−14.47
制造业	7.88	8.38	7.81	7.82	7.17	−8.30
房地产业	9.22	8.95	8.18	6.50	6.83	5.13
批发和零售业	7.95	7.56	7.18	7.22	6.71	−7.10
建筑业	7.45	8.61	7.37	7.90	7.23	−8.46
交通运输、仓储和邮政业	7.62	7.70	8.89	6.39	7.18	12.36
租赁和商务服务业	7.03	8.41	7.68	7.63	7.20	−5.68
住宿和餐饮业	7.04	7.38	6.67	8.00	6.67	−16.67
电力、热力、燃气及水生产和供应业	8.67	8.89	8.67	9.05	7.50	−17.13
金融业	9.52	9.49	7.33	7.14	5.90	−17.40
信息传输、软件和信息技术服务业	7.41	9.11	8.60	6.83	6.15	−9.90
科学、教育、文化、卫生	8.43	8.33	8.26	8.01	7.36	−8.16
居民服务、修理和其他服务业	7.04	8.46	7.90	7.69	6.93	−9.84

资料来源：2016—2019 年天津民营经济发展动态监测及追踪调查、2020 年天津民营经济数字化转型及发展动态追踪调查。

2016—2020 年的调查数据均显示，企业生产经营状况指数与企业规模呈现正相关。特别是 2020 年，大型企业生产经营状况比 2019 年有较大的提升，中型企业与 2019 年基本持平，而小型、微型企业受疫情冲击最为严重。这说明天津民营小型、微型企业发展状况没有明显改善，面对激烈的市场竞争和外部环境变动，其生存能力持续较弱（见表 3-3）。

表 3-3　2016—2020 年不同规模企业生产经营状况指数

企业规模	2016 年	2017 年	2018 年	2019 年	2020 年	增长率/%
大型	8.61	9.47	9.21	8.43	9.10	7.95
中型	8.43	9.10	7.84	7.91	7.90	−0.13
小型	7.66	8.12	7.75	7.53	6.73	−10.62
微型	6.55	7.26	6.98	6.93	6.36	−8.23

资料来源：2016—2019 年天津民营经济发展动态监测及追踪调查、2020 年天津民营经济数字化转型及发展动态追踪调查。

（2）营业收入、营业利润与主营业务成本

2020年被调查的天津民营企业平均营业收入、平均营业利润和平均主营业务成本分别为101290.42万元、1960.29万元及39294.51万元。利润率较高的行业分别为金融业，电力、热力、燃气及水生产和供应业，租赁和商务服务业以及科学、教育、文化、卫生业。生产经营状况最为艰难的是批发和零售业，传统的批发和零售业受疫情影响严重，被调查企业平均营业利润为-0.86万元，同时制造业的利润率也为各行业最低，仅为1.54%，动能方式亟待转型（见表3-4）。

表3-4　各行业企业的营业收入、营业利润和主营业务成本　　（单位：万元）

行业	营业收入	营业利润	主营业务成本
农、林、牧、渔业	2296.80	345.29	1688.37
制造业	270121.07	4163.78	93761.39
房地产业	24576.19	924.48	1596.67
批发和零售业	18606.04	-0.86	14465.55
建筑业	63592.86	4437.65	52959.50
交通运输、仓储和邮政业	7010.39	318.31	5459.82
租赁和商务服务业	5177.99	1308.89	3630.25
住宿和餐饮业	2862.17	107.25	1520.31
电力、热力、燃气及水生产和供应业	1490.75	493.75	957.50
金融业	1147.20	489.02	754.00
信息传输、软件和信息技术服务业	4150.36	126.83	3576.69
科学、教育、文化、卫生业	733.65	182.39	343.89
居民服务、修理和其他服务业	3127.95	149.73	2622.50
多行业	5992.31	165.37	3623.65
平均	101290.42	1960.29	39294.51

资料来源：2020年天津民营经济数字化转型及发展动态追踪调查。

（3）网络销售收入

2020年天津民营企业通过网络销售所得收入为企均11707.8万元，但行业之间差别很大。制造业企业平均网络销售收入为34045.87万元，居各行业之首，但位于末位的租赁和商务服务业企业仅为9.55万元。从网络销售收入占营业收入的比例来看，信息传输、软件和信息技术服务业网络销售占比最高，为10.36%；其次是科学、教育、文化、卫生业，批发和零售业及住宿和餐饮业。根据以往的调研，这几个行业通常较早发展新的商业模式，开展在线销售，疫情更进一步促使该行业企业进行线上化和数字化改革（见表3-5）。

表 3-5 各行业企业的网络销售收入

行业	网络销售收入/万元	网络销售收入占营业收入比例/%
信息传输、软件和信息技术服务业	73.02	10.36
科学、教育、文化、卫生业	101.31	9.54
批发和零售业	179.63	6.46
住宿和餐饮业	143.60	5.61
电力、热力、燃气及水生产和供应业	50.00	5.00
农、林、牧、渔业	54.32	4.19
多行业	1795.18	3.93
制造业	34045.87	2.65
建筑业	14.31	2.63
居民服务、修理和其他服务业	37.84	2.17
交通运输、仓储和邮政业	19.33	1.91
金融业	29.54	1.74
房地产业	1090.00	1.00
租赁和商务服务业	9.55	0.66
平均	11707.76	4.51

资料来源：2020年天津民营经济数字化转型及发展动态追踪调查。

2. 未来发展信心

（1）行业发展信心指数

总体而言，天津民营企业对本行业发展前景的预期有所改善，行业发展信心指数从2019年的7.62上升到2020年的7.79，上升了2.2%（见表3-6）。科学、教育、文化、卫生，居民服务、修理和其他服务业，制造业，交通运输、仓储和邮政业等四个行业中超过半数以上的企业预计未来两年企业的经营状况会变好，特别是交通运输、仓储和邮政业，指数从2019年的5.83上升到2020年的7.69，增幅为31.9%。然而电力、热力、燃气及水生产和供应业，住宿和餐饮业，农、林、牧、渔业与金融业企业对本行业的发展持较为悲观的态度，指数较2019年都有不同程度的下降。2020年金融业受疫情冲击，经营状况一般或不佳的企业占整个行业的92.3%，且行业内84.6%的企业认为未来两年企业的综合经营状况会保持不变甚至恶化，可见金融业对未来发展的信心相对不足。

表 3-6　2016—2020 年各行业企业发展信心指数

行业	2016 年	2017 年	2018 年	2019 年	2020 年	增长率 /%
科学、教育、文化、卫生业	7.84	8.47	8.70	8.16	8.85	8.50
电力、热力、燃气及水生产和供应业	8.00	9.26	9.33	9.05	8.33	−7.90
居民服务、修理和其他服务业	7.22	8.72	7.74	7.88	8.00	1.50
租赁和商务服务业	7.78	8.33	7.54	7.54	7.95	5.50
制造业	7.31	8.20	7.39	7.85	7.93	1.00
建筑业	6.67	8.06	7.37	7.31	7.91	8.20
住宿和餐饮业	6.85	7.38	6.19	7.87	7.85	−0.30
信息传输、软件和信息技术服务业	7.22	9.44	8.33	7.35	7.69	4.70
交通运输、仓储和邮政业	7.62	7.44	7.22	5.83	7.69	31.90
房地产业	8.63	8.42	7.88	6.00	7.50	25.00
批发和零售业	7.41	7.26	6.45	7.25	7.40	2.00
农、林、牧、渔业	7.67	9.05	7.54	7.82	6.80	−13.00
金融业	8.10	9.23	6.67	7.62	6.67	−12.50
平均	7.56	8.40	7.57	7.62	7.79	2.20

资料来源：2016—2019 年天津民营经济发展动态监测及追踪调查、2020 年天津民营经济数字化转型及发展动态追踪调查。

（2）企业发展信心指数

从区域发展的角度来看，不同区的企业对未来的发展信心差异较大（见表 3-7）。武清区企业发展势头猛、信心足，指数达到 9.26，较 2019 年增幅为 15.75%。此外，河东、西青、滨海、东丽、河西、蓟州、河北等区发展信心增强；而宁河和宝坻两区企业信心不足，指数较 2019 年有超过 10% 的下降。

表 3-7　2016—2020 年各区企业未来发展信心指数

区域	2016 年	2017 年	2018 年	2019 年	2020 年	增长率 /%
武清区	9.38	10.00	7.69	8.00	9.26	15.75
河东区	6.86	8.48	7.43	7.88	8.46	7.38
北辰区	7.49	9.22	8.89	8.46	8.17	−3.37
静海区	4.89	8.79	8.27	8.27	8.07	−2.46
西青区	7.56	8.00	7.62	7.92	8.02	1.27
滨海新区	8.01	8.51	8.65	7.95	7.95	0.06

(续表)

区域	2016年	2017年	2018年	2019年	2020年	增长率/%
东丽区	8.90	9.05	8.62	7.89	7.90	0.11
津南区	8.52	8.95	9.03	8.29	7.80	-5.85
河西区	8.57	8.65	7.81	7.62	7.78	2.07
南开区	7.33	8.33	8.13	8.2	7.67	-6.44
红桥区	8.89	9.23	7.22	7.68	7.54	-1.77
蓟州区	9.56	8.57	8.46	7.21	7.33	1.71
宁河区	8.44	7.96	8.12	8.25	7.27	-11.85
和平区	8.89	9.14	7.52	7.31	7.21	-1.41
河北区	8.13	8.41	8.13	7.05	7.14	1.32
宝坻区	7.50	8.60	8.00	8.06	7.10	-11.89

资料来源：2016—2019年天津民营经济发展动态监测及追踪调查、2020年天津民营经济数字化转型及发展动态追踪调查。

表3-8所示为2016—2020年不同规模企业未来发展信心指数。从总体上看，大型、中型企业的发展信心要明显好于小型、微型企业。2020年小型企业的信心指数较2019年下降了3.18%，微型企业信心水平与2019年基本持平。这说明天津小型、微型民营企业创新发展和抵御市场风险的能力还有待提升。

表3-8 2016—2020年不同规模企业未来发展信心指数

规模	2016年	2017年	2018年	2019年	2020年	增长率/%
大型	7.88	9.30	8.85	8.43	9.36	11.02
中型	8.36	8.94	8.33	7.82	8.53	9.13
小型	7.99	8.73	8.14	7.87	7.62	-3.18
微型	7.82	8.10	7.88	7.27	7.31	0.61

资料来源：2016—2019年天津民营经济发展动态监测及追踪调查、2020年天津民营经济数字化转型及发展动态追踪调查。

二、后疫情时代天津民营企业的生产经营状况

受疫情影响，天津民营企业发展出现了许多新变化。企业更加关注创新发展的相关问题，如创新能力培育、技术应用、产业配套和知识产权保护等，企业培育新动能和持续创新的潜力亟待开发。因此提振企业发展信心，培育企业创新能力，特别是激活小微企业创新需求和活力的任务依然艰巨。

第一，生产经营尚未明显改善。2021年受疫情持续的影响，天津民营企业生产经营状况较2020年仍未有改善。全市企业综合生产经营状况指数为6.94，与2020

年大致相当，但两极分化现象初显，状况较好和状况不佳的企业占比都有所上升。生产经营状况改善的行业有 6 个，分别是电力、热力、燃气及水生产和供应业，居民服务、修理和其他服务业，制造业，农、林、牧、渔业，住宿和餐饮业与金融业；生产经营状况下滑的行业有 7 个，尤其对房地产企业而言，首先考虑的是存活问题，其次才是发展问题。小微企业生产经营和未来发展信心指数都保持稳定或增长，这说明天津小微民营企业在内部和外部的生存压力下保持了稳定，经营发展能力得到了进步，未来有逐步向好的趋势。

第二，盈利能力提升，经营水平差距拉大。各行业中利润率最高的是信息传输、软件和信息技术服务业，其次分别为科学、教育、文化、卫生，租赁和商务服务业及金融业，制造业利润率达到 12%，比 2020 年有显著改善。批发和零售业受疫情持续的严重影响，利润率为 -27.55%，平均亏损 2968.65 万元。亏损企业多为创新能力一般、数字化转型水平不高的企业，这说明现阶段数字化转型成为企业生存与发展的关键因素。

第三，困难下降，保持信心。随着疫情控制趋于稳定，天津社会生产开始恢复，民营企业发展中面临的各项困难总体下降，但企业对本行业发展前景的预期仍不太乐观，仅有 5 个行业发展预期有所改善。科学、教育、文化、卫生和房地产行业面对政策巨变，发展信心受到严重动摇。天津优势的制造业及信息传输、软件和信息技术服务业发展信心也有所下降。通过历年指数的比较可以看出，企业发展和信心在 2017 年达到顶峰，随后开始下降。两项发展信心指数 2019 年后下降趋势趋缓。由于疫情的直接影响，企业生产经营状况在 2019—2020 年又有一次明显的下滑，但企业对未来的发展信心始终好于当前的经营状况。这说明天津民营企业能够保持乐观的发展态度，在艰难的环境下不断通过转型和变革求生存、谋发展。

第四，融资缺口继续扩大。2021 年被调查的民营企业融资缺口指数继续上涨，企业融资困难的问题一直未能较好地解决。企业平均融资渠道 1.25 个，自 2018 年以来连续四年下降，同时信贷可得性水平连年下滑。这说明天津民营企业所面对的融资环境不佳，融资渠道进一步缩窄，企业通过内部筹资等方式获得发展资金。制造业和信息传输、软件和信息技术服务业企业融资渠道较广泛，10% 的制造业企业可以得到政府项目资金支持，可见天津政府对实体经济发展还是给予了充分的重视。但多年来产业基金、中小企业集合债的发展都十分缓慢。

1. 营收利润及经营指数

（1）营业收入、营业利润、主营业务成本

2021 年天津被调查的民营企业平均营业收入为 36345.92 万元、营业利润为 3650.42 万元、主营业务成本为 28045.06 万元，平均利润率在 10% 左右。其中利润率最高的是信息传输、软件和信息技术服务业，其次分别为科学、教育、文化、卫生，租赁和商务服务业及金融业。制造业利润率达到 12%，比 2020 年有显著改善。批发和零售业受疫情持续的严重影响，利润率为 -27.55%，平均亏损 2968.65

万元。同样亏损的行业还有居民服务、修理和其他服务业（-5.14%）及房地产业（-0.41%），如表3-9所示。

表3-9 2020—2021年各行业企业的营业收入、营业利润和主营业务成本 （单位：万元）

行业	营业收入 2020年	营业收入 2021年	营业利润 2020年	营业利润 2021年	主营业务成本 2020年	主营业务成本 2021年
农、林、牧、渔业	2296.80	10670.09	345.29	607.62	1688.37	8448.12
制造业	270121.07	44310.54	4163.78	5317.89	93761.39	38114.43
房地产业	24576.19	3905.64	924.48	-16.00	1596.67	3387.86
批发和零售业	18606.04	10776.15	-0.86	-2968.65	14465.55	10001.31
建筑业	63592.86	124990.13	4437.65	22176.36	52959.50	59139.42
交通运输、仓储和邮政业	7010.39	7286.75	318.31	108.94	5459.82	6309.95
租赁和商务服务业	5177.99	7735.28	1308.89	1548.54	3630.25	5558.63
住宿和餐饮业	2862.17	2875.15	107.25	287.66	1520.31	1342.83
电力、热力、燃气及水生产和供应业	1490.75	9299.00	493.75	1114.00	957.50	1686.33
金融业	1147.20	23249.84	489.02	4154.39	754.00	15076.05
信息传输、软件和信息技术服务业	4150.36	4351.18	126.83	2180.82	3576.69	6701.47
科学、教育、文化、卫生	733.65	653.93	182.39	188.79	343.89	293.63
居民服务、修理和其他服务业	3127.95	17559.61	149.73	-902.03	2622.50	12979.19
多行业	5992.31	79542.79	165.37	1383.97	3623.65	77638.69
平均	101290.42	36345.92	1960.29	3650.42	39294.51	28045.06

资料来源：2020年、2021年天津民营经济数字化转型及发展动态追踪调查。

与2020年相比，有两个特点值得注意：一是2021年企业的平均营业收入下降明显，但数字化转型引发的生产效率提高，企业主营业务成本下降，利润水平较2020年有显著提升；二是亏损企业数量和占比与2020年持平，但企业经营水平差距拉大，开始呈现一种强者愈强、弱者愈弱的马太效应，亏损的企业生存愈加艰难。2020年被调查的企业中亏损企业为107家，占比15.05%，平均亏损额为1170万元；2021年被调查的企业中亏损企业为105家，占比15.46%，平均亏损额为3310万元。而亏损企业多为数字化转型水平不高的企业，这说明现阶段数字化转型成为企业生存与发展的关键因素。

（2）生产经营状况指数

2021年受疫情持续的影响，天津民营企业生产经营状况较2020年仍未有改善。被调查企业认为生产经营状况良好的略有增加，占比为26.5%；生产经营状况一般的企业占比为55.1%，与2020年相比稍有下降；生产经营状况不佳的企业占比18.4%，比2020年有所上升。全市企业综合生产经营状况指数为6.94，与2020年大致相当，但两极分化现象初显，状况较好和状况不佳的企业占比都有所上升。

随着疫情控制日趋平稳，人们的生产生活逐渐走向和疫情长期共处的常态化状态。与2020年相比，生产经营状况改善的行业有6个，分别是电力、热力、燃气及水生产和供应业，居民服务、修理和其他服务业，制造业，农、林、牧、渔业，住宿和餐饮业与金融业，特别是电力、热力、燃气及水生产和供应业，虽然较疫情前仍有明显下降，但2020—2021年生产经营状况都为各行业之首。生产经营状况下滑的行业有7个，2021年受房地产调控政策、市场情绪和居民实际购买力下降的影响，房地产业企业生产经营指数下降了13.53%（见表3-10）。

表3-10　2020—2021年企业生产经营状况指数

区域	2020年	2021年	增长率/%	行业/规模	2020年	2021年	增长率/%
津南区	6.75	7.98	18.23	电力、热力、燃气及水生产和供应业	7.50	8.33	11.11
西青区	7.19	7.98	10.97	居民服务、修理和其他服务业	6.93	7.25	4.52
北辰区	7.30	7.59	3.90	制造业	7.17	7.21	0.52
武清区	7.78	7.33	-5.71	科学、教育、文化、卫生	7.36	7.14	-2.90
东丽区	7.46	7.30	-2.21	农、林、牧、渔业	6.80	7.08	4.17
静海区	7.40	7.22	-2.40	租赁和商务服务业	7.20	7.05	-2.08
宝坻区	6.59	6.94	5.31	住宿和餐饮业	6.67	6.96	4.35
宁河区	6.26	6.83	9.11	建筑业	7.23	6.87	-5.05
滨海新区	6.52	6.77	3.88	交通运输、仓储和邮政业	7.18	6.67	-7.14
和平区	6.58	6.75	2.67	金融业	5.90	6.67	13.04
河东区	7.44	6.73	-9.48	批发和零售业	6.71	6.63	-1.20
红桥区	6.49	6.67	2.70	信息传输、软件和信息技术服务业	6.15	6.13	-0.33
南开区	6.77	6.67	-1.56	房地产业	6.83	5.91	-13.53
蓟州区	7.00	6.48	-7.41	大型	9.10	8.10	-10.99
河西区	6.75	6.43	-4.62	中型	7.90	7.63	-3.41
河北区	7.14	6.10	-14.67	小型	6.73	6.94	3.12
全市	6.96	6.94	-0.29	微型	6.36	6.35	-0.16

资料来源：2020年、2021年天津民营经济数字化转型及发展动态追踪调查。

从各区的情况来看，综合生产经营状况改善最大的是津南、西青和宁河三区企业。河北、河东和蓟州三区企业生产经营状况下滑较大。企业总体生产经营状况改善和下滑的地区都是8个，各占50%（见表3-10）。

纵向比较来看，企业生产经营状况指数仍与企业规模正相关，企业规模越小，生产经营状况越为艰难；但横向比较来看，大型企业在2021年生产经营指数下降了10.99%，中型企业下降了3.41%，而小型企业增长了3.12%，微型企业基本与2020年持平。这说明天津小型、微型民营企业在内部和外部的生存压力下保持了稳定，并有初步向好的趋势（见表3-10）。

2. 发展信心

（1）行业发展信心

受疫情持续和国内外整体经济环境下行的影响，2021年天津民营企业对本行业发展前景的预期较为悲观，指数从2020年的7.74下降至2021年的7.52，降幅2.84%（见表3-11），仅有5个行业发展预期有所改善，其中农、林、牧、渔业及居民服务、修理和其他服务业发展信心较足。而科学、教育、文化、卫生和房地产业面对政策巨变，发展信心受到严重动摇。天津优势的制造业及信息传输、软件和信息技术服务业发展信心也有所下降。

表3-11　2020—2021年行业发展信心指数

行业	2020年	2021年	增长率/%
电力、热力、燃气及水生产和供应业	8.33	8.33	0.04
居民服务、修理和其他服务业	8.00	8.19	2.36
租赁和商务服务业	7.95	8.00	0.63
建筑业	7.91	7.93	0.29
制造业	7.93	7.88	-0.69
住宿和餐饮业	7.85	7.54	-4.00
交通运输、仓储和邮政业	7.69	7.44	-3.30
科学、教育、文化、卫生	8.85	7.38	-16.60
农、林、牧、渔业	6.80	7.36	8.25
信息传输、软件和信息技术服务业	7.69	7.33	-4.64
批发和零售业	7.40	7.11	-3.94
房地产业	7.50	6.67	-11.11
金融业	6.67	6.67	-0.05
平均	7.74	7.52	-2.84

资料来源：2020年、2021年天津民营经济数字化转型及发展动态追踪调查。

（2）企业发展信心

各区企业发展信心两极分化现象明显。津南区企业未来发展信心指数增长了14.23%，此外静海区、西青区、东丽区、南开区、宁河区、宝坻区等环城区域企业信心也有不同程度的增强。而武清区、河东区企业发展信心明显不足，指数降幅超过10%。河西区、和平区、红桥区、河北区等城区企业发展信心也有所下滑（见表3-12）。

表3-12也报告了不同规模企业对自身未来两年内发展的信心情况。从总体上看，大型、中型企业的发展信心要明显好于小型、微型企业，但较2020年还是有所下降。小型企业发展信心增强，微型企业信心下降程度也不明显，这再次说明天津民营小型、微型企业的生存发展能力得到了进步，未来发展值得期待。

表3-12 不同区域、不同规模企业未来发展信心指数

区域	2020年	2021年	增长率/%	规模	2020年	2021年
津南区	7.80	8.91	14.23	大型	9.36	9.05
静海区	8.07	8.33	3.31	中型	8.53	8.07
西青区	8.02	8.21	2.41	小型	7.62	7.65
北辰区	8.17	8.05	−1.57	微型	7.31	7.21
武清区	9.26	8.00	−13.60			
东丽区	7.90	7.99	1.14			
滨海新区	7.95	7.88	−0.95			
南开区	7.67	7.71	0.47			
河西区	7.78	7.67	−1.33			
宁河区	7.27	7.50	3.13			
宝坻区	7.10	7.43	4.63			
河东区	8.46	7.37	−12.88			
蓟州区	7.33	7.13	−2.78			
和平区	7.21	7.01	−2.76			
红桥区	7.54	6.83	−9.42			
河北区	7.14	6.48	−9.33			

资料来源：2020年、2021年天津民营经济数字化转型及发展动态追踪调查。

图3-1展示了企业生产经营状况指数、行业发展信心指数、企业发展信心指数三项指标2016—2021年的发展趋势。可以看到，企业发展信心指数和行业发展信心指数在2017年达到顶峰，随后开始下降。两项发展信心指数2019年后下降趋势趋缓。由于疫情的直接影响，企业生产经营状况指数在2019—2020年又有一次明显的下滑，但企业对未来的发展信心始终好于当前的经营状况，这说明天津民营企

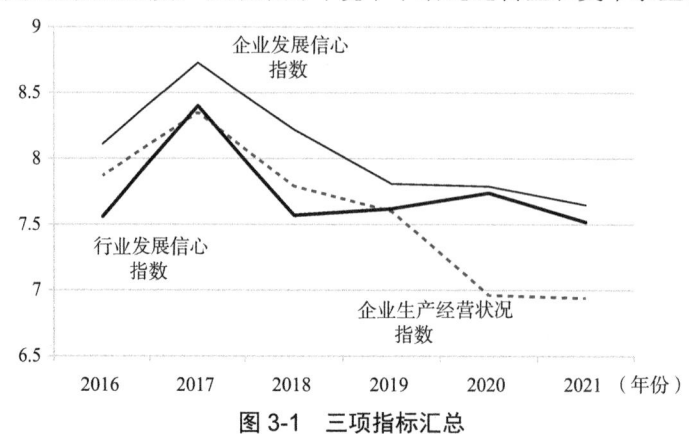

业能够保持乐观的发展态度，在艰难的环境下不断通过转型和变革求生存、谋发展。

图 3-1 三项指标汇总

资料来源：2016—2019 年天津民营经济发展动态监测及追踪调查，2020 年、2021 年天津民营经济数字化转型及发展动态追踪调查。

3. 融资状况

（1）融资缺口

2021 年被调查的民营企业融资缺口指数继续上涨，从 2020 年的 3.49 增加到 2021 年的 3.66，同比增长了 4.9%，企业融资困难的问题一直未能得到较好的解决（见表 3-13）。无融资需求的企业共有 333 家，占比 49%。

表 3-13 2014—2021 年民营企业融资缺口指数变化情况

比例	2014 年	2016 年	2017 年	2018 年	2019 年	2020 年	2021 年
80%（不含）以上	6.20	3.80	4.50	5.36	11.71	11.33	21.68
60%（不含）~80%（含）	9.10	7.60	6.10	7.44	12.74	17.96	11.27
40%（不含）~60%（含）	20.40	16.50	15.20	16.66	13.76	19.34	17.92
20%（不含）~40%（含）	25.40	32.30	21.80	24.40	20.34	19.89	17.34
0（不含）~20%（含）	21.60	16.50	23.40	28.27	21.78	22.65	23.99
0	17.30	23.40	29.00	17.85	19.72	8.84	7.80
融资缺口指数	3.01	2.80	2.60	2.84	3.13	3.49	3.66

资料来源：天津市"民营经济 27 条"落实情况万家民营企业发展环境调查第三方评估，2016—2019 年天津民营经济发展动态监测及追踪调查，2020 年、2021 年天津民营经济数字化转型及发展动态追踪调查。

从行业角度看，7 个行业融资缺口指数上升，特别是农、林、牧、渔业和房地产业企业，指数分别达到 5.05 和 4.71，即缺口在 80% 左右。从 2016—2021 年的数据来看，农、林、牧、渔业企业一向得不到资本界的青睐，很难通过融资满足企业发展的资金需求。2021 年交通运输、仓储和邮政业，租赁和商务服务业，住宿和餐饮业，金融业，信息传输、软件和信息技术服务业及居民服务、修理和其他服务业等行业整体融资状况有所改善（见表3-14）。

表3-14 2016—2021年不同行业民营企业融资缺口指数变化情况

行业	2016年	2017年	2018年	2019年	2020年	2021年	趋势
农、林、牧、渔业	4.10	3.31	3.86	3.96	4.13	5.05	▲
制造业	2.57	2.50	2.82	2.88	3.56	3.68	▲
房地产业	3.14	2.84	3.12	3.64	2.73	4.71	▲
批发和零售业	2.86	2.48	2.76	3.40	3.54	3.81	▲
建筑业	3.30	2.58	3.38	2.46	3.16	3.43	▲
交通运输、仓储和邮政业	2.50	2.69	2.67	3.00	3.78	3.67	▼
租赁和商务服务业	2.11	2.58	2.42	2.81	2.69	2.50	▼
住宿和餐饮业	2.06	2.79	2.33	1.88	3.06	2.82	▼
电力、热力、燃气及水生产和供应业	4.75	2.67	3.20	3.33	2.50	3.00	▲
金融业	4.17	2.54	1.00	3.43	4.00	3.50	▼
信息传输、软件和信息技术服务业	3.24	3.07	2.96	3.96	3.56	3.44	▼
科学、教育、文化、卫生	2.68	3.29	3.25	3.66	3.20	3.53	▲
居民服务、修理和其他服务业	2.60	2.23	2.00	2.82	3.45	3.27	▼

资料来源：2016—2019年天津民营经济发展动态监测及追踪调查，2020年、2021年天津民营经济数字化转型及发展动态追踪调查。

从区位角度看，55.6%的金属材料企业、41.7%的蓟州区企业、20%的河北区企业、16.7%的互联网信息企业融资缺口比较严重，达到80%以上。2021年仅有宝坻、津南、宁河、西青四区企业融资缺口指数有所下降（见表3-15）。

表3-15 2016—2021年不同区域民营企业融资缺口指数变化情况

区域	2016年	2017年	2018年	2019年	2020年	2021年	变化
宝坻区	3.00	2.63	2.91	2.97	3.57	2.56	▼
北辰区	3.50	2.88	2.08	2.68	3.21	3.94	▲
滨海新区	2.77	2.45	3.14	2.55	3.57	3.67	▲
东丽区	3.11	3.00	3.16	3.19	3.50	3.61	▲
和平区	2.50	2.48	2.86	3.13	3.47	3.50	▲
河北区	2.18	2.19	2.94	2.15	3.17	3.87	▲

（续表）

区域	2016年	2017年	2018年	2019年	2020年	2021年	变化
河东区	3.25	3.06	—	3.28	2.96	3.63	▲
河西区	2.58	2.25	2.70	2.74	3.13	3.18	▲
红桥区	3.10	2.79	2.58	3.05	3.38	3.63	▲
蓟州区	2.00	3.00	3.14	4.88	3.04	4.84	▲
津南区	2.33	2.74	2.82	3.58	4.50	3.71	▼
静海区	3.07	1.73	2.47	2.84	3.18	3.50	▲
南开区	3.36	2.64	2.91	2.89	3.16	3.24	▲
宁河区	2.20	2.94	3.24	2.62	3.58	3.25	▼
武清区	2.50	1.90	2.63	2.50	3.50	3.50	▲
西青区	3.20	3.13	3.05	3.37	3.88	3.67	▼

资料来源：2016—2019年天津民营经济发展动态监测及追踪调查，2020年、2021年天津民营经济数字化转型及发展动态追踪调查。

（2）融资渠道

2021年除传统的国有和股份制商业银行贷款外，企业内部集资和其他成为主要的融资方式，占比分别为16.5%和20.6%，渠道占比超过小型金融机构，企业平均融资渠道为1.25个，是自2018年以来连续第三年下降。信贷可得性水平连年下滑，占比从2017年的62.7%下降至2021年的37.1%。这说明天津民营企业所面对的融资环境持续不佳，融资渠道进一步缩窄，企业只能通过内部筹资等方式获得发展资金（见表3-16）。

表3-16　2014—2021年民营企业融资渠道　　（单位：%）

融资渠道	2014年	2016年	2017年	2018年	2019年	2020年	2021年
国有和股份制商业银行贷款	53.5	58.4	62.7	40.7	40.9	35.9	37.1
小型金融机构	22.9	16.2	17.0	8.8	4.6	20.4	14.9
融资租赁	20.1	12.5	19.4	5.3	8.7	8.0	9.3
民间借贷、个人拆借	35.3	23.8	21.2	7.3	16.0	11.5	6.3
互联网金融借贷	—	3.0	3.3	1.5	1.6	5.8	6.2
政府项目资金	—	—	—	—	—	7.0	6.9
中小企业集合债	—	4.0	5.7	1.3	3.3	2.4	4.0
产业基金	—	—	—	—	—	3.1	3.5
企业内部集资	—	—	—	67.4	55.4	14.9	16.5

(续表)

融资渠道	2014年	2016年	2017年	2018年	2019年	2020年	2021年
其他	3.6	2.6	10.1	4.6	1.8	22.3	20.6
平均融资渠道个数/个	1.44	1.25	1.29	1.35	1.32	1.31	1.25

资料来源：天津市"民营经济27条"落实情况万家民营企业发展环境调查第三方评估，2016—2019年天津民营经济发展动态监测及追踪调查，2020年、2021年天津民营经济数字化转型及发展动态追踪调查。

从企业的平均融资渠道个数可以看出，不同规模企业的融资能力及其发展变化。从历年的情况来看，大型、中型企业的融资状况普遍好于小型、微型企业，企业的融资能力随规模的减小而降低。值得注意的是，2021年大型企业的融资渠道有所拓展，平均为1.54个融资渠道，恢复至2017—2018年水平（见表3-17）。

表3-17 2016—2021年不同规模民营企业融资渠道个数 （单位：个）

2016年	大型	1.25	2019年	大型	1.48
	中型	1.36		中型	1.39
	小型	1.12		小型	1.30
	微型	1.04		微型	1.21
2017年	大型	1.58	2020年	大型	1.42
	中型	1.39		中型	1.36
	小型	1.47		小型	1.34
	微型	1.09		微型	1.21
2018年	大型	1.51	2021年	大型	1.54
	中型	1.48		中型	1.24
	小型	1.31		小型	1.29
	微型	1.28		微型	1.16

资料来源：2016—2019年天津民营经济发展动态监测及追踪调查，2020年、2021年天津民营经济数字化转型及发展动态追踪调查。

表3-18所示为不同行业民营企业主要融资渠道。银行贷款仍是所有行业的最主要的融资来源，特别是农、林、牧、渔业及交通运输、仓储和邮政业企业，几乎很难从其他渠道进行融资。有33.3%的金融业企业使用融资租赁的方式，13.6%的房地产业企业开展互联网金融借贷，10.0%的制造业企业可以得到政府项目资金支持，在所有行业中占比最高。可见天津市政府对实体经济发展还是给予了充分的重视。但多年来产业基金、中小企业集合债的发展都十分缓慢。

从融资渠道多样性角度来讲，信息传输、软件和信息技术服务业企业广泛使用融资租赁、互联网金融借贷、政府项目资金、产业基金等融资方式，平均融资渠道个数居各行业之首。此外，天津制造业企业实力较为雄厚，融资渠道较广，平均1.32个融资渠道。而电力、热力、燃气及水生产和供应业，农、林、牧、渔业，交通运输、仓储和邮政业企业融资渠道十分狭窄，基本依靠银行贷款和企业内部集资。

表3-18 不同行业民营企业主要融资渠道 （单位：%）

行业	国有和股份制商业银行贷款	小型金融机构	融资租赁	民间借贷、个人拆借	互联网金融借贷	政府项目资金	中小企业集合债	产业基金	企业内部集资	其他	平均融资渠道数/个
农、林、牧、渔业	70.8	8.3	0.0	4.2	0.0	4.2	4.2	4.2	4.2	4.2	1.04
制造业	40.8	14.6	10.8	4.6	8.3	10.0	3.3	3.3	19.6	16.3	1.32
房地产业	45.5	9.1	18.2	4.5	13.6	9.1	0.0	9.1	9.1	18.2	1.36
批发和零售业	36.1	12.0	10.8	12.0	3.6	7.2	4.8	2.4	9.6	22.9	1.22
建筑业	32.0	14.0	2.0	6.0	4.0	6.0	2.0	4.0	26.0	26.0	1.22
交通运输、仓储和邮政业	53.8	7.7	15.4	0.0	0.0	0.0	7.7	0.0	7.7	15.4	1.08
租赁和商务服务业	34.3	14.3	2.9	0.0	0.0	2.9	2.9	2.9	17.1	31.4	1.09
住宿和餐饮业	34.8	21.7	4.3	0.0	4.3	4.3	4.3	4.3	13.0	30.4	1.22
电力、热力、燃气及水生产和供应业	25.0	0.0	0.0	0.0	0.0	0.0	0.0	0.0	25.0	50.0	1.00
金融业	33.3	16.7	33.3	16.7	0.0	0.0	0.0	0.0	16.7	0.0	1.17
信息传输、软件和信息技术服务业	30.0	18.0	8.0	12.0	8.0	8.0	2.0	6.0	18.0	26.0	1.36
科学、教育、文化、卫生	28.6	7.1	10.7	10.7	10.7	3.6	7.1	0.0	14.3	25.0	1.18
居民服务、修理和其他服务业	26.1	19.6	2.2	6.5	2.2	8.7	4.3	6.5	17.4	26.1	1.20
总计	491.1	163.1	118.6	77.2	54.7	64.0	42.6	42.7	197.7	291.9	

资料来源：2021年天津民营经济数字化转型及发展动态追踪调查。

三、民营企业的创新实践和特点

第一，研发经费投入增加。制造业企业平均技术研发经费从2020年的1712.4万元增加到2021年的3113.17万元，居各行业之首；人均研发经费翻番，达到9.1万元；研发投入强度达到7.03%。同时企业发展存在两极分化的现象，投入研发的企业数量减少，但有研发的企业投入力度大幅增加。

第二，研发机构建设不足。样本企业中共有114家企业建有研发机构，占比为16.8%，企均研发机构数量为0.21个。建有研发机构的企业占比高于天津市整体水平（9.0%），但低于全国水平（22.6%）。

第三，产品创新能力还需加强。样本企业平均新产品销售额为3895.15万元，占比为10.72%。根据《中国企业创新能力统计监测报告》（2020），全国企业新产品销售收入占营业收入的比重为16.2%。天津民营企业新产品销售状况一般，低于天津企业平均水平，在全国企业中排名靠后。分行业看，制造业及信息传输、软件和信息技术服务业民营企业与全国企业水平基本持平，批发和零售业，建筑业，交通运输、仓储和邮政业，租赁和商务服务业，科学、教育、文化、卫生等行业低于全国平均水平。此外，中小企业创新活力更强，无论是网络销售占比还是新产品销售占比都较高。

第四，系统性创新趋势出现。2017—2021年，天津民营企业在产品、工艺、组织、营销等4个领域的创新都有很大程度的提高，特别是组织创新。这说明更多的民营企业已经不满足于局部的、散点式的创新，开始从组织角度进行系统性创新，创新层级和深度大大提升，非常有利于企业整体创新能力的优化。企均专利申请数量为5.82件，落后于全国平均水平；企均有效发明专利数量为4.34件，高于全国平均水平，但与北京、上海、广东的企业相比还有较大的差距。值得注意的是，被调查的企业中平均形成行业标准或地区标准的数量为0.21项，高于天津市（0.072项）及全国平均水平（0.071项），这说明天津民营企业中存在很多隐性行业冠军，其在自己的垂直领域有较强的技术能力和影响力。

1. 研发投入

（1）研发经费

2021年天津民营企业更加积极地开展各类研发活动。有研发投入的企业227家，占比33.43%，企业数量较2020年有所下降；但企均研发经费投入为1209.03万元，是2020年的两倍多，人均研发经费投入5.68万元，研发投入强度为3.33%（见表3-19）。这说明企业发展存在两极分化的现象，投入研发的企业数量减少，但有研发的企业投入力度大幅增加。根据《中国企业创新能力统计监测报告》（2020），全国工业企业平均研发经费支出强度为1.3%，天津被调查的民营企业研发经费支出占营业收入的比例高于全国平均水平。

分行业看，近半数行业的企均研发经费投入较2020年有不同程度的增长。制造业企业平均技术研发经费从2020年的1712.43万元增加到2021年的3113.17万元，居各行业之首，人均研发经费达到9.10万元，研发投入强度达到7.03%。研发经费增幅较大的还有住宿和餐饮业，而金融业企业没有研发经费投入（见表3-19）。

分规模看，各个类型企业研发经费投入都有显著增长，大型企业企均研发经费投入达到16147.08万元；中型企业2021年企均研发经费投入接近2020年的四倍，人均经费投入也翻了两番多；小型企业研发经费投入和人均经费投入也有小幅增加（见表3-20）。可见天津民营企业积极投身数字化建设，对技术投入有信心、有魄力。

表3-19　各行业企业研发经费投入　　　　　　　　　　　　　（单位：万元）

行业	研发经费投入 2019年	研发经费投入 2020年	研发经费投入 2021年	人均研发经费 2020年	人均研发经费 2021年	研发投入强度/% 2020年	研发投入强度/% 2021年
农、林、牧、渔业	233.90	28.50	12.90↓	0.88	0.19	2.37	0.12
制造业	1265.10	1712.43	3113.17	4.89	9.10	5.64	7.03
房地产业	8.00	16.60	68.21	0.03	1.18	0.16	1.75
批发和零售业	28.40	58.22	7.76↓	0.81	0.13	1.99	0.07
建筑业	136.20	111.18	274.52	0.27	0.69	1.86	0.22
交通运输、仓储和邮政业	31.70	51.25	95.09	0.40	0.65	2.73	1.30
租赁和商务服务业	7.90	40.36	18.72↓	0.71	0.34	1.80	0.24
住宿和餐饮业	26.20	30.80	478.43	0.26	4.75	1.35	16.64
电力、热力、燃气及水生产和供应业	398.60	57.50	81.00	1.01	1.49	3.56	0.87
金融业	2.90	18.46	0.00↓	0.04	0.00	1.62	0.00
信息传输、软件和信息技术服务业	102.10	151.03	99.33↓	2.66	1.90	14.58	2.28
科学、教育、文化、卫生	182.40	25.09	24.68↓	0.35	0.63	4.04	3.77
居民服务、修理和其他服务业	1.80	31.80	5.47↓	0.34	0.09	2.39	0.03
多行业	—	39.91	56.26	0.53	0.18	3.30	0.07
平均	574.70	622.91	1209.03	2.86	5.68	3.39	3.33

资料来源：2019年天津民营经济发展动态监测及追踪调查，2020年、2021年天津民营经济数字化转型及发展动态追踪调查。

表3-20　2019—2021年不同规模企业研发经费投入　　　　　　（单位：万元）

企业规模	2019年 研发经费投入	2019年 人均经费投入	2020年 研发经费投入	2020年 人均经费投入	2021年 研发经费投入	2021年 人均经费投入
大型	5325.98	4.25	11672.85	3.86	16147.08	6.69
中型	344.06	1.38	751.19	2.26	2631.23	7.86
小型	57.24	1.08	107.29	1.60	110.42	1.69
微型	6.82	0.46	22.06	0.97	13.92	0.62

资料来源：2019年天津民营经济发展动态监测及追踪调查，2020年、2021年天津民营经济数字化转型及发展动态追踪调查。

(2) 研发机构建设

2021年样本企业中共有114家企业建有研发机构，企均研发机构数量为0.21个。天津建有研发机构的企业占比低于全国水平，与广东、江苏、浙江等省市相比还有较大差距，企业还需进一步重视自身研发机构的建设（见表3-21）。

表3-21 全国企业研发机构建设情况

地区	建有研发机构的企业占比 /%
全国	22.6
北京	14.3
天津	9.0
上海	7.3
重庆	14.9
江苏	46.2
浙江	29.0
山东	9.5
广东	42.6

资料来源：《中国企业创新能力统计监测报告》(2020)。

从行业角度看，平均建有研发机构最多的是制造业企业，其次为建筑业和电力、热力、燃气及水生产和供应业企业。房地产业和金融业企业生存状况堪忧，建设研发机构的能力较弱（见表3-22）。

表3-22 不同行业企业研发机构建设

行业	企均建有研发机构的数量 /个
农、林、牧、渔业	0.08
制造业	0.44
房地产业	0.00
批发和零售业	0.02
建筑业	0.28
交通运输、仓储和邮政业	0.15
租赁和商务服务业	0.03
住宿和餐饮业	0.04
电力、热力、燃气及水生产和供应业	0.25
金融业	0.00
信息传输、软件和信息技术服务业	0.04

（续表）

行业	企均建有研发机构的数量 / 个
科学、教育、文化、卫生	0.04
居民服务、修理和其他服务业	0.02
多行业	0.15
平均	0.21

资料来源：2021年天津民营经济数字化转型及发展动态追踪调查。

2. 销售创新

（1）网络销售收入

2021年天津民营企业通过网络销售所得收入为企均221.07万元，与2020年相比有很大程度的下降，但例外是信息传输、软件和信息技术服务业与批发和零售业，特别是信息传输、软件和信息技术服务业，网络销售收入从2020年的企均73.02万元增加到1794.43万元。从网络销售收入占营业收入的比例来看，信息传输、软件和信息技术服务业网络销售占比仍为最高，从2020年的10.36%上升至2021年的41.24%，其次是科学、教育、文化、卫生业，批发和零售业及房地产业。长期以来，房地产业都非常倚重线下渠道，消费者亦未形成线上消费的习惯。但在2021年比较严峻的市场环境下，房地产业企业努力创新销售模式，培育市场偏好，将线上线下形式相结合，用VR看房、线上标准化流程签约等方式服务消费者，提高业务量（见表3-23）。

表3-23　2020—2021年不同行业企业的网络销售收入

行业	2020年 网络销售收入 / 万元	2020年 网络销售收入占营业收入比例 /%	2021年 网络销售收入 / 万元	2021年 网络销售收入占营业收入比例 /%
农、林、牧、渔业	54.32	4.19	6.55	0.06
制造业	34045.90	2.65	123.73	0.28
房地产业	1090.00	1.00	72.14	1.85
批发和零售业	179.63	6.46	204.86	1.90
建筑业	14.31	2.63	6.55	0.01
交通运输、仓储和邮政业	19.33	1.91	0.00	0.00
租赁和商务服务业	9.55	0.66	0.63	0.01
住宿和餐饮业	143.60	5.61	25.00	0.87
电力、热力、燃气及水生产和供应业	50.00	5.00	123.00	1.32
金融业	29.54	1.74	0.00	0.00

(续表)

行业	2020年 网络销售收入/万元	2020年 网络销售收入占营业收入比例/%	2021年 网络销售收入/万元	2021年 网络销售收入占营业收入比例/%
信息传输、软件和信息技术服务业	73.02	10.36	1794.43	41.24
科学、教育、文化、卫生	101.31	9.54	12.68	1.94
居民服务、修理和其他服务业	37.84	2.17	1.05	0.01
多行业	1795.18	3.93	59.28	0.07
平均	11707.80	4.51	221.07	0.61

资料来源：2020年、2021年天津民营经济数字化转型及发展动态追踪调查。

(2) 新产品销售收入

在新产品销售方面，从企业数量上看，有新产品销售收入的企业为147家，占比21.65%，平均新产品销售额为3895.15万元；从新产品销售收入占比上看，样本企业新产品销售占比为10.72%。从行业角度看企业产品创新能力，制造业及信息传输、软件和信息技术服务业民营企业与全国企业水平基本持平，批发和零售业，建筑业，交通运输、仓储和邮政业，租赁和商务服务业，科学、教育、文化、卫生等行业企业落后于2019年全国平均水平（表3-24）。

表3-24 不同行业企业新产品销售收入

行业	样本企业新产品销售收入/万元	样本企业新产品销售占比/%	全国企业新产品销售占比/%
农、林、牧、渔业	0.55	0.01	
制造业	9972.02	22.50	22.20
房地产业	0.07	0.00	
批发和零售业	12.76	0.12	5.80
建筑业	390.83	0.31	25.70
交通运输、仓储和邮政业	36.56	0.50	8.70
租赁和商务服务业	625.00	8.08	14.70
住宿和餐饮业	24.57	0.85	
电力、热力、燃气及水生产和供应业	0.00	0.00	1.30
金融业	0.00	0.00	
信息传输、软件和信息技术服务业	1757.67	40.40	40.40
科学、教育、文化、卫生	8.68	1.33	35.80

(续表)

行业	样本企业新产品销售收入/万元	样本企业新产品销售占比/%	全国企业新产品销售占比/%
居民服务、修理和其他服务业	0.00	0.00	
多行业	30.05	0.04	
平均	3895.15	10.72	

资料来源：2021年天津民营经济数字化转型及发展动态追踪调查、《中国企业创新能力统计监测报告》(2020)。

根据《中国企业创新能力统计监测报告》(2020)，全国企业新产品销售收入占营业收入的比重为16.2%。广东企业新产品销售收入占比最高，达到22.7%；北京企业占比为16.4%；上海企业占比为15.2%。天津企业新产品销售状况不佳，低于全国平均水平（见表3-25）。

表3-25 全国企业新产品销售收入占营业收入比重

地区	企业新产品销售收入占营业收入比重/%	地区	企业新产品销售收入占营业收入比重/%
广东	22.7	山西	13.6
浙江	22.0	云南	13.5
安徽	20.3	贵州	13.4
湖北	20.0	陕西	10.8
湖南	19.7	广西壮族自治区	10.2
江苏	18.5	四川	9.7
北京	16.4	辽宁	9.4
江西	16.4	福建	9.3
上海	15.2	宁夏回族自治区	7.1
重庆	15.2	海南	6.3
河北	15.1	内蒙古自治区	6.2
青海	14.9	甘肃	5.8
吉林	14.6	黑龙江	5.5
天津	14.3	西藏自治区	4.8
山东	14.1	新疆维吾尔自治区	4
河南	14.0	全国	16.2

资料来源：《中国企业创新能力统计监测报告》(2020)。

从规模上看，中型、小型企业创新活力更强，无论是网络销售还是新产品销售占比都较高，而大型企业传统销售渠道路径依赖的情况比较显著，网络销售占比仅为 0.18%，还需进一步加强对网络平台、社交媒体、互动场景等数字化营销手段的理解和使用（见表 3-26）。

表 3-26 不同规模企业新产品销售收入

企业规模	网络销售收入 / 万元	新产品销售收入 / 万元	网络销售占比 /%	新产品销售占比 /%
大型	938.73	47133.36	0.18	9.02
中型	774.63	9394.63	1.32	16.02
小型	73.73	350.28	1.81	8.61
微型	3.98	168.67	0.05	2.25
平均	221.07	3895.15	0.61	10.72

资料来源：2021 年天津民营经济数字化转型及发展动态追踪调查。

3. 创新产出

（1）创新领域

研究分别在 2017 年、2019 年和 2021 年三次对企业的创新领域进行调查，并与全国企业的基本情况进行比对（见表 3-27）。数据显示，从 2017 到 2021 年，天津民营企业在产品、工艺、组织、营销等 4 个领域的创新都有很大程度的提高，特别是组织创新，从 2019 年的 5.2% 上升至 2021 年的 26.4%，接近全国平均水平。这说明更多的民营企业已经不满足于局部的、散点式的创新，开始从组织角度进行系统性创新，创新层级和深度大大提升，非常有利于企业整体创新能力的优化。但值得注意的是，天津民营企业的技术创新水平发展有所停滞，且落后于全国平均水平。

表 3-27 企业的创新领域 （单位：%）

项目		产品创新	工艺创新	组织创新	营销创新	技术创新
追踪调查	2017 年	30.8	16.4	6.2	14.9	31.7
	2019 年	33.9	15.5	5.2	14.0	31.5
	2021 年	41.2	30.0	26.4	37.4	29.7
《中国企业创新能力统计监测报告》（2020）	全国	19.3	21.4	27.6	25.5	40.8
	北京	17.9	18.0	25.6	20.8	56.8
	天津	14.3	17.7	24.8	20.0	43.8
	上海	16.7	18.6	24.3	21.3	43.9
	江苏	24.4	27.7	28.8	26.0	53.0
	浙江	30.8	28.7	28.3	27.7	55.9
	山东	15.7	18.7	29.2	26.5	31.7
	重庆	21.2	22.8	30.3	27.2	49.5
	广东	25.1	26.2	28.8	28.3	48.8

资料来源：2017 年、2019 年天津民营经济发展动态监测及追踪调查，2021 年天津民营经济数字化转型及发展动态追踪调查，《中国企业创新能力统计监测报告》（2020）。

从行业角度看，2021年企业平均创新领域为1.65个，其中电力、热力、燃气及水生产和供应业，制造业平均创新领域较多，代表了企业较高的创新水平。总体而言，企业都比较重视营销创新。但不同行业企业创新的侧重点也有所不同，例如，农、林、牧、渔业企业偏重于产品创新和工艺创新，其他3个方面创新实践较少；而电力、热力、燃气及水生产和供应业企业则更重视工艺创新和组织创新。在所有行业中，仅电力、热力、燃气及水生产和供应业，制造业，信息传输、软件和信息技术服务业，居民服务、修理和其他服务业与住宿和餐饮业企业较多开展技术创新，导致民营企业整体技术创新水平偏低（见表3-28）。

表3-28 不同行业企业的创新领域 （单位：%）

行业	产品创新	工艺创新	组织创新	营销创新	技术创新	创新领域/个
农、林、牧、渔业	45.8	50.0	8.3	12.5	16.7	1.33
制造业	56.7	54.6	22.1	21.3	44.6	1.99
房地产业	22.7	13.6	40.9	45.5	13.6	1.36
批发和零售业	33.7	9.6	20.5	59.0	16.9	1.40
建筑业	26.0	26.0	46.0	42.0	24.0	1.64
交通运输、仓储和邮政业	7.7	15.4	38.5	46.2	15.4	1.23
租赁和商务服务业	8.6	2.9	45.7	54.3	11.4	1.23
住宿和餐饮业	56.5	13.0	8.7	39.1	30.4	1.48
电力、热力、燃气及水生产和供应业	0.0	75.0	75.0	0.0	50.0	2.00
金融业	33.3	33.3	0.0	66.7	0.0	1.33
信息传输、软件和信息技术服务业	46.0	14.0	18.0	44.0	36.0	1.58
科学、教育、文化、卫生	46.4	17.9	14.3	39.3	14.3	1.32
居民服务、修理和其他服务业	26.1	4.3	39.1	52.2	34.8	1.57
多行业	36.4	21.8	32.7	45.5	16.4	1.53

资料来源：2021年天津民营经济数字化转型及发展动态追踪调查。

从企业规模角度看，大型企业平均创新领域为2.32个，中型企业为1.95个，小型企业为1.63个，微型企业为1.40个，企业创新能力随企业规模减小而降低（见表3-29）。大型企业除营销创新外，更重视组织创新、工艺创新和技术创新；小型、微型企业受限于发展阶段和可用资源，更重视产品创新和营销创新，以便解决产品和销路问题，实现稳定生存基础上的进一步发展。

表 3-29　不同规模企业的创新领域　　　　　　　　　　（单位：%）

企业规模	产品创新	工艺创新	组织创新	营销创新	技术创新	创新领域/个
大型	39.3	46.4	42.9	57.1	46.4	2.32
中型	51.2	47.9	23.1	33.1	39.7	1.95
小型	39.2	28.9	26.2	38.9	29.5	1.63
微型	38.9	18.7	26.3	34.8	21.7	1.40

资料来源：2021年天津民营经济数字化转型及发展动态追踪调查。

（2）申请专利

总体而言，被调查的民营企业专利申请水平一般。2020—2021年申请专利的企业为151家，占比为22.2%，企均专利申请数量为5.82件，低于全国7.46件的平均水平。分行业来看，制造业企业申请专利数量最多，为12.95件；其次是多行业企业（7.89件）、电力、热力、燃气及水生产和供应业企业（4.00件）与建筑业企业（3.88件）。农、林、牧、渔业，交通运输、仓储和邮政业，居民服务、修理和其他服务业等诸多行业企均专利申请不到1件（见表3-30）。

表 3-30　不同行业企业专利申请情况　　　　　　　　　　（单位：件）

行业	申请专利的数量	行业	申请专利的数量
农、林、牧、渔业	0.08	电力、热力、燃气及水生产和供应业	4.00
制造业	12.95	金融业	0.00
房地产业	0.45	信息传输、软件和信息技术服务业	1.38
批发和零售业	0.83	科学、教育、文化、卫生	0.64
建筑业	3.88	居民服务、修理和其他服务业	0.41
交通运输、仓储和邮政业	0.08	多行业	7.89
租赁和商务服务业	0.49	平均	5.82
住宿和餐饮业	0.13	全国企业申请专利的数量	7.46

资料来源：2021年天津民营经济数字化转型及发展动态追踪调查。

就天津企业的整体情况而言，工业企业专利申请数量为15634件，其中发明专利申请数为4676件，企均有效发明专利数为4.34件，高于全国平均水平，但与北京、上海、广东的企业相比还有较大的差距（见表3-31）。

表 3-31　全国企业专利情况　　　　　　　　　　　　　　　（单位：件）

地区	工业企业专利申请数	工业企业发明专利申请数	企均有效发明专利数	地区	工业企业专利申请数	工业企业发明专利申请数	企均有效发明专利数
全国	1059808	398802	3.23	云南	7611	2665	2.32
北京	22552	11543	15.60	福建	37196	11025	1.89
广东	272616	121320	6.78	甘肃	3393	1292	1.88
上海	35326	15239	6.11	内蒙古自治区	5064	2050	1.85
天津	15634	4676	4.34	山西	6201	2543	1.80
江苏	175906	57429	3.93	黑龙江	4449	2060	1.76
海南	734	269	3.64	浙江	114326	30914	1.66
安徽	55520	22975	3.09	贵州	6919	2985	1.65
辽宁	13783	4995	3.01	河北	21570	8431	1.63
重庆	16650	5565	2.73	吉林	6256	2386	1.60
四川	29678	11250	2.72	河南	30397	8734	1.55
陕西	12797	5593	2.67	广西壮族自治区	6373	2634	1.32
山东	57339	21948	2.50	青海	1088	438	1.30
湖北	35149	16366	2.45	新疆维吾尔自治区	3632	1234	1.06
湖南	30900	13356	2.39	西藏自治区	51	32	1.05
宁夏回族自治区	2885	1087	2.32	江西	27813	5768	1.02

资料来源：《中国企业创新能力统计监测报告》（2020）。

（3）制定标准

2020—2021 年，被调查的企业中能够形成国家标准或行业标准的企业共有 43 家，占比为 6.33%，平均形成行业或地区标准的数量为 0.21 项。根据《中国企业创新能力统计监测报告》（2020），天津市企业共形成国家标准或行业标准 345 项，企均 0.072 项（见表 3-32），被调查企业形成国家标准或行业标准的企均数量高于天津市及全国平均水平，这说明天津民营企业存在很多隐性行业冠军，其在自己的垂直领域有较强的技术能力和影响力。

表 3-32　全国企业制定标准情况　　　　　　　　　　　　（单位：项）

地区	形成国家标准或行业标准数	企均形成国家标准或行业标准数	地区	形成国家标准或行业标准数	企均形成国家标准或行业标准数
全国	26932	0.071	四川	846	0.058
北京	592	0.190	河北	761	0.058
陕西	727	0.104	吉林	166	0.055
内蒙古自治区	299	0.101	宁夏回族自治区	63	0.053
广东	5149	0.093	湖北	767	0.049
上海	812	0.093	青海	27	0.046
山东	2436	0.090	重庆	307	0.046
浙江	3671	0.080	黑龙江	161	0.046
辽宁	586	0.077	广西壮族自治区	275	0.045
江苏	3529	0.077	福建	813	0.044
安徽	1313	0.074	河南	822	0.042
甘肃	132	0.073	山西	188	0.039
云南	317	0.073	贵州	174	0.037
天津	345	0.072	新疆维吾尔自治区	103	0.033
湖南	1113	0.067	江西	410	0.031
海南	25	0.061	西藏自治区	3	0.020

资料来源：《中国企业创新能力统计监测报告》（2020）。

从行业的角度看，制造业制定的标准最多，平均为 0.47 项；其次是电力、热力、燃气及水生产和供应业，为 0.25 项。其他行业制定和形成标准的能力较弱（见表 3-33）。

表 3-33　不同行业企业制定标准情况

行业	行业标准或地区标准的数量	行业	行业标准或地区标准的数量
农、林、牧、渔业	0.08	住宿和餐饮业	0
制造业	0.47	电力、热力、燃气及水生产和供应业	0.25
房地产业	0	金融业	0
批发和零售业	0.01	信息传输、软件和信息技术服务业	0.14
建筑业	0.16	科学、教育、文化、卫生	0.07

（续表）

行业	行业标准或地区标准的数量	行业	行业标准或地区标准的数量
交通运输、仓储和邮政业	0	居民服务、修理和其他服务业	0
租赁和商务服务业	0.06	多行业	0.15

资料来源：2021年天津民营经济数字化转型及发展动态追踪调查。

四、民营企业的数字化发展进程

天津民营企业的数字化发展进程呈现如下趋势：一是数字化进程加深但预期收益下降；二是企业数字化系统建设有所发展但仍较为初级；三是技术开发整体向好但出现马太效应；四是投资力度和投资信心两极分化；五是数字人才增加，研发与高端人才向中小企业流动；六是对技术环境和技术政策的诉求快速增长。总体而言，数字化发展较好的企业目前经营状况尚佳，数字化转型困难较小，对未来的发展也比较有信心，但数字化发展滞后的企业当下和未来的发展都面临较大挑战。数字化转型已经成为当下企业发展的"必答题"。未来天津民营企业开展数字化转型的领域将有所收缩，但更重视核心业务和核心能力的转型，更多的企业选择优先在研发设计领域开展数字化转型，企业数字化进程逐步接近数字化的本质即技术变革。

（一）数字化技术

1. 数字技术应用领域

如图3-2所示，2021年天津民营企业数字化技术主要应用在管理领域（占比为34.6%）和生产领域（占比为26.6%）。与2020年相比，管理领域和生产领域数字化技术的应用比例上升，研发领域和销售领域应用比例下降，未进行数字化转型的企业占比从35.5%下降至30.1%。这说明天津民营企业数字化转型进程进一步深化，从原先较为浅层次的销售领域向系统化、多维度的生产领域数字化发展，但研发领域数字化水平不高且发展缓慢。

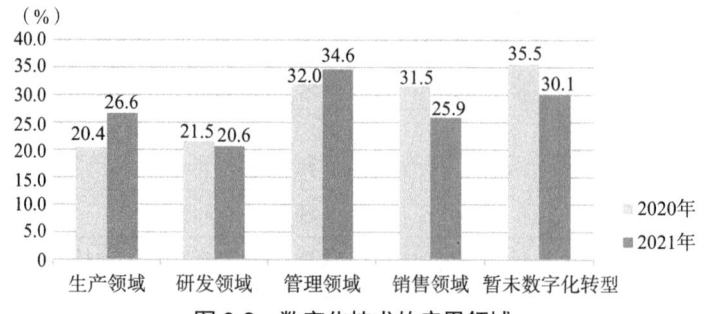

图3-2 数字化技术的应用领域

领域	2020年	2021年
生产领域	20.4	26.6
研发领域	21.5	20.6
管理领域	32.0	34.6
销售领域	31.5	25.9
暂未数字化转型	35.5	30.1

资料来源：2020年、2021年天津民营经济数字化转型及发展动态追踪调查。

从2021年的情况看，不同规模的企业中，中型企业数字化转型最为积极，未进行数字化转型的企业占比下降最快，从2020年的24.8%下降至2021年的15.1%，在生产领域、研发领域和管理领域的转型尝试也最多。大、中型企业和小型、微型企业开展数字化转型的差距在缩小，分别有34.3%和25.4%的小型企业尝试管理领域和生产领域的数字化转型，但小型、微型企业研发领域数字化能力还较弱。

从行业分类角度来看，更多行业的企业积极开展数字化转型，未进行数字化转型的企业占比下降。但与2020年相比，建筑业，交通运输、仓储和邮政业及租赁和商务服务业中未进行数字化转型的企业占比有所上升；此外，居民服务、修理和其他服务业未进行数字化转型的企业占比也较高。不同行业数字化转型侧重点不同，值得欣喜的是，天津第一、第二产业民营企业都非常重视生产领域和研发领域的高水平数字化转型。信息传输、软件和信息技术服务业企业较重视研发领域数字化转型，而金融业企业更重视管理领域和销售领域数字化转型（见表3-34）。

表3-34 不同行业企业数字化技术的应用领域　　　　　　　　　（单位：%）

行业	生产领域	研发领域	管理领域	销售领域	暂未数字化转型（2020年）	暂未数字化转型（2021年）
农、林、牧、渔业	41.7	37.5	16.7	12.5	32.0	12.5
制造业	43.7	31.5	36.1	25.2	28.2	25.6
房地产业	13.6	4.5	40.9	27.3	40.0	22.7
批发和零售业	13.6	12.3	32.1	39.5	42.7	33.3
建筑业	14.6	6.3	37.5	12.5	47.5	52.1
交通运输、仓储和邮政业	15.4	0.0	30.8	23.1	15.4	30.8
租赁和商务服务业	2.9	8.8	38.2	26.5	36.4	47.1
住宿和餐饮业	26.1	17.4	39.1	34.8	32.3	17.4
电力、热力、燃气及水生产和供应业	25.0	0.0	50.0	25.0	25.0	25.0
金融业	0.0	16.7	66.7	66.7	30.8	0.0
信息传输、软件和信息技术服务业	12.5	31.3	29.2	37.5	26.9	20.8
科学、教育、文化、卫生	22.2	11.1	29.6	18.5	34.5	25.9
居民服务、修理和其他服务业	11.1	8.9	42.2	15.6	50.0	42.2
多行业	28.8	17.3	26.9	19.2	42.1	34.6

资料来源：2020年、2021年天津民营经济数字化转型及发展动态追踪调查。

2. 信息系统与数据采集

（1）数字化系统部署与集成

2021年被调查企业中有252家企业没有部署任何数字化系统，占比达到37.2%。在全部可部署的数字化系统中，ERP和办公自动化系统（OA）的使用频率仍为最高，两者的比重分别为29.4%和23.2%，先进规划与排程系统（APS）的使用频率增长至2.4%（见图3-3）。与2020年相比，各项系统应用略有增减，变化不大，增加比较明显的是ERP系统。这说明天津民营企业数字化项目的应用水平有所发展，但总体还较为初级。

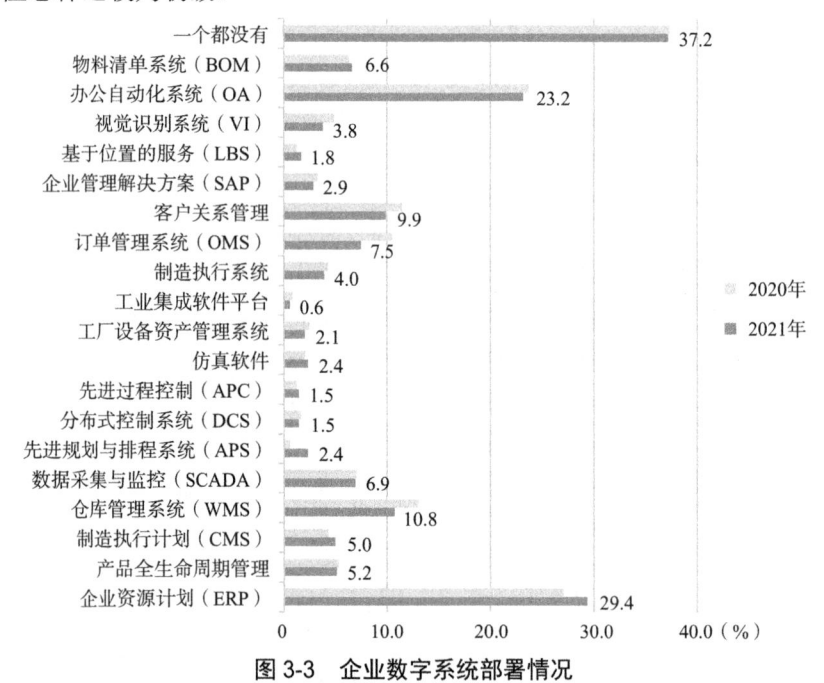

系统	比例(%)
一个都没有	37.2
物料清单系统（BOM）	6.6
办公自动化系统（OA）	23.2
视觉识别系统（VI）	3.8
基于位置的服务（LBS）	1.8
企业管理解决方案（SAP）	2.9
客户关系管理	9.9
订单管理系统（OMS）	7.5
制造执行系统	4.0
工业集成软件平台	0.6
工厂设备资产管理系统	2.1
仿真软件	2.4
先进过程控制（APC）	1.5
分布式控制系统（DCS）	1.5
先进规划与排程系统（APS）	2.4
数据采集与监控（SCADA）	6.9
仓库管理系统（WMS）	10.8
制造执行计划（CMS）	5.0
产品全生命周期管理	5.2
企业资源计划（ERP）	29.4

图 3-3 企业数字系统部署情况

资料来源：2020年、2021年天津民营经济数字化转型及发展动态追踪调查。

各个行业部署的数字化系统有各自较为鲜明的特色。例如，农、林、牧、渔业考虑到生产对象的特殊性，产品全生命周期管理系统使用比例达到29.2%，为各行业之首；制造业企业数字化水平较高，各个数字化系统的使用比例都高于其他行业平均水平；电力、热力、燃气及水生产和供应业使用数据采集与监控系统（SCADA）和分布式控制系统（DCS）的比例较高，其他数字化系统涉足较少。

在上述提及已经部署的自动化和信息系统之间的集成与互联互通程度如图3-4所示。"只上线了个别系统，不涉及集成与互联互通问题"的选择比例仍为最高，但从2020年的42.1%下降至36.4%，系统之间互联互通程度达到80%的企业占比从2020年的7.7%增加至11.6%。这说明天津民营企业的数字化水平有所发展，但离实现数字化系统集成还有很大差距。

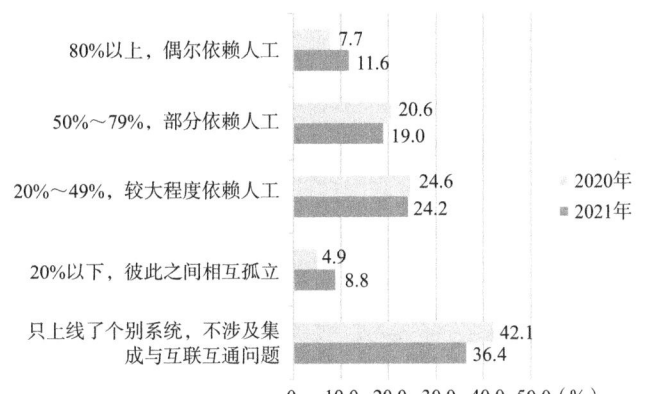

图 3-4　自动化和信息系统之间的集成与互联互通程度

资料来源：2020 年、2021 年天津民营经济数字化转型及发展动态追踪调查。

此外，研究还测算了不同行业、不同规模企业信息系统的互联互通指数。如表 3-35 所示，农、林、牧、渔业企业各个系统间的互联互通状况较好，居各行业之首；其次分别是金融业，信息传输、软件和信息技术服务业和制造业。租赁和商务服务业、住宿和餐饮业及批发和零售业只上线了个别数字化系统，系统间集成水平较低。在不同规模企业中，中型企业信息系统互联互通状况最好，小型、微型企业与大型企业的信息集成水平差别并不十分明显。

表 3-35　不同行业、不同规模企业信息系统的互联互通程度（指数）

行业	信息系统互联互通指数	行业	信息系统互联互通指数	企业规模	信息系统互联互通指数
农、林、牧、渔业	7.83	科学、教育、文化、卫生	5.07	大型	5.29
金融业	6.00	电力、热力、燃气及水生产和供应业	5.00	中型	6.23
信息传输、软件和信息技术服务业	5.64	居民服务、修理和其他服务业	4.65	小型	5.14
制造业	5.63	建筑业	4.44	微型	4.70
交通运输、仓储和邮政业	5.54	租赁和商务服务业	4.40		
多行业	5.27	住宿和餐饮业	4.35		
房地产业	5.09	批发和零售业	4.31	总体	5.21

资料来源：2021 年天津民营经济数字化转型及发展动态追踪调查。

（2）企业数据采集

2021 年天津民营企业数据采集和管理的能力有所增强，"限于设备与技术能力，仅能实现零散的数据采集（0～19%）"的企业占比从44.1%下降至40.4%。"能够针对整个生产过程，完整高效地采集数据（80%～100%）"的企业占比增加至14.0%；"能够针对关键生产环节或设备，完整高效地采集数据（60%～79%）"的企业占比增加至15.6%（见图3-5）。但总体而言，天津民营企业数据采集和管理能力还是偏弱。

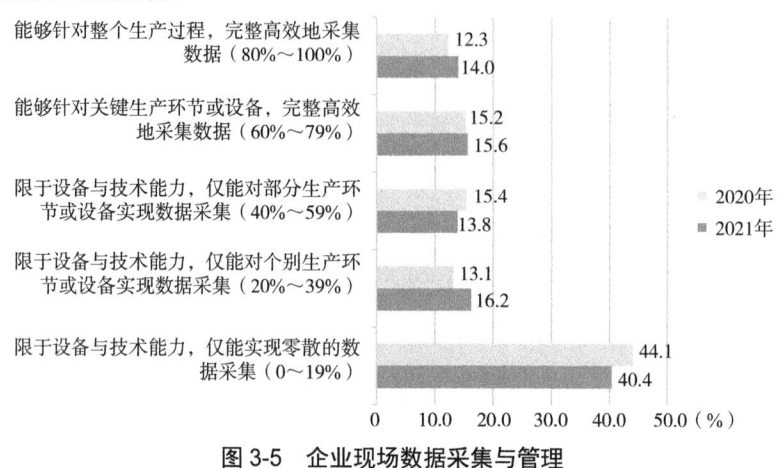

图 3-5 企业现场数据采集与管理

资料来源：2020年、2021年天津民营经济数字化转型及发展动态追踪调查。

通过对2020—2021年不同行业、不同规模企业的数据采集与管理指数进行比较可以发现，除大型企业外，中型、小型、微型企业的数据采集与管理水平都有所提升，且中型企业提升速度最快。在不同行业中，农、林、牧、渔业，电力、热力、燃气及水生产和供应业，房地产业，制造业，科学、教育、文化、卫生等行业数据采集与管理能力提升较快，特别是农、林、牧、渔业企业；而租赁和商务服务业等7个行业企业数据管理能力与2020年相比有所下降，租赁和商务服务业及交通运输、仓储和邮政业企业降幅最大，信息传输、软件和信息技术服务业企业数据采集与管理指数也下降了7.48%（见表3-36）。

表 3-36 2020—2021年不同行业、不同规模企业现场数据采集与管理（指数）

行业/企业规模	2020年	2021年	变化比例/%
农、林、牧、渔业	4.72	8.08	71.26
制造业	5.01	5.53	10.31
房地产业	3.90	4.73	21.21
批发和零售业	4.07	3.95	-2.98
建筑业	4.51	4.20	-6.84
交通运输、仓储和邮政业	5.08	4.62	-9.09
租赁和商务服务业	4.45	3.94	-11.49

(续表)

行业/企业规模	2020年	2021年	变化比例/%
住宿和餐饮业	4.39	4.43	1.09
电力、热力、燃气及水生产和供应业	4.00	5.50	37.50
金融业	4.92	5.33	8.33
信息传输、软件和信息技术服务业	5.88	5.44	-7.48
科学、教育、文化、卫生	4.41	4.86	10.04
居民服务、修理和其他服务业	3.72	3.39	-8.84
多行业	4.95	4.91	-0.77
大型	5.69	5.50	-3.38
中型	5.59	6.00	7.36
小型	4.71	4.98	5.72
微型	4.10	4.13	0.69
平均	4.77	4.93	3.43

资料来源：2020年、2021年天津民营经济数字化转型及发展动态追踪调查。

（3）云端App应用

2021年尚无计划使用云端App的企业占比有所下降，从2020年的52.9%下降至51.8%，但仍超过半数。能够大量应用并融入日常生产活动中的企业占比从8.7%增加至14.9%（见图3-6），这一数字占比虽不是很高但增速较快。说明天津少量民营企业的数字化应用开始呈加速发展态势，但多数企业的数字化发展意识还需进一步加强。

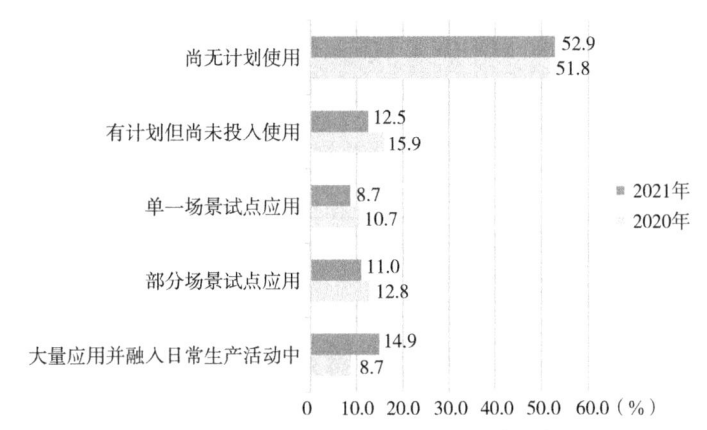

图3-6 部署在云端的企业APP的使用状况

资料来源：2020年、2021年天津民营经济数字化转型及发展动态追踪调查。

多数行业云端App使用状况有所改进，特别是农、林、牧、渔业，但批发和零售业，租赁和商务服务业等6个行业云端App的使用比例较2020年有所下降，住宿和餐饮业企业平均指数下降了23.01%。不同规模企业使用云端App的指数都有所上升，但规模越大指数上升越快，这说明在云端App的使用上，企业体量的大小起着很关键的作用，小型、微型企业使用云端App的现实效果并不十分明显（见表3-37）。

表3-37 2020—2021年不同行业、不同规模企业云端App的使用状况（指数）

行业/企业规模	2020年	2021年	变化比例/%
农、林、牧、渔业	4.16	7.08	70.27
制造业	4.00	4.45	11.25
房地产业	4.20	5.09	21.21
批发和零售业	4.10	4.07	−0.62
建筑业	3.63	3.84	5.87
交通运输、仓储和邮政业	3.85	4.31	12.00
租赁和商务服务业	4.23	3.54	−16.19
住宿和餐饮业	4.52	3.48	−23.01
电力、热力、燃气及水生产和供应业	2.50	4.00	60.00
金融业	4.00	6.67	66.67
信息传输、软件和信息技术服务业	5.69	4.88	−14.27
科学、教育、文化、卫生	4.34	4.21	−3.00
居民服务、修理和其他服务业	3.60	3.43	−4.59
多行业	4.37	5.56	27.36
大型	5.31	6.36	19.77
中型	4.72	5.24	10.93
小型	4.09	4.24	3.77
微型	3.91	4.05	3.63
平均	4.21	4.45	5.61

资料来源：2020年、2021年天津民营经济数字化转型及发展动态追踪调查。

3. 数字技术开发模式

2021年调查显示，天津民营企业获取数字技术的主要方式仍然为直接采购，但占比有所下降，从2020年的35.5%降至25.8%，合作研发和独立研发的比例都有不同程度的提高。49.6%的企业表示没有数字技术开发模式（见图3-7）。在企业数字技术开发模式方面也出现了马太效应，有能力进行研发的企业占比增加，同时没有任何技术来源的企业也在增加。

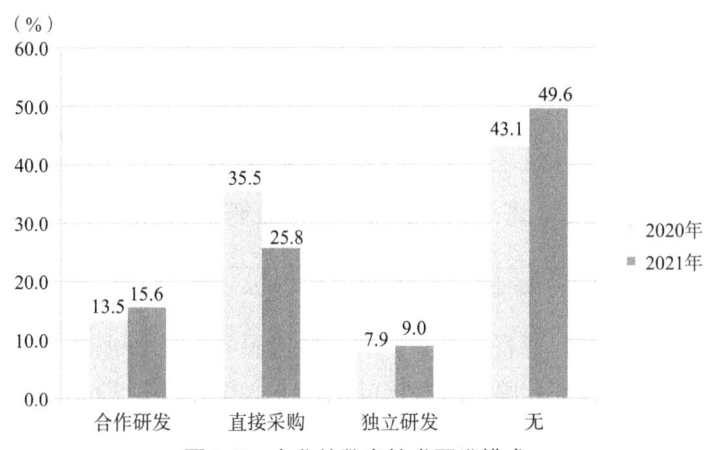

图 3-7 企业的数字技术开发模式

资料来源：2020 年、2021 年天津民营经济数字化转型及发展动态追踪调查。

就具体开展合作研发的企业占比来看，被调查民营企业开展合作研发的企业所占比重为 15.6%，与天津企业的整体水平相一致，但低于全国平均水平（20.4%），与浙江（27.5%）、江苏（25.7%）、广东（23.3%）等省市相比差距较大（见表 3-38）。因此天津企业包括民营企业开展合作研发的比例偏低，技术研发水平不高，不利于企业数字化转型和创新发展。

表 3-38 开展合作研发的企业（全国）

地区	开展合作研发的企业所占比重 /%	地区	开展合作研发的企业所占比重 /%
全国	20.4	贵州	17.7
浙江	27.5	陕西	16.8
江苏	25.7	河北	15.8
安徽	23.3	甘肃	15.7
广东	23.3	天津	15.6
重庆	22.7	河南	15.0
湖南	21.4	青海	14.2
江西	21.2	海南	13.3
湖北	21.2	辽宁	12.7
宁夏回族自治区	20.8	广西壮族自治区	12.7
云南	19.0	吉林	12.5
北京	18.8	山西	12.0
上海	18.7	内蒙古自治区	10.4

（续表）

地区	开展合作研发的企业所占比重 /%	地区	开展合作研发的企业所占比重 /%
四川	18.5	西藏自治区	10.3
山东	18.3	黑龙江	9.6
福建	17.7	新疆维吾尔自治区	8.5

资料来源：《中国企业创新能力统计监测报告》（2020）。

从行业分类角度看，居民服务、修理和其他服务业，金融业，建筑业，批发和零售业，交通运输、仓储和邮政业及住宿和餐饮业中都有超过60%的企业没有数字技术开发模式。这一比例在农、林、牧、渔业企业中最低，仅为12.5%。有62.5%的农、林、牧、渔业企业通过合作研发获得数字技术。同样采用合作研发方式获得数字技术占比较高的行业还有科学、教育、文化、卫生，电力、热力、燃气及水生产和供应业与信息传输、软件和信息技术服务业。33.3%的制造业企业则选择直接采购技术这一方式（见表3-39）。

表3-39　不同行业企业数字技术开发模式　　　　　　　　　（单位：%）

行业	合作研发	直接采购	独立研发	无
农、林、牧、渔业	62.5	16.7	8.3	12.5
制造业	14.6	33.3	10.4	41.7
房地产业	18.2	27.3	18.2	36.3
批发和零售业	8.4	20.5	6.0	65.1
建筑业	6.0	24.0	4.0	66.0
交通运输、仓储和邮政业	15.4	15.4	7.7	61.5
租赁和商务服务业	11.4	25.7	5.7	57.2
住宿和餐饮业	8.7	21.7	8.7	60.9
电力、热力、燃气及水生产和供应业	25.0	50.0	0.0	25.0
金融业	16.7	16.7	0.0	66.6
信息传输、软件和信息技术服务业	20.0	24.0	10.0	46.0
科学、教育、文化、卫生	28.6	7.1	14.3	50.0
居民服务、修理和其他服务业	8.7	19.6	4.3	67.4
多行业	18.2	25.5	12.7	43.6

资料来源：2021年天津民营经济数字化转型及发展动态追踪调查。

从企业规模的角度进行分析可以看到，微型企业中没有技术开发方式的占比增加，从2020年的54.9%上升至66.7%，这一比例在大型企业中从30.8%下降至

17.9%。此外，大型企业中进行独立研发的占比从 7.7% 上升至 39.3%，这一比例在中型企业中为 10% 左右，而在小型和微型企业中则始终为 8% 以下（见图 3-8）。企业间的技术差距进一步拉大。

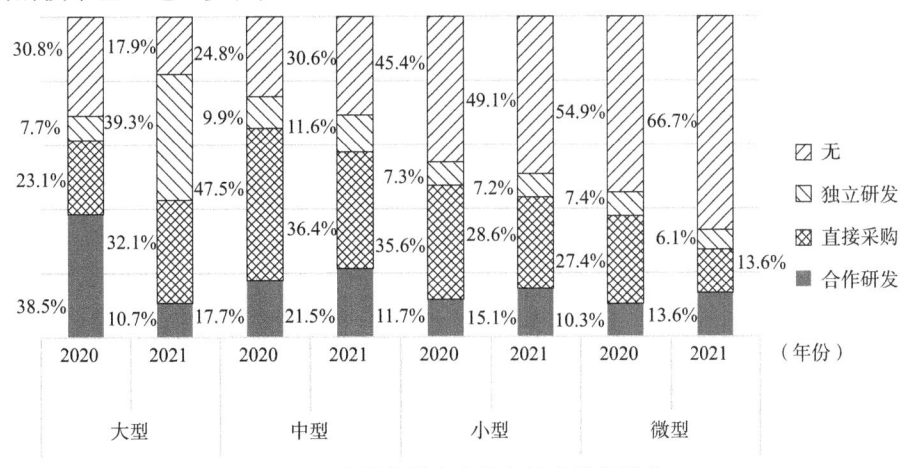

图 3-8　不同规模企业数字技术开发模式

资料来源：2020 年、2021 年天津民营经济数字化转型及发展动态追踪调查。

4. 技术来源方式

与 2020 年相比，2021 年企业依靠自身技术团队研发数字技术的占比大幅提高，从 16.9% 上升至 30.5%；同时与高校或科研院所合作的占比也略有提高（见图 3-9）。虽然天津民营企业与高校或科研院所的合作仍十分欠缺（占比仅 3.7%），但总体而言，企业数字技术来源渠道向更加优化的方向发展，更多的企业不再一味实行"拿来主义"，开始更加重视研发能力的培育，依靠自己的力量解决数字化转型中的技术问题。

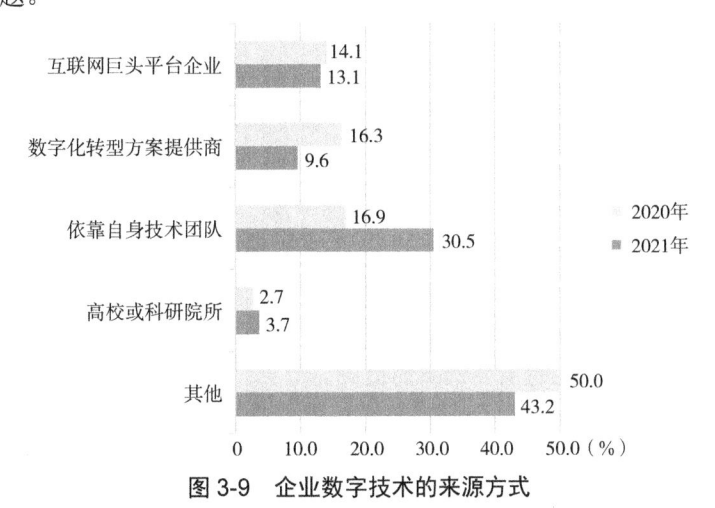

图 3-9　企业数字技术的来源方式

资料来源：2020 年、2021 年天津民营经济数字化转型及发展动态追踪调查。

相比之下，与互联网巨头平台企业（占比 13.1%）和数字化转型方案提供商（占比 9.6%）合作的企业占比下降。天津民营企业开展合作的互联网平台企业主要为阿里巴巴、百度和腾讯。数字化转型方案提供商来源更加广泛一些，SAP、金蝶、用友占比较高。开展技术合作的院校十分有限，仅有 1.6% 的企业列出了合作院校，且局限于天津，产学研合作不够紧密，高校和科研院所不能真正起到技术支撑作用（见表 3-40）。

表 3-40　企业数字技术合作方

互联网平台企业	数字化转型方案提供商		合作高校
阿里巴巴	SAP	荣联	哈尔滨工业大学
百度	爱波瑞	天津兴胤	南开大学
腾讯	北京鼎杰软件	亚威	沈阳化工研究院
大众点评/美团	北京合创	宜科	天津大学
抖音	北京洗衣管家	赢大	天津工业大学
华为	鼎捷	用友	天津科技大学
金蝶	泛微软件	正坤	天津美术学院
淘宝	管家婆	中国电信	天津农学院
天财商龙	简道云	众齐软件	
销氪	金蝶	卓尔智联（武汉）	
用友	柯达印能捷		
招标网	浪潮		
智联招聘	沛云		

资料来源：2021 年天津民营经济数字化转型及发展动态追踪调查。

分行业看，几乎所有的行业都在试图依靠自身的力量解决数字化技术问题，特别是制造业，交通运输、仓储和邮政业及信息传输、软件和信息技术服务业，占比均超过 30%。电力、热力、燃气及水生产和供应业与高校或科研院所、数字化转型方案提供商合作的占比较高。50% 的农、林、牧、渔业企业与互联网巨头平台企业合作。房地产业，租赁和商务服务业，住宿和餐饮业，金融业与居民服务、修理和其他服务业等行业中的企业都没有与任何科研机构合作。因此还需进一步发挥高校、科研院所在数字化生态系统建设中的作用，使其研究成果能够赋能企业的数字化改造，让技术真正转化为生产效率的提高。

从区域的角度分析，各区企业都普遍重视自身研发能力的提升。西青、河北、宝坻、河西、静海、宁河 6 区依靠自身技术团队开发数字化技术的企业占比都超过 40%。静海、红桥两区企业与高校或科研院所合作的占比较高，蓟州、宁河、武清、西青 4 区企业 2021 年没有和高校或科研院所开展合作。蓟州区农、林、牧、渔业企业较多，与互联网平台企业开展合作的占比也较高，其次是南开区（23.4%）、河东区（15.4%）、滨海新区（15.2%）及和平区（12.8%）。相比之下，武清区企业活跃程度较往年有所下降，仅有20%的企业选择依靠自身技术团队获得数字技术，其他技术来源均缺失。

5. 技术来源地区

2021年天津民营企业数字技术来源地仍主要为天津（占比89.1%）、北京（占比16.2%）、长三角（占比6.9%）和珠三角（占比5.2%）。与2018年、2020年相比，技术来源更趋于本地化，技术开放程度和活跃度并没有显著变化，依旧相对封闭。

不同行业企业技术来源地有所差异。制造业，建筑业，信息传输、软件和信息技术服务业及多行业企业与北京的技术合作更为紧密；信息传输、软件和信息技术服务业，多行业，科学、教育、文化、卫生及制造业企业与长三角地区开展的合作也较为充分。制造业及信息传输、软件和信息技术服务业技术来源地更加广泛，除本市外，与北京、长三角、珠三角等地区的合作在各行业中处于领先位置。

将不同规模企业的两年数据进行比较可见，随着企业规模的减小，企业技术来源渠道更为狭窄，两年间微型企业与北京、长三角、珠三角等数字技术发展较快地区的合作水平都非常低，并且没有明显的进展，而技术来源本地化的现象在2021年则更为明显（见表3-41）。

表3-41　2020—2021年不同规模企业数字技术来源地　　　　（单位：%）

年份	企业规模	天津	北京	长三角	珠三角	国外
2021	大型	53.7	19.5	9.8	12.2	4.9
	中型	67.1	18.7	7.1	5.2	1.9
	小型	72.9	14.5	7.0	4.5	1.0
	微型	88.7	7.1	1.9	1.9	0.5
2020	大型	43.1	21.6	17.6	11.8	5.9
	中型	47.7	15.3	6.3	7.4	23.3
	小型	45.9	14.2	5.1	4.4	30.4
	微型	58.2	7.7	1.5	2.6	30.1

资料来源：2020年、2021年天津民营经济数字化转型及发展动态追踪调查。

（二）数字化建设投资

1. 经费投入

（1）数据、软件、云计算支出

2021年有42.7%的民营企业没有数据方面的经费支出，与2020年的情况大致相同。支出费用在1万元以下的企业占比从20%增加至22.7%，支出费用在10

万~50万元、50万~100万元、100万元以上三档的企业占比都有所增加。数据费用的分布呈现一定程度的极化趋势，支出非常少和支出非常多的企业占比都在增加，反映了不同企业对于数字化转型相反的态度。

同样地，在购买软件系统方面，无经费投入的企业占比从2020年的26.9%上升至2021年的31.8%，投入1万元以下的企业占比上升至27%；1万~10万元及10万~50万元两档企业占比下降；而投入在50万元以上各档企业占比都有不同程度的提高。一方面从投资额绝对值上反映了企业对数字化建设的重视，而另一方面在变化趋势上反映了企业投资力度和投资信心的两极分化。

在云计算服务支出方面呈现几乎相同的发展态势。没有云计算支出的企业占比从43.8%上升至45.5%；1万元以下、1万~10万元两档企业占比下降；10万元以上各档占比都有所增加。同样反映出企业间对数字化投资的态度差异，这也造成了企业数字化转型水平和能力的分化，进一步引发了企业目前生产经营和未来发展状况的马太效应的出现。

2020—2021年各行业企业数字化支出的综合状况指数（见表3-42）反映了两年间不同行业的投资热度和变化趋势。综合而言，企业在数据、软件和云计算三个方面的支出基本多于2020年，购买软件和数据的支出多于云计算的支出，但行业间还存在不小的差异。例如，制造业，信息传输、软件和信息技术服务业及交通运输、仓储和邮政业企业在云计算方面的支出要领先于其他行业；2021年电力、热力、燃气及水生产和供应业企业在数据和软件方面的支出力度都很大；制造业的各项数字化支出较其他行业更多，而科学、教育、文化、卫生，居民服务、修理和其他服务业企业数字化支出则一直较少。

表3-42 2020—2021年各行业企业数字化支出的综合状况指数

行业	数据		软件		云计算	
	2020年	2021年	2020年	2021年	2020年	2021年
农、林、牧、渔业	2.87	3.26	2.04	1.94	1.82	1.67
制造业	3.91	3.90	3.10	2.98	2.40	2.48
房地产业	3.33	3.11	2.72	2.83	1.72	2.93
批发和零售业	3.58	3.41	2.52	2.41	2.28	2.12
建筑业	3.33	3.70	2.71	2.91	2.05	2.53
交通运输、仓储和邮政业	3.97	3.46	3.50	2.05	3.08	2.14
租赁和商务服务业	3.03	3.33	2.45	2.67	2.10	2.25
住宿和餐饮业	3.82	3.41	2.80	2.51	2.15	2.27
电力、热力、燃气及水生产和供应业	2.50	5.00	2.22	3.89	1.67	2.50

(续表)

行业	数据 2020年	数据 2021年	软件 2020年	软件 2021年	云计算 2020年	云计算 2021年
金融业	3.33	3.06	2.39	2.78	2.05	1.67
信息传输、软件和信息技术服务业	3.97	3.40	2.93	2.62	2.69	2.56
科学、教育、文化、卫生	3.05	2.98	2.22	2.22	1.92	1.90
居民服务、修理和其他服务业	3.13	2.97	2.40	2.20	1.96	1.79
多行业	3.29	3.64	2.51	2.69	2.22	2.51
平均	3.37	3.47	2.61	2.62	2.15	2.24

资料来源：2020年、2021年天津民营经济数字化转型及发展动态追踪调查。

（2）数字化建设投资额

2021年投资于数字化转型的企业数量变少，从329家减少到139家，企业占比从46.3%下降至20.5%。但平均投资额增加，从249.7万元增加至255.2万元。这进一步说明企业间出现两极分化的现象，更多的企业不在数字化转型方面进行投资，但决定投资的企业投资额较2020年有较大增长。可见，企业在数字化转型的时代背景下出现优胜劣汰的情况，不少企业通过少量投资进行试水后，决定不再追加数字化转型投资。预计将来企业发展的差距有可能进一步拉大，重大的技术变革意味着重大的发展机遇，少数抓住数字化、智能化这一技术变革发展窗口的企业将来会有长足的发展。

从行业的角度看，制造业企业一直保持了较高的数字化投资水平且稳定发展，投资额从2020年的企均294.3万元增加至2021年的企均431.78万元；住宿和餐饮业企业投资额锐减，批发和零售业，租赁和商务服务业，信息传输、软件和信息技术服务业等行业企业投资额也有不同程度的下降。不同行业两年间数字化投资额变化幅度较大，反映出企业数字化投资的不稳定性，这也进一步说明数字化转型风险较大，企业投资信心不足，需要政策资金、专项基金的帮助和引导。

2. 外部支持

（1）数字化转型资金支持

如表3-43所示，被调查企业中共有18家企业获得了数字化转型方面的政府资金支持，平均为254.46万元。从行业的角度看，共有5个行业企业获得了资金支持，获得支持力度最大的是制造业企业，平均为358.57万元；从地区的角度看，共有11个区的企业获得了支持，力度最大是宝坻区；从规模的角度看，大型企业获得了753.33万元的政策资金支持，小型、微型企业也在政策支持的范围内。

表 3-43 企业获得的数字化转型资金支持　　　　　　　　　（单位：万元）

区域	获得的数字化转型资金支持	行业/企业规模	获得的数字化转型资金支持
宝坻区	750.65	制造业	358.57
北辰区	479.25	批发和零售业	5.50
滨海新区	105.00	建筑业	7.50
河东区	500.00	信息传输、软件和信息技术服务业	10.00
河西区	7.50	多行业	300.00
红桥区	1.00	大型	753.33
蓟州区	150.00	中型	452.40
津南区	10.00	小型	4.795
静海区	1.00	微型	10.00
南开区	10.00	平均	254.46
宁河区	132.50		

资料来源：2021 年天津民营经济数字化转型及发展动态追踪调查。

与全国水平相比，2019 年，全国工业企业研发经费中来自各级政府部门的资金为 574.8 亿元，比上年增长 35.8%；平均每家企业享受资金支持 44.5 万元，比上年提高 4.1 万元。2019 年，天津市规模以上工业企业获得来自政府部门的研发资金为 32.76 亿元，比上年增长 3.28 倍。可见，天津政府资金投入力度还是很大的。

（2）数字化转型免税额

被调查企业中只有两家企业获得了数字化转型方面的免税支持，分别是位于南开区的微型批发和零售业企业，免税额为 10 万元；以及位于河西区的小型建筑业企业，免税额为 2 万元。

根据《中国企业创新能力统计监测报告》（2020），"企业研发费用加计扣除税收优惠政策"惠及面达 55.6%，全国受惠的规模以上工业企业为 5 万家，比上年增长 43.2%；研发费用加计扣除减免税达到 1399.7 亿元，企均为 279.94 万元。天津规模以上工业企业中享受研发费用加计扣除减免税政策的企业达 576 家，减免税额共计 17.28 亿元，企均为 300 万元。可见，目前天津对民营企业的税收优惠政策普及面还较窄，支持力度也需要进一步提高。

3. 投资领域

2021 年天津民营企业整体数字化投资水平和投资领域较 2020 年有所下降。除智能制造业外，电子商务，软件开发及应用，数据基础设施，物联网，大数据、云服务，信息服务等其他各领域的投资都有不同程度的下滑，特别是软件开发及应用方面，投资占比从 26.9% 下降到 15.8%。企业累计投资比例从 2019 年的 151.6% 上升至 2020 年的 156.6%，2021 年又下降到 138.4%，体现出企业对数字化投资信心不足。

从企业规模的角度看，不同规模企业在电子商务和信息服务方面的投资热度差别不大。但大型企业在大数据、云服务，机器人和智能制造方面的投资要远多于小型、微型企业。企业规模越小，投资领域个数越少这一趋势并未有所改变，但通过两年数据对比，2021年不同规模企业在数字化投资方面都处于守势，投资领域都有不同程度的减少。

如表3-44所示，2021年天津各行业的民营企业继续采用多元化的投资战略，投资领域因行业特性不同而有所差异。总体而言，机器人领域投资热度仍偏低，智能制造的投资热度有所上升。有13.0%的住宿和餐饮业企业尝试使用机器人代替人工，压缩运营成本。22.5%的制造业企业和16.7%的金融业企业投资于智能制造。投资电子商务和信息服务等应用层数字化项目的企业占比最多。除电力、热力、燃气及水生产和供应业与多行业企业外，其他行业企业的平均投资领域个数都有所下降，在数字化投资方面呈现收缩态势。

表3-44 各行业企业投资领域　　　　　　　　　　　　　　（单位：%）

行业	电子商务	软件开发及应用	数据基础设施	大数据、云服务	物联网	智能制造	信息服务	机器人	平均投资领域数/个 2020年	平均投资领域数/个 2021年
农、林、牧、渔业	75.0	8.3	4.2	4.2	4.2	0.0	8.3	0.0	1.60	1.13
制造业	25.4	16.7	14.2	9.2	12.5	22.5	12.9	5.8	1.64	1.48
房地产业	40.9	0.0	9.1	13.6	9.1	0.0	13.6	0.0	1.35	1.18
批发和零售业	33.7	12.0	7.2	2.4	8.4	2.4	13.3	1.2	1.49	1.23
建筑业	8.0	22.0	2.0	2.0	8.0	8.0	20.0	4.0	1.42	1.28
交通运输、仓储和邮政业	7.7	0.0	0.0	7.7	15.4	0.0	38.5	0.0	1.46	1.08
租赁和商务服务业	11.4	17.1	8.6	0.0	2.9	2.9	20.0	0.0	1.45	1.14
住宿和餐饮业	26.1	8.7	13.0	13.0	4.3	4.3	8.7	13.0	1.74	1.30
电力、热力、燃气及水生产和供应业	0.0	25.0	25.0	0.0	0.0	0.0	50.0	0.0	1.00	1.50
金融业	16.7	0.0	16.7	16.7	16.7	16.7	16.7	0.0	1.54	1.33
信息传输、软件和信息技术服务业	36.0	26.0	8.0	22.0	14.0	8.0	24.0	6.0	1.77	1.74
科学、教育、文化、卫生	28.6	21.4	10.7	3.6	0.0	7.1	32.1	0.0	1.55	1.43
居民服务、修理和其他服务业	13.0	13.0	8.7	6.5	10.9	2.2	17.4	0.0	1.54	1.26
多行业	30.9	18.2	7.3	14.5	12.7	3.6	23.6	3.6	1.39	1.49

资料来源：2020年、2021年天津民营经济数字化转型及发展动态追踪调查。

各区企业的投资领域多元化，其中软件开发及应用的投资热情下降，电子商务和信息服务是各区普遍投资集中的领域。分别有20.0%的武清区企业和14.3%的西青区企业投资于机器人设备；蓟州区企业投资电子商务的占比最高，达到61.1%；宝坻区企业更重视基础设施方面的投资，分别有27.1%和33.3%的企业投资于数据基础设施和物联网。只有宝坻和南开两区企业数字化投资热情提升，平均投资领域个数增加，其余各区企业数字化投资热度都有不同程度的下降（见表3-45）。

表3-45 不同区域企业投资领域 （单位：%）

区域	电子商务	软件开发及应用	数据基础设施	大数据、云服务	物联网	智能制造	信息服务	机器人	平均投资领域数/个 2020年	平均投资领域数/个 2021年
宝坻区	16.7	8.3	27.1	12.5	33.3	14.6	18.8	8.3	1.37	1.63
北辰区	17.2	15.5	8.6	5.2	8.6	19.0	15.5	6.9	1.48	1.45
滨海新区	15.2	27.3	0.0	12.1	9.1	18.2	27.3	3.0	1.55	1.42
东丽区	10.3	24.1	15.5	8.6	10.3	19.0	19.0	3.4	1.63	1.53
和平区	23.1	12.8	5.1	10.3	2.6	2.6	17.9	0.0	1.54	1.18
河北区	25.7	2.9	8.6	5.7	8.6	2.9	14.3	2.9	1.63	1.09
河东区	34.6	3.8	9.6	11.5	9.6	0.0	23.1	0.0	1.69	1.33
河西区	25.6	20.9	9.3	0.0	11.6	9.3	23.3	0.0	1.48	1.35
红桥区	10.0	10.0	0	10.0	10.0	0.0	15.0	0	1.63	1.10
蓟州区	61.1	0.0	2.8	0	5.6	2.8	8.3	2.8	1.73	1.17
津南区	23.0	24.6	11.5	9.8	4.9	23.0	18.0	6.6	1.71	1.61
静海区	16.7	16.7	0.0	8.3	16.7	0.0	8.3	0	1.66	1.08
南开区	29.7	21.9	14.1	12.5	9.4	6.3	18.8	4.7	1.32	1.47
宁河区	10.0	5.0	10.0	5.0	5.0	10.0	10.0	0.0	1.18	1.05
武清区	40.0	20.0	0.0	20.0	40.0	0.0	20.0	20.0	2.00	2.00
西青区	35.7	28.6	14.3	3.6	10.7	28.6	14.3	14.3	1.81	1.64

资料来源：2020年、2021年天津民营经济数字化转型及发展动态追踪调查。

（三）数字人才建设

1. 企业人力资源状况

（1）员工数量

2021年样本企业共雇用员工127460人，企均员工数为213人，其中大型企业员工占半数，与2020年的调查情况大致相同。分行业看，房地产业企业和金融业企业经营状况艰难，裁员现象严重。只有三个行业员工平均人数增加，分别是农、林、牧、渔业，交通运输、仓储和邮政业及多行业。分规模看，2021年大型企业员工数量明显减少，中型、小型、微型企业员工就业状况相对稳定（见表3-46）。

表3-46　2020—2021年不同行业、不同规模企业员工数　（单位：人）

行业	2020年	2021年	规模	2020年	2021年
农、林、牧、渔业	32	70	大型	3024	2414
制造业	350	342	中型	332	335
房地产业	591	58	小型	67	65
批发和零售业	71	60	微型	23	22
建筑业	413	397			
交通运输、仓储和邮政业	127	147			
租赁和商务服务业	57	54			
住宿和餐饮业	120	101			
电力、热力、燃气及水生产和供应业	57	54			
金融业	410	22			
信息传输、软件和信息技术服务业	57	52			
科学、教育、文化、卫生	72	39			
居民服务、修理和其他服务业	94	59			
多行业	75	312	平均	218	213

资料来源：2020年、2021年天津民营经济数字化转型及发展动态追踪调查。

（2）研发人员

2021年样本企业共有研发人员9645人，企均研发人员数从2019年的11.4人增加到2020年的16.7人，2021年下降至16.1人；研发人员占比从2019年的5.78%提高到2020年的10.36%，2021年下降至7.58%（见表3-47）。具体到行业，房地产业，批发和零售业，建筑业，住宿和餐饮业，电力、热力、燃气及水生产和供应业和科学、教育、文化、卫生6个行业的研发人员增加，其他行业研发人员都有不同程度的减少；房地产业，批发和零售业，电力、热力、燃气及水生产和供应业和科学、教育、文化、卫生4个行业研发人员占比提高，其余多数行业研发人员占比也有所下降。

表3-47　2019—2021年各行业企业研发人员状况

行业	研发人员数/人			研发人员占比/%		
	2019年	2020年	2021年	2019年	2020年	2021年
农、林、牧、渔业	6.70	2.90	2.90	9.95	8.39	4.13
制造业	25.40	37.90	33.60	9.03	13.68	9.83

(续表)

行业	研发人员数 / 人			研发人员占比 /%		
	2019 年	2020 年	2021 年	2019 年	2020 年	2021 年
房地产业	3.50	0.80	1.90	3.53	1.51	3.37
批发和零售业	1.00	3.20	3.80	0.82	3.58	6.45
建筑业	4.90	9.50	16.80	1.16	9.57	4.23
交通运输、仓储和邮政业	1.50	16.00	9.10	1.10	7.09	6.19
租赁和商务服务业	0.10	5.00	1.20	0.33	9.67	2.23
住宿和餐饮业	1.30	2.70	2.80	0.94	4.09	2.76
电力、热力、燃气及水生产和供应业	10.00	1.30	5.30	5.56	3.29	9.68
金融业	0.30	6.70	0.40	1.14	8.97	1.82
信息传输、软件和信息技术服务业	7.00	10.10	7.20	12.31	21.31	13.81
科学、教育、文化、卫生	4.70	3.20	3.40	5.97	5.94	8.74
居民服务、修理和其他服务业	6.30	2.70	0.90	5.33	5.17	1.59
多行业	7.10	8.40	7.10	2.39	14.48	2.27
平均	11.40	16.70	16.10	5.78	10.36	7.58

资料来源：2019 年天津民营经济发展动态监测及追踪调查，2020 年、2021 年天津民营经济数字化转型及发展动态追踪调查。

从企业规模的角度看，总体而言，不同规模企业的研发人员数量和占比都有所下降，但中型企业研发态度积极，研发人员的平均数量从 25.88 人上升至 32.04 人，研发人员占比下降幅度也较小（见表 3-48）。

表 3-48　2020—2021 年不同规模企业研发人员状况

企业规模	研发人员数 / 人		研发人员占比 /%	
	2020 年	2021 年	2020 年	2021 年
大型	186.12	146.32	9.64	6.06
中型	25.88	32.04	10.03	9.57
小型	8.15	5.83	10.26	8.91
微型	2.26	1.86	10.94	8.31

资料来源：2020 年、2021 年天津民营经济数字化转型及发展动态追踪调查。

（3）高端人才

2021 年天津全部样本企业的高端人才保有量为 4154 人，企均高端人才数从 2020 年的 9.32 人下降至 6.96 人，高端人才密度（高端人才数量占企业员工总数的比例）从 4.28% 下降至 3.27%。分行业来看，制造业，交通运输、仓储和邮政业，住宿和餐饮业及金融业企业高端人才数量和密度下降较为明显，而租赁和商务服务业，电力、热力、燃气及水生产和供应业与信息传输、软件和信息技术服务业企业高端人才数量和密度都有所提升（表3-49）。

表3-49 2020—2021年企业高端人才状况

行业	高端人才数量/人		高端人才密度/%	
	2020年	2021年	2020年	2021年
农、林、牧、渔业	1.50	4.25	4.64	6.10
制造业	11.57	6.47	3.31	1.89
房地产业	4.74	3.44	0.80	5.97
批发和零售业	3.62	3.21	5.07	5.39
建筑业	15.59	11.22	3.78	2.82
交通运输、仓储和邮政业	16.77	1.67	13.16	1.13
租赁和商务服务业	2.70	8.67	4.75	15.96
住宿和餐饮业	3.27	0.83	2.73	0.83
电力、热力、燃气及水生产和供应业	1.00	1.75	1.75	3.23
金融业	39.85	0.40	9.71	1.82
信息传输、软件和信息技术服务业	5.92	12.77	10.42	24.47
科学、教育、文化、卫生	16.72	11.08	23.22	28.36
居民服务、修理和其他服务业	6.43	7.14	6.82	12.21
多行业	7.82	7.29	10.38	2.34
平均	9.32	6.96	4.28	3.27

资料来源：2020年、2021年天津民营经济数字化转型及发展动态追踪调查。

分规模看，大型企业高端人才流失现象较为明显，而中型企业和微型企业平均高端人才数量和密度有所增加。可见，随着中型、小型、微型企业对人才重视程度的不断提高，同时人才就业环境和条件的改善，人才不再高度集中于大型企业，开始向中型、小型、微型企业流动（见表3-50）。

表3-50 2020—2021年不同规模企业高端人才状况

企业规模	高端人才数量/人		高端人才密度/%	
	2020年	2021年	2020年	2021年
大型	104.23	27.64	3.45	1.15
中型	12.98	16.84	3.90	5.03
小型	4.82	3.77	7.16	5.77
微型	1.49	2.56	6.52	11.44

资料来源：2020年、2021年天津民营经济数字化转型及发展动态追踪调查。

2. 数字技术人才现状

（1）雇用数字人才的企业占比

2021年共有100家企业雇用了数字技术方面的人员，占比14.7%，比2020年提高了2.7%；共有数字技术人员918人，比2020年增加了61人，企均1.37人，占总员工数量的0.72%。数字人才总人数、企均人数、企业占比、人才密度四项指标与2020年相比均有增长。

分行业来看，信息传输、软件和信息技术服务业雇用数字人才的企业占比最高，为28.0%，且比2020年有所增长；电力、热力、燃气及水生产和供应业企业2021年来十分重视数字人才战略，雇用数字技术人才的企业比例从2020年的0增长至2021年的25.0%；农、林、牧、渔业，制造业，科学、教育、文化、卫生等行业雇用数字人才的企业占比都有所增加；但住宿和餐饮业，金融业，居民服务、修理和其他服务业三个行业雇用数字人才的企业占比锐减。从规模的角度看，雇用数字人才的大型企业占比下降，但中型、小型、微型企业更加重视数字人才建设，企业占比都有不同程度的增加，特别是中型企业，拥有数字技术人员的企业占到26.4%（见表3-51）。

表3-51 企业数字技术人才雇用情况　　　　　　　　　　　　（单位：%）

行业	2020年	2021年	企业规模	2020年	2021年
农、林、牧、渔业	4.0	12.5	大型	42.3	39.3
制造业	13.4	22.1	中型	17.7	26.4
房地产业	0.0	4.5	小型	10.9	13.9
批发和零售业	8.5	7.2	微型	5.1	5.6
建筑业	5.1	8.0	平均	12.0	14.7
交通运输、仓储和邮政业	7.7	7.7	总人数/人	857	918
租赁和商务服务业	13.6	8.6	企均人数/人	1.24	1.37
住宿和餐饮业	16.1	4.3	人才密度	0.57	0.72
电力、热力、燃气及水生产和供应业	0.0	25.0			
金融业	23.1	0.0			
信息传输、软件和信息技术服务业	26.9	28.0			
科学、教育、文化、卫生	13.8	17.9			
居民服务、修理和其他服务业	10.0	2.2			
多行业	7.9	12.7			

资料来源：2020年、2021年天津民营经济数字化转型及发展动态追踪调查。

（2）数字人才数量和密度

2021年天津民营企业的数字人才数量和密度均有所增加，但各行业数字人才战略冷热不均（见表3-52）。制造业，批发和零售业，建筑业，科学、教育、文化、卫生4个行业数字技术人才数量和密度都明显增长，而租赁和商务服务业，住宿和餐饮业，信息传输、软件和信息技术服务业及居民服务、修理和其他服务业4个行业人才数量下降，特别是租赁和商务服务业及居民服务、修理和其他服务业两个服务行业，数字技术人才呈锐减态势。2021年企均数字人才最多的行业是制造业，数字人员密度最高的行业为信息传输、软件和信息技术服务业。从规模角度看，除大型企业外，其他规模企业数字人才均数都有所增加，而不同规模企业的数字人才密度都在提高，特别是微型企业，从0.33%上升至1.30%，超过总体平均水平。

表3-52 2020—2021年不同行业、不同规模企业数字技术人才数量及密度

行业/企业规模	数字技术人员数量/人		数字技术人员密度/%	
	2020年	2021年	2020年	2021年
农、林、牧、渔业	0.24	0.00	0.74	0.00
制造业	2.26	2.33	0.64	0.68
房地产业	0.00	0.09	0.00	0.16
批发和零售业	0.38	0.81	0.52	1.35
建筑业	0.21	1.82	0.05	0.46
交通运输、仓储和邮政业	0.23	0.00	0.18	0.00
租赁和商务服务业	2.07	0.91	3.64	1.68
住宿和餐饮业	0.65	0.09	0.54	0.09
电力、热力、燃气及水生产和供应业	0.00	0.50	0.00	0.92
金融业	0.50	0.00	0.12	0.00
信息传输、软件和信息技术服务业	2.04	1.52	3.59	2.91
科学、教育、文化、卫生	0.34	1.00	0.48	2.56
居民服务、修理和其他服务业	1.14	0.07	1.21	0.11
多行业	0.03	1.20	0.04	0.39
大型	14.73	13.15	0.49	0.54
中型	2.40	2.84	0.72	0.85
小型	0.39	0.51	0.58	0.77
微型	0.08	0.29	0.33	1.30
平均	1.24	1.37	0.57	0.64

资料来源：2020年、2021年天津民营经济数字化转型及发展动态追踪调查。

3. 数字技术人才引育

（1）招聘渠道

2021年民营企业整体招聘渠道的丰富程度较2020年没有明显的变化。2020年平均渠道个数为1.123，2021年平均渠道个数为1.124。数字人才来源于高校的企业占比为33.8%，与2020年基本持平；来源于研究机构和其他企业的占比均有所下降。选择"其他"这一来源渠道的企业中有61家企业通过社会招聘，18家企业通过企业内部培养的方式获得数字技术人才（见图3-10），而2020年几乎没有企业通过内部培养的方式获得数字人才。从企业自建研究机构和数字人才招聘渠道来看，2021年天津民营企业更重视修炼"内功"，通过培养自己的数字人才并提升自身研发实力，以获得相应技术，解决企业数字化转型和创新发展问题。

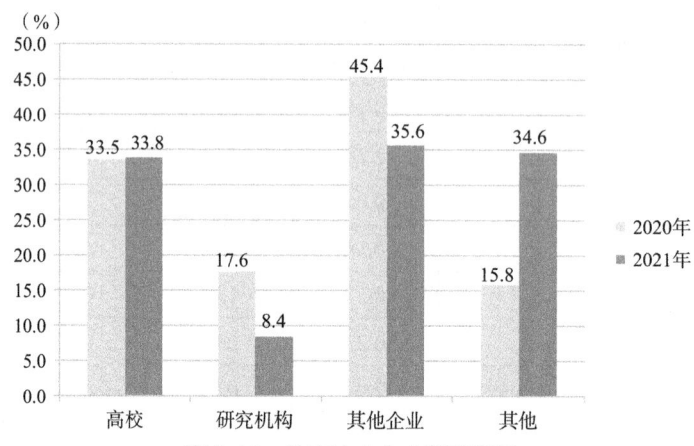

图3-10 数字技术人才招聘渠道

资料来源：2020年、2021年天津民营经济数字化转型及发展动态追踪调查。

2021年数字人才来源渠道比较丰富的是金融业，制造业及信息传输、软件和信息技术服务业。各行业从研究机构招聘人才的占比都较小。农、林、牧、渔业，信息传输、软件和信息技术服务业两个行业分别有62.5%和60.0%的企业从高校招聘人才。电力、热力、燃气及水生产和供应业人才来源集中，25%的企业从其他企业"挖人"，未在高校、研究机构招聘人才（见表3-53）。

表3-53 不同行业企业数字技术人才招聘渠道 （单位：%）

行业	高校	研究机构	其他企业	其他	渠道数/个 2020年	渠道数/个 2021年
农、林、牧、渔业	62.5	12.5	20.8	8.3	1.08	1.04
制造业	28.9	11.3	39.7	36.0	1.18	1.16
房地产业	36.4	4.5	31.8	36.4	1.05	1.09
批发和零售业	34.1	6.1	37.8	34.1	1.07	1.12

(续表)

行业	高校	研究机构	其他企业	其他	渠道数/个 2020年	渠道数/个 2021年
建筑业	26.0	8.0	34.0	44.0	1.10	1.12
交通运输、仓储和邮政业	23.1	7.7	46.2	23.1	1.08	1.00
租赁和商务服务业	31.4	2.9	34.3	40.0	1.09	1.09
住宿和餐饮业	21.7	13.0	26.1	43.5	1.06	1.04
电力、热力、燃气及水生产和供应业	0.0	0.0	25.0	75.0	1.25	1.00
金融业	33.3	16.7	50.0	33.3	1.00	1.33
信息传输、软件和信息技术服务业	60.0	4.0	20.0	32.0	1.17	1.16
科学、教育、文化、卫生	32.1	7.1	28.6	35.7	1.07	1.04
居民服务、修理和其他服务业	26.1	6.5	39.1	34.8	1.06	1.07
多行业	43.6	7.3	40.0	25.5	1.16	1.16

资料来源：2020年、2021年天津民营经济数字化转型及发展动态追踪调查。

（2）来源地区

2021年天津民营企业数字技术人员主要来自以下地区：天津（57.0%）、北京（16.9%）、长三角（5.2%）和珠三角（2.2%），来源地区较前两年更为广泛（见图3-11）。随着京津冀一体化的发展，天津民营企业引入了更多的来自北京的数字技术人才，来自江浙沪的数字技术人才占比也有所增加。但京津地区仍为企业技术人才的主要来源地，与其他数字经济发展较好地区的人员联系和交流并不密切，人才吸引力有待进一步提高。

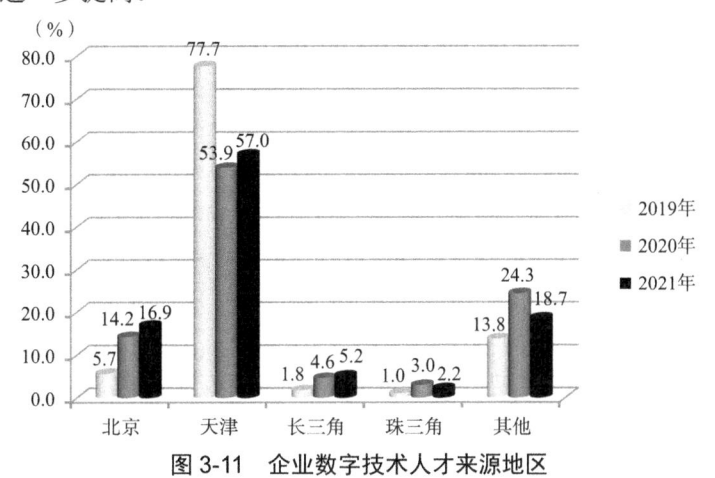

图3-11 企业数字技术人才来源地区

资料来源：2019年天津民营经济发展动态监测及追踪调查，2020年、2021年天津民营经济数字化转型及发展动态追踪调查。

分行业来看，人才来源地区相对广泛的行业有信息传输、软件和信息技术服务业，多行业，制造业和科学、教育、文化、卫生行业。数字金融人才多来自北京，也有50.0%的农、林、牧、渔业企业从北京引进数字技术人才，而住宿和餐饮业与电力、热力、燃气及水生产和供应业极少与北京开展数字人才交流。分规模来看，大型企业人才来源地有收缩的趋势，而中型、小型、微型企业招聘渠道较2020年更为广泛（见表3-54）。

表3-54 不同行业、不同规模企业数字技术人才来源地区 （单位：%）

行业/企业规模	北京	天津	长三角	珠三角	其他	平均来源地数/个 2020年	平均来源地数/个 2021年
农、林、牧、渔业	50.0	41.7	4.2	0.0	4.2	1.04	1.00
制造业	19.2	67.9	10.0	3.8	20.4	1.26	1.21
房地产业	18.2	63.6	4.5	0.0	31.8	1.25	1.18
批发和零售业	14.5	62.7	2.4	0.0	31.3	1.09	1.11
建筑业	14.0	64.0	0.0	2.0	34.0	1.10	1.14
交通运输、仓储和邮政业	15.4	76.9	0.0	0.0	7.7	1.15	1.00
租赁和商务服务业	17.1	62.9	0.0	2.9	34.3	1.23	1.17
住宿和餐饮业	4.3	73.9	4.3	0.0	30.4	1.16	1.13
电力、热力、燃气及水生产和供应业	0.0	50.0	0.0	0.0	50.0	1.00	1.00
金融业	66.7	66.7	0.0	0.0	0.0	1.15	1.33
信息传输、软件和信息技术服务业	30.0	78.0	8.0	6.0	10.0	1.21	1.32
科学、教育、文化、卫生	14.3	75.0	7.1	7.1	17.9	1.24	1.21
居民服务、修理和其他服务业	10.9	73.9	4.3	4.3	21.7	1.12	1.15
多行业	32.7	69.1	9.1	0.0	14.5	1.16	1.25
大型	42.9	67.9	17.9	10.7	14.3	1.85	1.54
中型	26.4	71.1	7.4	2.5	22.3	1.29	1.30
小型	16.0	65.7	7.8	2.4	23.5	1.14	1.15
微型	19.7	68.2	1.0	2.0	20.7	1.11	1.12

资料来源：2020年、2021年天津民营经济数字化转型及发展动态追踪调查。

（3）数字技术人才培育

在天津全部样本企业中，有48.0%的企业未针对数字化转型制订相关人才培养计划；有13.0%的企业有计划制订数字化人才培养规划但尚未启动；有11.6%的企业当前正在制订相应的数字化人才培养计划；有13.0%的企业针对部分工作实际相关人群制订了对应培养计划；有 14.7% 的企业全面制订了适应不同层级员工实际需求的数字化人才培养计划。企业数字技术人才培养的情况好于 2020 年，无数字技术人才培养计划的企业占比减少，制订了较为全面周密的数字人才培养计划的企业占比增加，但仍以无培养计划的企业为大多数。

分行业来看，大多数行业的数字技术人才培养情况好于 2020 年，有 58.3% 的农、林、牧、渔业企业制订了全面的数字技术人才培养计划，居各行业之首。数字化技术在第一产业中应用较为广泛，企业也对数字技术人才培养相当重视。然而批发和零售业，建筑业，租赁和商务服务业及信息传输、软件和信息技术服务业企业培训力度降低，建筑业，租赁和商务服务业，住宿和餐饮业，居民服务、修理和其他服务业都有超过 60% 的企业没有数字技术人才培养计划。从规模上看，中型、小型、微型企业对数字技术人才培育的重视程度有所提升，特别是微型企业。

（四）数字化发展未来

1. 数字化进展与自我评价

（1）数字化转型的主要进展

调查数据显示，51.3% 的企业认为 2021 年数字化转型并无明显进展。有进展的企业数字化发展方向主要在资金、人才和设备三个方面。"增加了数字化资金投入"占比为 20.8%，"招聘数字化技术和管理人才"占比为 14.9%，"引进数字化设备"占比为 12.5%，其他方面的进展都较小。

不同行业企业数字化转型的进展情况各有不同（见表 3-55）。认为无明显进展的农、林、牧、渔业企业仅占 12.5%，显著低于其他行业企业，并有 54.2% 的农、林、牧、渔业企业增加了数字化资金投入。而居民服务、修理和其他服务业，批发和零售业，租赁和商务服务业，建筑业，住宿和餐饮业企业数字化发展缓慢，有接近 70.0% 的企业认为一年期间并无明显进展。分别有 16.7% 和 4.5% 的金融业和房地产业企业获得了数字化转型的政策资金和金融业支持，而仅有 0.4% 的制造业企业获得这样的外部支持，需要考虑是否存在资源错配的现象。总体而言，天津第一、第二产业民营企业数字化发展状况较好，但服务行业数字化转型进程较慢。

在天津的 16 个区中，宝坻、河北、蓟州、津南、武清和西青几区认为无数字化进展的企业占比较小；有 8.3% 的静海区企业争取到了支持企业数字化改造的资金；宝坻、静海、西青、河北、和平几区企业认为支持企业数字化改造的融资政策较好；52.8% 的蓟州区企业增加了数字化资金投入，其次是武清区企业，占比为 40.0%。

如表 3-56 所示，企业规模越大，数字化转型发展情况越好。有 42.9% 的大型企业增加了数字化资金投入，而微型企业这一项占比仅为 11.6%。除资金投入外，大型企业在人才招聘、设备引进、团队建设、成立数字化业务部门、开展生产线数字化改造等方面都有较大进展。而小型、微型企业主要通过合作的方式，借助外力开展数字化转型，如与高校、其他企业、数字化解决方案提供商合作等。

表 3-55　不同行业企业数字化转型的进展情况

(单位：%)

行业	增加了数字化资金投入	招聘数字化技术和管理人才	引进数字化设备	成立数字化运营或管理团队	成立了数字化业务部门	开展装备、生产线和工厂的数字化改造	开发数字化营销模式或商业模式	与高校开展数字技术方面的合作	与其他企业开展数字化合作	上马了数字化项目	与企业数字化解决方案提供商合作	争取到支持企业数字化转型的政策资金	获得数字化改造金融支持	无明显进展
农、林、牧、渔业	54.2	12.5	8.3	4.2	4.2	0.0	4.2	8.3	0.0	0.0	8.3	0.0	0.0	12.5
制造业	27.9	20.4	20.4	7.1	5.4	10.8	3.3	2.5	5.8	0.4	5.0	0.4	0.4	42.1
房地产业	13.6	4.5	9.1	0.0	13.6	4.5	13.6	0.0	4.5	0.0	0.0	4.5	4.5	45.5
批发和零售业	16.9	6.0	4.8	2.4	8.4	0.0	6.0	2.4	3.6	1.2	1.2	0.0	1.2	66.3
建筑业	12.0	12.0	4.0	8.0	4.0	0.0	4.0	6.0	8.0	0.0	0.0	0.0	0.0	68.0
交通运输、仓储和邮政业	7.7	7.7	7.7	0.0	7.7	0.0	7.7	0.0	7.7	0.0	7.7	0.0	0.0	46.2
租赁和商务服务业	5.7	14.3	0.0	0.0	5.7	0.0	8.6	0.0	11.4	0.0	0.0	0.0	5.7	68.6
住宿和餐饮业	21.7	4.3	8.7	0.0	4.3	4.3	4.3	4.3	0.0	0.0	4.3	0.0	0.0	65.2
电力、热力、燃气及水生产和供应业	25.0	25.0	25.0	0.0	0.0	0.0	0.0	0.0	0.0	0.0	0.0	0.0	0.0	50.0
金融业	0.0	0.0	16.7	16.7	0.0	33.3	16.7	16.7	0.0	0.0	0.0	16.7	16.7	33.3
信息传输、软件和信息技术服务业	16.0	22.0	10.0	8.0	8.0	0.0	6.0	2.0	4.0	0.0	4.0	0.0	2.0	50.0
科学、教育、文化、卫生	21.4	21.4	17.9	0.0	7.1	0.0	0.0	10.7	7.1	0.0	3.6	3.6	0.0	42.9
居民服务、修理和其他服务业	8.7	13.0	2.2	4.3	6.5	0.0	4.3	4.3	2.2	0.0	2.2	0.0	0.0	71.7
多行业	20.0	10.9	18.2	10.9	9.1	3.6	5.5	0.0	0.0	1.8	1.8	0.0	0.0	47.3

资料来源：2021 年天津民营经济数字化转型及发展动态追踪调查。

表 3-56　不同规模企业数字化转型的主要进展　　　　　　　　　　（单位：%）

项目	大型	中型	小型	微型
增加了数字化资金投入	42.9	28.1	21.7	11.6
招聘数字化技术和管理人才	32.1	28.1	13.0	7.6
引进数字化设备	21.4	18.2	13.6	6.1
成立数字化运营或管理团队	25.0	6.6	4.8	3.0
成立了数字化业务部门	17.9	9.1	5.7	4.5
开展装备、生产线和工厂的数字化改造	10.7	10.7	3.9	1.5
开发数字化营销模式或商业模式	7.1	3.3	5.1	5.1
与高校开展数字技术方面的合作	0.0	4.1	3.6	2.0
与其他企业开展数字化合作	7.1	1.7	7.5	1.5
上马了数字化项目	0.0	1.7	0.0	0.5
与企业数字化解决方案提供商合作	0.0	5.8	3.6	1.5
争取到支持企业数字化转型的政策资金	0.0	2.5	0.3	0.0
获得数字化改造金融支持	0.0	2.5	0.9	0.5
无明显进展	32.1	34.7	49.1	67.7

资料来源：2021 年天津民营经济数字化转型及发展动态追踪调查。

（2）数字化转型的自我评价

样本企业对自身数字化转型的情况进行了评价，评价维度包括管理决策数字化、销售服务数字化、业务流程数字化等 6 个方面，分数越高表示企业做得越好。总体而言，企业认为销售服务数字化做得最好，得分为 2.8（最高 5 分）；其次是业务流程数字化，得分为 2.77；研发设计数字化得分最低，表明企业研发设计方面数字化水平还较低。

从行业的角度看，2021 年制造业，房地产业，交通运输、仓储和邮政业，住宿和餐饮业，金融业及信息传输、软件和信息技术服务业企业认为自身数字化转型状况较好，特别是信息传输、软件和信息技术服务业，金融业及交通运输、仓储和邮政业企业，6 个维度评分都较高。与 2020 年相比，交通运输、仓储和邮政业，住宿和餐饮业，金融业，信息传输、软件和信息技术服务业，科学、教育、文化、卫生及多行业企业整体数字化评分提高（见表 3-57）。

样本企业中，当前经营状况良好和一般的企业，其数字化转型水平得分为 2.80，而生产经营状况不佳的企业数字化得分仅为 2.50。认为未来发展前景变好的企业数字化发展得分为 2.77，认为未来发展前景不变的企业数字化发展得分为 2.76，认为未来发展前景变差的企业数字化发展得分为 2.57（见表 3-58）。可见，数字化转型和企业当前的生产经营状况，以及未来发展信心密切相关。数字化发展较好的企业目前经营状况尚佳，对未来的发展也比较有信心，但数字化发展滞后的企业当下和未来的发展都面临较大挑战。因此通过数字化技术手段提高生产效率、改变经营管理研发模式已不是企业的选修课，而是必修课。

表 3-57 企业对自身数字化转型的评价

行业	研发设计数字化	生产过程数字化	业务流程信息化	物流仓储数字化	管理决策数字化	销售服务数字化	整体数字化评分 2020 年	整体数字化评分 2021 年
农、林、牧、渔业	2.63	2.58	2.58	2.67	2.71	2.50	3.15	2.61
制造业	2.84	2.98	2.94	2.97	2.83	2.95	3.11	2.92
房地产业	2.86	2.86	2.86	2.73	2.95	2.95	3.04	2.87
批发和零售业	2.35	2.45	2.57	2.65	2.55	2.73	2.98	2.55
建筑业	2.32	2.30	2.48	2.22	2.62	2.28	2.97	2.37
交通运输、仓储和邮政业	3.00	3.00	3.00	3.23	3.08	3.00	2.91	3.05
租赁和商务服务业	2.20	2.29	2.63	2.11	2.66	2.49	2.90	2.40
住宿和餐饮业	2.96	2.91	2.78	2.96	2.78	3.17	2.89	2.93
电力、热力、燃气及水生产和供应业	2.50	2.75	2.75	2.00	2.00	2.00	2.85	2.33
金融业	3.17	3.17	3.00	3.00	3.00	3.17	2.77	3.08
信息传输、软件和信息技术服务业	3.18	3.02	3.14	3.20	3.08	3.18	2.58	3.13
科学、教育、文化、卫生	2.75	2.64	2.71	2.79	2.71	2.71	2.57	2.72
居民服务、修理和其他服务业	2.20	2.26	2.46	2.48	2.46	2.37	2.57	2.37
多行业	2.58	2.53	2.64	2.60	2.75	2.80	2.21	2.65
平均	2.67	2.71	2.77	2.76	2.75	2.80	2.85	2.74

资料来源：2020 年、2021 年天津民营经济数字化转型及发展动态追踪调查。

表 3-58 数字化转型评价与企业经营状况、未来发展信心对比

企业经营状况	数字化发展得分	企业未来发展信心	数字化发展得分
良好	2.80	变好	2.77
一般	2.80	不变	2.76
不佳	2.50	变差	2.57

资料来源：2021 年天津民营经济数字化转型及发展动态追踪调查。

2. 规划与战略

(1) 数字化转型的影响

数字化转型对企业的投入、盈利、成本等方面的影响如表 3-59 所示。测评维度包括对生产效率、企业成本、营业收入、企业利润、劳动力需求、数据信息管理等 9 个方面的影响力，采用 5 分制，1 代表大幅下降，2 代表略有下降，3 代表持平，4 代表略有提升，5 代表较大提升。总体而言，企业认为数字化转型对企业的影响有所降低，评分从 3.43 下降至 3.09。其中金融业，制造业，房地产业，交通运输、仓储和邮政业，住宿和餐饮业及信息传输、软件和信息技术服务业企业认为数字化转型影响较大。而农、林、牧、渔业与电力、热力、燃气及水生产和供应业企业数字化技术应用广泛，与业务流程结合也较为紧密，数字化转型对企业产生的影响较小。在各个测评维度中，企业多认为数字化转型对客户满意度影响最大，其次是数据信息管理和生产效率。

表 3-59 数字化转型对企业的影响

行业	客户满意度	数据信息管理	生产效率	市场响应速度	企业成本	营业收入	市场份额	企业利润	劳动力需求	行业总体评分 2020 年	行业总体评分 2021 年
金融业	3.50	3.50	3.50	3.67	3.33	3.67	3.17	3.67	3.17	3.40	3.46
制造业	3.35	3.43	3.44	3.35	3.35	3.33	3.24	3.22	3.05	3.55	3.31
房地产业	3.23	3.36	3.41	3.32	3.45	3.32	3.23	3.27	3.14	3.51	3.30
交通运输、仓储和邮政业	3.31	3.31	3.31	3.31	3.31	3.23	3.23	3.15	3.23	3.26	3.26
住宿和餐饮业	3.30	3.26	3.17	3.17	3.30	3.22	3.26	3.13	3.30	3.66	3.24
信息传输、软件和信息技术服务业	3.38	3.14	3.18	3.24	3.14	3.26	3.16	3.12	3.18	3.51	3.20
多行业	3.22	3.16	2.95	3.16	3.16	3.16	3.16	3.09	2.95	3.42	3.11
租赁和商务服务业	3.14	3.20	3.06	3.14	3.14	3.03	3.03	3.03	2.97	3.58	3.08
批发和零售业	3.18	3.10	3.20	3.12	3.07	3.05	3.02	3.05	2.88	3.60	3.07
建筑业	3.12	3.12	3.12	3.04	3.02	3.08	3.00	2.94	2.90	3.33	3.04
科学、教育、文化、卫生	3.11	3.00	2.96	3.04	2.93	3.00	3.04	2.96	2.93	3.61	3.00
居民服务、修理和其他服务业	2.98	2.89	2.83	2.93	3.02	2.98	2.93	2.80	2.74	3.44	2.90
农、林、牧、渔业	2.83	2.71	2.79	2.79	2.75	2.58	2.71	2.71	2.75	3.52	2.74

（续表）

行业	客户满意度	数据信息管理	生产效率	市场响应速度	企业成本	营业收入	市场份额	企业利润	劳动力需求	行业总体评分 2020年	行业总体评分 2021年
电力、热力、燃气及水生产和供应业	3.00	2.75	2.75	2.50	2.25	2.25	2.25	2.25	2.75	2.64	2.53
平均	3.23	3.22	3.21	3.20	3.19	3.17	3.12	3.09	2.99	3.43	3.09

资料来源：2020年、2021年天津民营经济数字化转型及发展动态追踪调查。

（2）未来数字化发展领域

2021年天津民营企业数字化转型热情有所降低。2020年综合选择比例是170%，平均每个企业未来计划在1.7个领域开展数字化转型；而2021年选择比例下降到155.2%，选择在生产领域、销售领域和管理领域开展转型的企业占比均有所下降（见图3-12），但有更多的企业选择未来优先在研发设计领域开展数字化转型，说明企业数字化转型进程逐步深入，接近数字化变革的本质即技术变革。

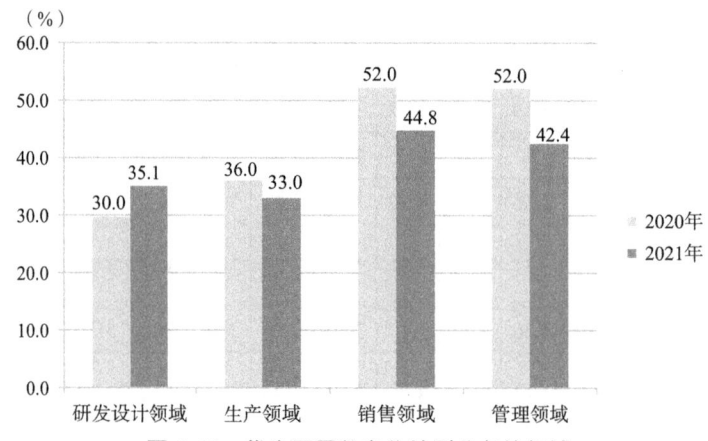

图3-12 优先开展数字化转型业务的领域

资料来源：2020年、2021年天津民营经济数字化转型及发展动态追踪调查。

制造业企业开展数字化转型的态度最为积极，平均每个企业在1.94个的领域开展数字化转型，比2020年有所下降但仍为各行业之首，特别是在研发设计领域和生产领域优先开展数字化转型。除住宿和餐饮业，电力、热力、燃气及水生产和供应业，金融业与居民服务、修理和其他服务业外，其他行业开展数字化转型的领域都有所收缩，但更重视核心业务和核心能力的转型。例如，75%的农、林、牧、渔业企业计划未来优先在研发设计领域开展数字化转型，100%的电力、热力、燃气及水生产和供应业企业计划未来优先在生产领域开展数字化转型。

（3）数字化转型方式

在选择数字化转型的方式方面，样本企业多采用与互联网巨头平台企业合作的方式，占比为24.3%，比2020年提高了5.3%。自建数字化技术平台和与高校或科研院所合作的占比也有所增加（见图3-13）。根据《中国企业创新能力统计监测报告》(2020)，全国企业中开展产学研合作的占比为7.08%，与2020年的民营企业调查情况大致接近。2021年天津民营企业在与高校或科研院所的合作方面有了较为明显的发展，比例上升至9.6%，高于2020年全国平均水平，产学研合作比以往更为密切。

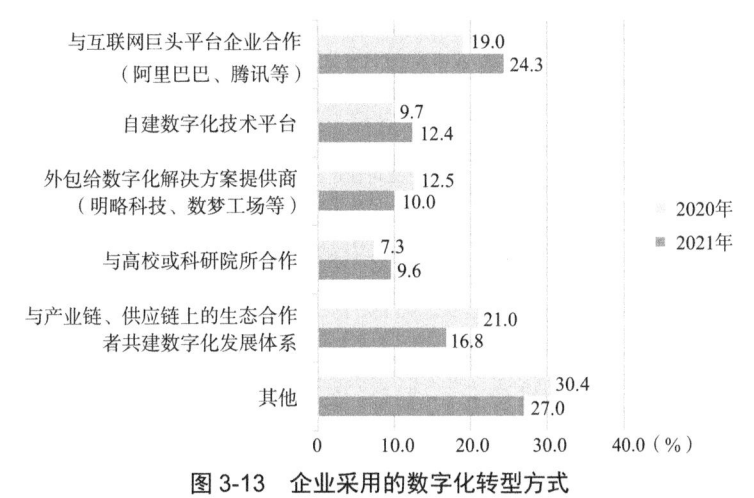

转型方式	2020年	2021年
与互联网巨头平台企业合作（阿里巴巴、腾讯等）	19.0	24.3
自建数字化技术平台	9.7	12.4
外包给数字化解决方案提供商（明略科技、数梦工场等）	12.5	10.0
与高校或科研院所合作	7.3	9.6
与产业链、供应链上的生态合作者共建数字化发展体系	21.0	16.8
其他	30.4	27.0

图3-13　企业采用的数字化转型方式

资料来源：2020年、2021年天津民营经济数字化转型及发展动态追踪调查。

从具体行业分析来看，每个行业采用的转型方式侧重点不尽相同。66.7%的农、林、牧、渔业企业与互联网巨头合作开展数字化转型，50.0%的电力、热力、燃气及水生产和供应业企业外包给数字化解决方案提供商，制造业企业各种转型方式都有所涉及，信息传输、软件和信息技术服务业企业与高校或科研院所的合作比较紧密。根据《中国企业创新能力统计监测报告》(2020)，全国制造业企业开展产学研合作的占比为12.05%，同期天津制造业民营企业开展产学研合作的比例为9.00%。而2021年天津民营制造业企业与高校或科研院所合作的比例上升至14.20%，这说明制造业企业与研究机构的合作发展迅速，非常有利于企业开展创新和数字化转型。

（4）数字化转型收益

2021年被调查的民营企业数字化转型预期收益普遍下降，综合占比从2020年的240.0%下降至2021年的207.8%。除缩短产品上市时间、提升产品质量外，其余各个方面预期转型受益都有所降低（见图3-14），特别是提升运营效率方面，占比从2020年的51.7%下降至37.4%。这表明天津民营企业正处于数字化转型的阵痛期，转型投入较大，业务流程再造面临各种困难，预期收益不明朗，投资信心有所动摇。

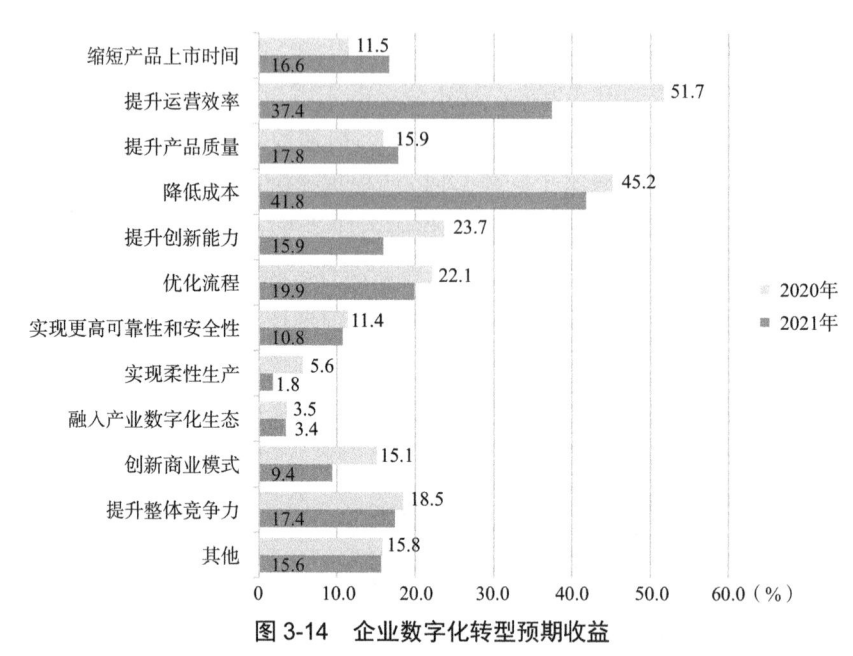

项目	2020年	2021年
缩短产品上市时间	11.5	16.6
提升运营效率	51.7	37.4
提升产品质量	15.9	17.8
降低成本	45.2	41.8
提升创新能力	23.7	15.9
优化流程	22.1	19.9
实现更高可靠性和安全性	11.4	10.8
实现柔性生产	5.6	1.8
融入产业数字化生态	3.5	3.4
创新商业模式	15.1	9.4
提升整体竞争力	18.5	17.4
其他	15.8	15.6

图 3-14 企业数字化转型预期收益

资料来源：2020年、2021年天津民营经济数字化转型及发展动态追踪调查。

从行业分析的角度看，制造业企业认为数字化转型的预期收益最大；其次是电力、热力、燃气及水生产和供应业，建筑业及租赁和商务服务业企业；金融业企业对数字化转型的预期收益最小。整体而言，各个行业对数字化转型的预期收益主要集中在提升运营效率和降低成本方面，部分行业认为开展数字化转型可以优化企业的业务流程和提升企业的整体竞争力。

3. 数字经济发展存在的关键问题

谈到天津数字经济发展存在的关键问题，48.6%的企业认为是平台型企业较少，没有形成数据产业生态；37.6%的企业认为数字经济基础设施（5G网络）建设不完善；27.0%的企业认为数字经济发展的场景不明晰，准入有限制。选择"政府数据治理能力不强"和"一网通办等数字营商环境需要改善"的企业占比最小（见图3-15），可见，天津民营企业对政府的管理和服务还是比较认可的。

不同区域的企业意见也有所差异，宝坻区、河东区和宁河区企业认为政府数据治理能力不强阻碍了天津数字经济的发展；静海区、武清区和和平区企业认为提升数字化公共服务供给能力至关重要；而蓟州区和静海区企业对数据产业生态建设比较认可（见表3-60）。

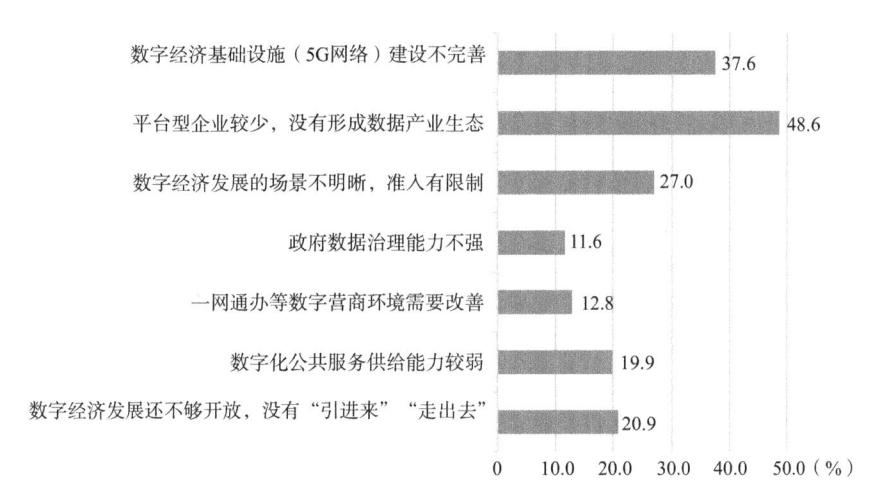

图3-15 天津数字经济发展存在的关键问题

资料来源：2021年天津民营经济数字化转型及发展动态追踪调查。

表3-60 各区企业认为天津数字经济发展存在的关键问题 （单位：%）

区域	数字经济基础设施（5G网络）建设不完善	平台型企业较少，没有形成数据产业生态	数字经济发展的场景不明晰，准入有限制	政府数据治理能力不强	一网通办等数字营商环境需要改善	数字化公共服务供给能力较弱	数字经济发展还不够开放，没有"引进来""走出去"
宝坻区	29.2	37.5	35.4	22.9	12.5	18.8	16.7
北辰区	36.2	60.3	27.6	5.2	5.2	27.6	24.1
滨海新区	42.4	66.7	33.3	3.0	18.2	27.3	27.3
东丽区	43.1	63.8	25.9	12.1	12.1	15.5	13.8
和平区	30.8	51.3	17.9	12.8	15.4	35.9	17.9
河北区	25.7	42.9	37.1	2.9	14.3	11.4	8.6
河东区	34.6	42.3	25.0	21.2	21.2	17.3	15.4
河西区	27.9	48.8	37.2	7.0	14.0	27.9	32.6
红桥区	25.0	55.0	40.0	5.0	10.0	25.0	35.0
蓟州区	61.1	22.2	13.9	5.6	5.6	13.9	8.3
津南区	34.4	60.7	19.7	11.5	13.1	26.2	23.0
静海区	50.0	25.0	33.3	0.0	8.3	50.0	33.3
南开区	26.6	45.3	23.4	12.5	18.8	21.9	35.9
宁河区	35.0	70.0	40.0	25.0	5.0	15.0	15.0
武清区	60.0	80.0	40.0	0.0	20.0	40.0	40.0
西青区	46.4	53.6	28.6	7.1	14.3	3.6	32.1

资料来源：2021年天津民营经济数字化转型及发展动态追踪调查。

4. 政策与环境

(1) 推进数字化发展的政策诉求

2021年民营企业对政府出台的各项数字化转型政策的关注点有了新的变化（见图3-16）。与2020年相比，对人才引进政策的诉求仍为最强烈，占比提高至59.9%，可见企业对数字人才的需求更为迫切，但人才短缺的情况没有得到根本性缓解。对财税优惠政策的诉求占比居第二位，与2020年情况大致相当。对技术创新支持政策的诉求快速增加，从2020年的15.9%上升至37.7%。结合前文分析可知，目前天津技术创新支持政策如研发费用加计扣除减免税等惠及面很窄，企业在数字化转型过程中最需要得到的还是技术创新方面的支持。此外，对金融支持政策、产业投资政策和土地优惠政策的诉求有所下降，特别是土地优惠政策的诉求下降明显。

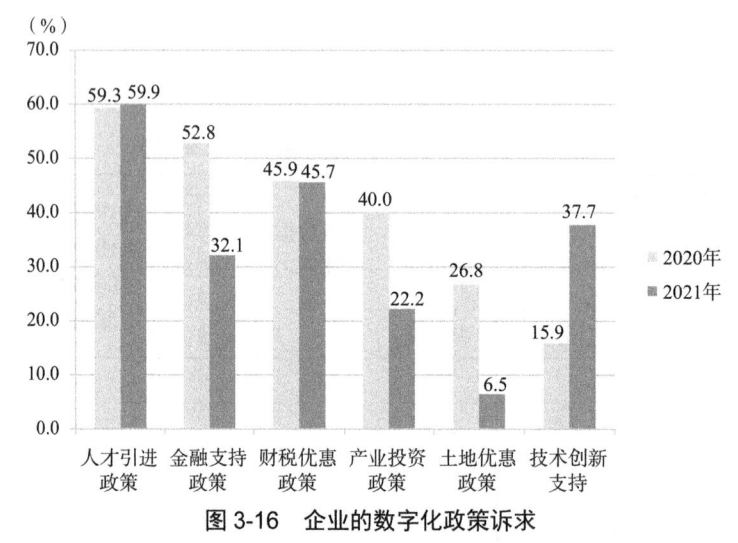

图3-16 企业的数字化政策诉求

资料来源：2020年、2021年天津民营经济数字化转型及发展动态追踪调查。

从区域的角度看（见表3-61），各区企业的政策诉求各不相同。西青区企业对人才引进政策诉求最为强烈；红桥区企业更加需要金融政策的支持；宁河区、宝坻区企业对财税优惠政策十分关注；红桥区、武清区企业更加重视产业投资政策，而河北区、河东区企业较为重视土地优惠政策；滨海新区、东丽区、河西区、津南区、宁河区、武清区企业认为技术创新支持政策非常重要，但和平区、河北区、河东区企业这方面的诉求却不十分强烈。各区管理部门在制定实施本区政策时应考虑到辖区内企业的不同诉求，精准地开展政策支持，引导企业平稳、高效地进行数字化转型和升级。

表 3-61　不同区域企业的数字化政策诉求　　　　　　　　　　　（单位：%）

区域	人才引进政策	金融支持政策	财税优惠政策	产业投资政策	土地优惠政策	技术创新支持
宝坻区	47.9	33.3	64.6	27.1	8.3	35.4
北辰区	65.5	44.8	50.0	24.1	5.2	34.5
滨海新区	60.6	39.4	57.6	24.2	0.0	51.5
东丽区	55.2	32.8	36.2	25.9	10.3	48.3
和平区	64.1	38.5	43.6	28.2	5.1	30.8
河北区	48.6	22.9	45.7	14.3	14.3	31.4
河东区	51.9	23.1	44.2	11.5	15.4	30.8
河西区	62.8	32.6	58.1	14.0	4.7	55.8
红桥区	40.0	55.0	45.0	50.0	0.0	35.0
蓟州区	66.7	8.3	25.0	8.3	0.0	30.6
津南区	59.0	31.1	41.0	31.1	8.2	49.2
静海区	66.7	41.7	33.3	33.3	8.3	33.3
南开区	64.1	29.7	37.5	29.7	4.7	37.5
宁河区	60.0	25.0	65.0	15.0	10.0	50.0
武清区	40.0	40.0	60.0	40.0	0.0	60.0
西青区	75.0	64.3	50.0	17.9	7.1	32.1

资料来源：2021 年天津民营经济数字化转型及发展动态追踪调查。

从行业角度看（见表 3-62），不同行业间的政策诉求有所区别。农、林、牧、渔业企业受社会传统观念的影响，引进人才较为困难，因此有 87.5% 的企业希望政府能够提供更好的人才引进政策；电力、热力、燃气及水生产和供应业与金融业企业对金融支持政策诉求强烈；有 75.0% 的电力、热力、燃气及水生产和供应业企业需要得到财税优惠政策的帮扶，占比为全行业之首；金融业、制造业、建筑业及租赁和商务服务业企业希望得到产业投资政策的帮助和引导；农、林、牧、渔业，电力、热力、燃气及水生产和供应业，金融业与信息传输、软件和信息技术服务业 4 个行业对土地政策没有诉求；而建筑业对技术创新政策诉求最为强烈，占比为 58.0%。此外，从规模角度看，大型企业对金融支持政策和财税优惠政策的诉求更为强烈，分别有 53.6% 和 60.7% 的企业认为这两项政策非常重要，选择占比远高于其他规模的企业。

表 3-62　不同行业企业的数字化政策诉求　　　　　　　　（单位：%）

行业	人才引进政策	金融支持政策	财税优惠政策	产业投资政策	土地优惠政策	技术创新支持
农、林、牧、渔业	87.5	20.8	12.5	4.2	0.0	16.7
制造业	61.3	34.6	46.3	25.8	5.8	42.5
房地产业	45.5	27.3	45.5	9.1	22.7	13.6
批发和零售业	51.8	38.6	45.8	22.9	4.8	31.3
建筑业	58.0	34.0	52.0	26.0	6.0	58.0
交通运输、仓储和邮政业	61.5	46.2	38.5	15.4	7.7	15.4
租赁和商务服务业	54.3	40.0	60.0	25.7	8.6	40.0
住宿和餐饮业	65.2	26.1	39.1	17.4	8.7	34.8
电力、热力、燃气及水生产和供应业	50.0	50.0	75.0	0.0	0.0	25.0
金融业	66.7	50.0	33.3	33.3	0.0	33.3
信息传输、软件和信息技术服务业	58.0	20.0	50.0	22.0	0.0	42.0
科学、教育、文化、卫生	60.7	3.6	39.3	21.4	7.1	28.6
居民服务、修理和其他服务业	69.6	39.1	43.5	19.6	10.9	41.3
多行业	56.4	27.3	47.3	20.0	9.1	30.9

资料来源：2021年天津民营经济数字化转型及发展动态追踪调查。

(2) 数字化发展环境的关注重点

2021年民营企业对发展环境的重视程度也有了变化和发展（见图3-17）。企业最为重视的是经济环境（占比62.3%），对技术环境的重视程度上升至第二位，占比48.3%，之后是政策环境（占比47.7%）和人才环境（占比33.9%），企业对社会文化环境和法律制度环境的关注度进一步降低。可见，随着企业数字化转型的逐步深入，技术问题成为制约企业发展的关键因素。企业更加重视自身技术研发能力的培育，包括自建研究机构和培养内部数字人才等，同时对技术交流、获取、转让、合作等外部环境的优劣，以及政府技术创新支持政策有效性的重视程度越来越高，这也是改善天津营商环境、吸引企业入津发展、促进企业转型升级的重要着力点。

从企业规模的角度看，大型企业和微型企业关注重点恰好相反。大型企业关注经济环境、政策环境、技术环境和人才环境，对社会文化环境和法律制度环境关注度较低；但小型、微型企业受社会环境影响巨大，一个不利的制度或法规乃至一次执法尺度的把握都可能影响到企业的生存，因此小型、微型企业更加关注社会文化环境和法律制度环境。

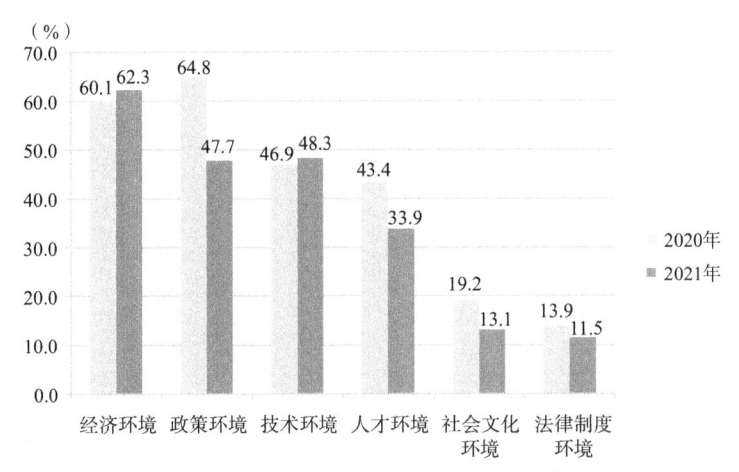

图 3-17　企业关注的数字化转型环境

资料来源：2020 年、2021 年天津民营经济数字化转型及发展动态追踪调查。

从行业角度看，制造业企业关注经济环境、政策环境和技术环境；批发和零售业，交通运输、仓储和邮政业及科学、教育、文化、卫生企业更加关注社会文化环境；建筑业，租赁和商务服务业及居民服务、修理和其他服务业企业更加关注法律制度环境；信息传输、软件和信息技术服务业企业最关注的是技术环境，同时注重技术环境的还有制造业及住宿和餐饮业企业。

从区位的角度看，宝坻区企业最关心技术环境，同时关心技术环境的还有滨海新区和武清区企业；东丽区企业最关心人才环境，同样关注人才环境的还有滨海新区和津南区企业；红桥区、静海区、宁河区企业相对更加关注经济环境，同时对政策环境的关注度也较高。了解各区企业的关注重点对制定本区政策起着非常重要的作用。

第二篇

挑　　战

本篇以问题为主线,通过连续多年的调研与访谈,深入分析了天津民营经济发展过程中所面对的营商环境建设、转型升级、新动能培育、疫情冲击、数字化转型等多种挑战。

第四章 营商环境建设中存在的问题

营商环境是近年来伴随社会主义市场经济体系日趋完善和改革开放进一步深入，开始进入党和政府治理视野的新概念、新领域，是在中国特色社会主义进入新时代的大背景下，从中央到地方各级政府推进全面深化改革和体制机制创新的重要内容。营商环境已成为中国地方政府间竞争的重要领域。当今区域间的竞争已由以往单纯依靠比拼低成本要素、比拼各种优惠政策的单一考量，到比拼营商环境、比拼政策稳定性、比拼法治透明、比拼监管环境等的综合性考量，营商环境建设已成为推动区域发展动力转换的重要内容。

笔者曾邀请100多位企业家对滨海新区政府服务民营经济发展的总体状况进行评价。36.7%的企业家认为政府服务状况一般，认为"有较大改观"的企业家占34.4%，如图4-1所示。企业家对新区政府服务的综合评分为3.30（满分为5），与2015年执行的相关调查数据（3.00）相比，提高了10%，这说明政府及相关单位对民营经济发展的服务状况正在不断改进。在被问到有关"您对我市促进民营经济发展的相关政策措施是否了解？"这一问题时，有50%的企业家表示有所耳闻但不清楚具体内容，知道并了解相关政策内容的企业家不足33.3%，30.1%的受访者认为政策落实效果不佳的原因在于政策宣传力度不够。这说明新区民营企业家对政策的了解程度还不够，政策宣传和服务提升的空间还很大。

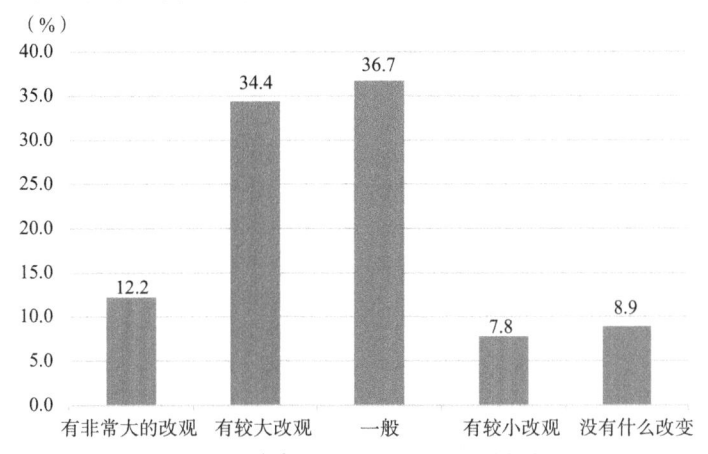

图4-1 政府服务民营经济的总体评价

资料来源：天津市滨海新区民营经济发展商务环境调查。

一位曾担任两会代表的民营企业家坦言，政府对民营企业家还不够重视，没有清醒认识到企业家的困境,政府中基层工作人员服务民营经济的意识不强,如果政府不改变官场文化,民营经济发展就很难有质的突破。因此,受访企业尤其希望税务部门、工商行政管理部门、劳动人事部门等改进管理,提升服务水平,如图4-2所示。

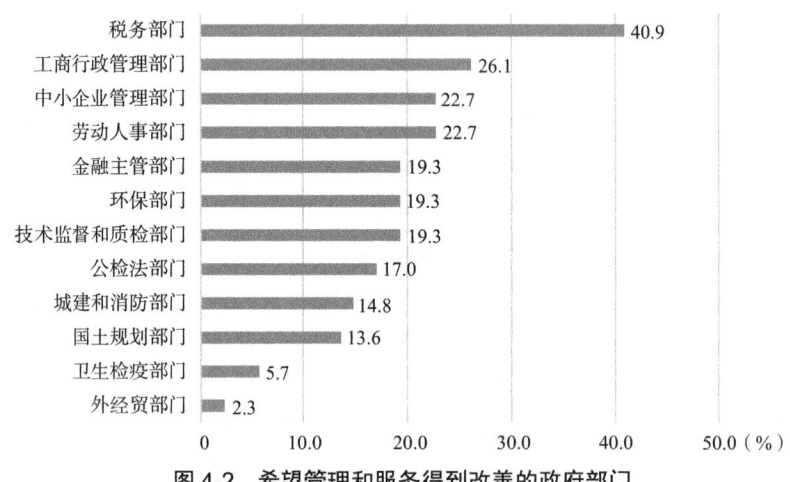

政府部门	百分比(%)
税务部门	40.9
工商行政管理部门	26.1
中小企业管理部门	22.7
劳动人事部门	22.7
金融主管部门	19.3
环保部门	19.3
技术监督和质检部门	19.3
公检法部门	17.0
城建和消防部门	14.8
国土规划部门	13.6
卫生检疫部门	5.7
外经贸部门	2.3

图 4-2 希望管理和服务得到改善的政府部门

资料来源:天津市滨海新区民营经济发展商务环境调查。

分别有30.1%、26.9%和25.8%的民营企业家认为,改善企业金融服务政策、鼓励科技创新政策,以及激发企业创业活力,完善创业政策对民营经济健康发展起到了明显的推动作用。但同时我们也应注意到,民营企业普遍对企业家和各类人才教育培训政策、投诉处理和司法保障政策、支持民营企业"走出去"和开拓国内外市场政策,特别是推动转型升级和提高质量效益政策认可度不高,如图4-3所示。

政策	百分比(%)
财税支持政策	19.4
支持民营企业"走出去"和开拓国内外市场政策	7.5
投诉处理和司法保障政策	7.5
推动转型升级和提高质量效益政策	3.2
规范管理和优化服务政策	18.3
鼓励科技创新政策	26.9
企业家和各类人才教育培训政策	6.5
支持民营企业参与国有企业改革政策	23.7
用工和人才服务政策	21.5
放宽市场准入条件政策	20.4
引导实施品牌战略政策	14.0
放宽经营领域政策	16.1
改善企业金融服务政策	30.1
激发创业活力,完善创业政策	25.8

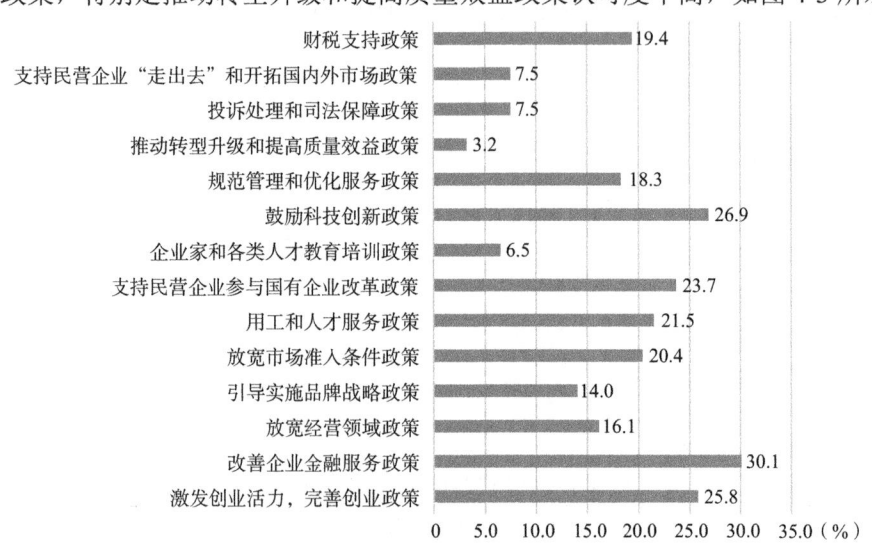

图 4-3 政策推动作用

资料来源:天津市滨海新区民营经济发展商务环境调查。

企业对营商软环境,特别是创新环境改善的诉求越来越强烈。调查显示,民营企业期盼的已不仅仅是各类补贴、返免税、用地指标等"硬"政策,而对"软"环境和良好创新生态改善的诉求越来越强烈,如引才聚才、成果转化平台、建设产学研用创新联盟、打造创新产业链等。然而天津整体创新环境和创新要素配套并不乐观。调研中企业反映较多的是创新人才、技术和资金问题。人才方面,企业创新人才以本科学历的中端人才为主,少部分企业有博士和院士等高层次研发人员。研发力量主要来自本地高校和企业,对外地研发人才吸引力太弱。人才公寓等配套设施不足、中小企业家培养计划欠缺。技术方面,外源性技术来源明显不足,缺乏与其他地区高校、科研院所、企业开展创新合作的科技成果转化体制、基地和平台。天津大部分民营企业主要靠自身能力进行产品研发和技术创新,未能广泛形成政产学研用一体化的民营经济创新生态系统。资金方面,企业创新主要倚重自有资金和政府项目资金,风险投资机构明显不足,投资引导基金建设仍较滞后。

一、市场环境

笔者曾对天津市滨海新区民营经济发展中的营商环境问题进行了调查和访谈,其中涉及市场环境、融资环境、人才环境、创新环境等。整体而言,受访企业的当前综合经营状况尚佳、对未来发展信心较足,但所在行业、企业规模、企业年龄不同,企业面临的市场环境具有很大差异,其当前经营状况、对未来发展预期存在明显差异。访谈中不少制造业及物流行业企业反映,"8·12"事故后滨海新区经济发展受到严重影响。行业快速洗牌,加之互联网带来的规则变化,使产能过剩问题凸显,企业竞争压力大,产品价格低,人工成本高,利润空间严重萎缩,企业逐渐丧失投资信心。而企业当前经营状况和未来发展预期的差异,对市场环境的评价及感受等因素,又会对企业新增投资方向的差异产生一定程度的影响。从受访企业新增投资的主要方向看,新产品研发、技术创新和工艺改造、扩大原有产品生产规模居企业新增投资的前三位,占比分别为47.7%、39.8%、35.2%;投向新的实体经济领域也是新增投资的主要方向之一,占比为27.3%;而用于收购和兼并、投资房地产、投向股市和期货、民间借贷等领域的新增投资占比较低。同时,受访企业普遍认为,当前市场环境方面面临税费负担过重(48.5%)、经营成本上升及利润严重下滑(46.4%)、融资渠道狭窄及融资成本高(24.7%)、高级管理和专业技术人才短缺(22.7%)、同行业竞争激烈(20.6%)等主要困难。

结合深度访谈与调查问卷,研究认为当前天津民营企业发展面临的市场环境主要存在四个方面的问题:一是税制改革的减税效应不明显,民营企业税费负担仍较重;二是经济环境和生产经营环境尚可,但互联网发展环境欠佳;三是中介组织发展相对滞后,行业协会、商会等中介职能有待开发;四是法治建设和执法环境日益完善,但民营企业诉讼成本高。

1. 民营企业税费负担仍较重

在与民营企业家深度访谈过程中，笔者深切体会到，尽管中央和地方政府相继出台了一些减免中小微企业税费的政策，但减免的大都是低额的工本费，企业税费负担重问题没有得到有效缓解。民营企业普遍经历着"税费之痛"，民营企业需缴纳的税收和费用名目繁多、现行"营改增"税制改革为企业带来的减税作用不明显、相关税收优惠政策退税效率低下等因素均导致民营企业面临过高的实际税费负担。

一方面，增值税专用发票开具困难、劳务费不允许抵扣等致使许多企业无法进行进项抵扣。多数民营企业因规模较小、所在行业上下游市场规范性较低，下游个体企业不能开增值税发票，票据开具较为困难，无法通过增值税发票进行进项抵扣；再加上许多服务业企业的费用支出以劳务人员费为主，而劳务费不能抵扣，从而导致"营改增"后税负不减反增，有的企业税负甚至增加30%～50%。相对而言，生产型企业的税负有所降低。另一方面，"营改增"后企业报税程序复杂，而税制改革给企业和税务部门留的缓冲时间太短，短期内大大增加了企业时间成本和管理成本。

2. 互联网发展环境欠佳

整体来看，民营企业家对天津滨海新区的经济环境、生产经营环境认可度较高，但认为目前互联网发展环境有待改善。有12.0%的受访企业非常赞同当前经济环境完善程度较高的观点，47.8%的企业比较同意，38.0%的企业认为一般，2.2%的企业不太同意，经济环境完善指数为3.70。在经济环境评价的各项指标中，民营企业家认为当前经济环境最好的因素是"经济成长快速、发展前景好"（见表4-1）。

表4-1　经济环境完善指数

指标	指数
经济成长快速、发展前景好	4.02
金融措施稳定	3.80
金融机构的国际化程度高	3.76
金融机构效率高	3.65
资金汇兑容易程度高	3.71
资金融资容易程度高	3.61
政府的财政税收稳定、摊派少	3.85
税率水平适宜	3.62
整体经济环境完善程度	3.70

资料来源：天津市滨海新区民营经济发展商务环境调查。

7.4%的受访企业非常赞同滨海新区当前整体生产经营环境良好的观点，48.9%

的企业比较同意，42.6%的企业认为一般，1.1%的企业不太同意，全区生产经营环境良好指数为3.63。在生产经营环境的各项指标中，民营企业家认为滨海新区当前生产经营环境最好的方面是"市场开发潜力高"，最差的则是"专业人才甄补容易"，即认为滨海新区专业人才补给困难（见表4-2）。

表4-2 生产经营环境指数

指标	指数
市场开发潜力高	3.78
劳资关系和谐	3.73
当地形成完整的上下游产业链	3.66
基层劳动力供应充裕	3.65
原物料或半成品取得容易	3.64
技术与研发水平高	3.64
整体而言，生产经营环境良好	3.63
同业的不正当竞争程度低	3.59
员工流动性低	3.45
生产性服务业发达	3.44
用地、厂房与相关设施成本低	3.38
专业人才甄补容易	3.32

资料来源：天津市滨海新区民营经济发展商务环境调查。

受访企业对滨海新区互联网发展环境并不看好，对互联网环境各项评价指标的评分均不高（见表4-3）。其中，"有较好的互联网+政策，适合企业改革"的指数为2.51（最高分为5），是最高值；而"有较多的创投、基金等金融机构，适合为企业互联网化提供资金支持"的值最低，为2.19。对民营企业而言，滨海新区当前的互联网发展环境不利于企业互联网化转型和改革。

表4-3 互联网发展环境指数

指标	指数
有较好的互联网+政策，适合企业改革	2.51
有较多的互联网方面人才，方便改革	2.36
有较多的创投、基金等金融机构，适合为企业互联网化提供资金支持	2.19
有较好的孵化基地，提供对企业互联网化的培训、咨询和指导	2.26
有较好的互联网化发展基础，阿里巴巴、百度等互联网大公司落户天津	2.44
当地行业内企业完成互联网化改革，有先进的经验	2.27
电商发展生态较好，如各类服务公司、物流条件、互联网文化等	2.33

资料来源：天津市滨海新区民营经济发展商务环境调查。

3. 中介组织发展相对滞后

通过与民营企业家深度访谈发现，当前滨海新区行业协会、商会等中介组织的发展主要存在两个问题：一是中介行业市场环境、法律规章不健全，对没有资质的黑代理、黑中介的打击力度较弱；二是中介组织的功能、职责未充分发挥，中介服务不够完善，中介组织职能发挥的专业性有待提高。

针对这两个问题，民营企业也表达了对行业协会、商会等中介组织作用发挥的诉求。在行业协会、商会等中介组织的作用中，最受民营企业青睐的是与政府沟通功能（74.5%），其后依次是提供市场、政策和企业信用等信息（53.1%）、人员培训（31.6%）、职业规范的自律性管理（26.5%）、提供行业技术标准（19.4%）、对外谈判代表（15.3%）、价格协调（15.3%）。今后中介组织的发展与作用发挥应充分考虑民营企业诉求，做民营企业与政府沟通的纽带，为民营企业提供政策信息、市场信息、企业信用信息等，真正为民营企业的发展排忧解难。

4. 民营企业诉讼成本较高

在民营企业长期发展过程中，国内法治建设日益完善，执法环境趋于改善，为民营企业依法经营、权益维护等提供坚实的法治保障。但健全的法制环境、严格的执法程序，在一定程度上也增加了民营企业的违法成本和维权诉讼成本。

天津民营企业面临的法治和执法环境主要存在两个问题。第一，民营企业一旦涉及司法诉讼案件，就会面临漫长的诉讼周期，且存在法院已判决但执行力度低的风险，民营企业无法承担高昂的时间成本和诉讼费用、执行费用成本。第二，执法环境日益严格，但执法标准不统一。例如"8·12"事故之后，政府对环评、安监的监督和检查更为严格，特别是针对生产性企业的环境、安全的执法力度很大。但是，多数民营企业的消防设施是"8·12"事故之前所建，建设当时符合相关规定，但改建需要时间和成本，新规执行过程中对这一客观问题重视程度有待提高。

对滨海新区政策法规环境和公共服务水平的调查发现，受访民营企业对滨海新区政法环境满意度最高的一项是当地行政命令与国家法令一致，指数为3.94；其次是政府积极改善投资环境（3.88）、政策优惠条件好（3.82）；满意度偏低的几项分别是电子政务程度高（3.68）、解决纠纷的管道完善程度（3.66）、海关行政效率高（3.66），如表4-4所示。

表4-4 政法环境指数

指标	指数
当地行政命令与国家法令一致	3.94
政府积极改善投资环境	3.88
政策优惠条件好	3.82
工商管理机关行政效率高	3.80
环保法规规定适宜	3.80

（续表）

指标	指数
税务行政及退税效率高	3.75
法治环境完善，公共服务水平高	3.75
政府对知识产权重视程度高	3.73
官员操守清廉	3.70
地方政府对民营企业友善	3.70
政府政策稳定性及透明度高	3.70
执法公正	3.69
公安、消防、卫生检查效率高	3.69
电子政务程度高	3.68
解决纠纷的管道完善程度	3.66
海关行政效率高	3.66

资料来源：天津市滨海新区民营经济发展商务环境调查。

二、融资环境

2016年7月4日，《国务院办公厅关于进一步做好民间投资有关工作的通知》发布，其中第五条强调，着力缓解融资难、融资贵问题。其指出，近年来国务院连续出台一系列措施缓解中小微企业融资难、融资贵问题，取得了积极成效。但融资难、融资贵依然是民营企业反映强烈的突出问题之一，民营企业申请贷款中间环节多、收费高、难度大，一些银行惜贷、压贷、抽贷、断贷行为时有发生。在民间投资增速下滑的大背景下，要稳住民间投资增速，进一步调动民间投资积极性，激发民间投资潜力和创新活力，需要一揽子举措，其中非常重要的一条，即缓解民营企业的融资难、融资贵问题。

调查数据显示，目前滨海新区民营企业所处的融资环境主要存在的问题包括：融资需求未被满足的状况较为突出；融资来源趋于多元，但仍以国有和股份制商业银行贷款为主；抵押品不足仍是企业获得银行贷款的瓶颈；政府的引导作用发挥不充分等。民营企业使用融资租赁的方式解决企业发展问题的现象更加普遍，特别是小型企业。融资租赁企业逐渐调整业务范围和对象，放宽中型、小型企业授信，21.8%的小型企业通过设备租赁的方式解决融资问题，同比增加137%。此外我们还发现，大型、中型企业上市融资的比例明显增加；软件信息行业使用银行贷款（74.1%）、融资租赁（29.6%）和上市（33.3%）的比例在各行业中均较高，反映了其强烈的融资需求；小型、微型企业及初创企业的融资渠道更加多元，体现出民营企业的创新创业活力。

1. 融资需求未被满足的状况较为突出

在被调查企业中,融资需求完全满足的企业仅占18.7%,其余企业均存在不同程度的融资需求缺口。其中,融资需求缺口在40%(不含)以上的企业占36.3%,融资需求缺口在0(不含)~40%(含)的企业占44.0%。这充分说明滨海新区民营企业发展中面临的融资需求未被满足状况较为突出,融资需求缺口问题有待改善。

企业所在行业各异,面临的融资需求缺口存在明显差异。面临严重融资需求缺口问题的行业主要是农、林、牧、渔业,房地产业,其融资需求难以满足。此外,信息传输、软件和信息技术服务业及科学、教育、文化、卫生业正处于行业发展的上升期,投资需求旺盛,导致两个行业的融资缺口较大。融资需求缺口较小的行业分别是金融业、住宿和餐饮业、跨行业经营、租赁和商务服务业,企业融资需求满足状况良好,如表4-5所示,指数值越高代表融资缺口越大。

表4-5 不同行业企业融资需求缺口指数

行业	指数	行业	指数
农、林、牧、渔业	8.33	电力、热力、燃气及水生产和供应业	5.00
房地产业	8.33	居民服务、修理和其他服务业	5.00
科学、教育、文化、卫生	6.36	交通运输、仓储和邮政业	4.05
信息传输、软件和信息技术服务业	5.95	租赁和商务服务业	3.89
批发和零售业	5.67	跨行业经营	3.81
建筑业	5.24	住宿和餐饮业	3.33
制造业	5.00	金融业	3.33

资料来源:天津市滨海新区民营经济发展商务环境调查。

2. 融资来源趋于多元,但仍以国有和股份制商业银行贷款为主

被调查企业的融资来源趋向于多元化,但仍然以国有和股份制商业银行贷款为主,有60.9%的融资来源于国有和股份制商业银行贷款;民间借贷、个人拆借和小型金融机构(村镇银行、小贷公司)逐渐成为民营企业融资的重要来源之一,分别有29.9%、18.4%的融资来源于这两种融资渠道;融资租赁、上市、中小企业集合债、互联网金融借贷等渠道的选择比例仍处于低位。天津的融资租赁公司主要为大企业、大项目提供租赁服务,不少公司因为缺乏项目而处于"睡眠"状态,但广大小企业的租赁需求却得不到满足。由于企业征信体系不健全,合同贷款、融资租赁等融资方式未对民营企业充分开放,而天津对互联网金融发展没有明确的导向和政策规定,导致企业利用新融资手段筹资受限。

调查发现,企业规模、企业年龄各异,其融资来源也存在明显差异。企业规模越小,对国有和股份制商业银行贷款的依赖度越低,亦即企业规模越大,越容易以国有和股份制商业银行贷款作为主要融资渠道。大型企业以国有和股份制商业银行贷款及小型金融机构（村镇银行、小贷公司）为主要融资来源，融资渠道相对单一；中型企业、小型企业、微型企业的融资渠道则具有多样化，从传统的国有和股份制商业银行贷款到融资租赁、互联网金融借贷、中小企业集合债等均有涉及；而且企业规模越小，对国有和股份制商业银行贷款的使用率越低，对中小企业集合债的使用率则越高（见表4-6）。

表4-6 不同规模企业的主要融资渠道　　　　　　　　　　　　　　　（单位：%）

企业规模	国有和股份制商业银行贷款	小型金融机构（村镇银行、小贷公司）	融资租赁	民间借贷、个人拆借	互联网金融借贷	中小企业集合债	其他
大型	50.00	33.33	0.00	0.00	0.00	0.00	0.00
中型	42.86	23.81	4.76	14.29	4.76	0.00	4.76
小型	29.17	37.50	6.25	20.83	4.17	2.08	0.00
微型	22.22	22.22	0.00	11.11	33.33	11.11	0.00

资料来源：天津市滨海新区民营经济发展商务环境调查。

尽管无论企业处于哪一年龄阶段，其融资渠道都以国有和股份制商业银行贷款及小型金融机构（村镇银行、小贷公司）为主体，但相较而言，成立10年以上的企业和初创期企业的融资渠道更为多元化，其对民间借贷、个人拆借，以及互联网金融借贷、中小企业集合债均有使用。

3. 抵押品不足仍是企业获得银行贷款的瓶颈

调查显示，企业面临融资难困境的因素比较多而且复杂。银行的抵押品要求过高（36.3%）、银行的贷款手续太烦琐（36.3%）、贷款利率和其他成本太高（33.0%）是企业陷入融资难、融资贵困境的三大主要因素。民营企业在申请银行贷款过程中面对3个问题：第一，银根紧收，银行只收不贷，即使贷款获批也没有资金到位；第二，贷款成本高，民营企业贷款利率在基准利率基础上上浮30%～50%，这部分成本不可能转加给市场；第三，贷款手续复杂、要求过多，如集体户口不予贷款、配偶不到场不予贷款等。

进一步分析民营企业申请银行贷款是否可得的影响因素，发现37.9%的受调查企业认为抵押品是影响民营企业能否成功申请银行贷款的最关键因素。一些轻资产或劳动密集型的现代服务业企业，如设计公司、中介服务公司等，由于没有土地、厂房等抵押物，几乎不能从银行获取贷款。此外，27.6%、21.8%、14.9%、6.9%、3.4%的企业分别将企业盈利状况、企业信用信息、企业规模、行业发展水平、企业财务制度等因素视为企业申请银行贷款可得性的关键因素。

三、人才环境

基于百度地图开放平台大数据形成的《2021年第一季度中国城市活力研究报告》显示，全国城市人口吸引力指数排名前10位中，天津未列其中。智联招聘等发布的《中国城市人才吸引力排名》报告显示，2017—2020年天津人才净流入占比分别为0.1%、-0.1%、-0.1%、0.0，多处于人才净流出状态。在人才整体流出的大背景下，租赁和商务服务业，金融业，信息传输、软件和信息技术服务业及科学、教育、文化、卫生等高端现代服务业企业的平均高端人才数量明显增加。根据《中国城市人才吸引力排名》报告，2020年、2021年"硕士及以上"人才流入城市榜单TOP20，天津连续2年居第8名，这在一定程度上反映了天津经济结构进入深度调整期。随着京津冀三地协同发展中北京人才虹吸效应的显现，以及雄安新区规划对中低端人才回流的吸引力，预计在未来几年，天津将面对更加严峻的人才形势，这就对天津人才政策制定的精准性及执行的有效性提出了更高的要求。

1. 配套不足约束人力资源存增量发展

第一，公共基础设施容量不足，幼儿园、小学、医院、蓝白领公寓等基础设施发展跟不上企业发展速度，技术骨干、管理人员等中高端人才的基本需求难以满足，造成产城分离，企业人才难招难留，这也是高层次人才引进困难的主要原因。高层次人才更注重行业和地区经济的发展活力、人才市场开放程度、城市综合配套服务能力等问题。这是企业在高层次人才引进中最大的难题和最迫切的诉求。

第二，人才中介和服务平台发展滞后。人才中介机构数量较少、层次不高、种类不全等问题突出。人才服务机构市场化程度低，服务形式比较单一。调查中42.7%的企业认为人才引进工作中遇到的首要问题是引才渠道狭窄，占比居各类问题之首。

第三，人才创新服务配套机制弱。调查发现，创新服务链中的知识产权认定和保护、成果转化、创业及风险投资等环节仍存在短板。因此，民营企业发展面临高端人才与技术用工方面的双重约束：一方面，区域间人才竞争主要取决于城市品牌及就业性价比，而天津的人才竞争优势尚未形成，高端人才难引进且易流失至北京；另一方面，随着雄安新区的建设，陆续有中央企业搬至雄安，这将吸引更多的普通劳动者、技术工人、中初级白领返乡就业。加之气候、房价、户籍等多方面因素的制约，天津未来将面临较为严峻的人才短缺局面。

2. 人才引进重高端轻一般，重个人轻团队

领军人才的作用是一种团队生产力，对领军人才的培育和经营不仅要注重短期的荣誉和单项成果激励，而且要注重培育激发其团队活力。目前，天津的人才激励政策主要适用于高端人才个人，包括获得国家和省级科研经费、创新创业基金保障和享受薪金福利、配偶随迁、子女入学等。极少有人才政策能惠及领军人才的团队建设，以及团队中的中端人才。这势必影响科研团队的整体创新力，导致科技资源难以得到优化配置与稳定发展。调研发现，民营企业从一些知名公司引进了不少高级人才，但没有足够的、得力的研发团队或管理团队支撑，使得领军人才孤掌难鸣，创新计划很难完成，这也是高端人才不稳定或流失的原因之一。此外，"十二五"以来，天津科委、人力社保局等部门加大了对高层次人才的引进力度，相关政策数量之大、流程标准之详可谓空前，但却鲜见针对已有的国内领军人才的政策。调研中多家企业反映，具有相同资历或水平的本地优秀科技人才享受不到同等的优惠政策。这阻碍了存量科技人才的成长，使得本地人才队伍不稳定，甚至不断流失。

3. 产业特点和企业结构对吸纳人才形成制约

创新型企业尤其是中小企业是吸纳创新人才的重要载体，也是发挥其才智的平台。汇聚创新人才与本地的企业结构尤其是企业集群有相当大的关联性。中小企业多且互为上下游或互为关联客户的企业群落更有利于吸引各类人才。笔者对苏州和天津两地的对比研究发现，苏州以互联网为代表的信息企业及以先进生产技术、流程为依托的制造企业迅猛发展，与其关联性强的服务型企业多，上下游产业配套程度较高，目标客户多，创业资本丰裕，这种中小企业生态系统是各类人才的首选创业地点。而天津企业结构的特点是大企业多但产业链短，上下游产业配套程度并不高，民营经济不活跃，企业间关联程度较低，对中小企业的带动作用并不强。这种企业结构降低了对创新创业人才的吸引力，也难为其落地发展提供机会。

4. 蓝领人才保有量不足，技术水平有待提高

《京津冀协同发展规划纲要》对天津先进制造研发基地的定位为天津制造业的发展提供了新的机遇，国家自主创新示范区和自由贸易试验区建设推动天津工业从"中国制造"向"中国智造"转型。《中国制造2025》正式落地，但蓝领技工尤其是高级蓝领技工短缺问题将构成天津制造业转型发展的重要制约。近几年天津工业规模快速扩张，蓝领技工短缺现象尤为严重。其主要表现为：初级技工多，高级技工少；大龄技工多，青年技工少；传统技工多，现代技工少；单一技能工多，复合技能工少。

劳动力市场供求信息显示，天津市企业高级技术技能人才的供求比例达到1∶10左右。"十四五"时期，天津现代制造业将向先进制造研发基地转型，实现"天津智造"。先进制造业研发与高技能劳动力呈互补关系，掌握现代技术技能的高级蓝领队伍将成为制造业产品创新和研发成果转化的主力军。天津自主创新活动将对高技能蓝领群体产生依赖，尤其是掌握现代技术的青年技工。然而在津蓝领人才技术水平尚有待提高，技工队伍中高级技工（含以上）占技术工人的比重仅为10%左右，而按照国际劳工组织提供的发达国家的合理布局应达到35%，德国已超过40%。

调研中多家企业反映高级蓝领技工人才紧缺，招聘困难，技术水平达不到科技创新的要求。一家企业引进了青岛海洋大学教授研发的高速切割机，但由于招聘

不到会操作、懂维护的技术人才，影响了企业对高新技术产品的应用。高级蓝领技工、青年技工短缺将对天津制造业转型发展形成约束。

四、创新环境

1. 创新人才缺乏

创新人才以中端人才为主，研发力量主要来自本地。外地高校、科研院所和企业的人才流入不多，缺乏对外地研发人才的吸引力。从民营企业员工学历的构成来看，具有硕士及以上学历的员工数量大部分在 5% 以下，说明民营企业员工仍以本科及以下学历为主，对企业未来创新发展可能存在一定影响。企业的技术研发人员的学历多集中于专科、本科和硕士，尤其以本科毕业生为主，少部分企业有博士后和院士等高学历研发人员，说明民营企业的研发资质一般。

企业技术研发人员三大来源分别为本地高校（34.33%）、其他地区高校（18.16%）和本地企业（18.01%），这表明本地的高校和企业的人才资源对天津市民营企业的创新提供了一定的人力资本支持。而从北京及外地的高校、科研院所和企业流入的人才力量不足，一定程度上反映了天津市民营企业对外开放程度不够，具有较低的人才吸引力。

2. 技术来源狭窄

从数量上看，天津民营企业在各类创新方式中采用"引进消化吸收再创新（在对引进技术进行消化吸收的基础上所从事的创新）"的企业占比最多，为 38%。其次是"原始创新（通过研发活动掌握核心技术并拥有自主知识产权的创新）"，占比为 34%。"集成创新（通过融合多种资源和技术所从事的创新）"占比最少，为 28%。这反映了天津市民营企业的创新来源比较多样，重视原始创新和引进创新。

从技术创新来源来看，企业内 R&D 机构对技术研发创新的贡献最大（27.17%），与其他企业合作获得技术创新的方式也占较大比例（23.37%），通过与高校或政府等非营利研发机构合作（15.22%）、引进其他单位技术人员及团队、依靠咨询公司及私立研发机构、企业内非 R&D 机构等方式，也是天津市民营企业技术创新研发来源的重要渠道，而购买专利或技术转让所占比例最低，为 2.72%。从技术创新来源和合作机构来看，外源性技术显然不足，开放程度不够限制了民营企业创新渠道。

3. 信息交流不畅

与高校、科研院所、企业合作研发是民营企业经常采取的技术创新方式。与天津民营企业开展合作研发的各类机构中，天津本地企业数量最多，占比为 23.07%。与天津本地高校（21.10%）、本地科研院所（19.13%）开展合作研发的方式也较为普遍。与其他地区，如北京的科研院所和高校，以及津外企业开展合作研发的企业占比较少，说明了天津民营企业的跨区域合作意愿较低，没有充分利用京津冀协同发展战略的机会进行合作研发，导致创新效率不高。

及时获取前沿研发信息可以帮助民营企业抢占创新优势，占领市场高地。天津民营企业获得前沿研发信息的主要渠道是来自检测机构（15.45%）。其他方面的信息来源有：第三方中介机构（12.94%）、其他企业（12.81%）、产业技术联盟（12.72%）、科研机构（12.50%）和市场信息反馈（9.64%）。而来自行业协会的信息较少（7.75%），来自市场的信息没有及时整合反馈，无法快速获取。同时笔者调查了企业对信息渠道来源重要性的反馈。根据受访企业的评价，天津民营企业普遍认为，获得前沿研发信息最重要的渠道是行业协会，其次是市场信息反馈、科研机构、其他企业、检测机构、产业技术联盟和第三方中介机构等。通过对比可以看出，民营企业获取前沿研发信息的愿望与实际获取信息的渠道并不十分匹配。民营企业还是倾向于通过具有行业影响力的公共部门（行业协会）来获取信息，或者通过及时的市场信息反馈来调整自己的研发举措。而实际情况是，企业不能从自己认为重要的渠道中获取足够的信息，导致研发信息交流不畅，制约民营企业创新发展。

4. 研发投入较少

天津民营企业研发资金来源渠道多元化，包括互联网金融信托（7.47%）、国外风险投资（7.45%）、中小企业集合债（7.38%）、上市（7.30%）、产业基金（7.26%）、民间借贷和个人拆借（7.16%）、家族资金（7.04%）、小型金融机构（7.04%）、国有和股份制商业银行贷款（6.34%）、个人资金（6.26%）和政府项目资金（5.95%），把自有资金作为研发经费来源的企业占比较少，只有1.59%。65%的企业每年投入技术研发的费用在100万元以下，投入在100万～500万元的企业占比为17%，投入在500万～1000万元的企业占比为11%，投入在1000万元以上的企业占比为7%。大多数企业每年的技术研发投入费用占总营业收入比重在10%以下。

每年新增发明专利申请数量在一定程度上可以反映企业的创新产出情况。在受访的民营企业中，多数企业本年度无新增发明专利，占比为54%。新增发明专利申请数量在1～10个的企业占比为39%，11～20个的企业占比为4%，21～30个的企业占比为1%，可见创新产出效果并不明显。

第五章 转型升级与新动能培育

长期以来，民营经济发展方式存在着多重路径依赖和锁定效应，表现为依靠外需、廉价劳动力、资源环境、政策优惠等。但近年来随着国内外经济形势的变化，传统行业面临越来越严峻的转型升级问题。从国际上看，全球经济增长疲软，主要经济体经济增速明显回落，全球化进程持续受挫，贸易保护主义蔓延，中美贸易摩擦加剧，导致诸多外向型民营企业发展受阻，需要向国际国内双循环的发展模式转变；从国内看，我国正处在转变发展方式、优化经济结构、转换增长动力的关键时期，行业内快速调整、产能过剩问题凸显、史上最严格的环境保护政策的实施、人工成本攀升、同质低价竞争已趋极限、利润空间严重萎缩等因素倒逼民营企业加快转型升级步伐。

民营企业转型升级重在调整现有的生产方式、组织方式和管理制度。民营企业普遍存在规模小、资金量少、研发能力较弱、人才吸引力低、管理模式不健全等问题，加之缺乏必要的外部支持，如融资支持、完善的社会化服务体系、良好的创新环境等，导致民营企业转型升级遇到诸多困难。笔者追踪调查了2014年以来天津民营企业发展和经营中的困难及转型升级面临的阻碍，随着企业的发展和内外部环境的变化，企业在转型升级和新动能培育过程中存在着动态变化的焦点和诉求。

一、2014年：税负、资金支持和市场准入为关键词

1. 发展和经营中的困难

2014年天津民营企业在发展中最需要解决的是"税负负担过重""财政资金支持不足""融资成本高""融资渠道狭窄"和"市场行业准入存在障碍"等问题，如图5-1所示。座谈企业反映，有些行业门槛和各项费用标准过高。比如，开办民办教育类机构要求民办机构需要有500平方米以上5年使用权限的固定经营场所，同时还要缴纳房屋租金3%的公证费，且每年还要按年度经营收入的3%收取保障金，存入指定账户冻结使用。这对于集中在市区经营的教育培训企业而言负担过重，阻碍了企业做大、做强。中型、小型、微型企业在技术、人才、管理制度改进方面都需要更多的财政资金支持，但中型、小型、微型企业在资金保障方面缺口较大，一方面是人员成本、劳动力报酬和"五险一金"开支较大，另一方面是税费负担较重，导致许多中型、小型、微型企业虽有主观意愿，但没有能力进行转型升级。

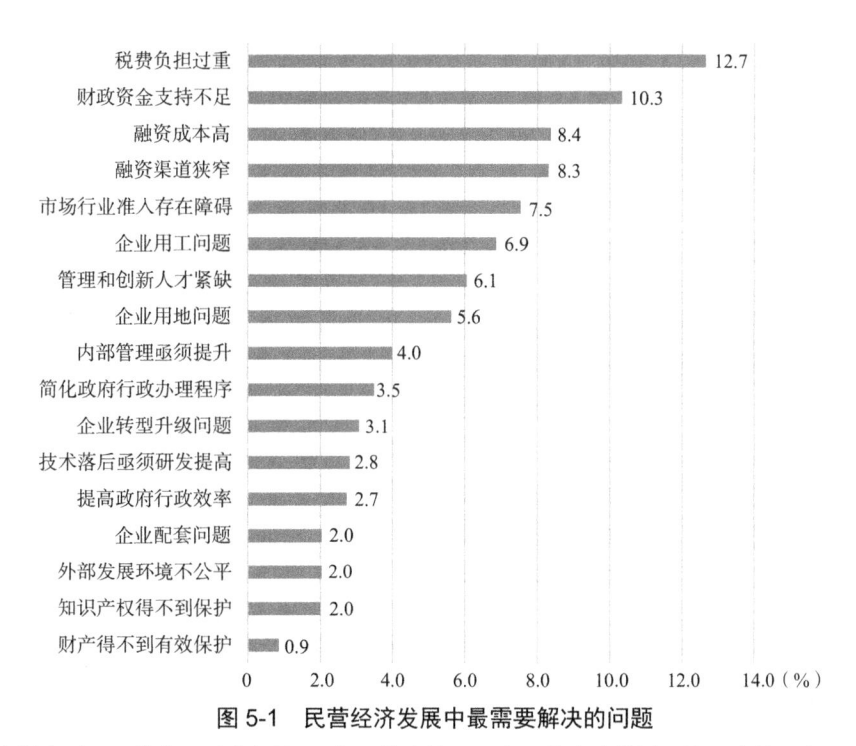

问题	百分比
税费负担过重	12.7
财政资金支持不足	10.3
融资成本高	8.4
融资渠道狭窄	8.3
市场行业准入存在障碍	7.5
企业用工问题	6.9
管理和创新人才紧缺	6.1
企业用地问题	5.6
内部管理亟须提升	4.0
简化政府行政办理程序	3.5
企业转型升级问题	3.1
技术落后亟须研发提高	2.8
提高政府行政效率	2.7
企业配套问题	2.0
外部发展环境不公平	2.0
知识产权得不到保护	2.0
财产得不到有效保护	0.9

图 5-1　民营经济发展中最需要解决的问题

资料来源：天津市"民营经济 27 条"落实情况万家民营企业发展环境调查第三方评估。

在企业经营中，目前的困难集中在"流转资金不足，融资困难"（42.8%）、"经营成本上升，利润严重下滑"（40.6%）和"市场萎缩，订单不足"（40.5%）三个方面。"高级管理和专业技术人才短缺"（32.1%）和"创新能力不足"（24.8%）的问题也相对较集中。

2. 转型升级面临的阻碍

2014 年 2 月，天津市政府启动了万企转型升级行动。调查数据显示，2014 年民营企业转型升级面临的困难集中于"资金投入过高"（42.8%）和"市场风险太大"（42.1%）。"研发人才缺乏"（36.7%）、"风险投资机制不完善"（32.2%）和"研发公共平台不足"（31.4%）是阻碍民营企业自主创新的主要原因，而这一问题的解决需要政府在人才引进、平台建设、金融体系完善等方面给予民营企业相应的支持。有些企业称，"在知识产权保护方面，当地政府不敢批准本市企业的版权申请"，降低了企业在研发新产品、开发新技术上的积极性。

在财税方面，"税率过高"（45.8%）成为制约民营企业发展的最大问题，其次是"不合理规费"（37.7%），可见在 2014 年税费负担是制约企业发展，限制民营企业转型升级和释放经济活力的主要因素。另有 27.7% 的企业认为财政支持政策落实不力，25.9% 的企业认为财政专项扶持资金歧视民营企业，24.8% 的企业认为税收减免工作未做到位。有些企业反映，一些扶持政策在落实过程中存在着信息不对称，一些中介组织机构充当沟通环节，作为第三方帮助申请扶持政策，但要求提取扶持资金的30%~40%作为报酬，给企业造成极大的负担，同时降低了扶持资金的有效性和使用效率。在用地方面，制约民营企业发展的主要原因在于"土地价格过高"（47.8%）、"用地和建设程序烦琐"（39.7%）。简化手续是当下可行的解决企业用地困难的主要抓手。

二、2015年：同行竞争，利润下滑，税费负担有所缓解

1. 企业发展面临的各项困难

本研究通过聚类分析的方式将企业面对的16项主要困难分为生产经营问题、组织管理问题、政策问题、创新问题、融资问题及配套服务问题6个方面。目前民营企业发展面临的主要困难集中在生产经营方面（如同行业竞争激烈；宏观经济不景气，市场萎缩，销路不畅；经营成本上升，利润严重下滑）以及高级管理和专业技术人才短缺、内部管理亟须提升等组织管理问题。相对而言，融资问题及配套服务问题并不特别紧迫和严重（见表5-1）。

表5-1 企业发展面临的主要困难

问题类别	问题描述	均值	排位
生产经营问题	同行业竞争激烈	4.46	1
	宏观经济不景气，市场萎缩，销路不畅	4.45	2
	经营成本上升，利润严重下滑	4.44	3
	税费负担过重	4.26	4
组织管理问题	高级管理和专业技术人才短缺	4.11	5
	内部管理亟须提升	4.02	6
政策问题	财政资金支持不足，服务水平和效率不高	3.85	7
	国家产业政策调整，企业亟须转型	3.57	10
创新问题	产品、技术、经验模式创新能力不足	3.81	8
	电子商务、智能制造等新技术应用程度低	3.67	9
	市场准入、行业准入存在障碍	3.55	11
融资问题	融资渠道狭窄，融资成本高	3.49	12
配套服务问题	获得生产经营信息的渠道不畅通	3.49	13
	上下游产业配套不足	3.29	14
	知识产权得不到保护	3.19	15
	缺乏企业发展用地	3.18	16

资料来源：2016年天津民营经济发展动态监测及追踪调查。

通过对不同规模、主要行业企业的进一步研究发现，对于大型企业而言，

组织管理问题是企业面临的最主要的困难,而中型、小型企业税负问题严重。制造业及金融业企业和其他行业企业相比面临更多的税负问题;批发和零售业、住宿和餐饮业等低端服务业主要面对经营困难和生存挑战;对于房地产业和金融业企业而言,由于行业利润率较高,其主要面对的是创新和管理方面的挑战;而信息传输、软件和信息技术服务业与其他行业不同,其融资问题为主要困难之一(见表5-2)。

表5-2　不同规模、主要行业企业发展的前三位困难

规模	前三位困难	均值	行业	前三位困难	均值
大型	高级管理和专业技术人才短缺	4.36	制造业	同行业竞争激烈	4.70
	内部管理亟须提升	3.92		宏观经济不景气,市场萎缩,销路不畅	4.68
	宏观经济不景气,市场萎缩,销路不畅	3.83		税费负担过重	4.66
中型	宏观经济不景气,市场萎缩,销路不畅	4.55	房地产业	内部管理亟须提升	4.44
	税费负担过重	4.46		产品、技术、经验模式创新能力不足	4.38
	同行业竞争激烈	4.45		宏观经济不景气,市场萎缩,销路不畅	4.31
小型	税费负担过重	4.11	批发和零售业	同行业竞争激烈	4.77
	市场准入、行业准入存在障碍	3.54		宏观经济不景气,市场萎缩,销路不畅	4.66
	财政资金支持不足,服务水平和效率不高	3.84		经营成本上升,利润严重下滑	4.55
微型	经营成本上升,利润严重下滑	4.96	金融业	产品、技术、经验模式创新能力不足	3.86
	宏观经济不景气,市场萎缩,销路不畅	4.85		高级管理和专业技术人才短缺	3.83
	同行业竞争激烈	4.82		税费负担过重	3.71
			信息传输、软件和信息技术服务业	经营成本上升,利润严重下滑	4.59
				财政资金支持不足,服务水平和效率不高	4.53
				融资渠道狭窄,融资成本高	4.18

资料来源:2016年天津民营经济发展动态监测及追踪调查。

2015年企业各类税费、摊派、罚款等综合税负占主营业务收入的百分比基本在50%以下，其中有46.4%的企业综合税负占营业收入的20%以下，48%的企业综合税负为20%~50%，民营企业税费负担进一步降低。同时，本研究将此次问卷的调查结果与2014年执行的问卷调查结果进行了对比，"税费负担过重"一项在2014年排在企业各项困难之首，但在2015年下降至第四位，帮助民营企业轻装上阵的工作成效初显。财政资金支持不足，融资难、融资贵，市场准入障碍等2014年民营企业反映比较集中的问题都不同程度得到了缓解，分别降至困难程度排名的第7位、第12位及第11位。可见在2014年调查评估的基础上，管理部门协同民营企业做了大量改进工作，成果显著。然而随着经济形势和市场条件的变化，企业在生产经营、创新转型、管理、人才等方面面临的困难越发突出。

2. 融资成本高、融资渠道少的问题突出

"融资成本高"和"缺乏融资渠道"是民营企业融资面临的主要问题。不同规模的企业融资困难存在共性，但也有其自身特点，如大型企业认为"担保抵押要求过严"，微型企业最"缺乏融资渠道"。民营企业最希望政府加强"贷款贴息""建立小额贷款担保基金"和"设立中小企业融资专项资金"等扶持政策的落实力度。

银行和个人拆借是民营企业融资的主要渠道。大中型企业从银行获得资金明显比小微企业要更为容易，企业规模越小，越倚重个人拆借。大部分民营企业总体规模小，资金所有量少，在生产经营资金方面多依赖亲朋好友借贷或者银行等金融机构贷款。但我国的金融机构针对中小企业创新研究发展的贷款种类、数量少，且对民营企业发放贷款有所顾虑，尚未建立多层次的融资体系，企业资金来源单一，资金需求的缺口较大。调查显示，2015年融资缺口在20%~40%的企业占比为24.1%，融资缺口在40%~60%的企业占比为19.4%，外部资金融资来源不足的问题较为严重。

三、2016年：降低成本、提升技术和创新模式为转型升级的主要举措

1. 转型升级的主要举措

2016年，为适应市场环境的巨大变化，天津民营企业实施了一系列转型升级的措施，主要包括降低成本，如减少用工成本、原料成本等（41.7%）；提升技术，如转产高端产品、减轻污染等（38.2%）；调整商业模式，如利用互联网+、经营方式创新等（36.4%）。开发海外市场及搬迁厂址的比例分别为18.0%及9.2%。有8.9%的企业选择转营其他行业，试制新品、退二进三等。组织管理制度转化成新型的企业发展模式成为企业转型升级的难点。目前国内的创新环境有待改善，创新创业相关的法律、法规尚不完善且落实力度偏弱。此外，市场监管体系有待完善，监管力度有待强化，对技术创新的保护力度偏弱，《知识产权法》落实情况不佳，甚至出现各种不同程度的不正当竞争和垄断现象，这在一定程度上降低了企业转型升级的积极性。

2. 市场风险和人才缺失问题

调查显示，民营企业转型升级面临的困难集中于"市场风险太大"（40.2%）、"资金投入过高"（36.9%）和"缺乏高端人才"（26.8%）。与 2014 年的调查结果相比，选择资金投入过高和没有关键技术的比例分别下降了 5.9% 及 11.9%。可见对于民营企业而言，资金问题和技术问题困难程度有所降低，但市场风险和人才缺失的问题更为突出。目前很多高校毕业生会选择考公务员、事业单位、国企等稳定工作，民营企业特别是中小企业高端人才的缺口比较大，创新研发方面的高端技术型人才和管理人才更加匮乏，导致民营企业转型升级的人才支持不足。同时还应注意到，不同行业面对的转型升级困难有所不同，租赁和商务服务业（25%），科学、教育、文化、卫生行业（17.6%）及制造业（13.4%）在转型升级中面对相对更严峻的知识产权和品牌保护问题。

四、2017 年：税费负担下降，成本问题突出，转型升级困难加剧

总体而言，2017 年企业所反馈的发展困难程度低于 2016 年，指标从 5.43（满分为 10）下降至 5.18，除企业发展用地等少数因素外，企业各项困难指标都有所下降。特别是"税费负担过重"的问题从 2014 年的排名困难首位，下降至 2015 年的第 4 位，2017 年下降至第 5 位。税制改革、规范行政收费目录等切实减轻实体经济负担的政策措施效果显著。然而，2017 年企业所承担的物料成本和人工成本上升趋势明显，有 73.0% 的企业认为物料采购成本上升，79.9% 的企业认为人工成本增加，因此盈利水平增加和持平的企业占比均有所减少。

随着京津冀协同发展产业再布局、环保大督查和供给侧结构性改革的深入进行，2017 年更多的民营企业，特别是传统的制造、仓储、化工企业面临迫在眉睫的转型发展问题，因此转型升级中的困难就越发突出。

1. 生产经营方面困难集中

关于企业发展面临的困难，本研究将 2014 年、2016 年及 2017 年三年的有关数据进行了对比分析，将企业面对的 16 项主要困难分为生产经营问题、组织管理问题、政策问题、创新问题、融资问题及配套服务问题 6 个方面，并对企业转型升级中的困难进行了具体分析。

总体而言，2017 年企业所反馈的发展困难程度低于 2016 年，指标从 5.43 下降至 5.18。如图 5-2 所示，除企业发展用地、融资等少数因素外，企业各项困难指标都有所下降。2016—2017 年，民营企业发展面临的主要困难都集中在生产经营方面。与 2016 年相比，经营成本上升、利润严重下滑的问题更加突出，但企业反映的宏观经济不景气，市场萎缩，销路不畅的情况有所改善。

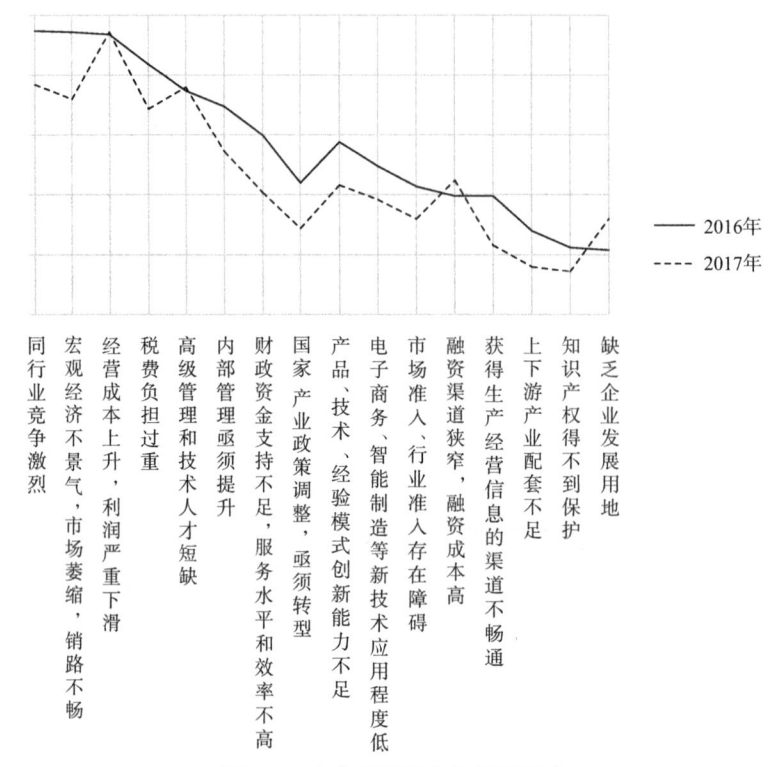

图 5-2 企业发展面临的主要困难

资料来源：2016 年、2017 年天津民营经济发展动态监测及追踪调查。

同时，"税费负担过重"的问题从 2014 年的排名首位，下降至 2015 年的第 4 位，2017 年下降至第 5 位。税制改革、规范行政收费目录等切实减轻实体经济负担的政策措施效果显著；相比之下，要素价格、管理和技术人才、用地和融资的问题越发突出。通过对不同规模企业的进一步研究发现，大型企业所面对的各项困难程度都较低，但是同行业竞争激烈的问题特别突出；中型企业更多地面对发展过程中的上下游产业配套和企业用地问题；小型、微型企业最大的困难一方面是产品服务销路不畅，另一方面是创新能力不足。

2. 转型升级困难加剧

随着京津冀协同发展产业再布局、环保大督查和供给侧结构性改革的深入进行，2017 年更多的民营企业，特别是传统的制造、仓储、化工企业面临迫在眉睫的转型发展问题，因此转型升级中的困难就越发突出。如图 5-3 所示，2017 年企业转型升级中困难的选择比例要大大高于 2016 年，主要集中在"资金投入过高"（54.2%）、"市场风险太大"（50.8%）和"缺乏高端人才"（39.9%）三项，与 2016 年度调查情况基本相同，其中缺乏高端人才这一选择比例上升了 13.1%，企业面临十分紧迫的人才问题。

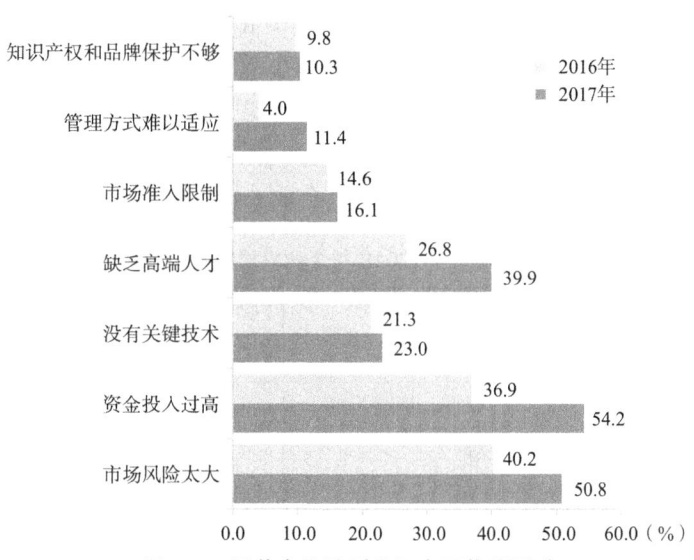

困难	2016年	2017年
知识产权和品牌保护不够	9.8	10.3
管理方式难以适应	4.0	11.4
市场准入限制	14.6	16.1
缺乏高端人才	26.8	39.9
没有关键技术	21.3	23.0
资金投入过高	36.9	54.2
市场风险太大	40.2	50.8

图 5-3　民营企业转型升级中面临的困难

资料来源：2016 年、2017 年天津民营经济发展动态监测及追踪调查。

3. 高端人才流出，人力资源紧缺

2016—2017 年，天津民营企业高端人才呈流出趋势，企业平均高端人才保有量从 2016 年的 5.9 人下降至 2017 年的 3.14 人。根据百度平台《2017 年中国城市研究报告》，天津城市人口吸引力指数未进入前 10 名，而猎聘大数据研究院发布报告显示，2017 年第一季度天津人才净流入率为 -2.13%，处于人才净流出状态。然而，在人才整体流出的大背景下，租赁和商务服务业，金融业，信息传输、软件和信息技术服务业及科学、教育、文化、卫生等高端现代服务业企业的平均高端人才数量明显增加，这在一定程度上反映了天津经济结构进入深度调整期。2018 年全国主要城市的人才争夺战将进一步升级。

天津民营企业的人才需求主要集中在研发及管理类高端人才、业务领军人才和创新创业人才团队。与 2016 年调查相比，2017 年企业各类人才的需求程度都有所增加，特别是研发及管理类高端人才，这反映出天津民营企业人力资源紧缺的情况越发严重。随着京津冀三地协同发展中北京人才虹吸效应的显现，以及雄安新区规划对中低端人才回流的吸引力，预计未来几年，天津将面对更加严峻的人才形势。

五、2018 年：组织结构障碍和社会创新环境问题开始凸显

1. 企业发展的各项困难加剧

2018 年天津民营企业面对的各种困难都有所加剧，特别是生产经营类的问题，例如"市场萎缩，销路不畅"这一困难指数从 5.80 上升至 6.26，增长了 7.93%；所有 16 项测量指标中，仅有"知识产权得不到保护"及"缺乏企业发展用地"两项

困难指标稍有下降,同时这两项都属于配套服务问题;税费负担问题由第5位上升到第4位,同时人才短缺这一问题也上升到第4位(见表5-3)。这说明,一方面,2018年天津民营企业面对的生产经营状态较恶劣,并且随着产业政策的调整,不少企业亟须转型,而进入新的领域又面对诸多市场准入及行业准入障碍,企业经营困难加剧;另一方面,配套服务的改善得到了企业一定的认可。

表5-3 2016—2018年企业发展的主要困难

问题类别	问题描述	2016年	2017年	2018年	增长率/%
生产经营问题	同行业竞争激烈	6.37	5.92	6.33	6.93
	宏观经济不景气,市场萎缩,销路不畅	6.36	5.80	6.26	7.93
	经营成本上升,利润下滑	6.34	6.36	6.74	5.95
	税费负担过重	6.09	5.72	6.06	5.86
组织管理问题	高级管理和技术人才短缺	5.87	5.90	6.06	2.63
	内部管理亟须提升	5.74	5.36	5.58	4.11
政策问题	财政资金支持不足,服务水平和效率不高	5.50	5.02	5.04	0.43
	国家产业政策调整,亟须转型	5.10	4.72	5.01	6.06
创新问题	产品、技术、经验模式创新能力不足	5.44	5.08	5.10	0.48
	电子商务、智能制造等新技术应用程度低	5.24	4.96	5.04	1.69
	市场准入、行业准入存在障碍	5.07	4.8	5.13	6.94
融资问题	融资渠道狭窄,融资成本高	4.99	5.12	5.22	1.95
配套服务问题	获得生产经营信息的渠道不畅通	4.99	4.58	4.60	0.48
	上下游产业配套不足	4.70	4.40	4.43	0.77
	知识产权得不到保护	4.56	4.36	4.08	−6.35
	缺乏企业发展用地	4.54	4.80	4.64	−3.30
	平均值	5.43	5.18	5.33	2.90

资料来源:2016—2018年天津民营经济发展动态监测及追踪调查。

从区域角度来看,与2017年相比,大多数区域的民营企业发展困难指数有所上升,如和平区从2017年的4.48上升至5.27,增长率约为17.63%;同时有一些区域企业发展困难指数出现三年持续上升的情况,如东丽区和红桥区。在大多数区域民营企业发展遇到较大困难的情况下,蓟州区、津南区、南开区、武清区和西青区的民营企业发展困难指数有不同程度下降,其中津南区下降最明显,从2017年的7.12下降至5.30。

从行业的角度来看,大多数行业民营企业发展困难指数有所上升,特别是房地产业,信息传输、软件和信息技术服务业及居民服务、修理和其他服务业企业发展遇到较大困难，其中房地产业从2017年的4.80上升至5.79，增长率达到20.63%（见表5-4）。少数行业企业发展困难指数有所下降，如批发和零售业，交通运输、仓储和邮政业，科学、教育、文化、卫生等，其中批发和零售业企业发展困难指数连续三年下降。但从总体来看，天津民营企业发展形势越发严峻，发展前景不容乐观。

表5-4 2016—2018年各行业企业发展的主要困难

行业	2016年	2017年	2018年
农、林、牧、渔业	5.75	4.88	5.17
采矿业	5.89	5.00	5.56
制造业	5.68	5.38	5.40
房地产业	5.71	4.80	5.79
批发和零售业	5.52	5.48	5.46
建筑业	5.41	4.94	5.11
交通运输、仓储和邮政业	6.01	6.02	5.46
租赁和商务服务业	5.37	5.16	5.20
住宿和餐饮业	5.57	5.64	5.16
电力、热力、燃气及水生产和供应业	5.75	5.38	5.95
金融业	4.89	4.50	4.65
信息传输、软件和信息技术服务业	5.17	5.00	5.84
科学、教育、文化、卫生	4.46	5.68	5.51
居民服务、修理和其他服务业	5.00	4.56	5.67

资料来源：2016—2018年天津民营经济发展动态监测及追踪调查。

2.转型升级进入深水区

企业转型升级的整体困难程度较2017年有所下降，没有关键技术这一困难的下降程度较高，在7%左右；管理方式难以适应及品牌保护不够这两项困难的选择比例有所上升，分别从11.4%及10.3%上升到12.2%及11.5%（见表5-5），这说明天津民营企业的转型升级已经进入深水区，除了业务上的困难，如市场风险、资金投入、技术人才等，企业自身的组织结构障碍及社会整体营商创新环境不理想的问题开始逐渐凸显。从行业角度来看，与2017年不同的是，企业转型的最大困难除集中于资金投入过高和缺乏高端人才之外，房地产业、建筑业等行业的企业转型最大困难还体现在市场风险太大上，这与近年来我国对房地产市场的调节政策有密切联系。而传统金融向现代金融转型的过程中，关键技术的缺失也给企业造成很大困难。

表 5-5　2016—2018 年企业转型升级遇到的困难　　　　（单位：%）

项目	2016 年	2017 年	2018 年
市场风险太大	40.2	50.8	45.2
资金投入过高	36.9	54.2	50.1
没有关键技术	21.3	23.0	15.1
缺乏高端人才	26.8	39.9	36.8
市场准入限制	14.6	16.1	12.8
管理方式难以适应	4.0	11.4	12.2
品牌保护不够	9.8	10.3	11.5
个案百分比	153.60	205.8	183.6

资料来源：2016—2018 年天津民营经济发展动态监测及追踪调查。

一方面，由于网络经济的兴起和广泛运用，越来越多的企业将信息化引入了日常的管理及生产活动之中，将信息化带来的高效率与生产活动联系起来。但是很少有企业将信息化与企业组织结构和管理方式的制定联系起来，大部分民营企业对利用信息化更新组织结构和管理制度的重视度不足，对顺应网络经济趋势进行深层次转型升级的反应速度较慢。另一方面，我国尚未建立积极有效的社会化创新服务体系，技术转让机构、咨询评估机构、风险投资公司和股票市场等在国家创新体系中没有起到很好的桥梁和中介作用。大多数服务机构功能单一，业务规模小，所提供的服务与中小企业的需要不匹配。此外，民营企业消费能力较低，愿意为其提供服务的社会中介服务机构较少，且服务针对性不足，对企业创新转型升级提供的帮助有限。

六、2019 年：困难有所缓解，创新发展相关问题突出

2019 年天津民营企业发展中面临的各项困难总体有所缓解，16 项测度指标平均值由 2018 年的 5.33 降低到 2019 年的 5.22，生产经营问题依然是企业面临的最大困难，但困难程度有所下降。然而企业发展过程中困难的焦点出现转移，和创新发展相关的创新能力问题、技术应用问题、融资问题、产业配套问题和知识产权问题越发凸显。此外，近三年来，民营企业转型升级的整体困难程度持续下降，高端人才短缺的问题有所缓解，这与"海河英才"计划的实施密不可分。

1. 转型升级困难程度持续下降

近三年来，天津民营企业转型升级的整体困难程度持续下降，从 2017 年的 205.8% 下降到 2019 年的 162.4%，除资金投入过高外，其他困难都较往年平均有所下降（见图 5-4）。与 2018 年数据相比，缺乏高端人才的困难程度降幅较大，这得益于"海河英才"计划的实施。

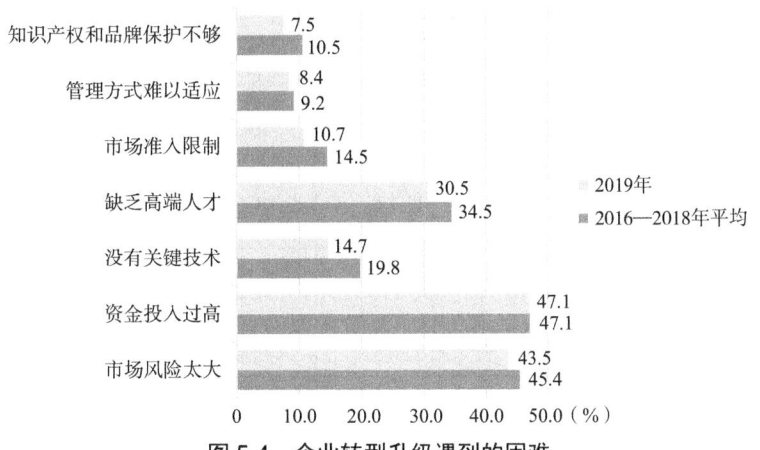

图5-4 企业转型升级遇到的困难

困难	2019年	2016—2018年平均
知识产权和品牌保护不够	7.5	10.5
管理方式难以适应	8.4	9.2
市场准入限制	10.7	14.5
缺乏高端人才	30.5	34.5
没有关键技术	14.7	19.8
资金投入过高	47.1	47.1
市场风险太大	43.5	45.4

资料来源：2016—2019年天津民营经济发展动态监测及追踪调查。

从行业角度来看，各行业转型升级的困难依然主要集中在资金投入过高和市场风险太大（见表5-6）。与前两年的情况有所不同的是，2017—2018年，农、林、牧、渔业，制造业，信息传输、软件和信息技术服务业，金融业，科学、教育、文化、卫生，电力、热力、燃气及水生产和供应业与住宿和餐饮业企业缺乏高端人才的现象比较突出，而截至2019年调查的时点，除电力、热力、燃气及水生产和供应业外，其他行业人才困难都有所缓解。这一方面说明了天津人才引育工作取得了良好的效果，不少民营企业从中受益；另一方面也凸显了电力、热力、燃气及水生产和供应业人才紧缺的状况，应加紧落实企业急需人才落户、补贴、子女随迁等政策，帮助该行业企业尽快度过转型升级的关键时期。

表5-6 2017—2019年不同行业企业转型的最大困难

行业	2017年	2018年	2019年
农、林、牧、渔业	缺乏高端人才	资金投入过高	资金投入过高
制造业	资金投入过高	缺乏高端人才	资金投入过高
房地产业	资金投入过高	市场风险太大	资金投入过高
批发和零售业	市场风险太大	资金投入过高	市场风险太大
建筑业	资金投入过高	市场风险太大	资金投入过高
交通运输、仓储和邮政业	资金投入过高	资金投入过高	资金投入过高
租赁和商务服务业	市场风险太大	资金投入过高	资金投入过高
住宿和餐饮业	资金投入过高	市场风险太大、缺乏高端人才	市场风险太大
电力、热力、燃气及水生产和供应业	资金投入过高	市场风险太大、缺乏高端人才	市场风险太大、缺乏高端人才

（续表）

行业	2017年	2018年	2019年
金融业	缺乏高端人才、市场准入限制	没有关键技术	市场风险太大
信息传输、软件和信息技术服务业	缺乏高端人才、资金投入过高	资金投入过高	资金投入过高
科学、教育、文化、卫生	缺乏高端人才、资金投入过高	资金投入过高	市场风险太大
居民服务、修理和其他服务业	资金投入过高	资金投入过高	资金投入过高

资料来源：2017—2019年天津民营经济发展动态监测及追踪调查。

2. 生产经营问题有所缓解，创新发展问题突出

2019年天津民营企业发展中面临的各项困难总体有所缓解，16项测度指标平均值由2018年的5.33降低到2019年的5.22，但仍高于2017年的困难水平（5.18）。从指标的绝对值来看，生产经营问题依然是企业面临的最大困难，指数为5.88，以后依次为组织管理问题（5.51）、融资问题（5.31）、创新问题（5.16）、政策问题（4.96）和配套服务问题（4.62）；从变化趋势来看，生产经营问题、组织管理问题和政策问题的困难程度都在降低，创新问题、融资问题和配套服务问题的困难都有不同程度的上升，特别是上下游产业配套不足和知识产权得不到保护。这说明在经济预期向好的整体背景下，在政府减税降费着力减轻民营企业负担、激发微观市场主体活力的各项政策措施帮助下，民营企业面临的生产经营问题有所缓解，但在发展过程中困难的焦点开始转移，和创新发展相关的创新能力问题、技术应用问题、融资问题、产业配套问题和知识产权问题越发凸显。

从行业的角度看，各行业的发展困难差别较大，但总体而言困难增幅相对较小，而降幅相对较大。金融业发展困难重重，指标从4.65上升至6.23。采矿业，房地产业，住宿和餐饮业，电力、热力、燃气及水生产和供应业与居民服务、修理和其他服务业困难指数降幅都超过10%，特别是电力、热力、燃气及水生产和供应业降幅达到19.57%。综合来看，2019年电力、热力、燃气及水生产和供应业企业发展势头较好且创新潜力较大，表现为生产经营状况改善，投资热情高涨，高端人才净流入，引入了较多的科技研发人员，融资缺口下降等；但同时调查数据也显示，电力、热力、燃气及水生产和供应业高端人才需求量增加，亟须引进更多的研发、管理人才和创新团队。从区域的角度看，2019年大多数区域的企业困难程度都有所降低，其中降低最大的是北辰区企业，降幅达到15.1%。而蓟州区、宁河区、东丽区企业困难程度有所上升，特别是蓟州区企业，指标从4.99上升至5.57，这与蓟州区企业的生产经营状况欠佳、未来发展信心不足、投资领域狭窄和融资缺口加大密切相关。综合来看，今后蓟州区企业的发展状况值得特别关注。

七、2020—2022 年：社会生产恢复，新动能培育进行时

1. 社会生产有序恢复，困难程度高位回落

随着疫情控制趋于稳定，天津社会生产开始有所恢复，民营企业发展中面临的各项困难总体下降，指数从 2020 年的 5.64 下降至 2021 年的 5.52，降幅达 2.13%（见表 5-7）。在生产经营问题、组织管理问题、政策问题、创新问题、融资问题、配套服务问题 6 个维度 16 项测评中仅"财政资金支持不足，服务水平和效率不高""上下游产业配套不足"和"知识产权得不到保护"三项困难程度有所上升，分属政策问题和配套服务问题两个维度。特别是知识产权保护的问题突出，困难程度上升了 1.06%。结合天津大力发展数字经济的背景，可见在企业数字化转型过程中亟待解决三个问题：一是政府的资金支持和引导，降低企业转型的资金成本和风险；二是天津平台型企业较少，没有形成完整的数据产业生态，企业数字化上下游配套不足；三是在企业大力研发自有数字技术、打造数字平台、积累数据资产、培育数字人才的过程中，知识产权保护的问题越发突出。

表 5-7　2016—2021 年企业发展的主要困难

问题类别	问题描述	2016 年	2017 年	2018 年	2019 年	2020 年	2021 年	增长率 /%
生产经营问题	同行业竞争激烈	6.37	5.92	6.33	6.01	6.54	6.26	-4.34
	宏观经济不景气，市场萎缩，销路不畅	6.36	5.80	6.26	5.95	6.56	6.30	-3.91
	经营成本上升，利润下滑	6.34	6.36	6.74	6.09	6.57	6.53	-0.65
	税费负担过重	6.09	5.72	6.06	5.47	5.71	5.52	-3.28
组织管理问题	高级管理和技术人才短缺	5.87	5.9	6.06	5.66	6.00	5.82	-3.04
	内部管理亟须提升	5.74	5.36	5.58	5.35	5.87	5.66	-3.66
政策问题	财政资金支持不足，服务水平和效率不高	5.50	5.02	5.04	4.99	5.25	5.27	0.32
	国家产业政策调整，亟须转型	5.10	4.72	5.01	4.91	5.40	5.37	-0.51
	市场准入、行业准入存在障碍	5.07	4.80	5.13	5.00	5.35	5.20	-2.83
创新问题	产品、技术、经验模式创新能力不足	5.44	5.08	5.10	5.23	5.66	5.45	-3.67
	电子商务、智能制造等新技术应用程度低	5.24	4.96	5.04	5.10	5.73	5.49	-4.18

（续表）

问题类别	问题描述	2016年	2017年	2018年	2019年	2020年	2021年	增长率/%
融资问题	融资渠道狭窄，融资成本高	4.99	5.12	5.22	5.31	5.74	5.61	-2.24
配套服务问题	获得生产经营信息的渠道不畅通	4.99	4.58	4.6	4.76	5.18	5.10	-1.51
	上下游产业配套不足	4.70	4.40	4.43	4.64	5.02	5.05	0.51
	知识产权得不到保护	4.56	4.36	4.08	4.32	4.70	4.75	1.06
	缺乏企业发展用地	4.54	4.80	4.64	4.76	5.00	4.94	-1.21
	平均	5.43	5.18	5.33	5.22	5.64	5.52	-2.13

资料来源：2016—2019年天津民营经济发展动态监测及追踪调查，2020年、2021年天津民营经济数字化转型及发展动态追踪调查。

从2021年各行业企业发展的主要困难（见表5-8）可以看出，2021年困难最大的是房地产业企业，其次为金融业企业，其主要困难都存在于生产经营维度，可见对房地产业企业而言，2021年是生死存亡的一年，企业首先考虑的是存活问题，其次才是发展问题。此外，交通运输、仓储和邮政业及信息传输、软件和信息技术服务业企业困难也较大，除生产经营问题外，创新能力不足的问题也日益突出。

表5-8 2021年各行业企业发展的主要困难

问题描述	房地产业	金融业	信息传输、软件和信息技术服务业	交通运输、仓储和邮政业	多行业	制造业	批发和零售业	建筑业	居民服务、修理和其他服务业	科学、教育、文化、卫生	农、林、牧、渔业	租赁和商务服务业	住宿和餐饮业	电力、热力、燃气及水生产和供应业
经营成本上升，利润严重下滑	3.41	2.83	3.52	3.54	3.24	3.39	3.37	3.26	3.11	2.89	2.50	2.97	3.00	2.50
同行业竞争激烈	3.55	3.83	3.36	3.46	3.31	3.14	3.24	3.24	3.04	2.75	2.29	2.71	3.00	2.00
宏观经济不景气，市场萎缩，销路不畅	3.36	3.00	3.38	3.38	3.42	3.15	3.28	3.34	2.83	2.71	2.63	3.26	2.65	2.25
高级管理和专业技术人才短缺	3.36	3.67	2.88	3.15	2.85	3.06	2.75	2.88	2.80	2.61	2.71	2.71	2.52	2.50

（续表）

问题描述	房地产业	金融业	信息传输、软件和信息技术服务业	交通运输、仓储和邮政业	多行业	制造业	批发和零售业	建筑业	居民服务、修理和其他服务业	科学、教育、文化、卫生	农、林、牧、渔业	租赁和商务服务业	住宿和餐饮业	电力、热力、燃气及水生产和供应业
内部管理亟须提升	3.41	3.83	3.00	2.92	2.87	2.83	2.82	2.96	2.74	2.36	2.42	2.63	2.65	2.75
融资渠道狭窄，融资成本高	3.41	3.50	2.96	3.08	3.05	2.74	3.02	2.80	2.52	2.46	2.71	2.46	2.57	2.25
税费负担过重	3.36	3.00	3.08	3.08	2.84	2.79	2.78	2.56	2.61	2.43	2.42	2.66	2.30	3.00
产品、技术、经验模式创新能力不足	3.45	3.33	3.20	3.08	2.89	2.77	2.63	2.58	2.37	2.43	2.54	2.40	2.30	2.50
财政资金支持不足，服务水平和效率不高	3.23	3.17	2.86	3.00	2.80	2.58	2.55	2.62	2.50	2.54	2.46	2.49	2.43	2.75
电子商务、智能制造等新技术应用程度低	3.45	3.50	3.04	3.08	2.96	2.78	2.75	2.58	2.35	2.50	2.58	2.49	2.35	1.50
国家产业政策调整，企业亟须转型	3.27	3.67	2.96	3.00	2.73	2.73	2.58	2.72	2.41	2.61	2.54	2.46	2.17	2.00
市场准入、行业准入存在障碍	3.32	3.17	3.10	2.92	2.84	2.54	2.65	2.48	2.43	2.43	2.33	2.03	2.35	2.50
获得生产经营信息的渠道不畅通	3.18	2.83	2.92	2.85	2.71	2.52	2.60	2.48	2.35	2.39	2.50	2.29	1.96	2.00
上下游产业配套不足	3.32	2.83	2.98	2.92	2.62	2.57	2.51	2.30	2.22	2.43	2.50	1.94	2.00	2.00
缺乏企业发展用地	3.09	2.67	2.90	2.77	2.65	2.46	2.49	2.24	2.11	2.43	2.63	2.11	2.04	2.00
知识产权得不到保护	3.14	3.00	2.94	2.77	2.64	2.30	2.33	2.18	2.04	2.43	2.38	1.94	2.04	2.25

资料来源：2021年天津民营经济数字化转型及发展动态追踪调查。

相比之下，租赁和商务服务业，住宿和餐饮业与电力、热力、燃气及水生产和供应业企业困难较小，特别是农、林、牧、渔业企业，指数从2020年的6.20下降至2021年的5.02，降低了近20%。此外，发展困难程度有所降低的行业还包括科学、教育、文化、卫生，住宿和餐饮业，电力、热力、燃气及水生产和供应业等（见表5-9）。

表5-9　2016—2021年各行业企业发展的主要困难指数

行业	2016年	2017年	2018年	2019年	2020年	2021年	增长率/%
农、林、牧、渔业	5.75	4.88	5.17	5.55	6.20	5.02	-19.03
制造业	5.68	5.38	5.40	5.20	5.66	5.54	-2.12
房地产业	5.71	4.80	5.79	5.16	6.06	6.66	9.90
批发和零售业	5.52	5.48	5.46	5.24	5.40	5.54	2.59
建筑业	5.41	4.94	5.11	5.30	5.65	5.40	-4.42
交通运输、仓储和邮政业	6.01	6.02	5.46	5.56	5.57	6.13	10.05
租赁和商务服务业	5.37	5.16	5.20	5.12	5.09	4.94	-2.95
住宿和餐饮业	5.57	5.64	5.16	4.63	5.31	4.79	-9.79
电力、热力、燃气及水生产和供应业	5.75	5.38	5.95	4.79	5.06	4.59	-9.29
金融业	4.89	4.50	4.65	6.23	6.62	6.48	-2.11
信息传输、软件和信息技术服务业	5.17	5.00	5.84	5.81	5.90	6.14	4.07
科学、教育、文化、卫生	4.46	5.68	5.51	5.02	5.65	5.05	-10.62
居民服务、修理和其他服务业	5.00	4.56	5.67	4.84	5.48	5.05	-7.85

资料来源：2016—2019年天津民营经济发展动态监测及追踪调查，2020年、2021年天津民营经济数字化转型及发展动态追踪调查

从区域的角度看，2021年企业总体困难程度上升和下降的区各占一半，宝坻区、河东区企业困难指数上升程度最大，都超过了8.00%。而蓟州区和津南区企业状况较好，困难程度降幅最大（见表5-10）。而与历年比较来看，天津民营企业发展的黄金时期在2017年左右，企业的各项困难都相对较小。

表5-10　2016—2021年不同区域企业发展的主要困难指数

区域	2016年	2017年	2018年	2019年	2020年	2021年	增长率/%
宝坻区	5.27	5.18	5.62	5.28	5.86	6.36	8.53

(续表)

区域	2016年	2017年	2018年	2019年	2020年	2021年	增长率/%
北辰区	6.04	4.80	5.07	4.30	5.05	5.19	2.77
滨海新区	5.17	5.07	5.39	5.30	5.10	5.44	6.67
东丽区	4.55	5.14	5.33	5.50	5.30	5.17	-2.45
和平区	4.82	4.48	5.27	4.88	5.52	5.83	5.62
河北区	6.27	4.28	4.92	4.82	5.96	5.60	-6.04
河东区	5.86	5.16	—	5.08	5.78	6.25	8.13
河西区	5.36	5.07	5.36	5.10	5.33	5.27	-1.13
红桥区	5.10	5.27	5.45	5.29	5.29	5.82	10.02
蓟州区	5.62	5.56	4.99	5.57	6.02	3.89	-35.38
津南区	5.28	7.12	5.30	4.95	6.36	4.71	-25.94
静海区	7.18	5.08	5.18	5.08	5.57	6.05	8.62
南开区	5.42	5.50	5.18	5.32	5.49	5.63	2.55
宁河区	4.98	4.68	5.05	5.41	5.44	5.21	-4.23
武清区	6.29	5.77	5.33	5.48	5.36	5.30	-1.12
西青区	5.76	5.57	5.36	5.41	5.70	5.69	-0.18

资料来源：2016—2019年天津民营经济发展动态监测及追踪调查，2020年、2021年天津民营经济数字化转型及发展动态追踪调查。

2. 价值链分化和整合中的新机遇和新动能

在新的经济危机冲击下，全球价值链将出现重新分化和整合的趋势。研判疫情带来的新机遇和新动能是当前必须着手解决的重大问题，立足于化危为机，推进天津经济社会高质量发展。企业调研表明，在多数产业受疫情负面冲击时，生物医药健康产业、软件与信息技术服务业、在线新生活服务业等领域逆势上扬。同时依托智能化赋能和改造，高端生产性服务业及其相关行业也有望成为经济发展的新动能。

新动能之一：生物医药健康产业。其主要表现在需求侧，精密化、智能化医疗检测类产品生产企业，病毒检测、疫苗研发、药物研发企业，医疗防护应急产品生产企业，康养产业等将出现增速发展的态势。

新动能之二：软件与信息技术服务业。本次疫情中，在线教育、在线办公、线上会议等"线上经济"新业态火热。生鲜冷链、远程医疗、在线视听等领域企业呈现爆发式增长，释放出新兴消费潜力，为满足人们正常的衣食住行、稳住中国经济的基本面做出了不可忽视的贡献。未来，远程办公及相关服务、游戏娱乐、在线教育、数字民生产业及相关服务行业将成为拉动经济发展的新动能之一。

新动能之三：智能化与分布式生产的行业。天津制造业一直面临用工成本高、招工难等问题。新冠疫情突袭而至后，外省市劳动力难以流动、长时间隔离、复工难等问题进一步促使劳动密集型行业向少人化甚至无人化转变。从智能设备到智能生产线，再到智能车间、智能工厂，乃至各个智能工厂之间的智能制造联盟，未来甚至有可能形成全球智能化分布式生产。无人机、无人车、人脸识别、传感器、巡逻机器人等研发生产企业发展前景良好。

新动能之四：技术密集型生产性服务业。包括线上技术服务平台、智能化新型物流配送、依托人工智能和大数据技术的科技金融、云供应链与云销售等。

新动能之五："新基建"产业发展的支撑行业。疫情冲击将加快"新基建"进程。天津应抓住机遇，发挥产业基础优势，在5G基站、充电桩、人工智能、工业互联网、大数据中心、超级计算中心等方面筹划推进，尤其是全面梳理现有"新基建"相关企业的产业链和供应链分布，着力精准有效布局。

新动能之六：现代服务业聚集区。从城市功能区的发展看，传统工业园区受疫情的冲击比较大，而城市中心区和更新改造区受影响较小。其中，线上经济集聚的新型创新区将成为经济发展新动能的主要聚集地。

第六章 智能化需求与数字化发展

一、民营企业的智能化需求

总体而言，天津民营企业对未来人工智能技术发展较有信心。有约 20% 的民营企业使用人工智能技术，使用范围多在生产领域、管理领域，未来可能向研发领域、销售领域转移。企业目前使用的人工智能相关技术国内外来源地以京津沪和德国为主，大数据和云计算、智能硬件技术的使用比例较高，现代农业使用各类人工智能技术的比例居各行业之首，企业预期未来应用各类人工智能技术的比例大幅增加，尤其注重自然语言处理、生物识别技术及智能芯片的使用。

目前天津民营企业人工智能应用较多的场景在于高科技行业及制造业，各类服务行业应用较少。人才缺乏是企业使用人工智能技术的最大障碍，企业高端人才与应用型人才储备情况不乐观，特别是制造业。然而企业在自动化、机器人及智能制造方面的专业人才引进力度较小，技术、人员、项目的国内外合作交流并不广泛，对外地人才的吸引力不足。

企业对人工智能在本企业的应用前景尚不太确定，因此在人才战略和资金投入方面持观望态度。企业最希望政府的作为方向是项目投入、技术创新的资金支持及人才招聘、引进方面的服务，政府智能应用专项资金支持力度严重不足。

企业的智能化需求有待开发，应用智能项目的类型还较为初级，制造业企业尚未确立更深层次的智能改造目标，中小型服务类企业对尖端科技应用于本企业的发展路线及前景不清晰，应对人工智能的使用场景和项目应用进行更多的宣传和培训。

1. 人工智能技术及项目的应用状况

（1）企业使用的人工智能技术

如表 6-1 所示，目前自然语言处理、生物识别技术等使用率较低。未来企业预期应用各类人工智能技术的比例均大幅增加，尤其注重自然语言处理、生物识别技术及智能芯片的使用，其中 36.3% 的企业预期未来会应用自然语言处理技术。

表 6-2 所示为目前各行业企业使用人工智能技术的情况。农、林、牧、渔业企业使用最广泛的人工智能技术是大数据和云计算（占比 36.8%）以及计算机视觉技术（占比 26.3%），以帮助实现农业的现代化生产，其各项人工智能相关技术的平均使用比例居各行业之首。信息传输、软件和信息技术服务业及制造业企业对于人工智能技术的使用率也居于前列，其中信息传输、软件和信息技术服务业企业平均使用比例为 15.1%。相比之下，房地产业、住宿和餐饮业及租赁和商务服务业企业

使用人工智能技术较少,其中房地产业企业的平均使用比例只有4.0%。其他行业如科学、教育、文化、卫生,交通运输、仓储和邮政业与电力、热力、燃气及水生产和供应业企业使用人工智能技术的平均比例差异较小。

表6-1 人工智能技术的应用情况

项目	目前 样本企业数/家	目前 占比/%	未来可能 样本企业数/家	未来可能 占比/%
计算机视觉	76	13.7	149	26.9
机器学习	57	10.3	166	30.0
自然语言处理	18	3.2	201	36.3
机器人技术	56	10.1	169	30.5
生物识别技术	25	4.5	195	35.2
智能芯片	34	6.1	189	34.1
大数据和云计算	115	20.8	128	23.1
智能硬件	87	15.7	144	26.0

资料来源:2018年天津民营经济发展动态监测及追踪调查。

表6-2 目前各行业企业使用人工智能技术的情况 (单位:%)

行业	计算机视觉	机器学习	自然语言处理	机器人技术	生物识别技术	智能芯片	大数据和云计算	智能硬件	平均占比
农、林、牧、渔业	26.3	10.5	10.5	10.5	21.1	21.1	36.8	31.6	21.1
制造业	17.2	15.0	2.8	23.9	3.3	8.9	17.8	17.2	13.3
房地产业	13.6	4.5	0.0	0.0	0.0	0.0	4.5	9.1	4.0
批发和零售业	10.3	9.0	2.6	5.1	3.8	1.3	12.8	14.1	7.4
建筑业	9.1	6.1	6.1	3.0	6.1	3.0	21.2	12.1	8.3
交通运输、仓储和邮政业	16.7	16.7	0.0	0.0	0.0	0.0	33.3	33.3	12.5
租赁和商务服务业	8.7	0.0	4.3	4.3	4.3	0.0	21.7	8.7	6.5
住宿和餐饮业	0.0	0.0	0.0	0.0	0.0	7.1	28.6	14.3	6.3
电力、热力、燃气及水生产和供应业	0.0	0.0	0.0	0.0	20.0	20.0	40.0	20.0	12.5
信息传输、软件和信息技术服务业	23.7	10.5	5.3	2.6	5.3	7.9	44.7	21.1	15.1
科学、教育、文化、卫生	8.7	13.0	4.3	0.0	13.0	8.7	30.4	13.0	11.4
居民服务、修理和其他服务业	17.9	10.7	3.6	3.6	0.0	0.0	25.0	7.1	8.5

资料来源:2018年天津民营经济发展动态监测及追踪调查。

（2）人工智能技术的应用领域和应用行业

目前天津约有 20% 的民营企业使用人工智能技术，使用范围多在生产领域、管理领域，分别占比为 22.6% 及 23.3%。未来天津民营企业使用人工智能技术的领域可能向研发领域、销售领域转移，其中有 26.9%（见表 6-3）的企业预期未来会在研发领域使用人工智能技术，人工智能技术的使用也将会促进企业的研发。

目前多数企业集中在单领域使用人工智能技术，少量企业会同时在多个领域使用，在两个领域使用的企业占比均在 10% 左右，在三个领域使用的企业占比为 5% 左右，而在四个领域均应用人工智能技术的企业只有 4.2%。从企业的预期来看，未来可能在多领域综合使用人工智能技术的企业占比同样较低。

表 6-3　人工智能技术的使用领域

领域	目前 样本企业数 / 家	目前 占比 /%	未来可能 样本企业数 / 家	未来可能 占比 /%
生产领域	125	22.6	121	21.8
研发领域	87	15.7	149	26.9
销售领域	117	21.1	129	23.3
管理领域	129	23.3	112	20.2
生产领域、研发领域	54	9.7	81	14.6
生产领域、销售领域	46	8.3	54	9.7
生产领域、管理领域	47	8.5	35	6.3
研发领域、销售领域	37	6.7	79	14.3
研发领域、管理领域	40	7.2	60	10.8
销售领域、管理领域	74	13.4	76	13.7
生产领域、研发领域、销售领域	26	4.7	33	6.0
生产领域、研发领域、管理领域	27	4.9	16	2.9
生产领域、销售领域、管理领域	32	5.8	15	2.7
研发领域、销售领域、管理领域	30	5.4	36	6.5
生产领域、研发领域、销售领域、管理领域	23	4.2	0	0.0

资料来源：2018 年天津民营经济发展动态监测及追踪调查。

表 6-4 所示为各行业企业人工智能技术的使用领域。总体上看，目前各行业企业使用人工智能的领域集中在管理领域、销售领域及生产领域。建筑业，金融业，科学、教育、文化、卫生等 6 个行业企业主要在管理领域使用人工智能技术，房地产业，住宿和餐饮业等 5 个行业企业主要在销售领域使用人工智能技术，农、林、牧、渔业和制造业的企业则主要在生产领域使用人工智能技术。未来集中使用人

工智能技术的领域可能从管理领域转向研发领域,其中农、林、牧、渔业,金融业及科学、教育、文化、卫生等8个行业企业均预期未来会在研发领域使用人工智能技术。

表6-4 各行业企业人工智能技术的使用领域

行业	目前	未来可能		
农、林、牧、渔业	生产领域	研发领域		
制造业	生产领域	销售领域		
房地产业	销售领域	研发领域		
批发和零售业	销售领域	研发领域		
住宿和餐饮业	销售领域	生产领域	研发领域	
信息传输、软件和信息技术服务业	销售领域	生产领域	销售领域	
居民服务、修理和其他服务业	销售领域	生产领域		
建筑业	管理领域	研发领域		
交通运输、仓储和邮政业	管理领域	研发领域		
租赁和商务服务业	管理领域	生产领域		
电力、热力、燃气及水生产和供应业	管理领域	生产领域	销售领域	
金融业	管理领域	生产领域	研发领域	销售领域
科学、教育、文化、卫生	管理领域	研发领域		

资料来源:2018年天津民营经济发展动态监测及追踪调查。

表6-5所示为不同行业人工智能技术的应用程度,1分代表该行业企业完全没有应用人工智能技术,5分代表该行业企业全部应用了人工智能相关技术。天津各行业的应用分值为2.00~2.55,行业均值为2.42。应用人工智能技术较多的行业是制造业,交通运输、仓储和邮政业,信息传输、软件和信息技术服务业及科学、教育、文化、卫生企业。金融业、租赁和商务服务业、批发和零售业、住宿和餐饮业等服务业企业较少应用人工智能技术。

表6-5 不同行业人工智能技术的应用程度

行业	分值
农、林、牧、渔业	2.12
制造业	2.51
批发和零售业	2.27
建筑业	2.45
交通运输、仓储和邮政业	2.50
租赁和商务服务业	2.13

(续表)

行业	分值
住宿和餐饮业	2.29
电力、热力、燃气及水生产和供应业	2.40
金融业	2.00
信息传输、软件和信息技术服务业	2.51
科学、教育、文化、卫生	2.55
居民服务、修理和其他服务业	2.48
行业均值	2.42

资料来源：2018年天津民营经济发展动态监测及追踪调查。

（3）智能化项目的应用情况

如表6-6所示，目前企业非常重视生产及服务过程中关键数据的积累，分别有46.0%及39.9%的企业自动采集或手工抄报关键数据。随着企业规模的扩大，自动采集关键数据的企业占比逐步上升，大型企业这一比例达到60.0%，中型、小型、微型企业自动采集关键数据的比例也均在40%以上。

表6-6 企业生产及服务过程中关键数据采集方式　　　　（单位：%）

方式	综合占比	企业规模			
		大型	中型	小型	微型
自动采集	46.0	60.0	45.9	43.9	42.4
手工抄报	39.9	34.5	42.9	41.3	35.3
没有采集	14.2	5.5	11.3	14.9	22.4

资料来源：2018年天津民营经济发展动态监测及追踪调查。

目前企业应用智能化项目的情况还较为初级，主要集中在办公自动化软件及财务管理软件的使用上，其他类型智能化管理系统应用均较少，如仅有0.9%的企业应用产品全生命周期管理项目，计算机集成制造系统、制造执行系统及计算机辅助制造项目的应用比例均低于3.0%（见图6-1），可见天津民营企业应用智能化项目的水平和层级还有待提高。

表6-7所示为各行业智能化项目的应用情况，*的数量代表了应用此智能化项目的企业数量多少。制造业企业在各个智能化项目的应用上均有涉及，应用最广泛的智能化项目集中在办公自动化及财务管理软件上。信息传输、软件和信息技术服务业及批发和零售业企业应用的范围同样较为广泛。金融业和电力、热力、燃气及水生产和供应业企业应用智能化项目的范围较小，其中金融业企业仅在办公自动化和财务管理软件方面有所应用，电力、热力、燃气及水生产和供应业企业除这两方面外，在产品数据管理系统、制造执行系统、安全生产管理系统等方面也使用智能化项目。

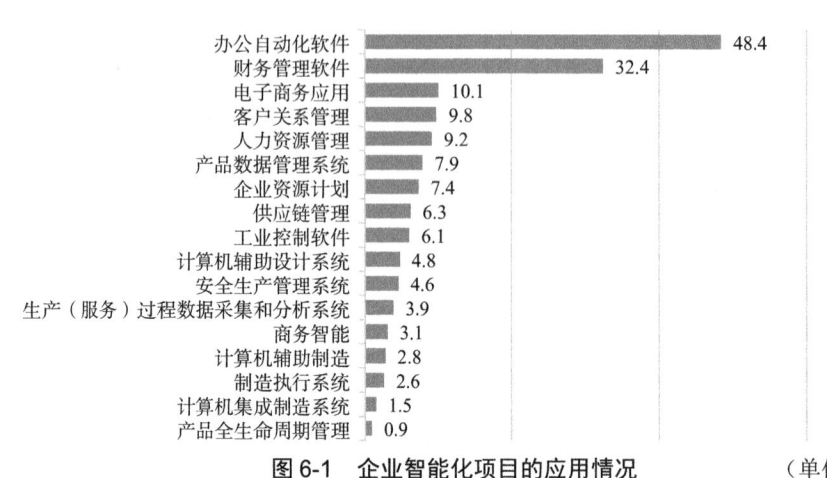

办公自动化软件 48.4
财务管理软件 32.4
电子商务应用 10.1
客户关系管理 9.8
人力资源管理 9.2
产品数据管理系统 7.9
企业资源计划 7.4
供应链管理 6.3
工业控制软件 6.1
计算机辅助设计系统 4.8
安全生产管理系统 4.6
生产（服务）过程数据采集和分析系统 3.9
商务智能 3.1
计算机辅助制造 2.8
制造执行系统 2.6
计算机集成制造系统 1.5
产品全生命周期管理 0.9

图6-1 企业智能化项目的应用情况 （单位：%）

资料来源：2018年天津民营经济发展动态监测及追踪调查。

表6-7 各行业智能化项目的应用情况

项目	农、林、牧、渔业	制造业	房地产业	批发和零售业	建筑业	交通运输、仓储和邮政业	租赁和商务服务业	住宿和餐饮业	电力、热力、燃气及水生产和供应业	金融业	信息传输、软件和信息技术服务业	科学、教育、文化、卫生	居民服务、修理和其他服务业
办公自动化软件	*	****	**	***	**	*	**	*		*	***	*	**
财务管理软件	**	****	**	***	*	*	*	*	*	*	**	*	*
工业控制软件		***		*	*	*							
产品数据管理系统		**	*	*	*			*	*		*	*	*
企业资源计划		***	*	*	*		*				*		
客户关系管理		**	*	**	*	*	*	*			*		
供应链管理	*	**		*	*	*	*	*					
人力资源管理	*	*	*	*	*	*	*				*	*	*
产品全生命周期管理		*									*		
商务智能	*	*	*	*	*		*	*			*		
计算机辅助制造		**		*							*		
计算机集成制造系统		*											
制造执行系统		**							*		*		
安全生产管理系统	*	**		*		*			*	*		*	*
计算机辅助设计系统		**	*	*	*		*				*		

(续表)

项目	农、林、牧、渔业	制造业	房地产业	批发和零售业	建筑业	交通运输、仓储和邮政业	租赁和商务服务业	住宿和餐饮业	电力、热力、燃气及水生产和供应业	金融业	信息传输、软件和信息技术服务业	科学、教育、文化、卫生	居民服务、修理和其他服务业
电子商务应用	*	**	*	*	*	*	*	*			*	*	*
生产（服务）过程数据采集和分析系统	*	**		*	*						*	*	

资料来源：2018年天津民营经济发展动态监测及追踪调查。

2. 人工智能技术应用项目的资金投入

（1）资金投入力度

天津民营企业在智能化应用方面的投入力度不大，65.6%的企业在智能化应用方面的投资低于50万元，仅有3.5%的企业投资在1000万元以上（见图6-2）。同时数据显示，企业智能化应用方面的资金投入与企业的融资缺口及企业研发人员占比密切相关。在融资约束的情况下，智能化应用的投资只能作为企业的次要战略而无法获得足够的战略重视。

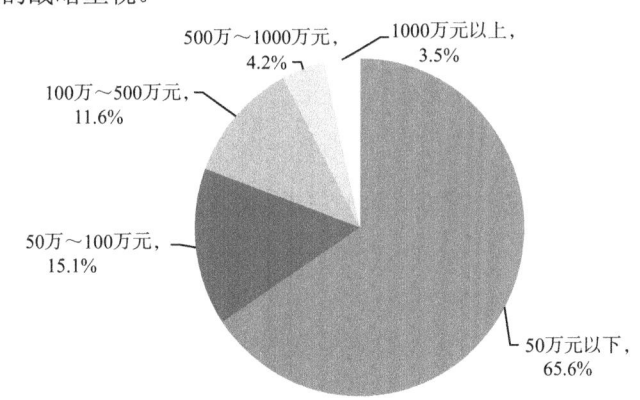

图6-2 企业智能化应用方面的资金投入

资料来源：2018年天津民营经济发展动态监测及追踪调查。

（2）资金来源

被调查的天津民营企业投资智能化项目的资金来源主要为自有资金，占比为78%，银行及政府对企业智能化改造的支持明显不足，仅9.3%的企业获得过银行贷款，5.4%的企业得到了政府专项资金支持。从行业比较而言，有21.1%农、林、牧、渔业的企业得到过政府专项资金支持，可见政府十分重视农业的智能化生产，而被调查的180家制造业企业中只有12家曾获得政府的资金支持，占比仅为6.7%。

3. 人工智能技术来源

（1）智能化改造和应用的技术团队

目前企业实施智能化项目应用及设计智能化改造方案主要依靠企业内部技术团队，占比分别为44.0%及37.1%，与专业服务公司和高校或科研院所合作的企业占比较小，尤其是外地的高校或科研院所和智能制造工程服务公司，仅有3.5%的智能化改造设计方案由市外高校或科研院所提供，整体而言，技术信息来源比较封闭。

（2）人工智能技术来源地

企业目前使用的人工智能相关技术的国内来源地以京津沪为主，来源于天津的占比为57.2%，来源于北京、上海的分别占比为30.7%及13.8%。国际技术来源于德国的占比最高，为9.7%，其次是美国和日本，分别占比为5.8%及5.4%（见图6-3）。总体上看，天津民营企业引入国外智能技术相对较少，智能技术来源仍以天津市本地为主。

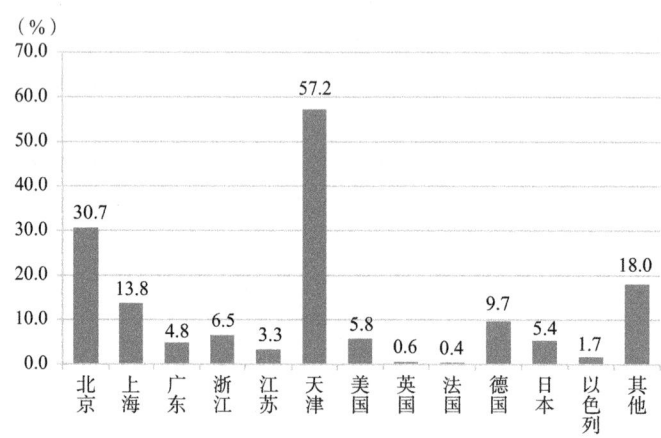

图6-3 企业使用的人工智能技术的来源地

资料来源：2018年天津民营经济发展动态监测及追踪调查。

（3）企业技术合作交流情况

目前天津民营企业在人工智能领域多与国内机构开展合作研发和技术交流。与国内高校合作的企业占比最大，为24.0%；14.6%的民营企业与国内同行企业合作；14.2%的企业与国内科研院所合作；13.1%的企业与国内人工智能企业开展合作交流。与国外相关组织和机构合作研发交流较少，占比仅为6.5%，这说明天津民营企业对外开放的程度仍较低，不利于企业的创新效率提升与技术进步。

4. 人工智能领域人力资源状况

（1）现有智能化相关员工状况

总体来看，天津民营企业从事与智能化相关工作的职工占比普遍较低。在被调查的企业中，高达40.7%的企业表示企业内部没有从事智能化相关工作的员工，38.9%的企业相关职工占比低于5.0%，可见天津企业对智能化相关人才的投入程度有待提高。

在天津各区中，武清区企业从事与智能化相关工作的职工占比较高，有23.1%的企业从事智能化相关工作的员工占比超过30.0%，居全市之首。在各行业中，信息传输、软件和信息技术服务业，制造业与电力、热力、燃气及水生产和供应业从事智能化工作的员工占比较高，房地产业，批发和零售业，租赁和商务服务业，金融业，居民服务、修理和其他服务业等行业从事智能化工作的员工占比较少。在各规模企业中，从事智能化工作的员工占比与企业规模成正比，大型、中型企业相关员工较多，小型、微型企业此类员工占比较少。人力资源分布情况再一次印证，目前天津民营企业人工智能应用较多的场景在于高科技行业及制造业，各类服务行业应用较少。

此外，我们还对企业研发人员占比和智能化领域员工占比的相关性进行了测算，结果显示两者呈强正相关，即研发人员占比较高的企业中智能化领域员工占比也较高，这说明人工智能应用是企业研发的重要内容之一，重视研发的企业通常也会投入更多的人力资源在智能化应用改造方面，以实现企业的高附加值成长。

（2）人才储备和人才引进

如表6-8所示，企业人工智能应用方面人才储备和人才引进情况并不乐观，45.5%的企业认为人才储备严重不足，特别是制造业，60.0%的制造业企业认为人才储备不足，反映出制造业企业在人工智能领域的人力资源紧缺。然而企业在自动化、机器人应用及智能制造方面的专业人才引进力度却不大，仅20.1%的企业表示会加大人工智能方面专业人才的引进，70.3%企业表示因需而定，并且随着企业规模的减小，明确表示会加大智能人才引进力度的企业占比明显降低，这说明企业对人工智能应用前景尚不太确定，因此在人才战略和投入方面持观望态度。

表6-8 人工智能应用方面人才储备及人才引进

人工智能应用方面人才储备	占比/%	人工智能应用方面人才引进	占比/%
通过内外结合的方式，已满足	14.9	是	20.1
基本满足	39.6	否	9.6
严重不足	45.5	因需而定	70.3

资料来源：2018年天津民营经济发展动态监测及追踪调查。

（3）人才来源

天津民营企业人工智能技术人员主要来自本市（82.4%）和北京（24.1%），少量来自上海（6.7%）和浙江（3.0%），其他国家和地区占比很小。国外地区占比最高的德国也仅有2.2%，说明企业开放程度不够；与其他地区，特别是江苏、浙江、广东等发达省份的技术交流欠缺，对外地人才的吸引力不足。

（4）人才能力要求及解决方案

表6-9所示为企业对智能制造人员的能力素质要求。多数企业对智能制造人员的工作经验和管理能力有较高要求，分别占被调查企业的57.5%及47.3%。此

外，分别有36.0%和34.0%的企业要求智能制造人员具有较强的适应能力和较广的知识面。少数企业对智能制造人员的智能生产线检测维修能力及机器人操作能力提出要求。

表6-9 企业对智能制造人员的能力素质要求 （单位：%）

素质要求	占比
有相关工作经验	57.5
具有一定管理能力	47.3
适应能力强	36.0
知识面广	34.0
动手能力强	28.1
具有生产线控制设计能力	26.2
机器人操作能力强	21.8
智能生产线检测维修能力	20.0

资料来源：2018年天津民营经济发展动态监测及追踪调查。

企业主要采取社会招聘和内部培养两种方式满足对人工智能相关人才的需求，占比分别为61.8%和44.5%，招聘本科生、研究生与职业院校毕业生的比例接近。人工智能产业的竞争，说到底是人才和知识储备的竞争，目前包括谷歌、Facebook、IBM、百度、京东、华为、科大讯飞、搜狗等在内的多家企业都有与高校的合作培养人工智能领域专业人才的案例。在与高校、研究机构合作开发人工智能人力资源方面，天津民营企业还有很多工作要做。

5. 人工智能应用目标及发展前景

（1）企业智能化发展的目标

如图6-4所示，企业应用人工智能技术的主要目标在于提高生产效率、管理效率及销售效率，分别占比为24.4%、19.0%及16.1%，这与企业目前及将来可能应用智能化项目的领域相对应。希望通过应用人工智能技术提高产品质量和研发效率的企业目前占比较少。

企业进行智能化改造的目标是逐步递进的，首先是实现设备能效提升及建设自动化生产线；其次，建设数字化车间，实现网络协同制造和远程运维服务；最后，建设智能工厂，实现大规模个性化定制。据统计，有71.6%的制造业企业愿意由智能制造工程服务公司为企业开展智能化改造，但如图6-5所示，目前天津制造业民营企业智能化改造主要停留在较初级的阶段，尚未确立更深层次的改造目标。

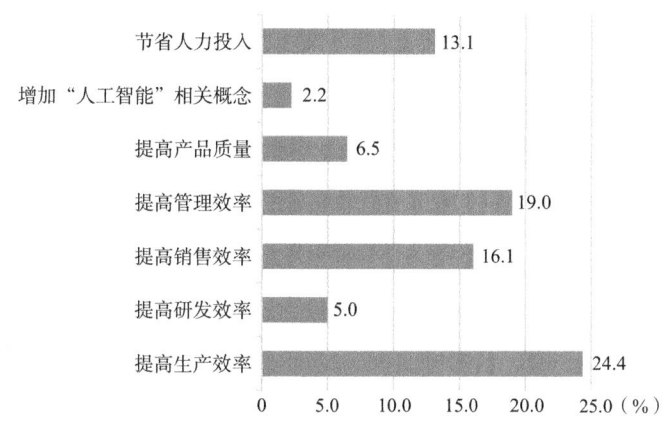

图 6-4　企业应用人工智能技术的目标

资料来源：2018年天津民营经济发展动态监测及追踪调查。

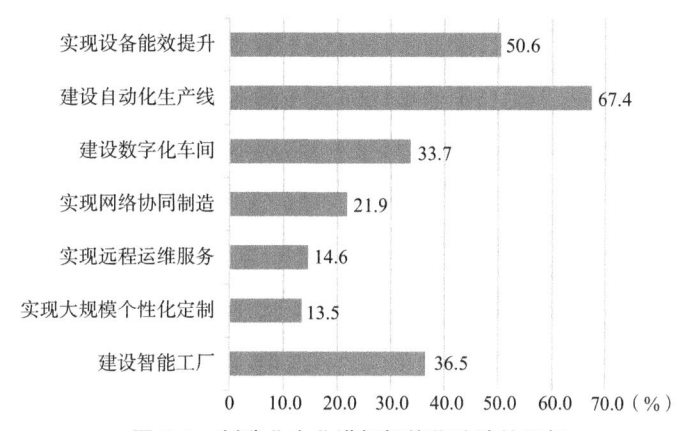

图 6-5　制造业企业进行智能化改造的目标

资料来源：2018年天津民营经济发展动态监测及追踪调查。

（2）应用人工智能技术存在的困难

如图 6-6 所示，人才缺乏是企业应用人工智能技术的最大困难，占比为33.8%，其次是自主研发能力不足（30.1%）、融资困难（26.0%）及相关领域未出现成熟应用技术（25.3%）。人工智能技术是较新的概念及领域，国内高校也是近些年才陆续开设人工智能学院和专业，培养人工智能领域的专门人才，这与市场需要必定会有时间差。因此企业可以结合自身行业特点，寻找自动化、计算机、精密仪器、流程控制等专业的人才，并与职业院校展开合作，开展人力资源订单式培养方式，以解决企业的智能化人才需求。

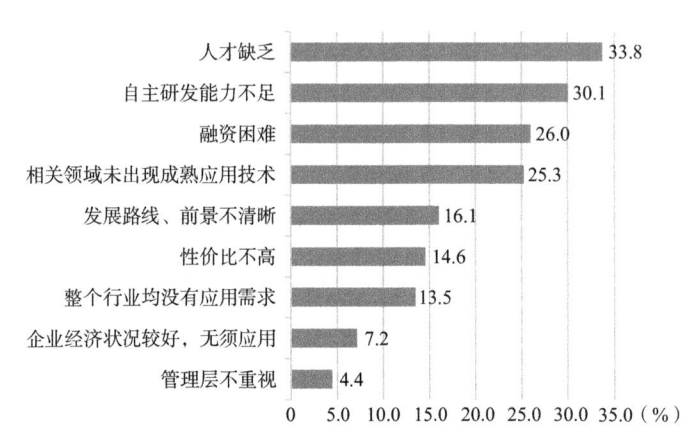

图 6-6 企业应用人工智能技术存在的困难

困难	百分比(%)
人才缺乏	33.8
自主研发能力不足	30.1
融资困难	26.0
相关领域未出现成熟应用技术	25.3
发展路线、前景不清晰	16.1
性价比不高	14.6
整个行业均没有应用需求	13.5
企业经济状况较好，无须应用	7.2
管理层不重视	4.4

资料来源：2018 年天津民营经济发展动态监测及追踪调查。

从具体区域来看，河东区、和平区及宁河区企业对人工智能技术发展前景评分稍低，其中河东区企业的平均分值最低，为3.11（见表6-10），说明该区被调查企业对人工智能技术发展前景持观望保守态度。从行业来看，电力、热力、燃气及水生产和供应业，交通运输、仓储和邮政业，信息传输、软件和信息技术服务业与居民服务、修理和其他服务业对人工智能技术发展前景十分看好，这也在一定程度上代表了人工智能技术未来的应用方向。

表 6-10 人工智能技术发展前景

企业所在区	人工智能技术发展前景	企业所在行业	人工智能技术发展前景
宝坻区	4.20	农、林、牧、渔业	3.47
北辰区	3.94	采矿业	3.50
滨海新区	4.06	制造业	3.96
东丽区	4.00	房地产业	3.90
和平区	3.60	批发和零售业	3.82
河北区	3.77	建筑业	3.77
河东区	3.11	交通运输、仓储和邮政业	4.17
河西区	3.94	租赁和商务服务业	4.00
红桥区	3.83	住宿和餐饮业	4.00
蓟州区	3.85	电力、热力、燃气及水生产和供应业	4.20
津南区	4.26	金融业	4.00
静海区	3.89	信息传输、软件和信息技术服务业	4.13

（续表）

企业所在区	人工智能技术发展前景	企业所在行业	人工智能技术发展前景
南开区	4.02	科学、教育、文化、卫生	3.52
宁河区	3.64	居民服务、修理和其他服务业	4.07
武清区	4.15	其他	3.95
西青区	3.86	平均	3.92

资料来源：2018年天津民营经济发展动态监测及追踪调查。

6. 政府政策及支持服务

（1）企业关注的政策

我们将政策的重要程度分为5个等级，赋值为1～5，分值较高代表企业对该项政策的重要程度较为认可。如表6-11所示，技术创新支持政策、财税优惠政策、人才引进政策、金融支持政策等各项政策的平均分为3～4，这说明企业认为这些政策都较为重要。其中，企业认为技术创新支持政策最为重要，平均分为3.74；土地优惠政策的平均分最低，为3.22。这说明在新经济、智能经济领域范围内，传统的土地要素重要程度逐渐减弱，而创新环境、人才环境、技术支持等新生产资料供给的重要性与日俱增。

表6-11 企业认为各项政策的重要程度

政策	重要程度
技术创新支持政策	3.74
财税优惠政策	3.61
人才引进政策	3.53
金融支持政策	3.52
产业投资政策	3.43
土地优惠政策	3.22

资料来源：2018年天津民营经济发展动态监测及追踪调查。

除对技术创新支持政策关注度较高以外，各行业重点关注的政策也不尽相同，如农、林、牧、渔业企业比较关注金融支持政策（3.72），制造业比较关注财税优惠政策（3.87）。采矿业企业对各项政策的关注度相对较低，分值均在3.00分及以下，而电力、热力、燃气及水生产和供应业企业对各项政策的关注程度普遍较高，分值均在4.20分以上（见表6-12）。

表 6-12 各行业企业不同的政策关注点

行业	人才引进政策	金融支持政策	财税优惠政策	产业投资政策	土地优惠政策	技术创新支持政策
农、林、牧、渔业	3.28	3.72	3.50	3.50	3.33	3.83
采矿业	2.50	3.00	3.00	3.00	3.00	3.00
制造业	3.80	3.79	3.87	3.63	3.41	4.04
房地产业	3.75	3.80	3.65	3.42	3.75	3.80
批发和零售业	3.19	3.14	3.30	3.22	3.04	3.37
建筑业	3.19	3.16	3.35	2.97	2.94	3.32
交通运输、仓储和邮政业	3.50	4.17	3.83	3.83	3.83	4.00
租赁和商务服务业	3.50	3.57	3.78	3.45	3.14	3.61
住宿和餐饮业	3.29	3.29	3.57	3.07	2.57	3.79
电力、热力、燃气及水生产和供应业	4.20	4.40	4.60	4.60	4.20	4.60
金融业	3.40	3.60	3.60	3.20	3.00	3.60
信息传输、软件和信息技术服务业	3.89	3.74	3.68	3.66	3.26	3.95
科学、教育、文化、卫生	3.30	3.30	3.43	3.22	3.04	3.78
居民服务、修理和其他服务业	3.85	3.63	4.04	3.70	3.52	3.85

资料来源：2018年天津民营经济发展动态监测及追踪调查。

（2）企业的政策诉求

在被调查的企业中，67.8%的企业希望政府提供项目投入补助，给予企业资金方面的直接支持，毕竟智能化项目投资额巨大，项目要求高，未来收益不确定，融资困难，企业希望通过定向支持的方式获得资金，更重要的是项目方面的引导。希望政府提供人才招聘引进、培训研讨，以及技术对接、转化、交易平台服务的企业分别占比为36.3%、33.9%及32.8%，说明人才和技术也是企业目前比较看重的方面（见图6-7）。

多数企业希望政府在"智能技术、装备研发和软件开发"及"智能管理、检测、潜力挖掘、改造"方面提供培训，分别占比为53.0%及42.5%（见图6-8），有超过30.0%的企业希望政府在"智能制造装备操作、维护、保养""软件维护和信息安全管理"及"产业发展规划"方面提供培训。从行业来看，2/3的交通运输、仓储和邮政业企业希望得到政府有关产业发展规划方面的培训，房地产业及租赁和商务服务业企业希望更多地了解人工智能应用场景开发。

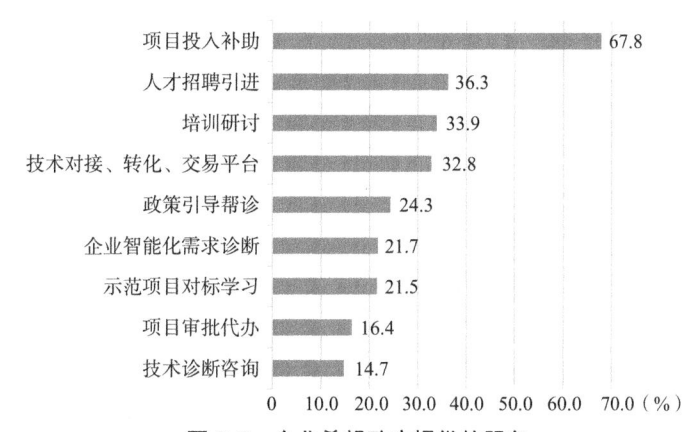

图 6-7 企业希望政府提供的服务

项目	百分比 (%)
项目投入补助	67.8
人才招聘引进	36.3
培训研讨	33.9
技术对接、转化、交易平台	32.8
政策引导帮诊	24.3
企业智能化需求诊断	21.7
示范项目对标学习	21.5
项目审批代办	16.4
技术诊断咨询	14.7

资料来源：2018 年天津民营经济发展动态监测及追踪调查。

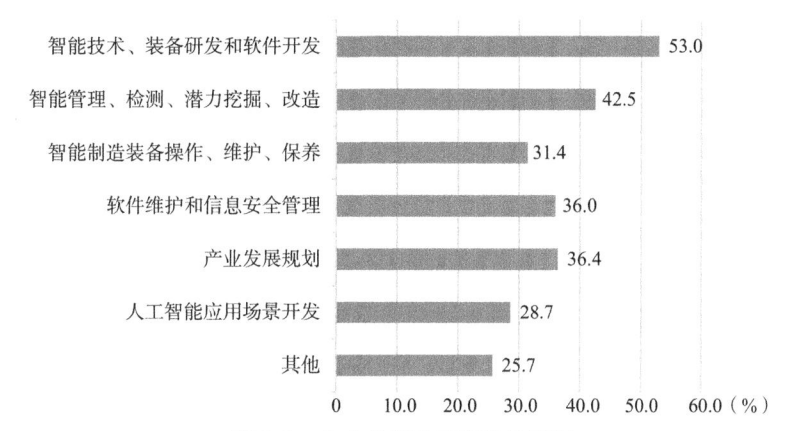

图 6-8 企业希望政府提供的培训

项目	百分比 (%)
智能技术、装备研发和软件开发	53.0
智能管理、检测、潜力挖掘、改造	42.5
智能制造装备操作、维护、保养	31.4
软件维护和信息安全管理	36.0
产业发展规划	36.4
人工智能应用场景开发	28.7
其他	25.7

资料来源：2018 年天津民营经济发展动态监测及追踪调查。

二、民营企业智能化发展道路上存在的问题

笔者曾于 2018 年对天津民营企业的人工智能技术使用状况和智能化改造需求进行了深入的调查。总体而言，天津民营企业对未来人工智能技术发展较有信心。企业目前使用较多的是大数据、云计算、智能硬件等人工智能技术，预期未来自然语言处理、生物识别技术及智能芯片的使用会大幅增加。企业目前使用的人工智能相关技术的国内外来源地以京津沪和德国为主，应用较多的场景在于高科技行业及制造业，各类服务行业应用较少。

人才缺乏是企业使用人工智能技术的最大障碍，特别是制造业。但企业对尖端科技应用于本企业的发展路线及前景不清晰，因此在人才战略和资金投入方面持观望态度。政府智能应用专项资金支持力度不足，企业最希望政府的作为方向是资金支持、规划引导及人才招聘引进方面的服务。

1. 智能化项目应用仍处于初级阶段

目前民营企业使用的多为较初级的信息化工具，主要是办公自动化软件（48.4%）及财务管理软件（32.4%），其他类型智能化管理系统应用均较少，仅有 0.9% 的企业应用产品全生命周期管理项目，计算机集成制造系统、制造执行系统及计算机辅助制造项目的应用比例均低于 3.0%。在各类智能技术中，大数据和云计算、智能硬件的应用比例较高，分别为 20.8% 及 15.7%。农、林、牧、渔业企业各项人工智能技术的平均使用比例居各行业之首，信息传输、软件和信息技术服务业及制造业企业使用人工智能技术的比例也居于前列，房地产业、住宿和餐饮业、租赁和商务服务业等服务业企业使用人工智能技术较少。

2. 智能技术和项目投资力度不大

天津民营企业在智能化应用方面的投入力度不大，65.6% 的企业投资额低于 50 万元，仅有 3.5% 的企业投资额在 1000 万元以上。同时数据显示，企业智能化应用方面的资金投入与企业的融资缺口及企业研发人员占比密切相关。在融资约束的情况下，智能化应用投资无法获得足够的战略重视。企业投资智能化项目的资金来源主要为自有资金，占比为 78.0%，银行及政府对企业智能化改造的支持明显不足，仅有 9.3% 的企业获得过银行贷款，5.4% 的企业得到了政府专项资金支持。

3. 人工智能技术来源较封闭

整体来看，天津从微观企业到行业地区，智能技术来源都比较封闭。企业实施智能化项目应用及设计智能化改造方案主要依靠企业内部技术团队，与专业服务公司和高校或科研院所合作的企业占比较小，仅有 3.5% 的企业智能化改造设计方案由市外高校或科研院所提供。国内技术来源地以京津沪为主，来源于天津的占比为 57.2%，来源于北京、上海的分别占比为 30.7% 及 13.8%。国际技术来源地中德国占比最高，但也仅有 9.7%，其次是美国和日本。

4. 智能人才储备不乐观

中国人工智能人才整体呈现东多西少的态势，北京市优势显著，人才占比位列全国第一，上海、南京、武汉、西安为第二梯队，广州、杭州、成都、长沙、哈尔滨为第三梯队。总体来看，天津民营企业从事与智能化相关工作的职工占比普遍较低。在被调查的企业中，有 40.7% 的企业没有从事智能化相关工作的员工，38.9% 的企业相关职工占比低于 5.0%。

天津民营企业人工智能技术人员主要来自本市（82.4%）和北京（24.1%），少量来自上海（6.7%）和浙江（3.0%），来自其他国家和地区的人员占比很小，说明企业开放程度不够，与其他地区，特别是江苏、浙江、广东等发达省份的技术交流欠缺，对外地智能人才的吸引力不足。

企业人工智能应用方面人才储备和人才引进情况并不乐观，45.5% 的企业认为人才储备严重不足，特别是制造业。然而企业在自动化、机器人应用及智能制造方面的专业人才引进力度却不大，仅 20.1% 的企业表示会加大人工智能方面专业人才的招聘力度，这说明企业对人工智能技术在本企业的应用前景尚不太确定，因此在人才战略和投入方面持观望态度。

5. 尚未确立深层次的智能化改造目标

总体而言，企业对未来人工智能技术进步和发展的信心较足。从行业来看，电力、热力、燃气及水生产和供应业，交通运输、仓储和邮政业，信息传输、软件和信息技术服务业与居民服务、修理和其他服务业企业对人工智能技术发展前景十分看好，这也在一定程度上代表了人工智能技术未来的应用方向。

人才缺乏是企业应用人工智能技术的最大困难，占比为 33.8%，其次是自主研发能力不足（30.1%）、融资困难（26.0%）及相关领域未出现成熟应用技术（5.3%）。制造业民营企业智能化改造目标主要停留在"实现设备能效提升""建设自动化生产线"等较初级的阶段，尚未确立更深层次的改造目标。同时许多中小型服务类企业认为人工智能技术太过尖端，应用在本企业的发展路线及前景不清晰，人工智能概念和技术的普及仍任重道远。

6. 技术创新政策、资金支持和产业规划受重视

我们将政策的重要程度分为 5 个等级，赋值为 1～5，分值较高代表企业对该项政策的重要程度较为认可。政策内容按照重要程度排序分别为技术创新支持政策、财税优惠政策、人才引进政策、金融支持政策、产业投资政策及土地优惠政策。在新经济、智能经济领域范围内，传统的土地要素重要程度逐渐减弱，而创新环境、人才环境、技术支持等新生产资料供给的重要性与日俱增。

被调查的 180 家制造业企业中，有 12 家曾获得政府的智能化项目资助，占比仅为 6.7%；而 67.8% 的企业希望政府提供智能化项目投入补助，给予企业资金方面的直接支持。智能化项目投资额巨大，项目要求高，未来收益不确定，融资困难，因此企业希望通过定向支持的方式获得资金，更重要的是得到项目筛选、产业规划方面的引导。

三、数字化发展过程中面临的挑战

企业数字化发展的最终目标是要形成一个完整的数字生态体系，这离不开资金、人才、技术、管理四个核心要素的支持。设立与数字化发展相对应的技术战略、管理机制、人才方案和投资计划有助于企业进行全面深入的数字化前期改造，为企业数字化发展奠定坚实基础，为企业未来的创新发展注入新动能。尽管天津民营企业总体上已意识到数字化发展的重要性和必要性，各行业企业也基本能够根据自身特性对数字系统进行部署与使用，但民营企业的数字化发展形势依旧严峻，转型过程中的困难依旧突出，主要体现在政府资金支持不足；平台型企业较少，没有形成数据产业生态；企业数字上下游配套不足；在企业大力研发自有数字技术、

打造数字平台、积累数据资产、培育数字人才的过程中，知识产权保护的问题越发突出；数字经济基础设施建设不够完善；数字经济发展场景不明晰，准入有限制等方面。

表6-13所示，天津民营企业在数字化发展的过程中主要困难和障碍集中在数字化专业技术人才短缺［平均分为3.01（满分为5）］、缺乏数字化转型的资金预算（平均分为2.91）、找不准业务场景与数字技术应用的结合点（平均分为2.90）和缺乏适宜的数字化生态环境（平均分为2.88）四个方面。2020—2021年，企业数字化发展的困难程度有所下降，总体评分从2.91下降到2.86。

就不同行业而言，金融业，交通运输、仓储和邮政业，房地产业及信息传输、软件和信息技术服务业等4个行业数字化发展困难最大；农、林、牧、渔业，制造业等8个行业转型困难下降；租赁和商务服务业，住宿和餐饮业等5个行业转型困难有所加剧。在各区域企业中，宝坻区（3.31）、河东区（3.19）、河北区（3.03）区企业数字化发展困难较大，而宁河区（2.57）、津南区（2.55）、河西区（2.52）、武清区（2.46）区企业数字化发展困难相对较小。

通过将数字化转型困难、企业经营状况和未来发展信心进行综合分析来看（见表6-14），企业当前生产经营状况与企业遇到的数字化转型困难高度相关，而数字化转型的阻力大小，将影响到企业对未来发展的预期，因此数字化转型在企业生存发展中起着至关重要的作用。

1. 数字化转型进程滞后

研究表明，部分企业受疫情冲击较大，销售收入和利润率大幅下降。以某食品加工产业龙头企业为例，受疫情的影响，公司主要销售渠道直营店客流量大幅下降，经销渠道部分实体经营网点暂停营业，盈利同比下降80%～90%。而更多的食品加工企业采取线上销售的模式，疫情造成的影响并不显著，甚至出现逆势上扬的局面。因此，数字化转型进程滞后是企业应对疫情不利的重要原因。一是线上经济发展严重不足，尤其没有利用好疫情冲击中线上销售激增的大好时机，充分激发线下销售商转向线上的热情，组织好线上销售工作。目前，数字化转型进程滞后使天津不少企业仍停留在线上1.0阶段，即利用淘宝、京东等网购平台和美团等外卖平台进行产品销售。而许多企业已经开始进入线上2.0阶段，使用直播带货、微商加盟等销售方式培养"粉丝"群体，提高用户黏性。二是对数字经济发展带来的机遇和挑战认识不足，在日常销售中过度依赖线下销售渠道，没有主动利用互联网，开拓新的消费场景。三是面对市场需求变化，产品结构、品类调整不够积极。

2. 数字化技术运用不充分

37.3%的企业没有部署任何数字化系统，使用人工智能相关技术和智能化设备的企业占比不高，对数据的采集和管理能力偏弱。小微企业缺乏最基本的数据基础，未能享有数字化带来的模式转变和效率提升。数字技术同产业融合程度有待加深，多数企业的数字化发展意识还需进一步加强。

表 6-13 各行业企业数字化转型的障碍和困难

行业	数字化专业技术人才短缺	缺乏数字化转型的资金预算	找不准业务场景与数字技术应用的结合点	缺乏适宜的数字化生态环境	生产现场标准化水平低，异种品牌设备并存	数字化战略顶层设计不全面	跨部门、跨团队合作和业务孤岛	缺乏政府政策、法律法规的支持引导	企业管理、组织架构与职能设置无法有效推进相关工作	管理层重视程度不够	2020年	2021年
金融业	3.67	3.50	3.33	3.67	3.50	3.33	3.50	3.50	3.50	3.50	3.02	↑3.50
交通运输、仓储和邮政业	3.31	3.23	3.31	3.31	3.23	3.31	3.15	3.08	3.15	3.23	2.72	↑3.23
房地产业	3.18	3.23	3.09	3.18	3.27	3.14	3.18	3.23	2.86	3.14	3.36	↓3.15
信息传输、软件和信息技术服务业	3.16	3.16	3.16	3.12	3.16	3.06	3.12	3.22	3.00	3.00	3.11	→3.12
多行业	3.07	2.96	3.04	2.89	2.87	2.95	3.00	3.04	2.96	2.82	2.84	↑2.96
住宿和餐饮业	3.09	2.96	2.87	3.04	2.87	3.04	2.96	2.87	2.74	2.83	2.85	↑2.93
制造业	3.10	2.98	2.91	2.93	2.92	2.88	2.82	2.79	2.83	2.75	2.95	↓2.89
批发和零售业	2.90	2.80	2.83	2.75	2.81	2.69	2.73	2.75	2.84	2.70	2.81	↓2.78
科学研究、教育、文化、卫生	2.79	2.89	2.79	2.75	2.68	2.71	2.75	2.71	2.71	2.68	3.08	↓2.75
建筑业	2.84	2.80	2.88	2.72	2.78	2.78	2.66	2.60	2.66	2.56	2.95	↓2.73
农、林、牧、渔业	2.88	2.71	2.75	2.79	2.54	2.67	2.67	2.54	2.75	2.58	3.19	↓2.69
居民服务、修理和其他服务业	2.80	2.70	2.63	2.74	2.57	2.61	2.50	2.59	2.43	2.48	2.66	↓2.60
租赁和商务服务业	2.77	2.57	2.66	2.49	2.57	2.74	2.63	2.51	2.49	2.43	2.44	↑2.59
电力、热力、燃气及水生产和供应业	2.25	2.50	2.50	2.50	2.50	3.00	2.25	2.50	2.25	2.75	3.08	↓2.50
平均	3.01	2.91	2.90	2.88	2.86	2.85	2.82	2.81	2.80	2.74	2.91	↓2.86

资料来源：2020年、2021年天津民营经济数字化转型及发展动态追踪调查。

表 6-14 数字化转型困难与企业经营状况

当前企业经营状况	数字化转型困难评分	未来两年企业发展信心	数字化转型困难评分
良好	2.56	变好	2.78
一般	2.98	不变	2.88
不佳	2.91	变差	3.07

资料来源：2021 年天津民营经济数字化转型及发展动态追踪调查。

天津民营企业还较为封闭保守，技术合作不够开源，与其他省市地区和国家的技术联系不密切，交流不广泛。第一，被调查企业中无技术引进计划的为 243 家，占比为 31.8%，国内主要的技术来源地都在天津、北京、上海，占比分别为 29.4%，13.2% 和 3.9%。国外主要的技术来源地是德国（53.8%）、日本（21.5%）和美国（16.9%），65 家企业引进了国外技术，占比为 8.5%，其他国家和地区作为企业技术来源地占比都很小。第二，92.2% 的企业目前没有技术研发合作方，75.1% 的企业是独自组建创新及研发团队。在各地的合作方中，天津占比为 68.97%，北京占比为 15.52%。获得技术的主要方式为自行研发和直接购买，与其他企业、高校或科研院所合作研发的占比不高且有下降趋势，企业获得技术信息的渠道并没有拓展和延伸。第三，天津民营企业技术人员主要来自本市（77.66%）、北京（5.71%）和河北（5.32%），京津冀地区为企业技术人员的主要来源地，占比为 88.69%，来自其他国家和地区的占比都很小。

3. 数字化转型管理机制不健全

多数企业领导层对数字化转型比较重视，但数字化战略顶层设计并不充分，缺乏对数字化发展进程的宏观掌控。有 53.1% 的企业未针对数字化转型设置相应的职能和团队；有 45.8% 的企业未针对数字化转型设置相应的战略规划和升级路线；有 43.9% 的企业未针对数字化转型设置数字化人才培养方案，有 50.7% 的企业未针对数字化转型设置数字化投资计划。而这些机制管理的缺失必然会对天津民营企业数字化发展造成阻碍，小微企业中这些问题则更加凸显。

4. 数字技术人才引育不完善

数字化专业技术人才短缺是限制天津民营企业数字化发展的普遍性问题。只有 12% 的样本企业雇用了数字技术方面的人才，数字技术人员保有量为 857 人，企均仅 1.24 人，占总员工数量的 0.57%。在数字技术人才引进上，对高校、科研院所的数字技术人才进行招聘的企业占比较低，企业更希望招聘有实际工作经验的人才，而非高校毕业生。这也从侧面反映了高校数字人才培养与企业实际需求的脱节，高等教育研究机构对企业数字化的支撑还远远不足。

5. 企业获得的外部资金较少

天津民营企业创新项目获得的外部资金支持较少。以 2019 年的情况为例，第一，没有获得创新项目投融资的企业数为 724 家，占比为 95.3%；企业共获得创新项目投融资 2.1 亿元，企均 27.7 万元；没有获得政府项目资金的企业数量是 668 家，占比为 87.7%，共获得政府科技项目资金 2.3 亿元，企均 30.2 万元。第二，民营企业创新资金来源高度集中，企业自有资金占比 50.0% 以上，企业自有资金、个人资金、政府项目资金三项累计占比近 80.0%；银行和产业基金对企业创新的支持力度并不大，占比仅为 6.3% 及 2.3%，在创新项目融资担保方面获得的政府支持较少。第三，产业基金、风险投资和互联网金融三项的使用比例有所增加，同时小微企业个人资金、民间借贷使用比例高于较大规模的企业，政府项目资金获得能力明显不足。

6. 数字化领域投资不积极

天津民营企业数字化支出费用不足，2020 年在数字化转型方面的投资额平均为 115.7 万元，占企业营业收入的 1.71%，有 50.7% 的企业对于数字化转型暂无任何投资计划，有 75.0% 的企业缺乏数字化转型资金。多数企业的数字化转型平均投资额变动率在 5.0% 以下，数据购买费用和云计算服务支出费用低于 10.0 万元。投资领域更多集中在电子商务、软件应用等数字化初级阶段，对数据开源、智能制造等高级领域投资较少。这种低总量、低水平的数字化建设支出显然无法支撑企业平稳完成数字化改造。

7. 小微企业创新活力不强

研究将不同规模企业的多项创新测评指标进行了综合对比分析，如表 6-15 所示，多项指标都随企业规模的减小而递减。这说明天津民营企业的创新主体在大型、中型企业，它们获得的政府支持力度大，目前拥有的创新团队较多，对整体创新生态的培育和自身创新能力的提升更为积极，对政府支持创新的诉求也更多。相比之下，民营小型、微型企业研发人员学历较低，新引进的技术人员数量少，新产品开发数量很少，创新营销水平不高，产品创新能力严重不足，创新领域狭窄，创新投入不足，人均研发经费和获得的政府项目资金都较低，融资渠道相对狭窄，智能化技术和项目应用不广泛，技术获得方式和研发信息渠道也比较有限。总体而言，天津民营小型、微型企业创新积极性不高，活力不够，能力较弱，激发广大小型、微型企业的创新活力，培育其数字化创新发展能力是目前提升天津民营企业数字化发展水平的关键。

表 6-15　不同规模企业创新测评指标

测评维度	选择比例 / 指标			
	大型	中型	小型	微型
创新投入综合占比 /%	198.5	174.7	151.3	134.6
未开展创新活动企业占比 /%	9.1	7.1	11.1	12.6

（续表）

测评维度	选择比例 / 指标			
	大型	中型	小型	微型
智能技术应用 /%	131.8	75.3	56.7	62.2
智能化项目应用 /%	227.3	161.0	143.3	134.6
技术获得方式选择比例 /%	159.0	140.6	122.7	122.8
研发信息渠道选择比例 /%	183.3	160.1	139.1	123.4
获得的政府支持占比 /%	260.6	193.2	166.8	137.7
对创新生态培育的关注程度 /%	268.2	224.7	195.1	164.5
对政府服务改进的关注程度 /%	233.2	213.5	205.8	168.3
对提高企业创新能力的关注程度 /%	284.8	242.3	203.6	162.2
创新领域 / 个	2.15	2.03	1.77	1.5
新产品开发数量 / 个	3.61	3.45	1.62	0.27
新产品销售收入指数 /%	2.52	2.38	2.17	1.99
目前拥有的创新团队数量 / 个	1.73	1.47	1.3	1.09
人均研发经费投入 / 万元	4.25	1.38	1.08	0.46
融资渠道数量 / 个	1.49	1.39	1.3	1.21
研发人员学历指标	4.55	3.39	2.57	2.06
招聘技术员工数 / 人	8.00	4.89	2.96	2.88
人均政府项目资金金额 / 万元	0.13	0.22	0.10	0.02

资料来源：2019 年天津民营经济发展动态监测及追踪调查。

8. 民营企业创新效能不高

天津民营企业研发经费投入相对不足，创新效能还有待提高。第一，2019 年被调查民营企业有研发活动的占比为 40.5%；根据 2018 年统计数据，北京有研发活动的民营企业占比为 38.9%，可见天津民营企业平均研发人员占比并不低。第二，2019 年样本企业研发经费投入共计 43.68 亿元，企均研发经费投入为 574.7 万元，低于北京规上工业企业平均研发经费（732.48 万元）。第三，没有自主研发专利的企业数量是 505 家，占比为 66.4%，企均拥有专利 11.6 件；2019 年没有新增发明专利申请的企业占比为 84.1%，企均新增申请发明专利 0.9 件；2019 年没有购买专利的企业占比为 97.8%，企均购买专利 0.08 件，天津规上民营工业企业年发明专利申请数量仅为北京的 48.28%（见表 6-16）。

表 6-16 民营企业创新效能指标

指标	样本企业	天津规上民营工业企业	北京规上民营工业企业
研发经费/亿元	43.68	141.87	180.41
获得投融资/亿元	2.1	—	—
政府项目资金/亿元	2.3	7.31	12.33
企业数/家	763	2948	2463
研发人员数/人	8660	27346	56503
年专利申请/件	—	11785	14290
年发明专利申请/件	683	4001	7246
企均研发经费/万元	574.7	481.24	732.48
企均研发人员数/人	11.38	9.28	22.94
企均发明专利申请/件	0.9	1.4	2.9

资料来源：2019 年天津民营经济发展动态监测及追踪调查及《中国统计年鉴》综合分析。

第三篇

探　索

本篇以创新为主线，通过调查、分析与比较，全面总结了天津民营经济开展的多个方面的创新活动，以及政府为促进民营经济发展所做的改革和努力。

第七章　创新创业与众创空间的发展

我国经济发展正进入新常态，发展动力从要素驱动及投资驱动转向创新驱动，发展重点从关注物转向关注人，发展空间也从建设产业空间转向营造创新空间。2015年1月28日，李克强总理主持召开国务院常务会议，研究确定支持发展众创空间，推进大众创新创业的政策措施。众创空间发展背后的创新思想体现在：第一，打破原有经济运行方式，建立了新的生产函数；第二，构建了以"开源、共享、协同"为核心的创新思想体系；第三，降低创业门槛，实现创新机会均等化，推动民主化创新浪潮。作为国家创新系统的一个重要组成部分，众创空间能够实现科技创业企业的成长和创新人才潜力的发挥，根本原因在于其实现了创新要素的集成、产业的支撑和连接、社区及文化的形成与智力资源的流动和共享。

为深入研究众创空间发展及其对人才创新创业的激励作用，笔者曾于2016—2017年对生物医药、智能制造、互联网应用、数据库建设、创意设计等十大领域多家众创空间的负责人，运营团队，入驻创客、创业团队进行调研和访谈。调查共分为四个阶段进行（见图7-1）：第一阶段为2016年8月10—12日，以天津中科先进技术研究院（以下简称中科先进院）为主要研究对象，参与其众创空间建设申

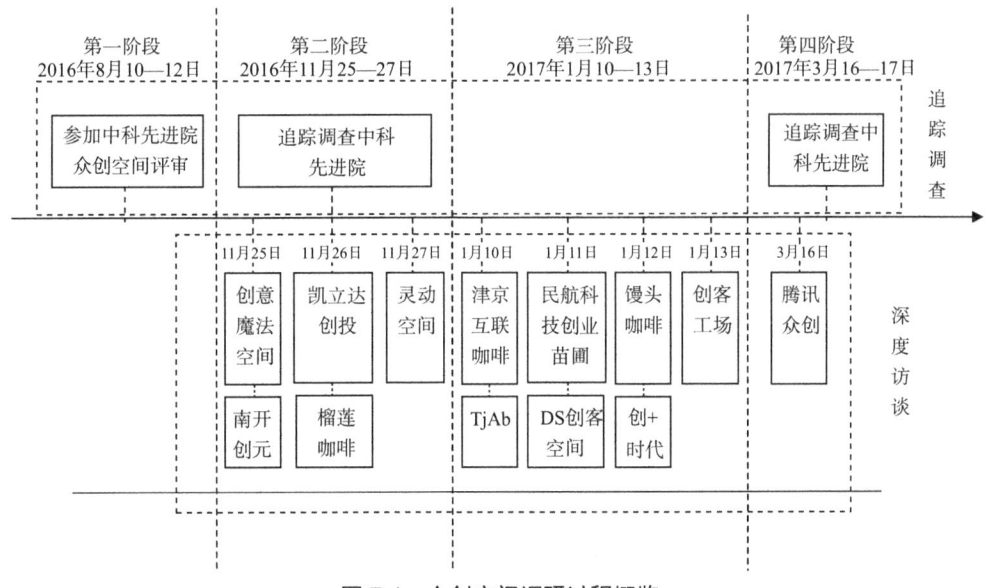

图7-1　众创空间调研过程概览

资料来源：根据众创空间调研情况总结。

报及评审过程，收集并分析空间运营主体、运营模式、管理团队、种子基金、空间设计、入孵团队等相关信息和资料，并与空间负责人多次交流；第二阶段为2016年11月25—27日，对榴莲咖啡、凯立达创投、南开创元等5家众创空间的负责人、创客团队、创业导师和投资人进行深度访谈，并追踪调查了中科先进院的发展近况；第三阶段为2017年1月10—13日，调研了民航科技创业苗圃、津京互联咖啡、TjAb等7家众创空间，并参加了创客团队的路演活动；第四阶段为2017年3月16—17日，再次追踪访谈中科先进院众创空间的主要负责人，并对以中科先进院众创空间为核心形成的创客、中介、产业、服务商、资本方等多层次的创新生态系统进行了研究。

调研过程共访谈空间负责人23人，创客团队50余人次，访谈采用半结构式采访方法，观察和记录自然情景下的意见表达，并与从公开渠道获取的资料信息进行验证，以确保访谈数据信息的信度和效度。通过深度访谈与追踪调查相结合的方法，根据跨案例的样本分析，总结天津众创空间发展及双创人才引进开发过程的特点及存在的问题，并探讨众创空间发展对人才创新创业所起到的激励作用。

一、众创空间的内涵及发展脉络

1. 众创空间的内涵

众创空间通过市场化机制、专业化服务和资本化途径构建低成本、便利化、全要素、开放式的新型创业服务平台，为创业者提供工作、网络、交流和资源共享的空间，具有创新创业结合、线上线下结合、孵化投资结合的优势。自2015年以来，众创空间发展势头迅猛。截至2016年年底，全国共有4298家众创空间，提供开放式创业工位77.7万个；2016年当年共服务创业团队和初创企业近40万家，带动就业超过180万人，其中应届大学生30.4万人，帮助1.5万个团队和企业获得投资，总额约539.6亿元人民币（资料来源：科技部）。众创空间的发展与政策导向及政府的大力扶持密切相关，其发展的关键在于顺应了网络时代创新创业的特点和需求。众创空间的出现引发了人们对创新空间组织、创新生态系统及创新创业人才激励机制的进一步思考。

2. 众创空间的发展脉络

众创空间起源于"创客"及DIY文化，其前身为创客空间（Hackerspace、Makerspace等）。创客空间一般是指一种全新的组织形式和服务平台，通过向创客提供开放的物理空间和原型加工设备，组织创客聚会，开设创客技术工作坊，从而促进知识分享、跨界协作及创意的实现以至产品化。美国《创客杂志》把"创客空间"界定为：一个真实存在的物理场所，一个具有加工车间、工作室功能的开放交流的实验室、工作室、机械加工室。全球第一家真正意义上的创客空间"混沌电脑俱乐部"（Chaos Computer Club）于1981年在德国柏林诞生，此后，创客空间的数量一直持续增长。

创客空间发展经历了四个阶段。一是"私家车库"。研究者指出,当代创客文化起源于欧美的车库文化,同时又有了新的变化与发展。二是"兴趣俱乐部"。当代创客文化的另一个起源就是黑客文化。"黑客"特指那些喜欢计算机编程,且技术水平较高的人,产生于20世纪50年代的麻省理工学院(MIT)。三是"创新实验室"。随着互联网及数字技术的快速普及,DIY精英们已经不满足于"私家车库""兴趣俱乐部"进行创意生产,各种基于实体空间的"创新实验室"成为新一轮创客运动发生和分享的网络。四是"众创空间"。众创空间是建立在首创、开源、协作、分享的创客精神基础上,吸收了传统孵化器资源整合功能,具有中国特色的、代表创业民主化发展趋势的新型社会经济组织。"众创空间"作为一个专有名词被提出是在2015年3月发布的国务院办公厅《关于发展众创空间 推进大众创新创业的指导意见》中。其提到要建设"有效满足大众创新创业需求、具有较强专业化服务能力的新型创业服务平台"。我国创客运动起步较晚,但后发优势明显。众创空间发展吸取了国外优秀创客空间的经验,并结合地区特点,在创新模式及运行方式上呈现丰富多样的发展态势,形成了以北京、上海、深圳为中心的创客文化圈。我国众创空间发展的主要类型见表7-1。

表7-1 我国众创空间发展的主要类型

类型	特点	举例
活动聚合型	以活动交流为主,定期举办项目的发布、展示、路演等创业活动	北京创客空间、上海新车间、深圳柴火空间、杭州洋葱胶囊、天津凯立达等
培训辅导型	利用大学的教育资源和校友资源,以理论结合实际的培训体系为依托,是大学创新创业的实践平台	清华x-lab、北大创业孵化营、TjAb、民航科技创业苗圃等
媒体驱动型	利用媒体优势为企业提供线上线下相结合,包括信息、投资等各种资源在内的综合性创业服务	创业家、36氪、灵动空间等
投资驱动型	针对初创企业亟待解决的资金问题,聚集天使投资人、投资机构,为创业企业提供融资服务	车库咖啡、创新工场、天使汇、榴莲咖啡等
地产思维型	由地产商开发的联合办公空间	SOHO 3Q、优客工场等
产业链服务型	以产业链服务为主,包括产品技术支持、产业链上下游机构的合作交流等	南开创元、创意魔法空间、中科先进院等
综合创业生态型	提供综合型的创业服务体系,包括金融、培训辅导、运营、政策申请、法律顾问等	腾讯众创空间、创业公社等

资料来源:根据众创空间公开资料和调研情况总结。

3. 众创空间与传统孵化器的区别

第一，概念范围不同。众创空间在概念范围上不仅包含了所有传统孵化器和新型孵化器，也包括未来可能出现的各种创新型、带孵化功能的创业帮扶机构。与传统孵化器相比，众创空间不局限于当前形态，也包含一类未来的概念，一切能够引领创新的模式都可以称之为众创空间。

第二，侧重点不同。与传统孵化器相比，众创空间的重点不在于空间，而在于众创："众"指大众参与，而非仅精英参与；"创"不仅指创新创业，还包含创意创投，泛指创业服务的全链条。因此，众创空间除了能为创业者提供工作场所外，更多的是提供一种全要素、专业化的创业服务。科技部也一再表示，众创空间的发展绝不是传统的房地产建设，而是在现有孵化器和创业服务的基础上，打造一个开放式的创业生态系统。

第三，服务对象不同。众创空间的服务对象容纳了创新链的最前端，是一个协助创业者将想法变成样品的平台。众创空间较传统孵化器门槛更低，为更多草根创业者提供成长空间，而传统孵化器更加注重创新的中后端。

第四，功能不同。如果说传统科技企业孵化器作为新兴产业，其生产绩效中的重要组成部分——盈利模式和盈利能力为许多人关注，那么众创空间则更强调了与所服务对象和产业共生的网络性与生态性，关注重点是更为复杂的网络价值体现方式。众创空间形态更加多元，包含生活方式、社区观念、商业综合体、产业创新节点、企业改革平台、机制创新试验田等多种要素功能。在多层次的创新生态系统中，众创空间传统的"孵化—盈利"的经济学功能得到了拓展，其功能在社会学、管理学、教育学三个方面发生了演化和创新。

二、天津众创空间发展的概况与特点

1. 天津众创空间发展概况

2015年5月以来，在世界级产业创新中心定位指导下，天津推出一揽子扶持政策，针对天津市的众创空间设立了100万～500万元的财政补助，为高校学生创业提供优惠政策和贷款补助等服务，对各类众创空间的发展起到积极的推动作用。截至2016年年底，天津共认定139家众创空间，超过50%的众创空间通过科技部备案。众创空间入驻创业团队超过4000个，注册初创企业2300多家，累计聚集创业者超过13500人，带动就业5294人。同时，85%以上的众创空间设立了种子基金，基金规模达1.73亿元，并撬动了近33倍的社会投融资资金。

天津众创空间经过两年多的高速发展，极大地推动了创新创业文化氛围的形成，创业已经成为天津大学生毕业后求职、留学、深造外的另一个重要选择。然而在创业者、决策者和资本方日趋理性的背景下，众创空间发展也进入了"深水区"。

2. 天津众创空间发展的特点

（1）众创空间呈现"一横一纵一圈"的立体发展态势

众创空间经历了零散化、碎片化的初级发展阶段后，正在逐步走向综合化、集成化阶段，形成"一横一纵一圈"的立体发展态势。

"一横"是以创投咖啡类众创空间为代表，跨越空间和行业范围，进行连锁化、规模化、品牌化经营，为创客提供咨询、孵化、融资、营销等多种服务，是一种容纳模式创新、创业孵化、地产经营、生活服务、品牌连锁等多种业态的新型商业综合体。

"一纵"是以行业企业运营的众创空间为代表，以原企业为平台，吸纳孵化特定行业领域的创客，借助企业自身纵深的行业资源，围绕产业链的垂直领域，为创客团队提供开放技术平台、产业资源支持等高度专业化、技术性的创业服务。产业驱动型众创空间是企业发展战略的重要组成部分，"一纵"式发展提升了企业对创新人才的识别和培育，拓展了新的业务增长点和领域，延伸和优化了产业链条，形成了高效发展的创新生态。

"一圈"是以高校众创空间为核心，围绕大学师生创新创业提供专业化服务。与单纯的创业成功率相比，高校众创空间的作用在于营造首创、开源、协作、分享的创新创业文化氛围，培育学生独立自主、目标导向和开拓进取的创客精神及构建创客群落和社区，为整个社会提供创新人才储备，并引领创新思想文化潮流。

随着众创空间行业的深度调整和优胜劣汰，各空间都在探索差异化的发展战略，但形态上品牌连锁、行业上重度垂直、功能上引领培育将成为主要发展模式，各类新型的创新创业服务商、提供商正在形成，高度细化分工的创新创业服务也日趋完善。

（2）发展众创空间正在成为传统企业转型升级和"二次创业"的重要方式

传统企业发展面临销售渠道狭窄、成本提升、产品技术含量低、传统管理方式失灵等问题，而企业的创新能力是企业转型升级最关键的因素之一。众创空间正在成为企业探索自主创新、转型升级的重要载体。

第一，众创空间加快了传统企业的内部管理变革，合伙人制度的广泛使用激发了员工的积极性和创造力。笔者在南开创元、灵动空间等多家众创空间调研时发现，众创空间的母体公司鼓励员工进行在岗创业，在维持公司原有管理体系和制度相对稳定的同时，允许员工组成小的工作组织，独立进行设计研发及管理决策，公司则逐渐由管理者的身份转向为创新团队提供资源支持的平台身份。

第二，众创空间的组织模式激发了企业内部活力并形成创新生态链。企业内创新创业活力通过众创空间集聚并释放，有助于形成全新的创新生态链。例如，中科先进院平台上的创客在接纳吸收先进院技术外溢的同时，围绕中科先进院的电动汽车研发体系开展工业设计、产品外观设计、智能机器人开发等创新创业活动，通过自身的科技研发，对平台公司的技术发展形成了有益的补充。

第三，众创空间吸引各类创新要素，可以直面企业日常生产经营中的痛点，将商业模式和产品研发作为创新入口，运用新技术、新思维重构生产经营体系，帮助传统企业实现转型升级和"二次创业"。例如，成立于1995年的九安医疗电子股份有限公司为应对"互联网+"时代的企业发展需求，借助企业自身拥有的医疗器械先进研发制造平台和人才团队优势，尝试内部孵化新企业的发展模式，其众创空间平台上孵化的智能天气监测设备等项目帮助企业进行互联网领域的纵深开拓，共同打造健康云平台，实现传统医疗企业向智能移动医疗的转型。

（3）作为城市创新创业的网络载体，众创空间未来或发展成为一种新兴产业类型

从创新主体看，驱动产业发展的方式正在由大企业创新向以众创空间为支点的科技型中小企业延展；从创新形式看，创客的创业正在成为大众创业、万众创新的新形态；从创新网络看，由众创空间为依托的微创新、跨界式创新、平台化创新正在成为城市创新的动力源；从发展趋势看，创客和众创空间放大了智力资源的能量，为产学研协同整合和新型创新生态的形成注入了活力，已成为城市"创新创业网络"的重要载体。众创空间除起到推动技术突破、促进模式创新、培育双创人才等作用外，还可以依托线上线下的海量创业数据预判未来产业方向，并通过对创业资源的调节，参与或主导未来产业发展。随着双创热潮的日趋理性和政策供给的日益完善，众创空间发展将迎来由量变到质变的过程。服务能力不强、业务模式单一、盈利方式欠缺的众创空间将会被自然淘汰出市场，政府应理智对待众创空间自身的调整和数量的波动，允许并监督劣质空间退出市场。而在市场竞争中存活下来的众创空间必然朝着专业化、差异化、链条化、集群化的产业方向发展。未来众创空间将更深入地与实体经济、商业模式乃至社会思想文化结合，构建城市创新网络的基础，成为推动中国经济可持续发展的重要力量之一。

3. 天津众创空间发展存在的不足

（1）基于整体态势看，天津众创空间存在区域发展不平衡、产业对接不足、政策支持不精准的问题

第一，天津众创空间主要集中在市内6区和滨海新区，区域分布和行业领域分布并无突出特点，没有充分利用和对接当地原有的经济和自然禀赋，众创空间发展的聚集效应和地方特色尚未形成。

第二，天津众创空间发展没有与地区主导产业形成深层次的协同发展态势，与各类科技园区、高新区、开发区、特色小镇等创新平台的对接不足，与优势特色产业耦合度有待提升。因此一些在众创空间孵化毕业的项目，由于缺乏上下游产业链的配套，不能在天津实现产业化。

第三，政策供给不够精准，单一量化指标难以实现服务创新创业需要的目标。对众创空间的资金支持是以空间所申报的占地面积核定补贴发放数额，没有将空间的服务能力和孵化绩效纳入衡量标准之中，造成天津众创空间发展大而不强，多而

不精。对创客团队"普遍撒网"的资金支持方式体现了政府对创新创业的引导态度和对社会创新失败成本的承担。然而单一量化的政策供给客观上造成了一些政策"食利"现象的出现,例如,虚报创客人数套取补贴;非创新类社会企业获取大学生创新创业优惠政策补贴;创客同时入驻和签约多家众创空间等等。"食利"现象的存在恰恰反映了创新创业中的"痛点",如重复签约现象的背后是创新创业启动资金不足的问题。如何突破制度局限,探索政策资金更高效率的使用方式是天津众创空间发展亟待解决的问题。此外,天津相关扶持众创空间发展的政策较注重直接资金补贴,引导众创空间特色化、差异化、国际化发展的政策停留在方向性描述层面,缺乏具体目标和操作细节,造成政策难以落地。

(2) 从众创空间本身发展看,存在专业化服务水平有待增强、与国际创新资源衔接不足的问题

一方面,天津众创空间在行政服务、公司注册、商务资源对接、办公地点使用、活动交流平台建设等方面服务能力较强,但在公共实验平台建设、科技成果转化、创业导师聘用、创业融资、产业对接、技术支持等更为专业的创业服务方面水平不高,整体服务能力无法有效满足创业创新者的需求。另一方面,天津众创空间的发展缺乏国际化视野,链接国际创新资源的能力有待提高。以杭州为例,硅谷孵化器、贝壳社等众创空间在海外设有分支机构,而幼发拉底孵化中心、Plug&Play、500startups 等国外众创空间也进驻杭州。而根据此次调研情况,目前天津鲜有国际合作共建的众创空间和国外创客团队入驻的案例,众创空间的国际化水平严重滞后于北京、上海、深圳等地区。

(3) 从微观创客的视角看,存在创客项目模式创新多于技术创新、集成创新和关键技术突破还较薄弱的问题

根据 2016 年北京、上海、杭州等地的众创空间发展报告相关数据,由于互联网浪潮的兴起和资本的支持,90% 创业项目集中在小型 App 开发、O2O 生活服务、互联网教育、电子商务等互联网领域的商业模式创新,真正的技术创新项目数量不多。多家众创空间负责人认为,以大众、学生、草根为主体的创业项目由于缺乏技术和平台的支持,能够真正实现集成创新或关键技术突破的还非常少,发展较好的创客项目多源于对细分目标市场机会的掌握。例如,笔者在对民航科技创业苗圃等专业众创空间的调研中发现,无人机操作训练、航空专业英语培训等微创新项目市场运行平稳,而无人机平衡系统研制、机场跑道摩擦检测等高科技创新项目较稀缺且发展困难较大。一位从事汽车行业工业流程控制的创客表示,其研发环节处在整个生产链条的初端,是客户需求的首次转化,难以深入参与其后的设计、反馈、调适、装配、生产等环节。由于自身经验不足和技术能力有限,创客的技术创新多为研发链条的支端创新和"微创新",平台企业和创客之间的技术交流还以单向溢出机制为主,转化效应还不够明显。

三、众创空间嵌入的多层次创新生态系统

1. 概念模型：次生生态、接口功能和层级关系

由于互联网等技术条件的成熟、大众创新创业需求的释放，加之政府政策的引导，2015年以来我国众创空间发展出现了数量的爆发。由于优质创新主体和创新资源的供需不均，众创空间行业竞争加剧，空间功能出现了分化和迭代，并且与区域内各类创新主体和要素，包括创客、原型机加工企业、教育科研机构、平台公司、政府管理部门、行业协会、投资人、投融资机构等进行紧密的联系和互动，形成了一种多层次的创新生态系统，如图7-2所示。下文将从众创空间所形成的次生生态、众创空间所发挥的接口功能及不同范围生态圈间的层级关系三个方面对概念模型加以解释。

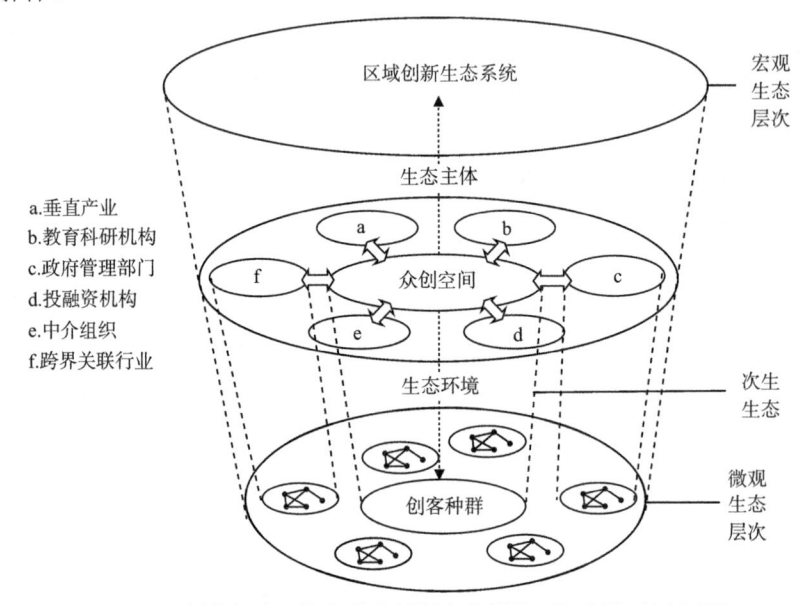

图 7-2 众创空间嵌入的多层次创新生态系统（概念模型侧面图）

资料来源：笔者自绘。

（1）次生生态

生物学隐喻是创新生态系统理论的基础假设，它以生物学的视角看待社会经济组织和现象，识别创新的生产者、消费者和分解者，以及创新主体之间、主体与环境之间的相互作用。葛传斌等（2003）、王节祥等（2016）认为孵化器是创新产生的环境、载体或平台。[①②] 惠兴杰等（2014）将孵化器隐喻为创新生态主体，但同时

---

① 葛传斌，池仁勇，王会龙，等.科技孵化器在催生区域创新网络形成中的作用[J].科学管理研究，2003(6): 38-41+51.
② 王节祥，田丰，盛亚.众创空间平台定位及其发展策略演进逻辑研究——以阿里百川为例[J].科技进步与对策，2016(11): 1-6.

也指出，孵化器是一个适宜创新企业成长的人工控温环境。[①]事实上，在多层次创新生态系统的研究视角下，生态系统的各个组成部分往往同时发挥着创新主体和创新环境的双重作用，其属性和身份是可以转化的。[②]众创空间的出现对创新生态系统理论中的生物学隐喻进行了重要补充和发展。众创空间是创新主体和创新环境的融合，两者之间不再泾渭分明：众创空间本身创新了管理制度、商业模式、创业方式及融资方法，在宏观层级及中观层级的创新生态系统中，它承担了创新主体的功能；而在微观创新生态系统的视角下，众创空间为创新个体提供了一系列适宜创新发生的经济、社会环境，如资金、技术、教育、文化、制度等。从培育创新文化氛围、提供创新思想交流和试验场所、促进知识信息交换、吸引人才聚集的角度讲，众创空间种群集聚所形成的区域创新服务能力是创新所需的重要环境之一。由于众创空间在多层次创新生态系统中的双重位置和功能，笔者将其定义为一种嵌入式的次生生态。次生生态相对于众创空间嵌入前的原生创新生态而言，它既包括了次级生态环境的概念，也包括了创新生态主体的概念。从创新生态圈的层次范围角度讲，次生生态是介于宏观区域创新生态层次与微观创新种群之间的中观创新生态层级；从创新系统功能的角度讲，次生生态既承担了创新主体功能，又承担了创新环境要素功能。对于宏观创新生态系统来说，众创空间是创新的具体行为主体；而对于微观创新物种而言，众创空间则是外部环境。众创空间的出现丰富了创新生态系统的层次关系，其属性和作用随系统层次和结构的变化而变化，[③]同时它也是不同层级生态系统进行嵌套的关键接口和节点。

（2）接口功能

众创空间强调了与服务对象和创新资源共生的网络性。最初，创客和外部创新资源有可能建立起偶发的弱联系，但众创空间嵌入后，创客与其他创新主体和资源之间能够以空间为接口，建立起频发的强联系，如图 7-3 所示。一方面，企业、大学、中介等组织资源的整合促进了生态系统网络资源的产生；[④]另一方面，通过众创空间接口功能引入的第三方服务激发的跨边网络效应，使得生态系统内的创新主体获得了相对的资源竞争优势。[⑤]以众创空间组织为边界，内外部、各层级的创新主体之间相互合作，实现文化、知识、科技、制度等方面的协同创新。

---

① 惠兴杰，李晓慧，罗国锋，等.创新型企业生态系统及其关键要素——基于企业生态理论[J].华东经济管理，2014(12)：100-103.

② 赵放，曾国屏.多重视角下的创新生态系统[J].科学学研究，2014(12)：1781-1788+1796.

③ Geels F W. Processes and patterns in transitions and system innovations: Refining the co-evolutionary multi-level perspective[J]. Technological Forecasting & Social Change，2005，72(6)：681-696.

④ 李恒毅，宋娟.新技术创新生态系统资源整合及其演化关系的案例研究[J].中国软科学，2014(6)：129-141.

⑤ 王节祥，田丰，盛亚.众创空间平台定位及其发展策略演进逻辑研究——以阿里百川为例[J].科技进步与对策，2016(11)：1-6.

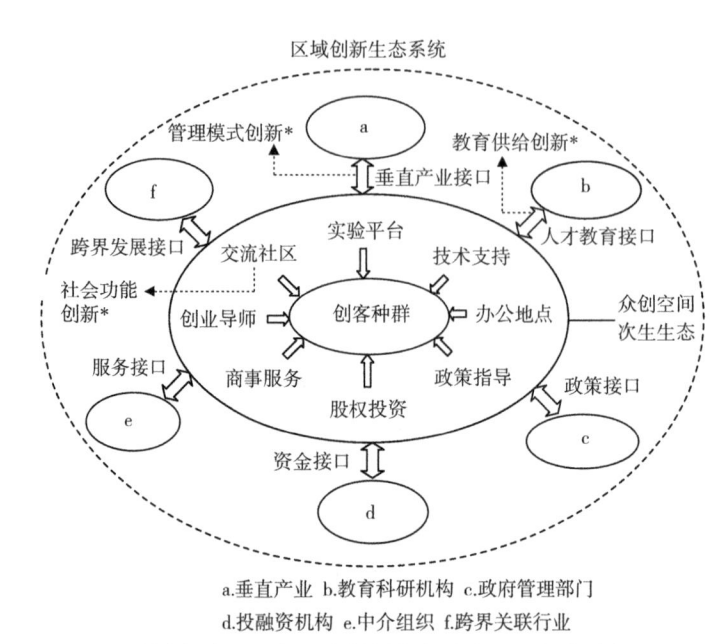

图 7-3　众创空间嵌入的多层次创新生态系统（概念模型俯面图）

资料来源：作者自绘。

a. 垂直产业　b. 教育科研机构　c. 政府管理部门
d. 投融资机构　e. 中介组织　f. 跨界关联行业

众创空间接口功能的实现方式具体体现在 6 个方面。①作为垂直产业接口，创客可以通过创业的方式直接与产业发展融合，在知识分享、人力资源重构等方面对产业发展产生积极的影响。[①]同时，创客企业也可以通过众创空间进行纵向拓展，参与垂直产业链上的分工和合作。②作为人才教育接口，众创空间连接了创客群落和教育科研机构，一方面促进了高校科研院所科技成果产业化和科技人才能力的深度开发；另一方面，众创空间所孕育的自下而上、从实践到理论的知识开发路径也反向促进了学习方式和教育资源供给的创新。[②]③作为政策接口，众创空间为政府管理部门和政策相对人之间架设了桥梁，建立了政策运用和效果反馈的双向信息互通机制。同时，众创空间也为人才、资金、知识产权等管理制度创新提供了实验场所和对象。④作为资金接口，众创空间实现了资本、项目和人才三方面的结合。对创客和初创企业而言，众创空间为其提供了展示项目、寻求融资机会的平台。对投资机构而言，众创空间为其提供了相对稳定的项目筛选边界，优质创业项目在优质空间的聚集为投资人及投资机构节省了大量的项目选择成本。⑤作为服务接口，众创空间连接了创业 TV、51 社保、快法务、拉钩网等专业化创业服务提供商，知识产权交易平台、科技成果转化中心等科技服务中介，以及行业协会、地区商会、企业联

---

① 谢莹，童昕，蔡一帆. 制造业创新与转型：深圳创客空间调查[J]. 科技进步与对策，2015(2)：59-65.

② Sheridan, Kimberly M. Halverson, Erica RosenfeldLitts, Breanne K. Brahms, LisaJacobs-Priebe, LynetteOwens, Trevor. Learning in the making: A comparative case study of three makerspaces[J]. Harvard Educational Review, 2014, 84(4)：505-531.

盟等平台组织,将大量零散的个体需求汇总整合,解决了中介服务和个体需求宽度不匹配的问题。⑥作为跨界发展接口,众创空间融合了商业地产、生活服务、互联网营销等多种业态形式,成为创客企业跨界发展的接入点。例如,研发大米胚芽剥取及保存技术的创客团队在推广农业技术的同时,也借助众创空间的网销平台,帮助农民进行绿色农产品的网上销售,尝试跨界发展路径。

(3) 层级关系

众创空间向上连接了更广范围、不同地域的创新主体和要素,以众创空间为管道实现创新要素的跨区域流动和共享;横向连接了教育科研机构、政府管理部门、投融资机构、中介组织、跨界关联行业、垂直产业链企业;向下连接了创客和初创企业,为其提供办公地点、政策指导、商事服务、交流社区、创业导师、实验平台、股权投资及技术支持。

第一,与上级创新生态圈的关系:协同与合作。作为次级创新生态,众创空间发挥了对创新要素流动的吸纳作用,以创业生态圈的协同带动区域间产业的协同,形成更广范围内的创新生态。众创空间连锁化经营模式和产业链纵深方向的服务拓展都突破了一时一地的局限,通过多地联合路演、线上创业团队组建、创客多地流动办公、创业资源共享等多种方式实现创新思想的区域流动,其规模和速度都远远快于资金、设备、材料、人员等生产要素。通过众创空间共育创新企业成长替代了区域创新资源的竞争和壁垒,推动了地区间技术循环及产业优化布局。

第二,与同级创新生态圈的关系:集聚与连接。一方面,众创空间之间的联系与合作实现了行业集群式发展,吸纳了多元化嵌套式的创新主体,打造了各具特色的城市创新生态样式,如北京的技术开发与外溢生态、杭州的互联网产业生态、上海的知识密集服务业生态、深圳的高科技制造生态等。另一方面,众创空间连接了多种异构的创新生态圈,实现了创新资源的低成本系统集成,为创业者一站式提供了技术、导师、场地、公共实验平台、融资渠道、原型加工、市场营销、政策服务等资源,发挥了创新主体间的接口作用。

第三,与下级创新生态圈的关系:培育与匹配。众创空间是知识的守门者,①相对于创客等微观创新个体而言,其具有信息、位置、渠道、资源等特殊优势。作为创新环境要素,众创空间实现了创新人才的识别和创客种群的培育。同时,众创空间能够将创新资源禀赋与创新主体特质充分匹配起来,引导和鼓励技术创客和商业创客以自身兴趣爱好和特长为基础进行分工,将创新和创业的概念区分开来,培育单纯技术创新、直接创业、间接创业等多元模式并存的微观创新生态。

---

① Munari F,Sobrero M,Malipiero A. Absorptive capacity and localized spillovers: Focal firms as technological gatekeepers in industrial districts[J]. Industrial & Corporate Change,2012,21(2): 429-462.

2. 多层次创新生态系统中众创空间的创新机制

在一个多层次的创新生态系统中,众创空间承担着主体创新、协同创新及创新源培育的功能。众创空间作为一种创新主体和创新环境相融合的次生生态,其创新功能的实现依赖3种机制:自组织演化、开放式协同和跨层级交互。演化、协同和交互是生态系统创新产生的驱动力。

(1)自组织演化

作为微观创新主体,众创空间根据政策、技术、市场、资金、战略等综合因素选择自己在生态系统中的行为,其创新服务功能的自组织演化机制包含两种方式:自我迭代和自我适应。借助众创空间不断地自组织演化,创客、企业等创新主体逐渐由无序发展走向有序发展,由低级有序发展走向高级有序发展。

①自我迭代。由于创新资源的稀缺和目标客户要求的不断提升,面对市场竞争,众创空间的服务功能进行着快速迭代。首先跨越空间范围,进行连锁化经营;其次突破行业局限,发展品牌化战略;最后形成一种容纳模式创新、创业孵化、地产经营、生活服务、品牌连锁等多种业态的新型创新商业综合体。自我迭代的机制首先保证了众创空间自身的营利性和可持续发展,进而有能力为空间内部的创新个体提供咨询、孵化、融资、营销等多种服务,并且依靠空间自身业态的丰富和创新能力的提升吸纳和帮助创新个体的成长。

②自我适应。在发展演化过程中,一些企业运营的众创空间服务功能开始变异,其不断适应企业整体发展战略的需要,逐渐成为企业围绕创新链重新部署产业链发展的切入点。企业众创空间吸纳孵化特定行业领域的创客,借助平台企业自身纵深的行业资源,围绕产业链的垂直领域,为创客团队提供开放技术平台、产业资源支持等高度专业化的创业服务。在此过程中,众创空间会根据企业的发展目标、技术要求、产品设计、市场定位等对创客人才进行识别和选择性培育,将外部创客员工化,成为企业创新链条上的一部分,拓展企业新的业务增长点和领域,优化企业上下游产业关系,形成以创新为核心的产业生态。

(2)开放式协同

如图7-3星号所示位置,众创空间嵌入到区域创新生态系统中后,与关联行业、平台公司、高校院所等异构创新生态主体一起形成了开放式的协同创新机制,构建了社会、经济、文化三位一体的协同创新体系,通过深入合作和资源整合,产生了系统叠加的非线性协同效应,主要体现在三个层次。

第一,众创空间与创客协同,产生社会功能的创新。众创空间与创客社群、生活服务、商业地产等生态主体融合发展,共同缔造一种全新的线上线下联合的社区概念:众创社区。众创社区既是一个物理概念,也是一种信息概念,[①]同时也代表了一种年轻人的生活方式,创客在其中生活、工作、学习、交流并进行创意。形成

---

① Fourie I,Meyer A. What to make of makerspaces:Tools and DIY only or is there an interconnected information resources space?[J]. Library Hi Tech,2015,33(4):519-525.

社区和社区归属感[①]是众创空间为创客种群提供的最宝贵资源之一。众创社区的出现，思想更容易引入、聚集、消化和衍生，使得创新创业发生的概率更大，成功率更高。

第二，众创空间与企业协同，产生管理模式的创新。企业在其原有的管理资源系统上搭建众创空间平台，众创空间则借助互联网开放、协同、合作、分享的特性，在企业内试点平台化、扁平化的管理方式，并不断对原有体制进行调整，降低管理成本和风险。众创空间打破了合作的边界，使得公司与员工的管理者与被管理者的概念不断模糊。企业员工创客化的管理模式激发了企业内部组织单元和每一位员工的创新创业活力，并与众创空间所吸纳的外部创客一起，围绕全新的创新生态链重构生产经营体系，帮助传统企业实现"二次创业"。

第三，众创空间与教育组织协同，产生教育方式和内容的创新。目前我国大部分高校和职业院校建立了众创空间，通过与众创空间的协同开展教育组织方式的重构和教育供给内容的创新。一方面，传统大学的教育组织方式是由上而下进行的，知识从教师传播向学生，而众创空间为学习提供了新的途径，学习的起点可能源于学生的兴趣或者现实中遇到的问题，教育的组织方式由单纯教师驱动转向学生驱动及师生双向互动，学生的创新潜力被充分调动起来，师生的创新想法也有了实践的空间。另一方面，众创空间在发展过程中将产业发展需求纳入大学教育内容设计中，倒逼教育体系提供新的创新创业教育内容，改进教学方法，增加实践课程，优化学科专业和课程体系，建设实训基地和科研平台，从而实现教育供给的创新。

（3）跨层级交互

在一个多层级的创新生态系统当中，笔者选择以众创空间为研究对象是因为众创空间是一个极端的、特殊的现象。它产生于创新生态系统层级的交叉地带，其组织边界内部就涵盖了不同的生态层级，是一个资本、科技、产业、教育互联互通的新型创新创业组织。多层次创新生态系统中，众创空间最为独特的创新机制在于以创新文化为主线的、跨层级的交互作用及其效应。作为最微观的创新主体，创客携带自己的创意想法和意志品质进入众创空间，这种创新精神在众创空间内得到了培育和强化，并在众创空间自组织演化和开放式协同的过程中得到补充，并逐级向上扩散，最终形成一种社会文化氛围，并反过来促进各层各类创新主体的创造行为。在这一创新文化循环和演进的过程中，众创空间起到了关键的培育、交互和传导的作用。具体来讲，作为创新环境，众创空间为其下层级创新主体，如创客群落、在孵企业等构建了思想碰撞和经验交流的场所和平台，并培育了创客的独立意识、目标意识、契约意识及企业家精神；[②]在与同层级的行业企业、科研院所、大学、中介

---

① Mcgrath O G. Making a makerspace: Designing user services to serve designing users[C] // the 2016 ACM. ACM, 2016. DOI: 10.1145/2974927.2974949.

② Holm E J V. Makerspaces and contributions to entrepreneurship[J]. Procedia - Social and Behavioral Sciences, 2015(195): 24-31.

机构、行业协会、融资公司等创新主体协作的过程中，通过众创空间的接口机制将"首创、开源、协作、分享"的创新文化扩散出去，并从其他创新主体处得到反馈并不断强化；此后，伴随智力资源的开放共享和自由流动，创新文化会在区域内形成涟漪效应，推动宏观创新生态系统内"尊重创新，包容失败"的社会文化氛围的形成。一旦系统内创新文化形成并固化，又会通过社会资源分配、创新政策确立等方式发展成为一种创业风险社会共担文化，并逐级向下传递，最终释放了创新创业者的社会压力，降低了创业的难度和风险，从而进一步调动了微观创新主体的创新潜力和创业欲望。

3. 众创空间行业的生态学发展路径

众创空间发展应把握多样性、共生性、嵌入性、演进性的生态学特征，[①] 链接不同范围、类型、层次的创新生态圈及产业生态圈，沿着协同、效率、集聚、对接的生态学路径前进，以新为体，以业为用，以兴趣爱好为基础，发扬钻研精神，突破技术壁垒，细化社会分工，提高政策效率，对接实体经济，最终构建完整的创新生态，使大众创业、万众创新潮流成为驱动经济发展的新动能、新支点。

（1）以众创空间行业发展引领产业协同、人才协同和服务协同

第一，以京津众创空间行业发展为例，应围绕京津冀三地的功能定位和产业布局，发挥各自优势协同创新创业活动。例如，与京冀孵化器企业、众创空间合作，以三地联合路演的方式吸引优质资源并合作构建产业链和创新链，在北京完成项目融资启动；由于天津高性价比的人力资源和产业研发能力，其投后管理、小规模试产可在天津进行；随着项目的成长，其规模生产及销售物流可在河北或天津完成。第二，应把握创新人才流动性强、发挥效能空间大的特点，将创客和创新团队的外引与共享结合起来，营造适合创新创业的生态环境。培育"大肚型"人才结构，[②] 将创客人才作为地区人才分类目录的重要组成部分，制定专项扶持政策吸引企业管理、技术骨干、海归、大学毕业生等中高端双创人才，增加双创人才储备。第三，培育新业态，细化分工合作，促进创业服务及组织的协同。单个众创空间为有限理性的组织主体，[③] 无法集成所有类型的资源和服务，也无法涵盖整个创新创业链条上的所有环节。因此应发展专业的创业资源服务提供商，从创意、设计、研发到原型加工、小规模试产、最终量产的整个生产链条，以及孵化、融资、行政管理、法务咨询、市场开拓、品牌营销等服务环节都应共同构成相互支撑的创新网络生态。

---

① 何红光，张玉军. 基于生态位理论的中小企业转型升级能力评价模型[J]. 企业经济，2013(5): 13-17.

② 郑巧英，朱常海. 众创空间的概念、运作机制与发展建议[J]. 中国高新区，2015(8): 132-137.

③ 吴杰，战炤磊，周海生. "众创空间"的理论解读与对策思考[J]. 科技管理研究，2016(13): 37-41.

(2) 发挥政策在众创精神引领及公共产品供给两个层面的作用，提升众创空间行业运行效率

众创空间行业运行效率取决于众创精神、创客群落、创业资源、公共服务四个因素及其相互作用，[①] 而良性的创新生态系统会不断自我演化，持续接近动态最佳目标，[②] 这就意味着市场对创新资源配置应起到决定性作用。高效的政府政策应在众创空间系统的"一天一地"即众创精神引领及公共产品供给两个层面发力，调动和解放市场主体参与创新创业的积极性。一方面，充分发挥政策导向和舆论宣传作用，培育"崇尚创新、理性创业、宽容失败"的社会氛围，赋予创新创业行为较高的精神价值，为创新主体的育成营造文化氛围。另一方面，提供高效精准的公共服务，如加强协同化的组织领导、主导创建众创空间联盟、协调众创空间区域发展规划、投资运营公共技术服务平台、建立知识产权保护规章制度、以税收工具调节风险投资基金成本、引导规范融资方式创新等。而"天地"之间众创行业中的各种工作，如创客与创业资源的新陈代谢、投融资行为的完成、创业成本的分担等应由微观市场主体主导并承担，避免财政资金直接补贴而引发的资源错配现象。良好的创新环境支持要素能够调动创客的创新潜力和创业欲望，降低创业的难度和风险，释放创新创业者的社会压力，并且适应了创新人才自我开发的内在需求。

(3) 发展"小镇式"产业集群，实现创业资源的优势互补

提高众创空间产业集聚程度需物理空间聚集和要素资源共享并重。一方面，在物理空间上实现聚集，吸纳多层次、多元化、嵌套式的创新主体，发展"小镇式"产业集群。所谓"小镇"既可以是因要素禀赋自然形成的众创群落，也可以是政府打造的吸纳某一行业众创空间的特定区域，如杭州梦想小镇、苏州金鸡湖创业长廊、北京中关村创业大街等。类型相异的众创空间可为创新创业者提供全链条的孵化服务，相互之间的竞争与合作也有助于提高服务效率。而服务行业相近的众创空间（工业设计、生物医药等）的物理聚集可为创业者提供更加丰富的资源选择和交流机会，并依托产业链形成品牌引力和地方特色，吸纳更多创新创业人才入驻。另一方面，发挥众创空间联盟的作用，强化空间之间的内在联系，实现创业资源的共享，如高校众创空间技术人才优势明显，但商业运营经验较欠缺；企业平台众创空间行业资源丰富，但接洽投融资能力不足；品牌连锁类众创空间创业导师、投资人汇聚，但技术开发辅导能力较弱。因而通过空间联盟的联络，能够汇聚优势资源，共同提高服务创新创业人才的能力。

(4) 推动创客模式与实体经济系统有效对接，服务产业升级转型

从技术演进的历史经验来看，产业转型升级的实现与关键技术创新和生产模式

[①] 谢莹，童昕，蔡一帆. 制造业创新与转型：深圳创客空间调查 [J]. 科技进步与对策，2015(2)：59-65.

[②] 李万，常静，王敏杰，等. 创新3.0与创新生态系统 [J]. 科学学研究，2014(12)：1761-1770.

转化密切相关,[①] 能否借助众创空间的兴起成功实现城市产业的转型升级,有赖于创客模式与现有生产系统的有效对接。调研数据显示,约半数的创客项目是以技术创新为创业基础。由于企业平台众创空间的服务能力和推动作用,根植于生物医药、工业设计、智能制造、数据库研发等特定行业领域的创客及项目已经开始切实服务实体经济发展,转换为现实生产力。众创空间行业发展应以服务实体经济需求为导向,将大众创业需求与企业创新需求相匹配,推动创客的技术及模式创新与实体经济系统的有机结合,同时将创客开源、分享、协同的思维方式传播到企业,服务企业升级转型要求。

四、天津"双创"人才引进开发的特点与问题

1. 创新创业人才发展特点

（1）创新创业人才整体素质较高

创新创业人才大多接受过系统的专业教育,其中硕士、博士、高校教师、科研院所研究员十分常见。2016年天津市从国外引进人才1802人,新建博士后工作站19个,在站博士后1100人。调研显示,高级工程师、工程师及科技项目主要负责人为本科及硕士以上学历者占88.1%,从事本专业工作者占80.5%,工作前拥有相关经验及技术者占83.2%。由此可见,学历、专业、工作经验与技能需求主导了企业选拔创新性人才的趋势,间接反映了科技型企业对创新人才个人学习能力及实际工作能力的高度重视。

（2）中青年成为创新创业人才的骨干力量

调研显示,创新创业人才呈现明显的年轻化趋势。近70%的重点企业创新创业人才主要分布在35岁以下。另外,超过半数的重点企业主要技术负责人等高层次创新人才集中在35～45岁。主要管理负责人在45岁以上的企业占比为29.0%,技术负责人集中在45岁以上的企业占比为13.5%,可见技术骨干比管理骨干年轻化的趋势更为明显。

（3）人才队伍来源渠道多元化

创新创业人才来源于多种人才群体,既有科研机构的科技人员、高校教师,也有政府机关公务人员、海外归国人员、大学毕业生等。调查显示,较有代表性的科技型企业家的来源渠道是：自主创新的科技人员、技术发明者、转型企业的企业家、归国海外学子和大学毕业生。近年来,海外归国的创新创业人才比例上升明显。

（4）"双创"人才国际化趋势初显

目前落户天津的海外留学人员已超过15000人。2016年12月,天津人力社保

---

① 陈凤,项丽瑶,俞荣建. 众创空间创业生态系统：特征、结构、机制与策略——以杭州梦想小镇为例 [J]. 商业经济与管理, 2015(11): 35-43.

局、外国专家局组织海外人才招聘团,在美国、加拿大等国举办了5场海外高端人才对接洽谈会,并联合我国驻纽约总领馆举办了第11届"春晖杯"创业大赛颁奖仪式暨海外高端人才对接洽谈会,与600余位海外人才进行了深入的对接洽谈,达成人才引进和项目合作意向257项。2017年3月,天津新动源科技有限公司晁流博士等9位海外高层次人才入选天津市创业人才项目。9位入选专家主要分布于生物医药、新材料、资源环境和电子信息4个领域,均为国外知名院校毕业的博士和博士后研究员。可见,随着天津人才引进政策的逐步完善,具有国际视野和经验的创新人才来津工作的人数逐年增加。

2. 创新创业人才发展面临的主要问题

笔者曾于2016年对天津53家企业的85名高端人才进行了问卷调查和访谈,对比分析了北京、天津、上海、江苏、浙江、深圳、广东、重庆8个省市的人才政策,并调研了多家落户在天津、苏州的人才双创企业。研究认为,天津高端人才引进工作中存在四对矛盾:人才政策设计与服务对象期望之间的不一致、应聘人才与用人单位认知之间存在偏差、产业特点和企业结构对招引高端"双创"人才的制约及"双创"人才发展需求与人才结构系统不配套。

(1) 人才政策设计与服务对象期望之间的不一致

第一,人才政策体系庞杂,缺乏精准性,人才难以全面掌握。研究汇总分析了天津各区县及用人单位的引人政策及具体条款,发现针对不同人才群体的政策条理性和针对性不足,不同类型的人才在接受和利用上常感困惑。第二,人才政策未能体现出天津引才的力度与特色。在人才竞争日益白热化的背景下,天津人才政策特色不鲜明,在力度和新意方面也不突出,不能满足人才个性化、多层次的需要。第三,政策落实存在短板。调查数据显示,仅32%的人才和51%的用人单位认为人才政策能够基本落实。人才最满意的是住房、"绿卡"、子女配偶安置等服务保障措施,而政策落实短板集中在金融扶持及风险投资相关政策,扶持资金和政策存在到位迟、操作难等问题。

(2) 应聘人才与用人单位认知之间存在偏差

调查显示,在引进政策及环境问题上,应聘人才和用人单位认知之间存在偏差。用人单位重视"单位内部环境""组织文化和个人的匹配""内部股权激励机制"。而应聘人才在选择就业地点时更注重"区域的国际化程度""经济发展水平"和"政策信息公开程度",这些也是应聘人才心理预期和满意程度相差最大的三项。用人单位所提供的优惠条件往往难以切中人才落地的"痛点"。调查还显示,企业招聘信息发布和人才获取信息渠道之间也存在偏差。企业超过60%的招聘渠道是人才中介、猎头和媒体广告;而人才获取信息集中在朋友推荐、圈子等个人渠道。外国专家局、人才交流中心、海外推介活动、合作交流协议等综合渠道利用得并不充分。

（3）产业特点和企业结构对招引高端"双创"人才形成制约

创新型企业尤其是中小企业是吸纳创新人才的重要载体，也是发挥其才智的平台。汇聚创新人才与本地的企业结构，尤其是企业集群有相当大的关联性。中小企业多且互为上下游或互为关联客户的企业群落更有利于吸引各类人才。研究对苏州和天津两地的调查比对发现，苏州以互联网为代表的信息企业及以先进生产技术、流程为依托的制造企业迅猛发展，其关联性强的服务型企业多，上下游产业配套程度较高，目标客户多，创业资本丰裕，这种中小企业生态系统是各类人才的首选创业地点。而天津企业结构的特点是大企业多但产业链短，上下游产业配套程度并不高，企业间关联程度较低，对中小企业的带动作用并不强。这种企业结构降低了对创新创业人才的吸引力，也难为其落地发展提供机会。

（4）"双创"人才发展需求与人才结构系统不配套

40%的被调查企业认为，影响引进人才发挥作用的主要原因是"人力资源配套不足，独木难成林"。调查发现，企业虽然从一些知名公司引进了不少高级人才，但没有足够的、得力的研发或管理团队支撑，使得领军人才孤掌难鸣，创新计划很难完成，这也是造成高端人才不稳定或流失的原因之一。重高端轻一般、重引进轻配套、重领军人才轻团队建设，是人才工作中的主要问题。

3. 天津创新创业人才政策分析

（1）天津创新创业人才政策的基本情况

作为创新创业的主体，人才在推动区域经济社会发展中发挥着重要的作用。创新创业政策的制定和实施，是营造良好的创新创业环境、激发各类人才创新创业热情、保护创新创业成果的必要手段。天津科技型中小企业的发展也为人才创新创业提供了难得的发展机遇。近年来，天津出台了一系列的人才政策，吸引优秀人才来津创新创业，如表7-2所示。

表7-2　2010—2016年天津鼓励支持人才创新创业政策汇总

政策名称	年份
《关于天津市"用三年时间引进千名以上高层次人才"工作的实施意见》	2010
《关于为海外高层次引进人才提供相应工作条件和生活待遇的若干规定》	2010
《天津市引进人才服务办法》	2010
《天津市企业博士后创新项目择优资助计划实施办法》	2012
《天津市科技金融对接服务平台认定及考核奖励办法（试行）》	2013
《天津市鼓励股权投资企业投资初创期和成长期科技型中小企业补贴办法（试行）》	2013
《天津市科技型中小企业信用贷款风险补偿办法（试行）》	2013
《天津市企业重点实验室认定实施细则（试行）》	2013
《关于科技型中小企业购买高校、科研院所的科技成果或开展产学研合作项目给予财政补贴的实施细则（试行）》	2013

（续表）

政策名称	年份
《关于对科技型中小企业引进国（境）外先进技术给予财政补贴的实施细则（试行）》	2013
《天津市支持科研院所创新发展实施意见》	2013
《〈天津市"千企万人"支持计划〉实施细则》	2014
《天津市重点新产品认定补贴办法》	2014
《天津市引进人才"绿卡"管理暂行办法》	2015
《关于进一步完善就业创业政策的通知》	2015
《天津市关于发展众创空间推进大众创新创业的若干政策措施》	2015
《市人力社保局 市财政局关于下放大学生就业创业扶持政策办理权限有关问题的通知》	2015
《天津市大学生创业导师管理办法》	2016

资料来源：笔者根据相关资料总结。

（2）天津创新创业人才政策存在的主要问题

第一，政策体系不够完善。各个政策之间的相互配套支持不够严密，各区之间的政策相对独立，政策执行差距较大，政策执行部门之间缺乏联动。例如，滨海新区行政区与开发区、空港经济区等功能区之间高端人才的社会保障政策差距就比较大，需要进一步整合，形成统一规范的政策系统。又如，海外人员落户天津的手续会涉及人力资源和社会保障局、外国专家局、市教委、公安局等部门，各部门之间沟通协调不够，影响工作效率。此外，科研经费、设备配置、创业启动融资、配偶子女安置等方面缺乏切实可行的配套措施，导致人才政策落地困难。

第二，政策创新力度不够，没有形成地方特色和引才主题。目前各地结合区域发展定位纷纷加大引才力度，并积极探索具有自身特色的引才理念。例如，深圳提出"创客之都"；北京放宽对急需人才家属的户籍限制；上海则凭借"外籍人才眼中最有魅力的城市"优势，以创新创业人才、创新创业中介人才、风投人才等为重点构建"全球科创中心"；贵州贵安新区提出"季节型""假日型""候鸟型"引才方式。而天津的引才引智工作并未提出特色鲜明、目标精准的引才主题，如围绕先进制造研发基地建设集聚重点产业的制造研发团队、围绕自贸区试验招引离岸金融、跨境交易的金融创新人才、围绕"一带一路"建设培育和储备熟悉沿线国家和地区经贸文化的市场人才等。

第三，人才政策重高端轻一般，重个人轻团队。天津现行的创新创业人才政策主要扶持海外人才、高端人才、领军人才、科技人才和创业大学生，对技工技师、创业中介、团队管理等各类型中端人才的支持服务严重欠缺。领军人才和高端人才施展其才智需要团队支撑并与其他类型的人才互补。天津的创新创业人才政策还应进一步根据人才的发展需要配置结构合理的创新团队，突出一线、重视团队引进。发挥领军人才的凝聚作用，以团队聚人才，着重引进和培育围绕高端人才或领军人才的科技团队和创业团队,对中端人才予以住房、社保、落户等方面的政策支持。通过优化增量的方式形成与产业结构调整要求相符合的高、中、低多层次协调发展的人才梯队。

第四,政策服务不到位,效果反馈不及时。人才政策体现在设计、执行和反馈三个环节。天津的人才政策设计没有准确分析和研判不同类型人才的发展需求和环境依托,支持政策条款不精准、不细致。例如,对金融人才落地发展最具吸引力的并非硬件设施而是监管体制、创新氛围及资金支持等;政策执行灵活度不够,责任担当意识不强,政府基层工作人员业务不够熟练;通过人才座谈、离职调查、第三方评估等方式追踪人才政策落地实施效果的常态化反馈机制尚未形成,没有建立人才政策动态管理和退出机制。

五、众创空间发展对创新创业的促进作用

众创空间发展对创新生态中最基础的能动要素——人的重要性不言而喻。众创空间既连接了有形的企业、高校、科研院所和政府机构,也连接了无形的智力、信息、经验、文化要素。作为国家创新系统的一个重要组成部分,众创空间能够实现科技创业企业的成长和创新创业人才潜力的发挥,根本原因在于其实现了创新要素的集成、产业的支撑和连接、社区及文化的形成,以及智力资源的增值、流动和共享。

1. 创新要素的集成

众创空间实现了创新资源的低成本系统集成,为创业者一站式提供了技术、导师、场地、公共实验平台、融资渠道、原型机制造、市场营销、政策服务等跨界资源,解决了创业企业经营中的"痛点",如人才缺乏、资金困难、市场开拓困难、产品竞争激烈、创业成本上涨等,激发了人才创新创业的积极性。同时,众创空间通过对内外部的各类资源的有机整合,提供了核心资源服务和第三方服务,为创客构建了一体化、全方位的创业基础设施和专业服务。低成本的办公环境,大量汇聚的投资者和成熟企业机构,便捷的软硬件设备,优惠的政策支持以及专业传媒机构的服务,使得创业团队能够专注于自身企业建构,提升工作效率,避免资源闲散浪费。此外,众创空间还能够打破地域和亲缘方面联系的限制,令创业团队和各类人才真正因为共同的梦想、兴趣和能力进行交流和合作,共同创业,更加有效率地实现创业资源的有效配置。同时众创空间能够打破单个企业的边界限制,产生规模效应和集聚效应,分享优质的创业资源,协同创业,使得初创企业能够降低创业成本,规避创业风险。

2. 产业的支撑和连接

众创空间是连接产业和人才的重要节点,众创空间使得人才除了可以通过就业方式接近产业,还可以通过创业方式直接与产业发展融合。第一,以企业为边界

的人力资源开发模式难以适应高端人才开发的需要，众创空间是公司平台化和员工创客化管理方式的试验室，其借助互联网开放、协同、合作、分享的特性，在企业内试点平台化、扁平化的管理方式。员工创客化的组织模式激发了企业内部组织单元和每一位员工的创新创业活力，为人才创新创业提供了管理制度红利。第二，平台公司与众创空间所吸纳的创客一起形成了全新的创新生态链，构成技术流动的闭环，为人才创新创业提供了技术开发红利。例如，创意魔法空间通过"生物医药产业链和互联网+"的模式培育了一支医药中间体研发创业团队。该空间协助团队在其公共服务平台上寻求技术支持，共享实验仪器资源，解决研发中的关键技术问题，创业团队也凭借其过硬的研发技术，承接企业研发订单，增强企业研发实力。第三，创客团队在创新创业过程中可以充分利用众创空间母公司成熟的营销、融资、生产、售后网络，为人才创新创业提供了平台嫁接红利。

3. 社区及文化的形成

众创空间与创客社群、生活服务、商业地产等生态主体融合发展，共同缔造出一种全新的社区概念：众创社区。众创社区既是一个物理概念，也是一个信息概念，同时还代表了一种年轻人的生活方式，例如，腾讯众创空间内设有24小时书店、全球购商业街区，灵动空间内设有胶囊公寓，将创客的工作和生活囊括在一个物理地点。高活跃度创新群落中创新物种的多样性、创新种群的群居性，造就了生活、工作、娱乐等日常活动空间的近距离态势，不仅极大地减少了通勤、物流、能耗，而且使得人们拥有更多的闲暇时间和宽松的心态去进行创新创意活动，增强了本地创新能力。由于社区的存在，思想更容易引入、聚集、消化和衍生，创新创业发生的概率更大。挪威学者Jensen等对挪威、丹麦、美国的13个众创空间及8个国际众创空间联盟的调查显示，空间所形成的归属感、共享合作文化及创客间的行为印随效应是众创空间提供的最宝贵资源。[①] 同时，众创社区的发展推动了整个社会"尊重创新，包容失败"文化氛围的形成，民众尊重创业成功者，以及有创业经历但最终没能成功的尝试者，这客观上形成了一种创业风险共担机制，释放了创业者的社会压力。

4. 智力资源的增值、流动和共享

真正意义上的众创空间是帮助创业者提升能力素质、克服自身问题的学习型机构。成功的创业公司不仅需要拥有全方位的创业资源，也需要创始人有足够的专业能力和必备的素质，如技术或商业创新能力、战略选择能力、为人处世能力、执行能力及目标意识、意志力、忍耐力、抗压力、自省力等。清华大学发布的全球创业观察报告（2014）显示，当前我国青年创业主要从四个来源获得意见建议：73.9%来自朋友，52.6%来自配偶或伴侣，45.7%来自父母，39.2%来自家庭或亲

---

① Jensen M B, Semb C C S, Vindal S, et al. State of the art of makerspaces—Success criteria when designing makerspaces for Norwegian industrial companies[J]. Procedia Cirp, 2016(54): 65-70.

属。而亲属、朋友和家庭的意见建议的专业性难以保证，因此创业者需要更多地通过众创空间获取专家和成功创业者的支持。例如，腾讯众创空间为创业者开设了"开课"项目，针对创业者的"痛点"进行培训，课程内容包括"如何写好一份优秀BP""如何更好获得投资""如何招到靠谱人才""如何整合资源打造优秀团队"等，有针对性地解决创业者面临的困境，提升他们各方面的能力；创新工场打造的创业辅导服务"群英会"为入选学员开设为期7个月的封闭式创业课程培训，邀请内外部导师共计近60名，其中一半来自风险投资机构或投资人，一半来自创业成功人士及知名企业高管。经过创业的历练与众创空间的培训，创业者个人经验与能力增强，人力资本得到升值。此外，众创空间灵活的团队组织方式适应了创新人才流动性强、发挥效能空间大的特点。通过建设众创团队而进行的人才外引突破了时空的限制，通过跟进、承接、对接、共建等方式实现了人才的开放共享和智力资源的自由流动。

六、发挥众创空间生态载体作用，激励人才创新创业

1. 发挥众创空间对创新资源的吸纳作用

应发挥众创空间连接垂直产业、人才教育、公共政策、创业资金、中介服务、跨界发展等资源的接口作用，有针对性地解决人才创新创业中的"痛点"和难点。例如，对于创业过程中的人才困境，众创空间应扮演"联合创业撮合平台"的角色，通过聚合大量创业者、创业团队及创业者之间的互助交流，产生合作创业；或提供人才募集服务、猎头服务等，解决创业过程中的人才问题。对于融资困境，众创空间应一方面积极为双创人才提供展示项目、寻求融资的机会；另一方面，通过微观创业数据的汇集，反映行业和产品发展竞争的情况，促进投资方了解创业公司，提升融资市场效率。对于市场开拓困境，众创空间应为双创人才提供媒介资源，增强创业项目的公众曝光度，逐步树立品牌形象；搭建跨界发展的平台，为创客企业提供商业地产、生活服务、互联网营销等多种业态形式融合发展的渠道；或提供发展策略指导，帮助创业企业在产品定位、差异化发展方面找到更为合适的出路。

2. 以创业生态圈的协同带动人才的流动共享

众创空间是探索多方位灵活的人才共享机制的试验田。创新人才引进和共享是提升天津自主创新能力的重要路径，而众创空间则是创客和创新团队的生态依托。要把握创新人才流动性强、发挥效能空间大的特点，将创客和创新团队的外引与共享结合起来，营造适合创新创业的生态环境，通过众创空间等形态招引北京院校和科研院所的人才来津创业发展，以创业生态圈的协同带动创新人才的流动共享。同时，利用区位优势和优质高效的服务链接京津两地的智力资源，以创新项目带动企业、以众创空间吸引资源，通过跟进、承接、对接、共建等方式实现科技资源和人

才的开放共享。2016 年 7 月，由腾讯、阿里巴巴等行业龙头企业及创新创业服务机构发起成立的京津冀众创联盟就是以众创空间为平台开启的三地协同创新行动，通过共育创新企业成长推动了三地的技术循环、产业布局和人才流动。

3. 推动创新人才与实体经济系统的有效对接

天津众创空间定位应以生产性服务业为主导，服务全国先进制造研发基地战略，将大众创业需求与企业创新需求相匹配，双向发力推动创客的技术及模式创新与天津实体经济系统的有机结合。天津工业总体规模很大，但优势产业的集群化程度不高，还没有形成"核心企业—上下游配套—中小企业群落"的完整体系，从而制约了产业链与创新链的整合发展。应引导创客和创新项目与先进制造产业体系对接。在创客端，着力培养生产流程控制、嵌入型软件、机器人开发、工业设计等方向的众创空间及创客。引导创客企业通过众创空间进行纵向拓展，参与垂直产业链上的分工和合作，汇集整合微创新及末端创新，并最终实现关键技术突破，用数字化、智能化、平台化的通用技术重构工业生产系统；同时将创客开源、分享、协同的思维方式传播到企业，在知识分享、生产组织方式转型和人力资本优化三个方面影响传统企业，服务企业转型升级要求。在企业端，以企业的创新需求为导向，将产品设计、技术研发、市场开拓等需求尤其是关键节点的需求传递给众创空间及双创人才，通过项目发包、股权激励等方式吸引人才识别机会，并参与企业的创新过程。

4. 发挥众创空间人才开发和教育重构的作用

众创空间连接了创客群落和教育科研机构，一方面，促进了高校或科研院所科技成果产业化和科技人才能力的深度开发；另一方面，众创空间所孕育的自下而上、从实践到理论的知识开发路径也反向促进了学习方式和教育资源供给的创新。因此应发挥众创空间人才教育接口的积极作用，重构创新创业教育供给体系。第一，扩大创新创业型人才培养规模，满足经济社会对创新创业型人才的需求；第二，引导创新人才专业与产业的对接，适应天津市产业结构的调整变化，服务实体经济发展；第三，开展创新创业教育实践活动，建立公共实验平台，提升创新创业型人才培养质量；第四，改革师生评价体系，为技能型人才、创新型人才及双师型人才提供成长的空间。

5. 优化以"双创"人才为核心的创新生态系统

新一轮的创新创业正在由技术、产品、业态的"点式突破"向协同、整合、平台、系统的"网络构建"转化，并呈现批量式、跨界式、快速迭代等特征。打造以双创人才为核心的众创空间创新生态系统，需注意生态系统的扩容、系统内部的细化分工及人才的分类孵化等三个方面。第一，从最初的创意、设计、研发到原型加工、小规模试产、量产的整个生产链条，以及孵化、融资、行政管理、法务咨询、品牌营销等服务环节都应共同构成相互支撑的创新生态系统，并链接国际创新资源，参与国际生产再分工。第二，培育新业态，细化分工合作，优化创新生态系统。应充分发挥众创空间服务接口的作用，有效连接信息服务、社保服务、法律服务、招应聘服务等专业化创业服务提供商，知识产权交易平台、科技成果转化中心等科技服务中介，以及行业协会、地区商会、企业联盟等平台组织。第三，创新创业人才培养应以新为体，以业为用，以兴趣爱好为基础。并非每一位创客都应参与创新创业的全过程，应引导技术创客和商业创客以自身兴趣爱好和特长为基础进行分工，根据人才的特质和禀赋进行分类孵化，将创新和创业的概念区分开来，形成单纯技术创新、直接创业、间接创业等多元模式并存的创新系统，使中国的"双创"战略真正成为推动社会发展、技术进步的重要引擎。

第八章 天津数字经济发展的成效与特点

人类经历了农业革命、工业革命，正在经历信息革命。新一轮科技革命和产业变革席卷全球，数据价值化加速推进，数字技术与实体经济集成融合，产业数字化应用潜能释放，新模式、新业态全面变革，社会现代化治理水平显著提升。当前，全球正处在发展模式不断变革、竞争格局加速重构的新阶段。以云计算、大数据、物联网等为代表的新一代信息技术异军突起，日益发展成为推动全球产业变革的核心力量，不断驱动数字经济快速发展。面对新的发展机遇，以美国、欧盟、日本等为代表的世界主要经济体陆续发布了一系列数字经济发展战略，利用数字化技术驱动经济社会发展，将培育壮大数字经济作为提升国家综合竞争力的重要抓手，着力推动技术创新突破、产业融合应用、数字治理完善和数字技能提升。

数字经济是以数字化的知识和信息作为关键生产要素，以数字技术为核心驱动力，以现代信息网络为重要载体，通过数字技术与实体经济的深度融合，不断提高数字化、网络化、智能化水平，加速重构经济发展与治理模式的新型经济形态。2018年11月，在亚太经合组织第二十六次领导人非正式会议上，习近平总书记强调数字经济是亚太乃至全球未来的发展方向，全面平衡落实《互联网和数字经济路线图》，释放数字经济增长潜能。2018年，国家发展改革委等19个部门联合印发《关于发展数字经济 稳定并扩大就业的指导意见》。2020年3月17日，国务院总理李克强主持召开国务院常务会议，提出要对"互联网+"、平台经济等加大支持力度，发展数字经济新业态，催生新岗位、新职业。2020年5月22日，《"数字平台经济促就业助脱贫行动"方案》印发。2020年12月，全国工业和信息化工作会议明确，将编制实施网络强国建设行动计划，做大做强数字经济。2021年，我国数字产业化规模为8.35万亿元，同比名义增长11.9%，占数字经济比重为18.3%，占GDP比重为7.3%；产业数字化规模达到37.18万亿元，同比名义增长17.2%，占数字经济比重为81.7%，占GDP比重为32.5%，数字经济在国民经济中的地位进一步凸显。

天津市深入贯彻落实习近平总书记关于"大数据是信息化发展的新阶段"的重要指示精神，推动国家大数据战略在天津实施，以政策为引领强化顶层设计，加快产业集聚，强化数据在塑造城市核心竞争力中的关键要素地位。积极培育"数字+"新业态、新模式。抢抓疫后机遇，大力发展在线教育、在线消费、新零售等新业态，深度赋能实体产业，持续推动天津数字经济的发展。

一、数字经济领域的发展和成效

1. 信息安全与大数据、云计算

近年来，天津市在网络与信息安全领域竞争力稳步提升，是全国网络安全产业核心区之一，已实现全产业链布局，主要产品涵盖传统网络的安全产品和服务、新兴领域的安全产品和服务，形成了产业链重点环节协同发展的良好格局。依托龙头企业引育、重大项目建设和关键技术攻坚，引导产业要素资源定向聚集，构建了涵盖"CPU+操作系统+数据库+服务器"的核心产业链，"自主、安全、可靠"品牌初步形成，实现了"芯片、设备、系统"安全认证全覆盖，产业竞争优势逐步显现。拥有麒麟软件、鲲鹏、飞腾、紫光云等一批骨干企业，集聚了国家超级计算天津中心、天津市滨海新区信息技术创新中心等一批网络安全产业高端创新平台，成立了天津市信息安全产学研用创新联盟等行业组织，形成了滨海信息安全产业园、西青信息安全特色产业基地两个核心载体。

在促进大数据、云计算产业发展方面，积极推进京津冀大数据综合试验区建设，建立了天津市促进大数据发展联席会议制度，成立了大数据管理中心，统筹推进数据融合创新应用工作，形成了集"数据采集、存储、清洗、分析与挖掘、数据安全及智能应用"为一体的大数据产业链。聚集了58同城、360、今日头条、搜狐视频、陌陌科技、易华录、中科蓝鲸、南大通用、天地融、天津忆云等一批代表性企业，打造了空港数据中心、华苑国际数据港等4个国家绿色数据中心，拥有了北京大学（天津滨海）新一代信息技术研究院、天津中科智能识别产业技术研究院等一批研发机构，成立了天津市智慧金融大数据产学研用创新联盟等行业组织。

2. 智能软硬件

智能软件产业已实现全产业链布局，拥有规模以上企业700余家，形成了基础软件、分析算法软件及应用软件等全产业链协同发展的良好态势，产品涵盖操作系统、数据库服务及机器学习与机器视觉等领域，构建了"场景+平台+应用"的产业生态。集聚了以麒麟软件、南大通用、神舟通用、曙光、飞腾等为核心的基础软件企业，以深思维、讯飞信息、艾思科尔、普维等为代表的分析算法软件企业和平台，以云思维、路曼科技、巨蚁信息等为代表的应用软件开发企业；集聚了国家超级计算天津中心、中国汽车技术研究中心、天津智能网联汽车产业研究院等一批研发机构；汇集了滨海"工业云"、紫光云、海尔云等一批工业领域云服务提供商，为建设全国先进制造研发基地提供了有力支撑。

依托雄厚的工业基础和丰富的科技资源，形成了从上游的零部件加工，到下游的机器人产业应用，以及面向机器人的视觉感知和智能交互等新一代机器人技术的全覆盖。聚集了深蓝电控、阿童木、新松、七所精密、国人机器人、福臻、天锻等300多家机器人企业，拥有天津市智能机器人技术重点实验室、天津市车身智能焊接技术工程中心等一批与机器人技术和应用相关的科研院所，为机器人产业发展提供了技术和人才保障。围绕消费终端发展需求，依托工业制造及电子信息领域优势，加快智能终端发展，涵盖了通信、智能电视机、智能车载、智能传感器、智能金融等多个领域，培育了无人机、智能家居、智能金融、可穿戴设备等一批新产品。拥有整机制造、液晶面板、摄像头、传感器、片式元件、显示屏、麦克风等产业链重要环节的相关企业，智能终端的产业链完整度和配套能力居国内前列。拥有了滨海—中关村科技园、宝坻京津中关村科技城等一批高水平协同创新平台，聚集了天地伟业、九安医疗、一飞智控、塔米机器人、华来科技、深之蓝、蓝酷科技、橙意家人等一批行业特色企业，助力产业实现良性快速发展。

3. 智能应用

依托汽车产业配套基础，加快智能网联车关键技术研发，形成了涵盖"定位导航、环境感知、车载芯片、决策算法、安全辅助驾驶、无人驾驶、整车应用、智能车载平台与云控平台、人机交互、车载终端"领域的全产业链格局。聚集了天宸北斗、时空经纬、视维光电、津航物理所、三安光电、清智科技、恩泊泰、布尔科技、奥特贝睿等一批骨干企业；创建了天津（西青）国家级车联网先导区，形成了东丽区、滨海新区两个智能网联车示范运营和产业基地，打造了国内首个 5G+V2X 融合网络无人驾驶业务试点，天津卡达克数据有限公司、北京百度网讯科技有限公司获得了天津市首批路测牌照；成立了天津市智能车辆产业技术创新联盟、新能源及智能网联汽车检验检测创新联盟、智能网联汽车专业技能人才培育联盟等行业组织。

重点加快人工智能、大数据等新兴技术在安防领域的应用。拥有精密测试技术及仪器国家重点实验室、计算机视觉与系统重点实验室、安防视频监控技术国家地方联合工程实验室，打造了滨海新区、东丽区安防科技特色产业园两个产业集聚区，聚集了天地伟业、瑞发科、安普德、安泰微、慧微电子等代表性企业，实现了智能安防领域软件、硬件及解决方案的全覆盖。在算法领域深耕细作，形成了从语音语义识别、计算机视觉、生物特征识别、虹膜识别到集成应用的模式识别产业链，算法研究取得显著成效。在医疗健康大数据、智能医疗企业培育等方面也取得了显著成效，聚集了华大基因、零氪科技、天堰科技、GE 医疗、九安医疗、邦盛医疗、天津国际生物医药联合研究院等一批代表性企业和科研院所，形成了从智能医疗检测分析设备、新型医用诊断仪器、健康大数据、基因测序到可穿戴智能健康设备的智能医疗产业链，构建了以"互联网+"为依托的智慧门诊、区域智慧医疗、新型医疗健康等一批应用场景，为推动智能经济发展和建设智能社会提供了有力支撑。

4. 先进通信与 5G 产业

依托电子信息产业基础，加快突破先进通信核心关键技术，形成了涵盖基带芯片、射频前端、通信软件、终端设备、通信光缆等领域的产业链条。聚集了紫光展锐、唯捷创芯、诺思微系统、智博通信、安普德、赛乐新创、七一二、大唐终端、华为海洋、富通住电、赞普科技、北讯电信等一批代表性企业和平台，汇集了无线移动通信与无线电能传输等4家市级重点实验室，现场总线控制技术等2家市级工程技术中心、中国移动联合创新开放实验室、中国电信物联网实验室等研发机构，形成了以天津自贸区先进通信技术创新基地为代表的产业聚集区。

天津市是国家首批5G规模组网及应用示范项目城市之一，具备5G产业发展的先发优势。目前，已在港口、能源、医疗、自动驾驶、无人机等多个领域实现了5G应用示范，初步形成了以芯片制造为核心，以射频前端器件、光模块器件为重点，以5G终端应用为支撑的5G特色产业链条。总投资约221亿元的迪信通惠普5G智能制造项目落户，将打造全球一流"5G+智能制造"基地。

二、民营企业数字化转型的结构特征

数字化转型是建立在数字化转换、数字化升级基础上的，进一步触及企业核心业务，以新建一种商业模式为目标的高层次转型，它在完善企业发展模式、提升企业发展质量等方面发挥着不可替代的作用。民营企业数字化转型的最终目标是要形成一个完整的数字生态体系，这离不开资金、人才、技术、管理四个核心要素的支持，通过设立与数字化转型相适应的技术战略、管理机制、人才方案和投资计划有助于企业进行全面深入的数字化前期改造，为企业数字化转型奠定坚实基础，为企业未来的创新发展注入新动能。提升民营企业数字化水平，促进民营企业数字化转型发展，对于实现我国经济效率提高、经济结构优化，促进我国实体经济高质量发展，顺利实现经济转型升级具有重要意义。

在信息化的时代背景下，国家号召并大力推动企业数字化转型，提升转型服务供给能力，加快打造数字化企业，构建数字化产业链，培育数字化生态。但由于企业传统的行业架构、数字化的基础设施不够完善等问题，企业在数字化转型过程中面临着诸多阻碍。在后疫情时代，为了精准把握企业数字化转型的动力机制、存在问题和发展瓶颈，笔者曾于2020年及2021年两次对天津民营企业数字化转型和发展情况进行问卷调查和访谈。调查显示，天津民营企业表现出对数字技术多维度运用、对数字领域多元化投资、对企业全方位数字改造、对数字转型多渠道融资等良好特征，表明天津民营企业在数字经济背景下，已全方位、多角度地开启了数字化发展进程。

1. 技术研发活动支出持续增长

调查显示，天津民营企业对数字赋能的紧迫感增强，传统产业数字化转型升级的步伐加快。民营企业普遍认为充分利用数字技术手段是加速数字化转型与创新的有效途径。多数企业采用较为稳妥的、由易到难的步骤开展数字化转型战略，先从投资较小、风险较低的销售领域和管理领域试点数字化转型。制造业企业开展数字化转型的态度最为积极，数字化意识最为充分，其认为数字化转型的预期收益最大，平均每个企业都会在两个以上的领域开展数字化业务，特别是在涉及深层次数字化的研发领域和生产领域中布局较广，应用数字技术重塑生产流程，整合管理体系，拓展物流网络和营销体系。商贸服务企业也加快了线上交易和销售布局，打造数字互动场景，提升消费体验。

为抢占数字经济新赛道，企业数字开发和技术应用的投入持续增加。2020年样本企业中有研发经费投入的占比为53.2%，比2019年提高了12个百分点。企均研发经费投入为622.9万元，比2019年增长了48.2万元，人均研发经费投入2.86万元。制造业企业平均技术研发经费为1712.4万元，比2019年增加了447.3万元，居各行业之首，研发经费支出强度达到5.64%。2021年有研发投入的企业达227家，占比为33.4%，企均研发经费投入为1209.03万元，几乎是2020年的两倍，人均研发经费投入5.68万元，研发投入强度为3.33%，高于全国平均水平。天津民营企业都逐渐意识到，在数字化、智能化技术突飞猛进的时代背景下，不断创新研发才是企业生存发展的根本，即使是在受疫情影响，营业收入有所下降的情况下，企业对研发的投入仍在持续增加。

2. 数字化转型预期收益下降

天津民营企业数字化转型进程进一步加快，未进行数字化转型的企业占比下降至30.1%，并且从原先较为浅层次的销售领域向系统化、多维度的生产领域数字化发展。第一、第二产业民营企业都非常重视生产领域和研发领域的高水平数字化转型，但服务行业研发投入较少，数字化转型进程较慢。在企业各项数字化系统部署中，"企业资源计划"和"办公自动化系统"的使用频率仍为最高，增加比较明显的是"企业资源计划"和"先进规划与排程系统"。天津民营企业数字化系统应用、数据采集与管理能力、系统集成互联水平和企业云端App使用都有所发展，但总体还较为初级，离实现数字集成还有很大差距。同时，2021年企业数字化转型预期收益普遍下降，这表明天津民营企业正处于数字化转型的阵痛期，转型投入较大，业务流程再造面临各种困难，预期收益不明朗，投资信心有所动摇。但值得注意的是，小型、微型企业与大型企业的信息集成水平差别并不十分明显。少量民营企业数字化应用开始呈加速发展态势，但多数企业的数字化发展意识还需进一步加强。

3. 研发与高端人才向中小企业流动

与2019年相比，2020年天津民营企业平均研发人员数从11.4人增加到16.7人，研发人员占比从5.78%提高到10.36%。制造业，交通运输、仓储和邮政业，信息传输、软件和信息技术服务业等8个行业的平均研发人员数量和占比都有所提高，特别是批发和零售业及住宿和餐饮业，研发人员占比都比2019年翻了三番。企业的高端人才数量较2019年也有所增加，企业平均高端人才数为9.3人，平均占比为4.28%，人才来源地区也更为广泛。2021年样本企业共有研发人员9645人，企均研发人员数下降至16.1人。高端人才保有量为4154人，企均高端人才数下降至6.96人。数字技术人员共有918人，企均为1.37人，数字人才总人数、企均人数、企业占比、人才密度四项和2020年相比均有增长，京津地区仍为企业技术人员的主要来源地，与其他数字经济发展较好地区的人员联系和交流并不密切，人才吸引力有待进一步提高。

在数字化技术人员紧缺的背景下，天津民营企业对在岗员工互联网、大数据、人工智能技能的培训更为重视，超过半数以上的企业为适应数字化转型需要，已针对企业特点开始制定对应的人才培养方案，企业的数字人才意识逐渐强化。调查显示，中小微企业更加重视数字人才引进，招聘渠道较往年也更为广泛。在各类招聘会上大学及高职院校毕业生谋职取向也在发生变化，到中小企业工作的意愿在增强。对于具有编程、算法、网页设计、数据处理、电子商务等技术背景并能快速适应工作要求的员工，企业愿意高薪聘用。随着中小企业对人才的重视程度不断提高，人才的就业环境和条件得到改善，数字人才不再高度集中于大型企业，开始向中小企业流动。

4. 技术开发出现马太效应

数字技术和数据资源联通不畅、跨主体协作机制缺失在很大程度上制约了企业数字化转型的实现。调研显示，天津民营企业技术合作不够开源，与其他省份和国家的技术联系不密切，交流不广泛，形成紧密协作和合作的情况并不多，服务于民营企业数字化发展的产学研协作机制不畅通。一方面，国内主要的技术来源地都在天津、北京、上海，国外主要的技术来源地是德国、日本和美国，其他国家和地区作为企业技术来源地占比不高。另一方面，天津民营企业开展合作研发的比例偏低，92.2%的企业没有技术研发合作方，75.1%的企业靠独自组建创新及研发团队，获得技术的主要方式为自行研发和直接购买，与其他企业或高校、科研院所合作研发的占比不高，科技界支撑产业界发展的进程相对滞后。同时，在企业数字技术开发方面出现马太效应，有能力进行数字技术开发和应用的企业占比增加，而没有任何技术来源的企业也从2020年的43.1%增加至2021年的49.6%。大型企业研发实力明显增强，微型企业中缺乏技术来源的占比增加，企业间的技术差距进一步拉大。总体来看，民营企业数字化转型的技术支撑较薄弱，专业技术人才少，自主研发和应用能力不强，尚未深度融入天津"原始创新—硬件制造—软件技术研发—通用平台—终端产业应用"的智能产业链和创新链。

5. 数字化转型能力和效果不均衡

2020年被调查的民营企业融资缺口指数继续上涨，信贷可得性水平与前五年相比有所下降，但随着金融科技的日臻发展和完善，企业从小型金融机构和互联网金融借贷渠道获得融资的比例有了较为明显的上升。大中型企业融资渠道有收窄的趋势，而小微企业融资渠道的多样性略有提升。银行贷款仍是所有行业的最主要融资来源，产业基金、中小企业集合债的发展不充分，政府项目基金和产业基金对天津民营企业数字化转型的支持作用较薄弱。2020年天津民营企业整体投资水平和领域与 2019 年基本持平并略有上升。信息传输、软件和信息技术服务业数字化投资热情最高，企业平均投资 1.6 个数字化项目。2021 年天津民营企业整体数字化投资水平和领域较 2020 年有所下降，不同行业两年间数字化投资额变化幅度较大，反映出企业数字化投资的不稳定性。

数字化赋能对企业的生产流程、业务规模、服务范围的影响具有马太效应，从而也必将加速企业发展的不均衡和两极化，体现在：一是研发经费投入差距明显，与 2020 年相比，开展研发活动的企业数量减少，但这些企业投入力度大幅增加；二是少数企业数字化应用加速发展，能够充分运用数字技术的企业占比从 8.7% 增加至 14.9%，但多数企业数字化发展意识还需进一步加强；三是数字化建设投资呈极化趋势，支出非常少和非常多的企业占比都在增加，更多的企业不在数字化转型方面进行投资，但决定投资的企业投资额较往年有所增长。2021 年投资于数字化转型的企业数量从 329 家减少到 139 家，但平均投资额从 249.7 万元增加至 255.2 万元。这体现出企业间数字化投资力度和投资信心的两极分化，也造成了企业数字化转型水平和能力差异的加深，进一步引发了企业目前生产经营状况和未来发展信心马太效应的出现。可见企业在数字化转型的时代背景下出现优胜劣汰的情况，未来企业发展的差距有可能进一步拉大。重大的技术变革意味着重大的发展机遇，少数抓住数字化、智能化这一技术变革窗口期的企业将来会有长足的发展。

6. 企业对数字化支持政策的诉求更具体、更强烈

在人工智能、数字化、物联网飞速发展的时代背景下，伴随数字化转型的开始，天津民营企业的关注点也产生了新变化，重点关注创新问题，包括数字技术人员的培养、新型数字技术的应用、数字生态环境的培育等。数字化发展不同于以往的发展模式，土地、产业投资等要素的重要程度在逐步降低，人才、技术、金融支持等创新要素的重要性显著提高。尽管天津不同行业企业对政府出台的相关数字化转型政策关注程度不一，但对人才引进政策、金融支持政策、税收优惠政策和技术创新政策都有强烈的诉求，这对政府政策制定的重点和精准性提出了新的要求。

近年来，天津支持制造业、商贸业、现代服务业数字化转型的政策相继出台，民营企业对数字技术和技术环境的政策需求加强。调查显示，在各项数字化转型扶持政策中，企业对人才引进政策和技术创新支持政策的诉求最为强烈，而对土地等优惠政策的需求明显减弱。对于正在改进生产流程和推出新产品、新业态的企业而言，数字技术的获取和应用是亟待突破的重点。另外，企业更加重视自身技术研发能力的培育，包括自建研究机构和培养内部数字人才等，同时对技术交流、获取、转让、合作等外部环境的优劣及政府技术创新支持政策针对性、有效性的诉求更强烈，期望值也更高。这也是改善天津营商环境、吸引外地企业入津发展、促进在津企业转型升级的重要着力点。

三、数字经济发展的动力机制

1. 健全促进产业发展的政策体系

积极抓好顶层设计，不断完善政策体系。实施《天津市促进大数据发展应用条例》，相继出台《天津市大数据发展规划（2019—2022年）》《天津市全面深化大数据发展应用行动方案（2020—2022年）》《天津市促进数字经济发展行动方案（2019—2023年）》《天津市贯彻落实数字经济发展战略纲要实施意见》，制定天津市《大数据企业认定规范》《天津市公共数据资源开放管理暂行办法》，逐步形成促进数字产业发展的系统性政策体系。另外，建立天津市促进大数据发展联席会议机制，定期研究全市大数据产业发展相关议题。

2. 打造支撑产业发展的基础设施

加快推进新一代信息基础设施建设。5G网络加快布局，全市建成5G基站2.4万个，基本实现城镇区域及重点行业应用区域室外连续覆盖。建设IPv6流量监测系统，加快推进IPv6升级改造。加强政务云建设，建成6.9万核计算能力、27PB存储规模的政务云平台。推动中国电信京津冀大数据基地、腾讯IDC等项目开工建设，汇聚市级政务云等公共算力资源和社会算力资源，构建一体化算力服务体系，将算力作为公共服务资源赋能中小企业。建成电子政务万兆骨干光网，全网光纤路由达60000芯公里，实现1200家市级预算单位全覆盖。政务外网接入单位9600家，形成"横向到边、纵向到底"的整体格局。建设全国一体化大数据中心体系京津冀枢纽节点，深化京津冀大数据综合试验区建设，实施京津冀大数据基地、大数据中心等项目，建设全国领先的大数据产业发展高地。构建超算资源算力供给体系，提供多层次智能算力服务。加大物联网技术推广应用，推进铁路、公路、航运、电力、建筑等基础设施智能化改造，推动传统基础设施和新型基础设施整体优化、协同融合。

3. 引育平台企业，构建大数据产业生态

推进"上云用数赋智"专项行动，进一步强化行业赋能、人才吸引及产业生态融合发展。引进和培育行业平台型企业，为中小企业提供算力、算法和公共服务软件，构建产业生态。指导微医集团通过建设运营互联网医院、健康天津门户、药品联采和药事服务中心等数字化平台，提升医疗、医药、医保"三医联动"水平和运行效率，数字化赋能天津医疗健康行业。支持科大讯飞落地讯飞国家新一代人工智能开放创新平台。打造华为天津鲲鹏生态创新中心，对接40余家高新企业共同打造鲲鹏适配生态，与麒麟软件、南大通用、天地伟业、三六零科技联合成立实验室，推动鲲鹏计算产业生态融合发展。

4. 强化场景牵引，提升数字经济吸引力

坚持场景牵引，多层面提供应用支撑，遴选并推广大数据应用场景中具有示范作用的解决方案，在电子政务、医疗、教育等公共服务领域打造了一批典型应用案

例作为示范引领，吸引大量企业来津投资兴业。通过开放天津"城市大脑"和重点关爱群体智能服务等应用场景，吸引阿里巴巴、科大讯飞、华为、浪潮等数字经济龙头企业及生态伙伴融入智慧城市建设。推动核心技术创新突破，国内首款具有内生安全体系的银河麒麟操作系统V10版本正式发布，飞腾AI实验室启动运营，为数字经济注入新动能。

5. 深化数据治理，营造良好营商环境

编制完成数据责任清单、系统清单、负面清单、需求清单"四清单"，全面摸清市、区两级政府部门"数据家底"。优化全市统一的人口、法人、电子证照、空间地理、信用信息等五大基础数据库，为公积金低保提取、残疾人法律援助等50余个应用场景建设提供数据共享。以数据助力云账户，简化个体工商户注册登记信息填报，为市场主体创新创业提供暖心服务。绘制全市复工复产全景图谱，通过用电情况对企业精准"画像"，推出"电力看经济""电力看环保"等产品，以大数据支撑行业发展。打造优化营商环境的拳头产品"津心办"，加快从被动服务向主动服务转变，强化平台业务办理的跨部门协调，推动掌上"一网通办"，已上线行政许可、公共服务、便民服务等各类市级在线服务事项1900余项，行政审批类服务事项扩展至市、区、街镇三级，共11万余项。

四、民营企业低成本、普惠性的数字化转型发展

1. 开展民营企业数字化转型服务体系建设

一是建立民营企业数字化转型研修中心。通过组织数字技术丰富的专家学者、企业家开设讲座、研讨、沙龙等活动，向企业提供数字技术和组织管理经验。

二是建立民营企业数字化转型创新联盟。加强行业内和行业间各企业之间的沟通与交流，实现信息的互通有无，多角度积累数字化转型经验，了解适合本行业发展的数字化建设规则，避免踏入转型误区，促进企业数字化转型平稳、顺利进行。

三是建立民营企业数字化转型引导基金。依托海河产业基金，联合行业龙头企业，发挥政府项目资金的杠杆作用，撬动社会投资，共同支持民营企业数字化转型。

四是建立民营企业数字化转型技术服务平台。深度对接企业的技术需求，为企业数字化转型提供资源对接、技术需求发布、技术外包、专利转让等有效服务，形成跨区域的技术产权交易网络，推动技术成果转化为现实生产力。

2. 为民营企业营造更好的数字人才生态

一是实施民营企业人才引进专项工程。用好用足"海河英才"计划、"项目+团队"等人才政策，发挥人才交流大会的平台作用，大力引进"高精尖缺"数字人才，赋予民营企业引人引智方面更大的自主权。制定引人竞争性补贴，以企业数字化技术人员数量和质量为依据，实行有进有出的流动性人才补贴计划，根据年度考

核结果，对切实在数字化人才引育方面取得较好成效的企业增加资金补贴，对成效低下的企业取消补贴申报资格等。制定吸引力更强的人才政策，如"揭榜制""赛马制"等创新机制，让有竞争力的企业脱颖而出。构建共治共享的人才培养、人才使用政策，为数字人才在天津"无障碍"施展才干创造条件。

二是鼓励高端人才向民营企业，特别是中小企业聚集。充分发挥政府激励和市场激励两个方面作用，通过落户、税收优惠、人才补贴及期权、技术入股、股权奖励、分红等方式引导更多数字人才走向企业一线。同时鼓励高校数字人才携项目或成果创办科技型企业或到企业开展创新工作，并建立离岗创业期间的福利保障制度和晋升考核制度。

三是进一步提高数字人才教育和供给水平。通过改革高等院校和职业院校人才培养机制，改善师资配备，优化专业和课程设置，进行订单式人才培养，加强各层次数字人才的培育，提高数字人才的储备水平。鼓励高校、科研院所与企业合作培养数字人才，构建合理的培训体系，让专业人才与智能化生产、工业互联网、网络化品牌传播等环节相结合，实现生产要素的有效组合。

3. 重视数字营商软环境建设

一是根据企业诉求提供精准的政策支持。细化政策服务，对不同行业、不同规模企业进行更有针对性的分类指导。加大政策宣传力度，方便民营企业享受政策红利。开展针对民营企业的数字化转型政策需求调研，对症下药，增强政策供给的针对性和有效性，避免政策资源的错配与浪费。

二是加强知识产权保护，确保数据安全。明确数据在使用、流通过程中的提供者和使用者的安全保护责任与义务，保护民营企业的数据财产权，健全数据收集、存储、加工、使用、提供、交易、公开等活动的安全保护机制。

三是对民营企业数字化创新持审慎包容的态度。按照鼓励创新的原则建立容错纠错机制，对新技术、新产业、新业态、新模式等实行包容审慎监管，针对其具体性质、特点实行分类监管，制定和实行相应的监管规则和标准，给予数字经济发展充分的创新空间。

4. 鼓励企业探索个性化、低成本的数字化转型道路

一是通过低代码搭建业务系统，降低民营企业的数字化转型成本。引导企业以软件即服务（SaaS）化租用的方式进行数字化转型。基于低代码搭建企业自己的业务系统，构建企业自我进化的能力，避免因购买安装各种系统软件（如企业资源管理系统、制造执行系统、客户关系管理系统、供应链管理系统等）造成的投入周期长、成本高和数据割裂问题。解决中小企业数字化转型缺资金、缺人才、缺技术的难题，处理企业业绩和数字化转型之间的矛盾。

二是建立企业数据中台，提高民营企业的生产经营效率。数据显示，天津民营企业数据采集和系统集成发展相对滞后，企业当前数字化转型的重点在于打通各业务系统数据，形成统一的数据中台。从机器设备、运营环境等各方面不断采集数

据，把数据输送到云端，经过云端算法模型的处理，提供生产制造、质量管理、设备维护等各种高效解决方案。

三是通过建立算法模型精准匹配市场供需，提升民营企业的决策能力。民营企业多活跃在行业集中度不高，但个性化需求比较强烈的领域，如服饰、餐饮、娱乐、日化、食品等。数据的分析和算法模型的建立有助于提高企业决策效率，降低企业运营周转成本，对个性化、碎片化、场景化、实时化的需求做出响应，形成需求牵引供给，供给创造需求的更高水平的动态平衡。

第九章　天津营商环境的改善和重塑

为营造企业家创业发展的良好环境，弘扬优秀企业家精神，破除制约民营经济发展的体制机制障碍，激发市场活力，更好地发挥企业家作用，2017年以来天津市制定了一系列打造良好营商环境的举措。随着"双万双服""津八条""一制三化"等系列通商惠企政策措施的出台和落地，天津营商环境持续向好，办事效率大幅提高。笔者多次对天津民营企业和部分异地商会开展问卷调查和企业访谈，调查结果显示，天津营商环境建设成效明显，推进方向日趋明晰，帮扶政策普及范围拓展，普及速度加快，信息传播渠道日益广泛，政策效果评价持续改善，民营企业对营商环境的满意程度有所提高。但同时也存在一些有待破解的问题，市场主体对天津营商环境的获得感和感受度仍存在一定的温差、时差和落差，便企服务仍有"堵点"，营商环境的优化提升仍需破解"末梢梗阻"。

一、深化体制机制改革，确保"放管服"措施落地生效

1. 从设计、执行、反馈三个方面提升政府服务水平

政策执行效率依赖于设计、执行和反馈三个环节。政策设计应准确研判不同适用对象的发展需求和环境依托，精准提供不同行业、不同类型、不同生命周期的企业急需的支持政策，如投资项目并联审批、环保安评条件、经营领域资格审批、资金支持与税费减免、上市与贷款融资、技术引进与研发平台等。将不同时段企业关注的焦点、反映的难点作为深化改革的突破点，推动顶层设计和基层探索的有机结合和良性互动。认真研究梳理包括公共领域在内的相关产业行业准入规定，对具有所有制歧视、不符合相关法律规定坚决予以调整修订，破除"玻璃门""弹簧门"。

政策执行应有足够的创新性、灵活度及以解决问题为目标的工作态度，用积极、真诚、贴心、周到、高效的服务帮助企业落地发展。第一，深化行政审批制度改革，完善执行容错免责机制，大胆"放行"，做到"非禁即可"，鼓励企业创新产品服务和经营模式，探索完善"负面清单"+"正面清单"管理模式。第二，明确牵头单位，建立部门间协作机制，为民营大企业、大集团做好综合政策咨询、协调落实等服务工作，细化政策实施方案，确保"一企一策"取得实效。第三，加强行政部门业务培训，提高工作人员服务民营企业的政策水平和业务能力，改进管理模式，增强服务的便利性和有效性。

政策效果反馈是通过执行单位自查、有关部门督查、第三方评估、向企业"问需问计"等方式加强对政策系统性和实效性的追踪研究，对效果显著、反响良好的举措要深入推进、发挥以点带面作用。同时，建立企业评价、投诉机制，对"中梗阻"现象要找出原因并及时疏通，执行不力的要进一步督促落实。同时，建立政策动态管理和调整退出机制，不断提高政策体系的时效性、针对性和精准度。

2. 积极推进政府购买服务的规范发展

近年来，各地政府开始探索实践政府购买中介服务。中介服务的项目一般包括政府资金投资项目工程概算、预算、竣工决（结）算评审，国有资产评估，财政财务审计、检查、绩效评价，聘请专家参加调研、项目论证、评审，等等。随着政府职能的转变和深化体制改革工作的推进，市场中介机构作为介于市场和政府之间的社会服务组织，其完善社会主义市场经济的有益补充作用日益凸显。但是，由于缺乏和疏于有效的监管和体制建设，政府购买中介服务过程中存在制度法律不完善、管办职责不清晰、选聘方式不规范、信息发布渠道不畅通等诸多问题。因此，第一，应加快政府购买服务法治体系的建设。我国现行的财政资金购买中介服务行为基本参考的法律是《政府采购法》和《招标投标法》。建立一个多层次、系统性的政府采购法律体系，允许地方各级政府在不违反《政府采购法》的前提下，制定适合各地情况的服务采购政策、条例及配套法规。第二，管办分离、强化监督约束机制。做好政府采购管理机构和集中采购机构的分离工作，逐步建立财政部门、集中采购机构、采购人员职责清晰、运转协调的工作机制。严格控制中介服务机构准入、选聘、监督、审核、评价、追责6个环节，杜绝寻租等腐败现象的发生。第三，建立完善、规范的信息发布机制。根据所要购买中介服务项目的特点，合理选择发布媒体，瞄准目标受众的阅读取向，增强信息发布的有效性；明确公告涵盖的基本内容，包括采购人员、采购代理机构联系方式，招标项目的名称、用途、数量，供应商资格要求等。第四，设立专门的信息管理员岗位，负责政府购买中介服务信息的收集和发布，明确违反信息公开规定的处罚制裁措施。

3. 建立办事全流程预案管理和案例示范制度

在深入的调查和访谈过程中笔者发现，"申报材料不一次性告知"等政府服务问题存在的原因往往不在于工作人员个人，而是政府工作流程和机制与民营经济发展运行规律无法充分融合。审批材料在不同流程和不同场景下的要求和问题是不一样的，有时同一套材料在前一流程中没有问题，流转到下一流程时就出现了问题，再加之如果政府工作人员和企业办事人员沟通不充分，很容易让企业感觉是故意刁难。这种现象产生的实质是缺乏一种全流程预案管理制度和案例示范制度。应借鉴司法系统"示范性案例评审及公布制度"的工作经验，参考本地区或其他地区具备相似背景条件的、具有典型性的操作实践，经过总结、提炼、审核、发布等程序，确定成为具有参考、借鉴价值的指导性案例，用以指导办理相同或基本相同的事项，形成有行政指导和规制性的制度措施。在示范案例积累的过程中，还应针对企业办事的全过程，告知初办企业审批的全流程、控制节点和时间范围，对易发生或经常发生问题的关键环节作出事前告知和预警。建立办事全流程预案管理制度和案例示范制度是行政管理模式的一种创新，对政府工作的信息披露、内部控制、流程管理和标准规范提出了挑战。

二、"双万双服"的成效与深入推进的着力点

自2017年2月以来，天津开展万名干部帮扶万家企业的"双万双服"活动。各区各部门积极响应，和平区、河西区、南开区、东丽区、滨海新区、市科委、国税局、市场监管委、知识产权局等委办提出了实施细则和落实方案，市审批办等部门以"政策包+服务清单"模式建立了企业政策服务"一点通"平台，各城区因地制宜地提出了"和平区二十条""南开区二十条"、高新区民营经济"天堂七条"等政策举措，以切实解决民营企业的实际困难。

为准确把握"双万双服"的实施效果，笔者曾于2017年9月至2018年3月对天津100多家民营企业和部分异地商会开展了问卷调查和企业访谈。调查显示，"双万双服"落实成效明显，推进方向日趋明晰，帮扶政策普及范围拓展，普及速度加快，信息传播渠道日益广泛，政策效果评价持续改善，天津民营企业对营商环境的满意程度有所提高。

1. 以精准为核心，对症帮扶、上门服务

精准定位、对症帮扶是政策落地的关键，上门服务则进一步帮助民营企业了解政策、享受政策。例如，工作人员在上门走访过程中发现企业土地增值税没有分开列支，就及时予以指导，合理降低了企业的税负；与中国出口信用保险公司合作，设立出口退税资金池，解决企业出口退税时间长、资金占压的问题；明阳风电、凯发电气、天堰科技等公司在政府的点对点指导下论证、梳理、规划项目实施方案，首次公开募股（IPO）计划顺利进行；天津国威有限公司借助帮扶组为其专门建立的微信服务平台，解决了其在规划、土地、环评等方面遇到的各种问题；国能汽车、未来网世界、首创光年城、未来科技城开发公司等10余个项目均因上门服务的支持，项目进度得以大大推进；华盛绿能公司则受惠于"送政策、送服务"，抓住发展机遇，成为天津市科普示范基地培育对象。不少企业认为"政府工作作风有了很大转变，为企业办事动起来了"。

2. 以提速为突破，简化审批流程，提高服务效率

2017年实行的企业登记注册中介全程领办服务，使企业感到"很小的细节给企业很大帮助"。2018年实行的承诺审批制，审批要件容缺后补，大投资项目以函代证，极大提升了审批速度。和平区建设审批服务网、开发审批App，将9个招商引资优惠政策做成政策包，企业在办理投资注册登记业务时会首先看到政策包，方便企业了解优惠政策。在行政许可服务大厅开设民生银行便民窗口，解决企业办事政府、银行两头跑的问题。24小时自助办税服务大厅和办税一体机投放使用，可供纳税人随时自助办理认证、购买发票等多种涉税业务，破除办税时间壁垒，满足一般

企业的办税需要。围绕"规范涉企许可收费，提高审批效率"的要求，市国税局推出60项便民办税服务举措；市检验检疫局创建"一口受理"模式；市国土房管局实行承诺办结制度，将办理时限在法定时限基础上压缩60%以上。南开区为天津一达通企业服务有限公司开通"绿色通道"，原先需一两天才能办理的事务现在只需半小时左右；天津奇信通达科技有限公司的"奇虎360"项目受益于高新区"多项合一"的审批改革，仅一个工作日便办理了39家解除股权质押手续；天衍星控公司股改上市补贴款到账仅用了3个月时间；福中集团在河西区政府的支持下，一周内完成职场装修、一周内完成各项产业对接、一周内完成各公司注册，创下"三个一"的"天津速度"。这些措施极大地改善了天津的营商环境，助力了天津民营经济的蓬勃发展。

3. 以支持为抓手，多举措助力企业发展

积极推动银企对接，促进科技企业投贷联动，组织27家科技企业和北京银行当面对接融资需求；成立普惠金融联盟，充分调动各个金融机构，组成微信群，开展金融机构进社会活动；针对陆续出台的增值税、所得税优惠等税收新政，开展税收政策辅导培训会，为企业财务人员深入讲解新政内涵、新旧政策过渡期的注意事项，以及新政实际运用过程中的具体操作问题；成立新生代企业家沙龙、法律服务中心及商协会联盟，制作政策手册和天津市政府采购项目手册，利用商会的优势和资源，积极组织企业参加津洽会、民洽会等活动。和平区每年约40%的财政收入用于事业发展，税收返还、政策扶持等支持企业的资金投入每年2亿多元，对落地企业给予三年房租补贴，支持企业家创新发展。滨海新区设立风险代偿池，以每家企业最高500万元的标准支持高成长性企业和实体企业发展。阿贝斯努、宜科电子、恒丰达包装等公司在发展的关键期得到政府的资金支持；天津生物技术工程中心借政府媒介撮合与需求方实现对接，提高了成果转化率，使产学研结合更加紧密；拾光艺汇科技有限公司的成长则受益于政府的创业培训、创业课程及税务减免等方面的支持；苏宁金融、大华继显、多弗集团等多家公司在发展的关键期都得到政府多部门的大力扶持。

三、破除营商环境建设中的"末梢梗阻"

随着"双万双服""津八条""一制三化"等系列通商惠企政策措施的出台和落地，天津营商环境持续向好，办事效率大幅提高。对六个城区100多家企业的调查发现，市场主体对天津营商环境的获得感和感受度仍存在一定的温差、时差和落差，便企服务仍有"堵点"，营商环境的优化提升亟须破解"应对新领域、新需求、新业态的不适应""应对多样化、个性化企业需求的便企服务不到位""部门间缺乏协调统筹，审批管控流程不协同"三道"末梢梗阻"。

营商环境是一个链条、一个系统，"一点受阻，全链不通"，而市场主体的评价和获得感很大程度取决于"末梢梗阻"的突破。研究建议应重点破解服务能力不适

应、责任心不强、政策不协同这三个"堵点",从根本上解决企业获得感不强,感受度不高,便企服务温差大、时差长的问题,提升天津营商环境的质量和水平。

第一,进一步增强发展意识和创新意识,提升应对新需求、处理新事项的服务能力和水平。天津营商环境面临"老企转型新生"与"新企快速发展"的双重压力,应认真梳理市场主体转型升级中的创新需求、提速需求、跨界发展需求等新问题,探索解决问题的新举措、新办法。针对服务能力不适应的问题,应坚持问题导向,扩展服务工作视野,增强便企服务意识,提高能作善成的能力和水平。对于企业跨界经营、创新发展所遇到的新需求、新事项,既要依法依规,简化流程,高效成事;又要敢为人先,敢闯敢试,在摸清实情、精准服务的过程中不断探索和总结,通过"边试边改"的方式真正解决企业的难与忧,不让企业失去信心、失去机会,以服务创新和服务能力提升推进营商环境的升级。同时,应加快制定应对新需求、处理新事务的政务服务事项清单,并推进政务服务标准化、便捷化,使政府服务助力企业创新发展的全过程。

第二,根据企业诉求和业务特点,以便企成事为准则,勇于担当,真正排其所忧、解其所难、纾其所困。便企惠民服务不顺畅、不到位,企业获得感不强、感受度不高的根源是不愿担责。用心不贴心,人在忙、事在办,但往往陷入"依规办事难成事""变通办事不敢办"的僵局。政府工作人员怕出问题被追责而不敢担当作为,其核心是责任心及责任机制的问题。为此,一方面,应倡导以纾困解难、便企成事为准则,强化责任担当,鼓励逢山开路、遇水架桥的开拓精神,形成办事成事不追责、推躲误事要追责的风气。对看准的问题则应无缝对接,让服务对象有更多感受度和获得感。对一时把握不准的问题可采取边创新部署、边试点应用、边完善监管的方式推进。另一方面,应建立容错免责机制和容错免责试点,制定具体的干事创业容错免责办法。对干部因服务企业发展造成的过失要具体分析,对敢于打破常规为企业解难纾困并取得好效果的干部应予以肯定和嘉奖,以调动和保护政务人员担当作为的积极性。

第三,强化改革集成和政策协同,推动多部门审批流程再造,实现综合施策,高效成事。"末梢梗阻"造成的"堵点"不一定是大问题,却受制于多个部门和多个环节。各系统、各主管部门出台政策不统一,在实际执行和监管过程中不同部门的侧重点不同,这往往造成"各依自家之规办事",规则不协同,有的相互抵触甚至相悖,导致企业无所适从,对政策无从把握。一方面,应注重政策协同和综合施策,探索建立跨部门、跨领域的创新政策协调机制,提高集成效果,避免出现一个问题辗转多方不能有效解决的情况。另一方面,应加快"条块分治"向"整体联动"转变,充分运用"政务一网通"来促进业务流程再造,通过对政务数据和信息的分析整合,优化联合审批流程,促进政策协同和系统集成,实现办事规则无缝对接,从简单的流转效率提升转变为整体效率提升。切实把市场主体需求转化为针对性强、可操作的政策举措,弥补办事效果存在的温差、时差和落差。

第十章 促进天津民营经济发展的几点建议

一、抓住信息技术革命机遇,激发民营企业创新活力

1. 提升天津民营经济的业态层次

(1) 抓住新产业、新技术、新模式趋势,壮大发展新生力量,做足增量

第一,发挥新一代信息技术在民营经济和产业转型升级中的引领和基础支撑作用。以新市场需求为依托,促进科技创新在现有领域中不断衍生叠加出新环节、新活动,激发民营经济活力,催生出"新技术""新产业""新业态""新企业"和"新商业模式"。在工业互联网、远程办公、在线金融、在线文娱、在线展览展示、生鲜电商零售、"无接触"配送、新型移动出行、在线教育、在线研发设计、在线医疗等领域开展全方位的布局。

第二,强化"互联网+"要素支持,对民营经济创新开展分类指导和重点扶持。针对不同技术基础和产品特点的企业,通过成立关键共性技术协会和重点项目研发等方式,引导民营企业步入"互联网+"、大数据、物联网、智能制造、智能机器人等新经济的产业链增值环节。安排政府专项资金支持企业利用互联网等信息技术开展自主开发或二次开发,发展定制化生产、网络协同制造等新模式,将价值链向服务环节延伸,实现业态创新。

第三,以信息技术优化重构天津传统制造产业链。重点扶持和发展打破原先垂直分布的产业链及价值链、实现产业要素重新高效组合的新商业模式。打造天津民营企业线上与线下融合的生产和销售模式,鼓励民营企业积极探索发展能够高效利用资源、设备及空间平台的共享经济。

(2) 利用存量企业优势,形成系统性安排,充分挖掘企业智能化需求

第一,紧抓智能科技产业和信息软件技术服务产业崛起的窗口期,推动人工智能和大数据技术快速应用于天津已有的制造业基础,形成技术创新和产品创新并举的竞争优势。民营企业应主动顺应技术和产业变革的新趋势,积极对接"中国制造 2025"计划,加快实施"互联网+"行动方案和新一代人工智能发展规划。通过建设无人工厂、无人生产线、无人车间,加快高端装备、汽车、航空航天、生物医药、电子信息、钢铁化工等行业的智能化转型,推动民营企业生产方式和发展模式的变革。

第二,采取"并联式"的发展方式推进天津民营企业智能化改造进程。一方面,积极推动信息化基础较好的企业实现网络化、智能化生产经营;另一方面,对

尚未实现信息化的传统产业、低端服务业企业采用信息化、智能化并行推进的技术路线，例如，加速推进"机器换人"进程，在客服、设计、数据分析、仓储物流、客户管理等方面使用人工智能技术，鼓励企业向系统方案提供商转变等，以技术手段帮助企业实现转型升级。

第三，"积极应用"与"因企制宜"相结合推动企业智能化改造。推动民营企业智能化改造进程不能仅仅停留在典型、示范、部分环节或部分领域，而是要着眼于广大企业和各个行业，打造千亿级产值的智能化产业集群。同时也需"因企制宜"，特别是中小企业要结合企业发展现状，充分考虑技术先进性和经济性的平衡，寻找适合自身转型升级的技术路径。

第四，打造围绕智能制造的全产业链条和创新生态。一是建立统一的"天津智造"信息平台，涵盖政策发布、企业申报、项目公示、政府监督、督查考核、信息查询、数据共享、政府服务、投诉反馈等全环节，打破政府各部门单独行政的藩篱，方便企业和有关领导全面了解并全程跟进天津企业智能制造的发展状况，大力推进天津智能化产业和企业智能化改造应用的发展。二是降低企业智能化改造融资成本，引导融资租赁机构开展智能化设备租赁业务，采取融资租赁贴息、风险补偿、保函补贴和业务奖励等扶持方式支持国内融资租赁机构向试点企业提供融资服务。三是引进优质人才，留住骨干人才，帮助企业申报引进创新科研团队和创新创业领军人才项目，通过"以人才带项目"方式实现战略转型和提升发展，通过"海河英才"计划专项引进智能化人才，保障教育资源向创新团队开放。

（3）适应市场结构和消费主体的变化，培育多元化核心竞争优势

第一，创新商业模式，扩展核心竞争力。除质量、价格、客户优势外，资金运作、产业链整合、物流配送、创新能力等都有可能成为企业不同于他人的核心竞争实力。例如，京东依靠其强大的物流配送能力占据市场份额，小米通过社区文化营造培育其忠实的客户群体。天津民营企业应在保持产品服务质量相对竞争优势的同时，拓宽企业思路，转变发展观念，根据自身资源禀赋和所处行业及地区的特点，创新产品和经营模式，挖掘市场潜在需求和发展方向，探索并保持企业在特定目标市场和领域的绝对竞争优势，避免同质化的恶性竞争，实现企业战略优势的双轮驱动或多轮驱动。

第二，适应市场结构和消费主体的变化，错位发展，跨界融合。在"互联网+"条件下，体验经济、跨界经济兴起，特定人群及目标市场存在着巨大的商业机会，企业以外的资源和技术对于企业内部发展建设具有重要的推动作用。民营企业不应固守传统的经营领域和营销方式，而应全方位创新，整合外部资源链条，降低运营成本，提升利润率。利用互联网在管理方式、风险控制、产业链融合、物流配送、产品开发、成本控制等方面的技术优势，打造自身的品牌特色，转变传统的客户关系维护模式，培养自身忠实的、全生命周期的消费者群体，实现同行业内的错位发展。

第三，鼓励"创新创业"+"互联网化"改造并驾齐驱，提高民营企业创新创业力度。鼓励民营企业依托互联网进行转型、改造、升级和再创新，引导企业做平台化企业、建立企业开放生态圈、建设网络化组织、再造生产流程等，以此提升企业的工作效率、生产经营和管理水平。积极鼓励民营企业在本领域内对互联网化服务内容创新创业进行尝试，提升民营企业依托互联网创新创业的能力。

2. 推动民营企业的数字化转型

（1）大力发展民营数字产业企业

第一，支持数字产业企业发展。鼓励民营企业深耕新一代移动通信、半导体与集成电路、超高清视频显示、智能终端、基础软件、工业软件、信息安全等基础产业，以及云计算、大数据、人工智能、工业互联网、车联网、区块链、数字孪生等前沿产业，加大对民营高新技术企业的定向支持和扶持力度，引导和支持数字产业领域的龙头企业、高新技术企业及"专精特新"中小企业等市场主体的发展，培育多层次的企业梯队。

第二，构建数字产业创新平台。鼓励包括天津大学、南开大学等研究型大学创建数字产业领域的新型创新平台，引进海内外高端人才，服务数字产业发展和企业转型升级，为城市未来储备科技和人才力量。同时，引进国内外高水平研究机构在天津设立新型研发机构，以科技成果转化和创新应用为导向，重点研发和引进数字产业发展中的关键技术和共性技术。

第三，搭建数字产业发展载体。加快新型创新区的规划和建设，引导和支持建设数字产业基地和特色园区。在各区规划建设新型创新区，解决所在区域的数字产业化、产业数字化和城市数字化问题，服务民营数字企业发展。在新型创新区的规划和建设中，要把网络空间的搭建放在首位，实现数据、算力和算法资源的共享，促进数字产业集聚发展。

第四，培育数字产业生态。鼓励行业龙头、隐性冠军民营企业加强信息技术攻关、产品研发和行业应用，创建开源开放创新平台，支持数字经济领域科技型中小企业快速成长。同时，鼓励民营企业通过各种方式积极开展数据建设工作，如自建数据库或采用云服务等，进而深度挖掘数据价值，在更广阔的范围内收集信息，形成完整的数字化生态体系，培育协同共生的数字经济产业创新生态。

（2）推动各行业民营企业与数字技术深度融合

第一，鼓励民营企业上云、用云。制定"企业上云"奖补激励政策，通过"企业出一点、服务商让一点、财政贴一点"的联合激励机制，结合财税补贴、购买服务等方式对企业上云进行支持。

第二，打造系统化多层次的工业互联网平台体系。鼓励企业发展基于平台的数字化管理、智能化生产、网络化协同、个性化定制、服务化延伸等新模式，支持企业以互联网为基础进行信息化基础设施、管理、业务等方面的应用，通过互联网和云计算手段连接社会化资源，实现共享服务和企业数字化能力提升。

第三，搭建专业生产性服务平台。由政府引导平台企业探索将数字经济服务产品和实体经济定制融合的互联网服务新模式，强化设计、生产、运维、管理等全流程数字化功能集成，实现整个产业数字化转型的资源和成果共享。

（3）企业、院校、政府共同发力，破解数字技术人才短缺难题

第一，企业可以采用内部培养和外部引进的方式来加强数字化人才队伍建设。鼓励员工有针对性地提高自身素养，并在与大企业、大平台的合作中积极组织开展相关数字化培训活动。对有突出贡献的数字技术人才可通过期权、技术入股、股权奖励、分红等激励形式，有效激活和释放其创新动力。同时对接高校和科研院所，招引专业技术人员离岗创业，以挂职或参与项目合作的方式主持或参与民营企业的数字化创新，并完善离职（兼职）考核、奖励及期满返岗的配套激励和保障措施。

第二，鼓励高校科研院所与企业合作培养数字人才，构建合理的培训体系。扩大并做实企业与高职院校的战略合作，借助世界职业院校技能大赛等技能赛事，选拔吸引优秀专业技能人才。做好数字经济新职业赛道的规划对接、供需对接、毕业与就业对接和政策对接，使高等院校、职业院校数字技术开发和应用人才的规模结构与企业对技术类、产品类、设计类、市场职能类岗位的需求对接，让专业人才与智能化生产、工业互联网、网络化品牌传播等环节相结合，实现生产要素的有效组合。结合稳就业中的院校"访企拓岗"活动，探索校企合作新模式，将企业用人清单与学校育人清单相衔接，启动"民企高校携手行动"，将企业与科研机构共建实训基地纳入教育规划。

第三，出台相关激励性政策，从外部为企业落实人才培养计划提供动力。如以企业数字化技术人员数量和质量为依据，实行有进有出的流动性人才补贴计划，根据年度考核结果，对切实在数字化人才引育方面取得较好成效的企业增加资金补贴，对成效低下的企业取消补贴申报资格。将天津"职业培训包"和"职业培训补贴管理办法"落实到数字化转型，筛选出部分转型企业和优先发展项目，组织高技能人才培训基地、企业培训中心、技能大师工作室对口专训和实训。工信和商务部门应建立一批数字技能"充电桩"，在转型标杆企业或业态创新企业设立实训基地，并根据民营企业数字化需求提供动态充电辅导，通过专训班、技能大赛、现场考察等方式提升员工数字化职业技能，用实例提供数字技术应用和组织管理经验等。

（4）给足技术资源供给，增强技术协作和平台支撑

第一，建立数字化联盟，协同推进数据开放与共享。筛选有潜力的民营企业纳入产业链数据中心和产业智慧中枢应用试点，通过工具集成、服务外包、合作开发项目等方式放大技术溢出效应，带动中小企业在产品研发、生产组织、安全保障等环节采纳和应用数字技术。同时，通过民营企业数字化联盟推进上下游数字化协同升级，使产业链不同环节的企业在技术采用、业务流程和价值创造模式上联动协同。将数据开放与共享纳入北方大数据交易中心，鼓励数据交易服务机构及中介机构为民营企业数字化转型提供供求对接、价格评估、流转交易的综合服务。

第二，牵线搭桥，密切与高校、科研机构的合作。将企校合作、产研结合纳入天津已开园的6家大学科技园建设，以高校数字技术学科为依托，打通创新链与产业链、知识链与应用链，推动产学研孵化转化和应用项目落地。鼓励高级专家、高技术人才对民营企业数字化转型进行技术指导和创新指导，通过现场交流及对数字化车间、应用场景的示范考察，帮助民营企业开阔视野，了解数字化转型的路径、先进成果、经验做法。

第三，提升工具集成、数字共享和平台支撑能力。建立数字化转型技术服务平台，科技网络信息服务平台、科技合作交流平台等，深度对接企业的技术需求，实现科研成果、研究团队、研究方向、成果评价等信息的公开，为企业提供数据资源、技术外包、专利转让等服务，推动技术成果转化。

（5）加强对民营企业数字化转型的财税和金融支持

第一，提高研发费用加计扣除减免税政策对基础研究活动的扣除比例，加大对中小企业的政策倾斜和覆盖范围，进一步发挥税收杠杆作用，助力企业降低数字化转型成本。对企业自建培训基地或第三方机构培训服务给予税收减免激励，并与"天津市技能提升补贴"相衔接。

第二，提高政府资金支持力度和精准度，加快政府项目资金审批拨付进度。以专项资金、金融扶持形式鼓励平台为中小微企业提供云计算、大数据、人工智能等技术服务，切实减轻企业负担。参照高校院所重点实验室有关政策，对设在企业的国家重点实验室提供稳定的资金支持，对企业参与国家基础科学研究项目申报方面给予倾斜，让更多有能力的企业进入国家基础研究体系大循环。

第三，帮助企业拓宽融资渠道，进一步简化审批流程。适当放宽信贷资质和额度，加速推动信用担保，完善知识产权质押融资机制，设立企业数字化转型专项优惠贷款。由海河产业基金、滨海产业发展基金引导社会资本投资设立数字化转型子基金，孵化培育若干面向垂直领域的数字化转型服务提供商。在"科技局专项资金项目""科技创新人才培养专项"及《天津市为"专精特新"中小企业办实事清单》中对技术和市场成熟度较高的数字化转型成果推送"点对点"的税费和信贷优惠支持。

（6）加强服务民营企业数字化转型的政策体系和体制机制建设

第一，加快建设推动民营企业数字化转型的有效政策体系。政府应探讨明确民营企业数字化转型中面临的困难和挑战，梳理现行政策存在的问题和障碍，出台完善的数字化转型支持政策框架体系，加大政策宣传力度，方便企业享受政策红利。开展针对民营企业的数字化转型政策需求调研，分别对制造类、服务类企业的数字化转型需求进行深度调查和系统摸底，把握其生产流程，供应链配送与分销，应用场景，数据应用管理中的技术、人才和资金制约。根据民营企业的数字化推进情况和诉求对症施策，增强政策供给的针对性和有效性，为完善数字化服务体系提供依据。

第二，提高政府数字治理能力。完善数字化治理体制机制，推动政府履职数字化应用全业务覆盖、全流程贯通、跨部门协同，提升治理效能。进一步建设和整合数字政务服务平台并逐步向移动端迁移，方便企业办事。

第三，加强数字化转型中的数据治理，保障数据的高效安全使用。强化企业数据和个人信息保护，明确数据在使用、流通过程中的提供者和使用者的安全保护责任与义务，加强数据安全检查、监督和执法，健全数据收集、存储、加工、使用、提供、交易、公开等活动的安全保护机制。

第四，建立民营企业数字化转型的服务机制。政府应在统筹规划的前提下，提升创新治理水平和治理方式，为企业数字化转型提供良好、宽松的外部环境。围绕数字化生态环境的建设，建立向民营企业提供数字技术和管理经验的服务系统。组织经验丰富的专家学者、企业家开设讲座、研讨、沙龙等活动，提升民营企业数字化转型的意识和能力。

第五，保护民营企业的数据财产权。进一步提高对科技成果司法保护的广度和深度，着力解决被侵权企业反映较多的举证难度大、维权成本高、诉讼周期长等问题。加大打击知识产权侵权行为，提高惩罚力度，增强威慑力，严厉打击不正当竞争和违法行为，引导、推动行业协会等社会组织加强自律。

第六，充分发挥商协会的作用，加强行业内各企业之间的沟通与交流，实现信息的互通有无，多角度积累数字化转型经验，了解适合本行业发展的数字化建设规则，避免踏入转型误区，促进企业数字化转型平稳、顺利进行。

3.激发和培育小微企业创新活力和能力

（1）建立以科技创新为导向的企业增值新标杆，扶持民营独角兽企业发展

科技创新往往无法用短期内的资本增值来衡量，但对于公司的长远发展和社会进步是有益的。因此应将科技创新投入、水平和成果等作为企业增值的评价标准，在融资、担保、荣誉评比中予以考虑。重点扶持新能源汽车、工业机器人、高端装备制造、生物医药、物联网、精密计算、人工智能等行业"硬技术驱动型"和"生产性服务型"小企业快速成长为瞪羚企业和独角兽企业。

（2）积极推动特色小微企业名牌战略

引导和支持小微企业朝"专、精、特、新"方向发展，在细分领域中打造特色、口碑和品牌，并鼓励企业主持或参与制定行业标准。大力实施小微企业名牌发展战略，全力支持小企业争创"中国名牌产品""中国驰名商标""国家免检产品"，以及省、市名牌产品或著名商标。加大知识产权保护力度，进一步完善知识产权保护制度，强化保护意识，提高管理水平，打击侵犯商标、专利等知识产权的违法犯罪行为，依法维护小微企业的利益。

（3）探索小微企业创新联盟模式

小微企业联盟可分为纵向协同创新与横向协同创新，前者是指与上下游合作伙伴开展的创新联盟，后者是指同业之间形成的创新联盟。在实际应用中，小微企

业与供应商、分销商开展协同创新较为容易,能够共同降低创新成本,缩短创新周期,获取市场信息,满足客户需求。小微企业创新联盟可以进行资源优势互补,发挥集群整体效应,弥补企业本身存在的创新能力不足和资源欠缺的问题,提高创新成果转化效率和创新收益,最终实现小微企业在资源约束的条件下完成技术、市场、产品等各类创新活动。

4. 打造开放、合作、开源的技术生态

(1) 构建产学研协同创新体系,积极推动公共研发基础设施建设

有效衔接国家创新体系和企业的创新需求,在生物医药、汽车制造、新一代信息技术等重点行业建设公共实验室、联合创新中心。聚集高等院校、科研机构、中介组织等机构,搭建线上线下科技成果和数据资源转化交易平台,形成跨区域的技术产权交易市场,加强产学研深度融合。建立民营企业技术研发和市场需求双向信息沟通的大数据服务平台,将现有的可公开的政府数据信息、公共研发服务平台和应用场景向企业开放,促进天津民营企业的创新渠道多元化和优质化。

(2) 支持民营企业立足前沿问题、基础问题和关键问题展开研发

鼓励民营企业加大研发投入,完善税收抵扣、减免和加速折旧等政策,加大对企业自主创新投入的所得税前抵扣力度,允许企业加速研究开发仪器设备折旧,允许企业按规定以技术开发费用抵扣税收,同时研究开发新产品、新技术、新工艺所发生的各种费用可不受比例限制,计入管理费用。对民营企业设立实验室、工程研究中心、技术中心、海外研发中心、跨省市研发中心等进行奖励。

(3) 创新体制机制,支持新型研发机构组织建设

以项目为导向的新型研发机构及混合组织是适应科技和经济发展需要而产生的一类新型研发机构,并在引进创新资源、加速科技成果转化和创新体制机制等方面起到积极的作用。目前天津大部分民营企业主要依靠自身能力进行产品研发和技术创新,未能广泛形成产学研用一体化的民营经济创新生态系统,难以有效利用新型研发组织带来的异质性科技创新资源和资源优化配置能力。因此应鼓励民营企业自发形成或主动参与新型研发机构,根据天津民营企业的产业分类,培育建设一批由民营企业牵头、科研院所和高校参与的新型混合组织或创新联盟。针对企业发展、转型、升级中的瓶颈问题,建立民营企业从技术创新到产品研发再到市场营销一体化的创新资源要素市场化运行机制。

(4) 建立天津民营企业与各地研究机构良性互动的合作研发机制

加快引入国内外重点领域、专业领域的研发资源,引导和帮助企业与大学、科研院所、新型研发机构开展战略合作。支持跨国公司、国际组织、国际知名高校、科研机构来津设立分支机构,推动重大科研成果与本地企业合作落地转化,开拓天津民营企业的技术视野。政府部门应做产学研深度融合的引导者,引导高校、科研院所和产业链上下游企业联合组建创新共同体。同时高校院所也应主动适应创新链融合的新趋势,通过共建研发机构、互派科研人员等方式,助力创新成果快速转化。

二、打造多层次、高配置的人才结构

1. 定位城市需求，增强人才与产业的契合度

目前全国各地区纷纷结合区域发展定位加大引才力度，并积极探索具有自身特色的引才理念。例如，深圳提出"创客之都"；北京放宽对急需人才家属的户籍限制；上海则凭借"外籍人才眼中最有魅力的城市"优势，以创新创业人才、创新创业中介人才、风投人才等为重点构建"全球科创中心"；贵州贵安新区提出"季节型""假日型""候鸟型"引才方式等。天津引才引智工作应借助于京津冀协同发展和国家级自主创新示范区的战略优势，针对天津的城市发展定位和重点产业的发展需求有针对性地规划人才类型和数量，突出特色鲜明的引才主题，增强人才与地区、人才与产业的契合度。

第一，结合天津智能制造、高端装备制造、新能源汽车、新一代信息技术、节能环保、现代金融业、生命健康等优势产业的基础，依托创新链，构建人才链，支撑产业链。将引进特定产业人才和企业急需人才作为未来进一步深化落实"海河英才"计划的抓手，培育人才产业环境，将人才战略和城市发展相结合，实现人才集聚效应。第二，紧密结合"一基地三区"的功能定位，提出特色鲜明、目标精准的引才主题。例如，围绕先进制造研发基地建设集聚重点产业的制造研发团队，围绕自贸区建设招引离岸金融、跨境交易的金融运营人才，围绕"一带一路"建设培育和储备熟悉沿线国家和地区经贸文化的市场人才等。以特色鲜明的招引主题来聚集人才，提升引智工作水平。第三，挖掘数据资源，与社保公司、招聘公司、猎头公司合作，依托产业地图，绘制人才地图，建立人力资源动态数据库，随时关注天津人才动向。

2. 多措并举提高人才引进效率

第一，大力引进携带可转化的高新技术成果的科技领军人才和创新团队。发挥领军人才在创新网络、创新合作伙伴、创新资源上的优势和品牌作用，形成"一名领军人才，引回一批专业人才、引进一组招商项目、引来一批高端技术、引用一套管理经验"的"雁阵效应"。

第二，大力发展新型人才载体。推动高等院校、高端智库等人才平台建设，吸引国家级科研院所整建制迁入天津，引入国内外特色院校、特色专业落户。建立科技领军人才创新创业基地，将基地作为人才项目展示区、人才创业集聚区、国家级辅导项目示范区和人才联谊活动区，吸引高层次科技人才团队入驻和项目集中落地与孵化。

第三，建设多渠道、专业化、高水平的人才中介服务体系，探索政府购买人才中介服务的模式。鉴于企业人才需求高频率、高差异性的现实情况，探索以中介外包和政府购买的方式服务企业引才需求。利用现代化信息网络，建立专业化、高水平的公共人力资源电子商务服务平台，为企业提供精细化、个性化的人才服务。健

全多元化、专业化的人才服务市场，引进和聚集一批国内外高水平的人才服务中介机构，形成政府、企业、中介等机构多元、多层的交流平台与人才服务保障体系。在此基础上，发挥企业引才主体的积极性，对企业引进"人才+技术+产品"的创新一站式人才解决方案进行奖励，并探索由政府出资购买人才中介服务，提高人才服务的水平和规模。

第四，激励各市场主体和社会单位招引人才，构建多渠道、多层次的立体引才网络。鼓励企事业单位、中介组织和个人举荐人才，并予以相应的薪酬补贴或税收优惠；发挥工商联、政协、中小企业等单位和社会团体驻境外、市外机构的引才作用；深入挖掘工会、同乡会、校友会、留学生会、企业协会、行业协会在人脉、学脉、商脉、业脉中的作用，提升天津作为就业地、创业地的吸引力和集聚力。

第五，探索多方式的引才体制机制创新。例如，实施"柔性、软性、弹性"的引才用才制度，通过设立海外研究机构、远程在线指导、工作外包、兼职人才、候鸟人才、灵活弹性工作时间等方式，尽可能满足多元、多样、多边的人才需求，分享和链接全国乃至全球的智力资源；研究出台人才立法，为各类人才政策的颁布与落实提供效力层级较高的地方性法规；简化职称申报条件，大力吸引博士、博士后来津就业；成立"引才局"，将招才引智列为党政"一把手工程"；设立民营企业"人才驿站"，驿站中的科技领军人才可享受大学事业编制，实施与高校教师同等的晋升渠道，化解企业科技领军人才身份与拓展创新能力间的矛盾，解决人才创新创业的后顾之忧。

3. 重视团队建设，提升人才系统配套

领军人才和高端人才施展其才智需要团队的支撑并与其他类型的人才互补。要注重激励和评价人才团队的整体绩效与作用，提升人才系统的配套，构建相互支撑的创新团队。第一，着重引进围绕高端或领军人才的科技团队和创业团队，出台对企业科技人才团队整体激励的相关政策，对引进的中初级人才予以住房、社保、落户、晋升等方面的适当政策支持。通过优化增量的方式形成与产业结构调整要求相符合的高、中、低多层次协调发展的人才梯队。第二，重视创新链条上研发、转化、中介、市场、法律等各类人才的配套和创新团队间的协同合作，释放人才队伍的整体能量。尤其是创新链联系密切的领域（互联网产业）或产业链条上下游长、关联性强的产业（装备制造业），人才团队的引进和培育是整体性和连带性的，协同合作并相互支撑的人才配套体系是天津先进制造研发基地的智力支点。

4. 实施高级蓝领培育工程

第一，在重大科技项目、重大工程中设立首席技师制，总体负责项目技术技能难题攻关。依托重大科技攻关项目、重大工程项目、重点研究基地、成果转化中心等培养一批具有自主创新能力的，懂研发、能攻关的技能大师。同时建立技师流动站和工作站，打造技师专业品牌。以专题培训、师傅带徒、同业交流、技术革新攻关、职业标准研发等形式开展技师培育，培养造就技能大师和技能高手。

第二，打破年龄、工龄、身份、等级的限制，对掌握高超技能、工作业绩突出的劳动者给予破格参加技师、高级技师考评的资格。建立技术等级与专业技术职称转换制度，使拥有一定技术等级、符合条件的蓝领技师可以申请技术职称的考评转换或申报高一级职称，畅通技工职业成长通道，提高蓝领技工技能劳动的社会评价。

第三，支撑制造业立市，培养高技能人才。2022年12月，《天津市技工教育发展"十四五"规划》发布实施，根据规划总体目标，到2025年，天津基本形成总量规模适度、区域布局合理、办学特色鲜明、专业实力雄厚、契合经济社会发展需要的高质量技工教育体系。应强化高职院校的技术教育属性，重点围绕信息技术应用创新产业、高端装备、集成电路、车联网、汽车及新能源汽车、航空航天、新能源、新材料、生物医药、中医药、绿色石化、轻纺等重点产业链，改革教学内容和教学方法，加强特色专业建设。实施学制教育和职业培训并举，推行高职院校"蓝领双证工程"，支持职业院校面向企业在职职工、失业人员、农民工、高校毕业生等开展就业技能培训、岗位技能提升培训和创业培训。

5. 完善人才服务保障体系

第一，以"发展留人"。充分考虑到各类人才的实际发展需求，对高端领军人才实行专人"一对一"服务，对承诺的办公条件、科研设备、配备人员等确保落实到位。完善领军人才的选拔评聘机制，可借鉴其他地区的成功经验，探索"政府出资、社会组织主持"的人才认定工作方式，创新政府社会治理模式。将本科毕业生、硕士、博士纳入人才发展服务范围，鼓励企业根据人才的能力、兴趣、性格等设计职业通道。建立终身培养理念，政府搭建平台增加培训公共产品的供给，促成企业与个人共同发展、共同提高的良性循环。

第二，以"待遇留人"。加快落实人才补贴、积分落户、人才公寓、医疗福利、住房优惠、子女教育等方面政策，进一步简化办理程序，增强各类各层次人才的获得感。同时，政府应引导并借助市场需求的变化，逐步提高技术蓝领尤其是高级蓝领的工资水平，并根据经济社会发展水平调整技师和高级技师的政府津贴标准，提高政府津贴的激励和补助功效。

第三，以"感情留人"。创造宜居宜业的社会环境和周到舒心、高品位的人文环境，针对高端人才和年轻人的特点和需求，发展文化、娱乐、消费、社交等领域。营造自由宽松、思想活跃的创新氛围，建立人才交流平台、信息交换及讨论机制、人才集聚圈子与社交网络，增强人才在工作中的认同感、在生活中的幸福感和在天津的归属感。加大劳动者的宣传推介，营造尊重劳动、尊重奉献的社会价值观。建立优秀技术技能人才定期表彰制度，提高劳动模范、先进工作者评选中技术蓝领所占的比率。

第四，在设计、执行和反馈三个环节发力，落实人才政策，服务民营经济发展。政策设计应准确研判不同类型人才的发展需求和环境依托，精准提供人才急需的支持政策。政策执行应有足够的灵活性及以解决问题为目标的工作态度，用积极、真诚、贴心、周到、高效的服务感染人才，促使其在天津落地发展。政策效果反馈是通过人才座谈、离职调查、第三方评估等方式追踪人才政策的落地效果。对人才政策进行动态管理和调整，以提高政策的有效性和人才服务的水平。

三、对症破解民营企业融资瓶颈

1. 提高民营企业的信贷可得性

第一，积极推动金融服务和融资模式创新，发展互联网融资、产业链融资、知识产权质押融资、项目融资、股权融资等创新融资方式，突破抵押物不足、财务记录不完善等传统融资瓶颈。"互联网+"行动计划推动了互联网技术与金融行业的深度融合。基于网络平台的中小微企业融资模式可以利用电子商务企业多年来积累的企业交易数据库资源，对融资企业的产品销售和诚信记录进行监测，配以相应的授信可行性分析，有效缓解信贷双方的信息不对称，简化贷款审批手续，降低银行贷款成本，提高银行服务小微企业的积极性。而产业链融资方式不是考察单个企业的资质规模和财务报表，而是考察整条产业链上下游企业及核心企业的财务状况、信用风险等情况，允许抵押物相对薄弱、传统财务评价不是特别优异的中小企业，借助上下游的实力，获取银行支持。

第二，促进融资担保体系完善，鼓励发展政策性融资担保机构。融资担保行业是连接银企的纽带，在为中小微企业提供增信服务的同时，为银行分担风险。需进一步促进融资担保业的健康发展，提供以"贷款担保为先导、小贷搭桥、股权投资跟进"的一体化金融服务，对符合条件的融资担保机构实际担保代偿损失和被保企业担保费给予财政补贴。

第三，加强信用体系建设，通过进一步推广企业综合授信和全球统一授信，落实无抵押贷款政策。积极推动落实小微企业不良贷款核销政策，通过企业评级、企业家评级，加快建设民营企业诚信体系，不诚信企业拉黑名单，不能再开办企业，并优先解决信用好、有前景的企业融资问题，通过建立完善的社会信用机制约束民营企业贷款信用维护。此外，发挥商会和协会作用，完善互联共享的信用体系和产权质押制度，探索"民营企业信用+联合担保"的融资办法，拓宽民营企业信用融资渠道，破解企业融资瓶颈。

2. 提升民营企业直接融资的能力

民营企业进入成熟阶段后，业务记录和财务制度趋于完备，逐步具备进入公开市场发行有价证券的条件。因此解决大型企业的融资问题要积极促进企业境内外上市并逐渐放宽对企业发债的限制。第一，加大对民营企业的上市辅导与培训，积极与证监会、交易所等沟通协调，追踪证监会"新技术、新产业、新业态、新模式"企业上市快速通道制度，协助民营企业在国内主板和中小企业板块上市融资。第二，对于有条件的大中型企业，政府应鼓励其通过出口进入国外市场融资，登录中国香港交易所、美国纳斯达克等证券市场。第三，对于发展较好的中小企业，可积极通过直接融资形式参与资本市场。发展中小企业板、创业板或场外交易市场，或发行中小企业集合债，通过债务工具融资。第四，在直接融资方面发挥保险机制的重要作用。利用保险机制创新投融资模式，促进地方投融资体制改革，切实落实在主板和创业板上市企业的税收优惠和融资倾斜政策。

3. 发挥引导基金作用，调动民间资本力量

政府出资设立引导基金、扶持基金、补贴资金池等，确保专款专用，以更高的预算和支付效率有效满足民营企业融资需求，缩小民营企业融资缺口。第一，由市区级财政出资建立小微企业发展产业引导基金，按照股权投资等市场化运作方式，吸引社会资金投入，共同设立多支小微企业发展股权投资基金，重点支持市场潜力大、创新能力强的小微企业发展。第二，立足于扶植处于创业早期的高科技企业，设立中小企业创业投资引导基金，根据创投机构对创业期企业的实际投资额，按一定比例进行跟进投资，帮助解决初创企业的融资需求，推动创业投资及高新技术产业发展。第三，以鼓励创新、促进科技成果产业化、优化民营中小微企业发展环境、实现政府产业导向目标等为核心，设立科技研发、产业技术进步、民营企业发展等主要扶持民营中小微企业发展的政府专项资金及补贴资金池，并陆续建立相应的配套政策，有效满足民营企业的融资需求。

4. 丰富金融产品，培育多层次的金融体系

第一，发展完善科技金融，形成科技创新与创业投资基金、银行信贷、融资担保、科技保险等各种金融方式深度结合的模式和机制。除信贷、政府政策基金及直接融资外，加大力度引入风险投资基金、股权投资基金、天使基金、产业基金、孵化基金等社会资本，形成多层次、多元化、高效率的投融资渠道，满足民营企业、新创企业和小微企业的创新资金需求。例如，建立天津市内的私募机构数据库和信用体系，加大对投资者的保护力度，提高企业的信息披露质量，鼓励高净值个人投资者与机构投资者参与投资，支持民营企业的发展；建立风险投资机制，规范风险投资运作，积极探索风险资本进入和退出的有效实现形式，提升投资机构整体管理水平等。

第二，从政策上放宽金融市场准入，为多种所有制金融机构提供更广阔的发展空间，培育多层次金融体系，为各类企业发展提供更全面、更有效的资金支持。在促进大型银行加大对中小企业扶持力度的同时，大力发展民营银行、村镇银行、互联网金融等，为解决中小企业融资难问题提供良好的金融生态体系。为此，应做到以下几点：一是对于专注民营企业特别是小微企业贷款的银行，要给予政策优惠和鼓励；二是允许银行设立投资公司，发行认股权证，尽快推动建立投贷联动机制；三是鼓励设立民营银行、小额贷款公司、村镇银行、金融租赁公司、典当行、拍卖行等民间金融机构，探索和推进个人借贷业务、互联网金融服务，降低企业融资成本。

5. 确保融资政策不错位、不缺位、落实到位

第一，完善相关金融政策，引导各类金融机构支持自主创新和科技成果的产业化，为民营企业融资提供良好条件，积极支持高新技术产业、自主创新企业的风险创业投资，拓宽创业风险投资进入和退出的各种渠道。第二，不同主管机构要根据本辖区或管理范围内民营企业的特点，有针对性地制定政策和措施，确保政策和措施精准有效且易于落实。第三，政府还应组织金融专家下企业服务，根据不同项目的特点，实施金融投资入股、以项目利润还贷等方式，创新企业与金融、资本与项目相结合的模式。第四，针对民营科技型中小企业，政府可建立专门的政策性银行，实行更加优惠的贷款利率政策，搭建融资担保平台，有针对性地服务企业发展的各个生命周期。第五，建立融资风险防范机制，积极防范民营企业的融资权益风险、负债融资风险、租赁融资风险等，引导民营企业解决企业产权不明晰、产权结构不合理、产权流动性过低等问题，降低民营企业融资风险。第六，通过广泛宣传、组织培训、细化实施、加强监督的方式切实将促进民营企业发展的优惠政策落到实处。

四、提升涉企服务效能

1. 推进人工智能技术在政务领域的应用

（1）持续深化商事制度改革，扩大"互联网+政务服务"范围

实现市场主体注册登记全程电子化，通过关键词提示、下拉菜单选择、格式不符报错等方式指引企业进行智能填报，提交后自动生成格式化、标准化、不可更改的电子表单归档，提高行政审批效率。适当扩大电子营业执照的应用范围，试行企业手机版电子营业执照。与工商信息系统及企业、个人征信系统联通，实现企业自然人股东、董事、监事、高级管理人员和代办人员的身份信息核查；通过微信或支付宝的"智慧商事登记"实现实名认证和电子签名；与银行签订协议，实现信息共享业务协同。此外，形成各部门高效协同、相互衔接的政务系统，建立覆盖全业务流程的网上办事大厅及手机应用 App，集成登记注册、审批、申请、办税等各个业务环节，后台链接跳转各部门办事系统。建立企业电子档案，实现企业网上办事单点登录、一次认证、多点互联、全网通办，让信息数据代替企业跑腿，打通各部门分头推进信息化建设而形成的信息孤岛。

（2）以行政管理"痛点"为抓手，推动智能技术在政务领域上的应用

以行政管理"痛点"为抓手，加紧推动大数据、智能软硬件在公众意见采集、政策效果建模等政务领域上的应用，打造智能治理体系。例如，建立政策信息和规章制度数据库，以语义识别系统发现政策间的关联、配合和矛盾，解决审批事项互为前置，部门间政策不衔接，"行政转圈"难题；利用政务服务大数据，自动形成涵盖市场主体存量、资金流入及市场活跃度等信息的走势分析，帮助政府制定有效的产业调控政策；利用智能机器人技术完成一般性的、简单的咨询应答、材料初审

等工作，提高政府办事效率等等。

（3）构建智能化监管机制，实现数据监管全覆盖

对企业而言，市场环境的公正有序往往比优惠政策更具吸引力，然而在行政执法过程中，存在执法资源稀缺，执法人员工作负荷重，执法资源与执法任务不匹配的情况。因此应依托现代智能科技，建立全流程、全环节、全要素的信息化监管机制，构建智能化监测平台和智能化预警系统，对违法行为发生的概率及分布进行预测，判断甄别出相对更高的风险。建立企业诚信档案，包括数据记录、风险预警、效益分析和诚信评价等，通过大数据融合分析，完成对个体的全面深刻刻画，从而实现全覆盖精准监管。例如，通过行业分析、区域分析、市场主体关联分析，发现企业的异常交易行为，实现风险自动预警，提升监管效率，提高执法的准确度；针对危化、餐饮类企业办照不办证的问题，工商营业执照注册后可自动推送企业信息到相关监管部门，由监管部门敦促企业办理生产许可证，拒不办证企业纳入异常名录，工商、监管、税务多部门联合惩戒，审管联动。

（4）促进政府后台数据资源的共享和开发，以数据协同引领部门协同

第一，政府应树立正确的数据观。数据不是保密文件，而是可开发利用的资源，是政府履职的帮手，应与数据公司、科研院所、研究机构充分合作，主动开发。第二，推进政府部门间数据共享的技术基础建设。统一数据标准，建立部门间数据接口，完善数据信息共享目录和交换体系，消除数据资源共享时的互通不畅。第三，健全部门间信息资源共享的激励约束机制。不同部门业务分工不同，数据资源分布不平衡，数据贡献量和成本也不同，应建立适当的激励、约束及交易机制，引导跨部门数据资源共享的实现。第四，促进政务数据和社会数据的汇集。通过中间数据采集工具将各部门的政务数据资源及来自综合类门户、专业信息网站、各类论坛及社交媒体中的信息进行采集、汇集、清洗、脱敏并分类存储，形成标准化数据资源，为政务机构及社会公众提供数据共享和增值服务。第五，在对信息与数据整合的同时，同步推进对政务流程的优化，从而实现对智能服务的后台结构支持。例如，通过对企业办事数据的收集计算，分析不同部门、业务和行业的办事需求，从而调整行政资源分配。

2. 深化市场机制改革，打造营商环境高地

（1）发展民营企业与国有企业同等的国民待遇

从意识上打破对民营企业的固有歧视，在政策上寻求民营企业与国有企业同等的国民待遇，引导并支持民营企业转型升级或投资于新产业。一方面，要秉持"扶小优大，平等国民待遇"原则，"亲商清商、尊商重商、扶商爱商"并举，营造从政府到公众重视民营企业发展、尊重民营企业家的良好氛围，在融资门槛、税费征收、市场准入、用工成本等方面提高民营企业国民待遇，为民营企业发展营造公平、公正的市场环境。另一方面，要鼓励和引导民营企业通过出资入股、收购股权、认购可转债、股权置换等多种方式，参与国有企业改制重组或国有控股上市公

司增资扩股及企业经营管理，切实赋予民营企业参与市场机制改革的机会和途径，保护民营企业参与国企改革的信心和权益，提高资源配置效率。此外，补齐发展短板，提升民营企业的投资信心，拓宽投资空间，依托健康养老、医疗康复、技术培训、文化体育等公共产品和服务供给领域社会需求的快速增长和广阔投资空间，将这些领域作为天津发展的重点和民间投资的重要增长点，围绕制造业调整升级和现代服务业发展，引导并支持民营企业转型升级或投资于新产业。

（2）简化审批程序，增强责任担当，提高政府服务效率

第一，针对审批程序中门槛高、手续烦琐、周期长、效率不高的问题，应进一步取消或简化不必要的烦琐审批手续，减少民营企业在项目审批或认证等方面的奔波困扰。审批程序改革应以民营企业反映的突出问题和市场需求为依据，以市场主体是否便利、是否满意为准则，使之真正成为更便捷、更有效的便民流程，使政务服务便利化水平更高。第二，针对政府服务效率不高、工作人员创新不足的问题，应将责任担当作为政府职能转变的重要内容，增强政府有关部门的担当意识和行动自觉，形成有激励、有督察、有问责的机制，在创新营商环境方面营造敢为人先的氛围，做民营经济营商环境改革的"排头兵"和"先行者"。

（3）把握企业诉求，精准施策、分类扶持

第一，准确把握民营企业的诉求，确保政策精准到位。根据不同类型民营企业特点和不同发展阶段的政策诉求制定相应的扶持政策和措施，确保政策和措施制定精准、易于落实，并能有针对性地服务于企业发展周期的各个阶段，真正激发民营企业的发展活力和创造力。例如，发展本地区的信息传输、软件和信息技术服务业，保护创新成果的知识产权措施制定一定要前置、充分和完善；又如，政府在开展对外投资、跨境经济合作及海外园区建设时，不妨充分发挥农、林、牧、渔业民营企业的积极性，探索实现民营资本和国有资本合作的新路径；再如，在贯彻落实"全面实施市场准入负面清单制度，清理废除妨碍统一市场和公平竞争的各种规定和做法"这一政策时，应考虑到交通运输、仓储和邮政业，租赁和商务服务业，电力、热力、燃气及水生产和供应业与金融业这4个行业对该项政策的极高关注程度，重点调研这4个行业中存在的"隐性门槛"问题，对现有的法规、制度、做法进行梳理，"因病施救""因材施教"，使得政策效果更佳、效率更高。

第二，设定分类扶持标准，精准助力重点企业规模、效益递增。首先，设定分类扶持标准，精准扶持具备如科技创新、总部经济、服务型制造、产业链整合、资本运营等创新驱动因素的企业。例如，科技创新驱动类别针对研发投入较大，拥有较多专利、知识产权及技改投入较大的企业；总部经济驱动类别针对已在天津建立总部或正在启动总部建设的大型企业；服务型制造驱动类别针对中小型新型业态、定制化生产的企业；产业链整合驱动类别针对先进制造业中的龙头制造企业和具有整合上下游产供销环节能力的企业；资本运营驱动类别针对上市后备企业及上市梯度企业库中上市条件较为成熟的企业等。其次，建立需求导向型扶持机制，协助

企业列出涵盖政府服务、专业服务等需求的"企业需求清单"。在专业服务需求方面，搭建涵盖金融、产业、科技、法律、财税、管理等专业领域的市内外专业服务机构、团队和专家的专业服务资源池。在政府服务需求方面，如存在现行政策不能满足的共性需求，及时研究出台相应政策，在重点扶持企业范围内先行先试，成功经验将向全市普及推广。

（4）确保减税、返税、降费等惠企政策落实到位

给予民营企业减税、返税、降费等优惠政策，并强化政策落实到位，确保民营企业真正享受到税费减免优惠。一是针对企业转型发展中遇到的困难，减轻税费负担，降低运营成本。传统制造企业和物流企业面临着转型压力、环保压力、人工成本高、产能过剩、利润空间萎缩等问题。为此应加大政府采购对民营企业的支持力度，如"企业定需求、市场出产品、政府来埋单"的服务模式，降低中小微企业运营成本。二是针对"营改增"后民营企业税费负担不降反增问题，根据企业实际经营状况给予相应的税收减免或返还；同时，加快税务部门征税程序规范化建设，以便捷的缴税程序降低企业办税成本；给企业一定的缓冲时间，通过整顿各级批发市场、个体工商户等主体，以规范化的市场经营确保上下游民营企业之间顺利开具增值税专用发票，提高进项抵扣率。三是对符合条件的小微企业免征教育费附加、水利建设基金、文化事业建设费、残疾人就业保障金等政府性基金，对符合产业政策、有较好发展前景、一时遇到较大困难的企业，在合法合规的前提下，在一定期限内实行税费缓收政策，帮助企业渡过难关。

3. 加快民营企业服务体系建设

（1）推行管家式服务，扶持龙头骨干企业发展

建立线上线下的重点企业专属办公室，专属办公室由牵头单位处级领导挂帅，规划、审批、安监、税务等各部门具体负责人员组成，企业遇到问题时，各部门可快速反馈、协调解决、一管到底；组建政府管理部门与重点企业的微信群，方便政府部门发送涉企政策及企业反馈存在的问题。

（2）建立涉企政策制定和服务评价反馈机制

一是建立交友和对话机制。在帮扶活动中，政府有关部门和主管领导应积极与企业家交友谈心，与企业真诚交往，贴近服务，真正从企业需求的角度出招用力。二是健全企业家参与涉企政策制定和反馈机制。建立政府重大经济决策主动向企业家问计求策的程序性规范，政府部门研究制定涉企政策、规划、法规，要听取企业家的意见，让其说实情、建诤言。同时，建立企业评价、投诉和跟踪反馈机制，对效果显著、反响良好的举措要深入推进，对"中梗阻"现象要找出原因并及时疏通，执行不力的要进一步督查问责。三是通过典型事件和案例等鲜活形式营造重商、亲商、安商、护商社会氛围。建立由有关部门和商会组成的保护企业家权益联系协调机制，根据企业的纳税评级和信用信誉进行表彰和奖励，让企业家安心、定心、增信心。

(3) 充分发挥行业协会、商会等中介组织的作用

明确中介组织在民营企业发展中的重要地位和作用,规范行业协会、商会等中介组织的运营,充分发挥其作用。一方面,针对现有各种社会组织、中介组织存在的政社不分、利用政府部门授权形成对商业服务的垄断而谋取高额利润、服务质量差等问题,进一步加强社会中介服务体系的培育发展,逐步减少其"官办"和"垄断"色彩,分清政府职能与市场中介组织的角色定位。同时,扶持民间中介机构发展,培育多层次、全方位满足中小企业需求的社会中介组织体系,并依法依规约束和规范社会中介组织的行为,促进社会中介组织自律管理。另一方面,针对天津民营企业分布行业广、发展需求强的特点,充分发挥行业协会和商会在政企沟通、信息提供、自律性规范制定、行业标准提供、价格协调等方面的自组织作用,提高民营企业的组织化程度,为企业发展注入新动能。依托商协会的"业脉""商脉"和"人脉",为企业关联上下游产业,实现协同合作、互利共赢,提升企业竞争力。

(4) 增进政府和民营企业间的信息互通

以政府开放和企业开放并举的方式,创新政策宣传渠道,加大政策宣传力度,提高政策宣传的有效性。一是加强政府部门网站建设,整合政策信息,特别是对简化手续、减轻税费、放宽准入等与企业联系密切的举措,应重点发布,明确告知。二是建立全口径政策统一发布搜索平台,把各部门、各单位的各类政策按照发布单位、适用对象、发布时间、政策类型等类目分类汇总,并提供关键词搜索功能,方便企业查询并了解自身适用的政策条款。三是充分发挥微博、微信等新兴媒体的作用,提高政策信息宣传的及时性和广泛性。四是发挥工商联、政协等机构的作用,链接有关政府部门,畅通政企沟通渠道,实现政策上情下达、民意下情上传,促进政商关系和谐,营造公平营商环境。

4. 为政企创新营造宽松有矩的制度环境

(1) 探索包容创新的审慎规制

政府应加强对创新理论和实践的研究,努力提高对创新的认识、适应和管理能力。在企业创新出现的最初阶段尽量不进行过早的管制和规范,以保护其不被市场领导企业、政府部门或其他既得利益者扼杀,即使要早期介入,规制措施也宜采取一些温和的、非正式的方式,如政策指引、沟通商谈等。

(2) 探索实行公务员容错免责机制

建立项目论证、审批要件减免、税率标准核定等事项操作的制度化流程、免责条件和责任划分标准,推动顶层设计和基层探索的有机结合和良性互动。

(3) 加快配套法律法规的制定

应加快配套法律法规的制定,消除政企双方对创新行为的法律顾虑,如使用生物特征信息和行为痕迹数据作为监管证据及机器人审批责任问题的法律依据等。

(4) 建立违法违规经营追责制度

依托日益完善的法治建设和执法环境建设,建立完善的违法违规经营追责制

度，避免执法"一刀切"、只罚不改等现象，通过合理提高企业违法成本约束其依法经营。一方面，根据环保、安监力度强化的相关要求，给予民营企业调整环保、消防设施的过渡期，用于解决环保、安监标准提高后企业所面临的环境、安全问题，并针对生产性企业进行相关前置法律及其他专业培训，使企业提前做好预防、预测工作。另一方面，针对市场不规范、部分企业违规违法成本低、依法经营企业竞争环境不公平的问题，通过建立完善的违法违规经营追责制度、企业征信体系和政府规范制度，对企业进行整顿和严格规范，提高违法违规成本。以避免"一刀切"为前提，加强对民营经济违规违法行为的治理，充分发挥市场在资源配置中的决定性作用，确保民营企业依法经营、公平竞争。

附 录

本书附录部分将简要介绍十年来所开展的天津民营经济发展相关研究项目的基本情况，因篇幅原因不再赘述项目调查问卷和访谈内容，感兴趣的读者可以联系作者获取相关信息。

1. 天津市"民营经济27条"落实情况万家民营企业发展环境调查第三方评估

2013年12月，"民营经济27条"颁布实施。为及时了解"民营经济27条"及相关配套措施的落实程度，听取掌握民营企业的建议，反映民营企业诉求呼声，推动政策进一步落实，受市民营经济领导小组委托，天津市工商联会同南开大学于2014年10—12月开展了"民营经济27条"及其配套措施落实情况第三方评估工作。通过专题座谈、深度访谈、问卷调查等方式，对全市万余家民营企业进行了广泛调查，共召开由10家行业商会、5家异地商会及天津市工商联执委员常委参加的近10场座谈会，对110多位民营企业家进行深度访谈。此次问卷调研所使用问卷经过六次修改、两次试发放。最终共计发放问卷10850份，回收问卷10229份，其中有效问卷为9783份，最终形成数据总量达270万个。

2. 2016年天津民营经济发展动态监测及追踪调查

为进一步深化对天津民营经济的研究，提高调查研究工作的连续性、科学性、系统性和专业性，天津市工商联会同南开大学滨海开发研究院自2016年起联合开展民营经济发展动态监测及追踪调查，为市委、市政府加快推动民营经济发展提供更具时效性、针对性的决策依据，不断提升全市民营经济发展水平，更好地服务天津经济社会发展大局。

首期追踪调查工作于2016年9—12月展开，充分发挥了市工商联民营企业信息直报点覆盖面广、代表性强的优势，调查问卷分布覆盖全市16个区及所有国民经济主要行业，最终总计发放问卷 360 份，回收问卷 350 份，其中有效问卷为 348 份，每份问卷包含 217 个数据，内容包括民营企业生产经营困难、融资和人力资源状况、企业转型升级、互联网与创新意识等问题，并将分析结果与 2014 年问卷调查结果进行了对比研究。

3. 2017 年天津民营经济发展动态监测及追踪调查

2017 年追踪调查工作于 2017 年 9—12 月展开，依托市工商联民营企业信息直报点网络，以调查问卷和深度访谈相结合的方式展开。此次调查所使用的问卷前后共修改过 7 次，分布覆盖全市 16 个区及所有国民经济主要行业，最终总计发放问卷 449 份，回收问卷 386 份，其中有效问卷 380 份，每份问卷包含 380 个数据，内容主要包括民营企业生产经营、融资、人力资源、转型升级等相关情况和困难，重点考察了民营企业对党的十九大报告、"产权保护""企业家精神""民营经济 25 条"等有关促进民营经济发展壮大的支持政策的了解和反馈，以及民营企业开展各种形式的创新、构建天津经济发展创新驱动力的相关情况，并将分析结果与 2014 年及 2016 年问卷调查结果进行了对比研究。

4. 2018 年天津民营经济发展动态监测及追踪调查

全球新一轮科技创新加速驱动产业变革。一方面，以人工智能、云计算、大数据、物联网、虚拟现实等为代表的新一代智能科技快速演进，创新周期大幅缩短；另一方面，智能科技与制造、材料、能源、生物等传统行业的交叉渗透日益深化，智能制造、工业互联网等新型产业模式逐步成熟，传统产业正加速向智能化、网络化、数字化方向演进。因此，2018 年天津民营经济发展动态监测及追踪研究项目在原有调查内容的基础上，重点对天津民营企业的人工智能技术使用状况和智能化改造需求进行了深入的调查。

2018 年追踪调查工作于 2018 年 7—12 月展开，依托市工商联民营企业信息直报点及文化传媒商会、汽车经销商商会、互联网信息商会，以调查问卷和深度访谈相结合的方式展开。此次调查所使用的问卷前后共修改了 5 次，分布覆盖全市 16 个区及所有国民经济主要行业，最终总计发放问卷 566 份，回收有效问卷 554 份，数据总量达到 10.9 万个，内容主要包括民营企业生产经营状况及发展信心、投资及竞争优势、人力资源、融资、发展困难、转型升级等，专题调查了民营企业人工智能技术的使用状况和智能化需求，并将分析结果与 2014—2017 年问卷调查结果进行了对比研究。

5. 2019年天津民营经济发展动态监测及追踪调查

我国经济发展正处于转型期，为更好地转变经济发展方式。在创新引领下持续发展，最紧迫的是要破除体制机制障碍，全面提升和培育企业的自主创新能力。前期调查结果显示，在政府减税降费着力减轻民营企业负担、激发微观市场主体活力的各项政策措施帮助下，民营企业经营状况有所改善，但关注的重点发生转移，和创新发展相关的创新能力问题、技术应用问题、融资问题、产业配套问题和知识产权保护问题越发凸显。因此，2019年天津民营经济发展动态监测及追踪研究项目在原有调查内容的基础上，重点从创新人才、资金与投入、技术与合作、创新管理机制和政府服务与政策5个方面评估和研究民营企业创新能力培育和发展的现状及问题。

2019年度追踪调查工作于2019年7—12月展开，总计发放问卷为763份，全部使用全国工商联问卷网络平台进行发放和回收，数据总量达到16.5万个，内容主要包括民营企业生产经营状况及发展信心、投资及竞争优势、人力资源、融资、发展困难、转型升级等。专题调查了天津民营企业创新能力的现状和培育，包括创新人才引育、创新资金与投入、技术与合作、企业创新的管理机制、政府服务与政策五个方面，对天津民营企业参与军民融合发展的现状进行了初步调查，并将分析结果与2014—2018年问卷调查结果进行了对比研究。

6. 2020年天津民营经济数字化转型及发展动态追踪调查

在信息化的时代背景下，企业数字化转型正在成为天津经济发展的关键动力之一。天津大力推动并支持企业数字化转型，以带动中小微企业数字化转型为重点，提升转型服务供给能力，加快打造数字化企业，构建数字化产业链，培育数字化生态。企业数字化转型在取得一些成效的同时，由于传统的行业架构、数字化基础设施不够完善等问题，企业在数字化转型中面临着一些阻碍。为了精准把握天津民营企业数字化转型的动力、机制、存在问题和瓶颈，天津市工商联与南开大学滨海开发研究院联合进行2020年"天津民营企业数字化转型调查"，旨在整体了解和分析天津市民营企业数字化转型情况，通过数据分析企业经营情况、数字化技术运用情况，总结和归纳民营企业在数字化转型过程中所面临的问题和诉求，为市委、市政府制定企业数字化转型支持政策提供决策依据，以更好地促进民营经济健康发展。

2020年追踪调查工作于2020年7—12月展开，总计发放并回收有效问卷711份，数据总量达到12.8万个，内容主要包括企业基本情况、企业数字技术运用情况、企业人力资本、企业投融资及政策环境五个方面，且以民营企业数字化转型相关内容为侧重点，将分析结果与2014—2019年问卷调查结果进行了对比研究。

7. 2021年天津民营经济数字化转型及发展动态追踪调查

在后疫情时代，数字化转型不仅为企业经营业务指明了发展方向，而且为宏观经济的高质量、可持续增长注入了新动力。数字化转型已经成为一个微观经营实体乃至一个国家的未来发展趋势，具有必要性与紧迫性。2021年追踪调查工作于2021年7—12月展开，总计发放并回收有效问卷679份，数据总量达到10.2万个，内容主要包括企业基本情况、企业生产经营状况、民营企业的创新实践、数字化进程、数字化技术来源、建设投资、人才引育、数字化发展未来等方面，并将分析结果与2014—2020年问卷调查结果进行了对比研究。

8. 天津市滨海新区民营经济发展商务环境调查

为全面并及时了解滨海新区民营经济发展的商务环境，深化对滨海新区民营企业经营状况及发展需求的研究，中共滨海新区统战部、滨海新区工商联、滨海新区政协会同南开大学滨海开发研究院开展滨海新区民营经济发展商务环境专项调研。针对民营经济发展面临的突出问题，整体了解和分析滨海新区民营企业近年来的经营状况、发展动态及人才与用工环境、市场环境、企业投融资环境、政策扶持与政府服务等商务环境问题，为区委、区政府加快推动民营经济发展提供更具时效性、针对性的决策依据，不断提升全区民营经济发展水平，更好地服务新区乃至天津市经济社会发展大局。

调研工作于2017年4—6月展开，充分发挥了区委统战部、区工商联、区政协民营企业联系范围广、代表性强的优势，以调查问卷和深度访谈相结合的方式，实地考察了6家代表性民营企业；与76家民营企业进行座谈，其中，制造业民营企业有36家，服务业企业有39家，农业企业有1家；与6家商会开展座谈。此次调查问卷分布覆盖全区所有国民经济主要行业，最终总计发放问卷130份，回收有效问卷100份，每份问卷包含202个数据。项目完成了4万字的研究报告1篇及咨政报告1篇。

9. 落实"津八条"和"和平二十条"，创造良好营商环境

2017年11月，《中共天津市委、天津市人民政府关于营造企业家创业发展良好环境的规定》（以下简称"津八条"）出台，为落实"津八条"的相关政策，和平区委、区政府制定发布了《关于营造企业家创业发展良好环境支持企业创新发展的若干意见》（以下简称"和平二十条"）。此项研究在对和平区营商环境发展现状进行实地调研的基础上，系统考量"津八条"及"和平二十条"的落地实施效果，诊断政策实施过程中存在的问题和困难，深入剖析制约和平区企业发展的影响因素，从改善营商环境的角度，提出打造和平服务品牌、培育服务新动能、促进和平经济发展的对策建议。

围绕"落实'天津八条'和'和平二十条',创造良好营商环境"这一研究主题,和平区政协会同南开大学课题组共调研了中科招商、海天御成科技、天衍星控、盛丹电子等20余家企业,组织召集区商务委、合作交流办、人力社保局、国地税局等10家政府主要职能部门开展座谈研讨,并重点访谈了区发改委、金融办、财政局、行政审批局的主要领导和中层骨干,广泛听取了行政事务相对双方对和平营商环境建设及存在问题的观点和意见。在此基础上,课题组实地走访了国家大数据(贵州)综合试验区产业生态示范基地、贵阳市人民政府政务大厅、东莞市工商行政管理局、中山市行政服务中心、航天云网、中山工业技术研究院等多家单位和企业,并与当地负责同志开展座谈,充分理解并借鉴了兄弟省市在行政管理、市场准入、社会治理、监督监管、企业服务、智慧政务等方面的先进做法和经验。

10. 众创空间建设与人才创新创业激励政策研究

2015年以来,党中央、国务院及各级政府高度重视大众创业、万众创新,推进人才"双创"工作已成为天津市经济发展的新引擎。在此背景下,众创空间作为服务创新创业的重要载体得到飞速发展。然而,目前众创空间的发展面临扶持政策不够精准、入驻人才团队少、管理服务同质化且水平较低、"双创"资源聚集和共享程度不高等诸多问题。因此,如何制定有效政策、采取有效措施、破解众创空间发展难题、招引促进"双创"人才落地发展成为当前一个重要课题。

本研究主要通过问卷调查和深度访谈的方法,调查天津众创空间发展现状及问题,摸清众创空间对人才创新创业所起到的推动作用和不足之处,了解政策对应方即双创人才对天津创业环境的认识、意见和期望,并通过制定动态的、人性化、柔性化的人才"双创"政策,鼓励、引导、吸引各类人才在津创业或在职创新,为人才创新创业提供良好的政策服务环境,从而带动天津产业升级转型及全国先进制造研发基地的建设。项目共调研众创空间14家,访谈空间负责人23人、创客团队50余人次,对以众创空间为核心形成的创客、中介、产业、服务商、资本方等多层次创新生态进行了梳理和总结。访谈采用半结构式采访方法,观察和记录自然情景下的意见表达,并与从公开渠道获取的资料信息进行交叉验证,以确保信息的准确性。项目完成总报告1篇、咨政报告1篇、学术论文2篇,为创新生态系统理论提供了直接的实践依据,并丰富了创新生态系统理论的层次和内涵。

11. 关于对我市民营经济发展现状及对策的研究

2019年天津市政协经济社会发展研究咨询委员会围绕"关于对我市民营经济发展现状及对策的研究"开展了调查研究。本研究旨在全面了解和分析天津民营企业近年来的经营状况、发展趋势、生存环境，围绕民营经济发展所面临的热点和难点问题，以实地调研和深度访谈相结合的方式，识别民营经济发展中的短板和瓶颈，提出更具时效性、针对性的决策建议，不断提升民营经济发展水平，壮大民营企业队伍，更好地服务天津市经济社会发展大局。课题研究分三个阶段实施，历时7个月的时间，召开4场专题座谈会、2场民营企业家座谈会、2场异地商会座谈会，实地调研10家企业，专访企业家5人次。

12. 补齐天津民营经济发展短板的对策研究

在前期研究、现状分析及文献综述的基础上，针对天津民营经济发展中的政府服务与政策支持、企业发展的市场环境、人才与用工环境、投融资环境、企业创新环境及创新绩效等5个问题开展具体研究。此次研究共发放问卷300份，调研民营企业10家，访谈企业家15人次，收集和了解企业家的发展思路和意见建议。在此基础上构建政策建议，为市委、市政府加快推动民营经济发展提供决策依据，推动天津民营经济的转型发展及创新驱动力的形成。

13. 关于天津智能科技人才供需状况及引育对策的研究

人工智能被称为第四次工业革命的开端，有望推进传统产业结构升级、振兴实体经济发展，成为科技强国的新动力。但随着人工智能产业的蓬勃发展，智能科技人才不足成为限制产业发展的重要阻碍。课题组前期调查结果显示，天津的智能科技人才供需出现了偏差。智能科技人才增量不足，存量科技人才知识结构偏老，人才供给侧亟待改革。基础算法、重要软件开发等领域的领军型人才，以及能够把智能技术和商业模式创新相结合的复合型人才缺口巨大。本研究通过深度访谈、典型案例分析、问卷调查相结合的方式，从微观层面观察天津智能科技人才的引育状况，摸清天津的人才"家底"，准确把握天津智能科技人才供需关系特点及人才流动的具体情况并进行城市间对比。在此基础上提出有针对性的智能人才引育战略和对策建议，服务城市定位和产业布局，提高企业创新能力，推动天津新旧动能转换和实现经济高质量发展。项目完成总报告1篇、咨政报告1篇及高水平学术论文1篇。

14. 滨海新区重点企业人才需求状况调查

课题历时半年，汇总了全国31个省份及15个国家级新区近期主要高端人才政策，并重点对北京、天津、上海、江苏、浙江、深圳、广东、重庆8个地区的政策细节进行对比分析。课题组还对天津53家企业的85名高端人才进行了问卷调查和访谈，分别从用人单位和人才自身的角度对引进工作进行分析。此外，课题组调研了多家落户在天津、苏州的高端人才创新创业企业，分析了天津在招引"双创"人才中存在的问题，形成了研究报告《我市高端人才引进中的矛盾与对策建议》。

15. 天津市开发区入区老企业调查问题分析与构建良好营商环境的对策研究

为积极应对开发区内部"老企转型新生"和"新企快速发展"的双重问题，打造"服务理念先进高效灵活、政策引导精准高效有力、发展环境优质公平自由、要素资源优质丰富活跃"的营商环境，天津开发区工委管委会会同南开大学滨海开发研究院开展"天津市开发区入区老企业调查问题分析与构建良好营商环境的对策研究"。课题组实地调研了天津市金桥焊材集团有限公司、天津恒运能源集团股份有限公司等28家企业，完成了5万字的研究报告，分别论述了我国营商环境的重要发展导向、国内重点工业区营商环境分析、入区老企业现存主要问题等，并给出了有针对性、操作性的对策建议。

后　　记

2010年10月，我进入南开大学滨海开发研究院工作，从此开启了高校智库建设的学习、研究和探索之旅。最初的几年里，我开展了诸如农村信息化建设、大学网站建设与比较、90后留学生调查等多个方面的研究。2013年起，我的研究重点开始逐步聚焦于民营经济发展与营商环境建设。对该主题的研究历时10年，先后主持、参与了问卷设计、访谈调研、数据分析、报告执笔、皮书撰写、规划制订等工作。为全面把握天津民营经济发展的走向、借鉴各地的成功经验，与研究团队一起到北京、上海、广州、贵阳、东莞、中山、青岛、威海等城市及天津各城区进行实地调研，对滨海新区、中关村科技园、众创空间、智能科技人才等作过多项专题研究。随着近年来天津民营经济发展形势和发展重点的变化，以民营经济为原点，我的研究领域也不断向着人才引育、创新创业、数字经济发展、信息技术应用创新产业建设等相关问题拓展和深化。

在进行咨政研究的同时，我逐步承担了学院内参编辑、成果报送、网站管理、新媒体建设、会议论坛组织、学生项目指导等智库工作。在长期从事高校智库建设、管理和咨政研究的过程中我逐步认识到，智库建设与咨政研究密不可分。只有真正开展咨政研究，执笔写过研究报告，才能理解咨政研究与学术研究各自不同的话语体系和评价标准，才能理解从事咨政研究的人所必须具备的素质和能力，才能理解智库选题的逻辑、时机和关键点，才能理解报送渠道建设及与决策部门积极互动的重要意义，而这些都是做好高校智库建设的关键。因此本书既是对天津民营经济十年发展的归纳和概括，也是我十几年来从事高校智库建设工作的一个记述和总结。知中国、服务中国是南开人的情怀。对我而言，"知中国"意味着坚持不懈地开展咨政研究与探索，"服务中国"意味着矢志不移地为智库建设贡献力量，这是我在不惑之年为未来所树立的努力和奋斗的方向。

后　记

本书得到中央高校基本科研业务费项目（63222201）及天津市教委社会科学重大项目（2016jwzd13）的支持。相关议题的设计和研究、数据的采集和分析、调研的组织和实施得到了天津市工商联、天津市政协、天津市社科联、天津市发改委民营经济处、天津市科技局、天津市科协、和平区政协，天津市经济技术开发区、滨海新区组织部、滨海新区统战部、滨海新区工商联、滨海新区政协等单位及我院周立群、刘刚、谢思全、薄文广、马云泽、王金杰等多位领导、老师、同事、朋友的大力支持与帮助，我院的多位学生助理在数据采集、清洗、分析、校对方面贡献了重要的力量，企业管理出版社的徐金凤编辑为本书的出版投入了大量的心血，在此一并表示感谢！因研究水平所限，书中难免会有一些疏漏和不妥之处，敬请读者批评指正。

裴蕾

2023 年 2 月